# 臺灣歷史與文化 研究輯刊

五 編

第 24 冊

擺盪於創新與傳統之間：
重探「當代傳奇劇場」（1986～2011）

吳 岳 霖 著

花木蘭文化出版社

國家圖書館出版品預行編目資料

擺盪於創新與傳統之間：重探「當代傳奇劇場」（1986～
2011）／吳岳霖 著 — 初版 — 新北市：花木蘭文化出版社，
2014〔民103〕
目 4+328 面：19×26 公分
（臺灣歷史與文化研究輯刊 五編：第 24 冊）
ISBN：978-986-322-656-7（精裝）
1. 當代傳奇劇場 2. 劇場 3. 戲曲 4. 京劇
733.08                                               103001777

ISBN-978-986-322-656-7

9 789863 226567

臺灣歷史與文化研究輯刊
五 編 第二四冊                    ISBN：978-986-322-656-7

## 擺盪於創新與傳統之間：
### 重探「當代傳奇劇場」（1986～2011）

| | |
|---|---|
| 作　　者 | 吳岳霖 |
| 總 編 輯 | 杜潔祥 |
| 副總編輯 | 楊嘉樂 |
| 編　　輯 | 許郁翎 |
| 出　　版 | 花木蘭文化出版社 |
| 社　　長 | 高小娟 |
| 聯絡地址 | 235 新北市中和區中安街七二號十三樓 |
| | 電話：02-2923-1455／傳真：02-2923-1452 |
| 網　　址 | http://www.huamulan.tw 信箱 hml810518@gmail.com |
| 印　　刷 | 普羅文化出版廣告事業 |
| 初　　版 | 2014 年 3 月 |
| 定　　價 | 五編 24 冊（精裝）新台幣 48,000 元 |

# 擺盪於創新與傳統之間：

## 重探「當代傳奇劇場」（1986～2011）

吳岳霖　著

## 作者簡介

吳岳霖，台南人，1986 年生。出生在平凡的年代，研究同年誕生的劇團——當代傳奇劇場，於 2012 年取得國立中正大學中國文學碩士學位。現為國立清華大學中國文學系博士生，繼續專注於京劇現代化、跨文化劇場等改編路徑的追索。多數想法散見於雜誌、網路劇評，並曾獲「台灣藝文評論徵選」優選。相關論著龐雜地橫跨清代小說、現代小說、酷兒研究、當代戲曲與現代劇場，不是沒有定性，而是試圖在生命的等候與執著裡，不斷找尋未來的方向。

## 提　要

　　在「當代傳奇劇場」創團二十五年後的今日，我藉「跨文化劇場」的「反向」思考，重新評價當代傳奇劇場的劇作及其在台灣戲劇史的定位，並審視東方劇場的價值與藝術本質。本文以「當代傳奇劇場／吳興國生命『史』」的角度，透過「創新」與「傳統」兩個角度架構並梳理其劇作的「擺盪」性，在對應當代戲曲的發展以及社會文化的氛圍的同時，擷取「當代傳奇劇場」的時代價值。

　　之所以能夠重探「當代傳奇劇場」，立足於其在「創新」與「傳統」開展出兩條創作路線，因而藉此提問：當代傳奇劇場在如此「擺盪」的創作軌跡上，可否找到屬於自身的「主體性」？

　　本文的第二章焦點在於「創新」，以七部「西方混血」之作，分別論述吳興國的劇場實驗及其意義，並於過程裡鬆動「京劇」作為表演的主體位置。第三章則透過兩部與創作者吳興國生命共鳴的劇作——《李爾在此》與《等待果陀》，於「創新」中重新尋回創作者的藝術本質，也就是「傳統劇場」的價值。同時，在回溯「傳統」裡，看到「新型態」誕生的可能。第四章的核心為當代傳奇劇場的「中國改編」作品，以及「傳統老戲」的重演。除是在「傳統」基礎上有所創發，更提煉出「傳承」老戲的意義，並且觀察出當代傳奇劇場在「當代戲曲史」承先啟後的位置。

　　最後，本文雖以「創新」與「傳統」作為架構，但也在論述裡拆解掉這樣的二元關係，故，其所擺盪的實是吳興國作為劇場主導者的「主體性」。於是，當代傳奇劇場雖有其時代意義，但如何重新檢視自身的創作歷程，回歸其藝術本質，繼續深化劇作的內涵，而不是著力於形式上的置換與拼貼，並找到「尋覓中的主體性」，或許才是當代傳奇劇場得以繼續開創傳奇的可能。

# 謝誌　原以爲的寂寞

　　我所預想的，是在這本論文的最後（擺在這裡倒也是最初），試著讓自己像個中文系一些，找好了杜甫的〈觀公孫大娘弟子舞器行〉、蘇軾的〈卜算子〉，原以爲要用「寂寞」開頭，回應著安祈老師所謂「戲曲人」的「寂寞」。不過，無疑是拾人牙慧，又不適合自己。

　　很寂寞？原以爲是如此。

　　後來的我明白，不多求別人懂得我做的是什麼，至少讓他們看到我做了什麼。寂寞，也許吧，反正死不了就還好。只是，這一路走來，身邊的人們來來去去，但要說寂寞，忽然地說不出口。在論文完成的前一刻，我告訴自己，要寫一篇最長的謝誌。既然都在論文裡塞進了滿滿的文字，多個幾頁又何妨呢？把所有的人都寫上去，因爲他們都存在於寫作過程的每一個角落，一筆一劃地刻在裡頭。不過，當我眞正開始落筆時，才發現顫抖的，不只是雙手，還有眼眶裡的一點點淚。原來，我等這一刻這麼久了，擬了多少次開頭，才發現原來眞的這麼難，比論文裡的任何一個字句都難。

## 原點：給我的老師與家人

　　謝謝我的指導教授，汪詩珮老師。不敢用什麼「帶領我走向戲曲世界」這樣的字眼，記得大學時期老師所開設的「地方戲劇選讀」，我總能夠從第一個鑼鼓點，睡到幕落下來的那刻才隨之驚醒。戲曲，比起讓我感動，更不如說是催眠的利器。但，我卻一腳跌進了戲劇研究的領地。在詩珮老師的身邊，我感受到的不只是對於學術的熱情，而是一種作爲師徒關係的關心與寄望，以及對於生命、對於生活的某種傾訴。有時候，甚至覺得這就是「流派」或

是「生命風格」了吧。對於這本論文，我什麼都不怕，只怕有任何一點愧對老師的可能。我自認為不是一個好學生，如果有一丁點學到詩珮老師的什麼，或許就是在劇場裡那轉身就走的拗脾氣，與被演出片刻感動而流下的淚光。謝謝，老師提筆落款於指導教授一欄，這一段永遠切割不斷的關係。

謝謝兩位口試委員，王安祈老師與王瓊玲老師。兩位老師在考試結束的當下，納悶地說，我怎麼能保持笑容面對如此龐雜的提問與討論。我只能繼續笑著說，老師不明白我有多興奮，不是我對自己的論文多有自信，而是能夠讓兩位偶像級的老師閱讀，面對面地對談，這難道不開心嗎？安祈老師始終是我論文寫作的指標，如說故事一般，那種蘊藏在文字間超乎論述的感動，我多努力地在論文裡散發出這麼一點光芒。瓊玲老師細膩的解讀，挖掘出我論文裡原來還有這麼多可以再解讀的空間，雖力有不足、學有未逮，卻成為未來可以開展的空間。謝謝兩位老師的肯定、建議與讚美，在口考結束的那一秒，我才從老師們的笑容裡，明白自己好像真寫了本好論文，謝謝。

謝謝中正大學裡所有教過我的老師。我特別想把這份感謝雙手呈給錦珠老師，倘若沒有老師當初給予我第一份的肯定與讚美，或許現在的我已走往哪一條道路，而不知去向。我所銘記的，不是老師有多嚴格，而是自大學以來，錦珠老師那份對學術的堅持、對學生的真誠。我不僅感謝，也將刻印在心裡，繼續推著我前進。謝謝芷瑩老師，這份對於問題的追索，讓我能對不瞭解的有更深刻的體悟，以及一種鄰家姊姊的氣質，總讓我在學術之外，感受到溫暖。謝謝。

謝謝李小平導演，給我在感動的反面，另一種出自「真誠」的「打擊」，讓我在錯愕之後，仍掙扎地寫完這本論文。謝謝羅仕龍老師，除了對我論文的肯定外，或許也讓它有飛向另一個國度的可能。謝謝顏健富老師，在博士班面試時，那對我論文充滿興趣的雙眼。謝謝正平學長，讓我從一個小小的讀者，成為助教、成為朋友，這是我始料未及的。

謝謝當代傳奇劇場、謝謝吳興國老師、謝謝林秀偉老師、謝謝魏海敏老師、謝謝盛鑑老師、謝謝當代傳奇劇場裡所有的演員與行政人員。不多言說，因為所有感謝都已夾藏在論文中的字裡行間。

有人總把感謝家人這件事擺在第一位，我知道我看重其他事物遠過於家人，只是你們是我生命原點的一部分。很清楚地知道，你們從不明瞭我到底在做什麼，只是默默支持我唸著別人不知好壞的中文系。或許，你們所碎念

的是，為什麼唸個碩士需要四年，所以我用一本厚達三百頁的論文告訴你們。當從媽的口中，聽到王安祈、曾永義等戲曲界人士的名字時，我忽然明白，縱使她不明白我在做什麼，但卻很努力勾勒出這個我所處的世界樣貌。媽，總是低語地，包含在我驅車前往博士班面試時，那一聲「加油」，還在我耳裡盤旋。時間回到我應考碩士班的那一年，是家裡最困乏煎熬的一年，爸病危地躺在成大醫院的病床上。我很怨，怨著爸為什麼要病倒，讓媽這麼辛苦，又逼著我必須在課業與家庭之間夾縫求生。只是，那句彌留狀態的話語——「我替你找好工作，你之後不用擔心怎樣……」，卻讓我放在心底許久許久。生命裡的不可違背，雖逼著我們前進，卻也讓我們得以堅強、得以關懷。終於，脫離險境的爸雖然還是不懂我到底為什麼唸這麼久的碩士，但也如願看到了這張學位證書。弟弟在去年錄取台灣大學，我於今年考取清華與中正大學博士班，或許我們都不只是想證明自己，更想讓總在顛簸裡的父母能將驕傲掛在嘴邊。因為這份成就終屬我們兄弟，卻能讓爸媽看到生命裡的一點光，指向未來。也謝謝如我親兄姊的表姊士妮、表哥沿能、沿晴、契富，給予彼此的扶持，與一窩小朋友們的童言童語。還有，阿姨、姨丈視我如親生子女，無止盡的關懷。我總有一個願望，在某天能替你們蓋一棟小小的房子，讓爸、媽、阿姨、姨丈作伴。謝謝，我的家人。

## 片刻卻永恆：給我最重要的人們

謝謝，與我沒有血緣關係的小弟薪智。後來的我發現，這是一段無止境的「孽緣」。用了近乎四年的光陰，換來了我們再也分割不了的情感。既然走不向終局，就別讓它有完結篇的可能。我在想，如果當初我們沒有相遇、沒有相識，生命會否有不同的可能。只是真的遇到了，就讓我們走在生命的某個指向。未來，我們雖踏上了不同的道路，不管多遙遠，無關乎時間與距離，當我們摸著自己的左胸口，會有塊溫暖的位置，這也是我寫著論文時，最忠誠的撫慰。謝謝。

謝謝俐婷一直以來的溫柔與關懷，給予了太多，總不求回報。我不愛哭，是不願讓人看到我流淚的樣子，妳卻是第一個讓我在電話裡崩潰的人；因為這種傾訴的關係，是一種信任、一種寄託，最後變成是一種溫暖，包覆著。倘若沒有妳，或許我早在某個時刻、某個地方崩倒。我雖然看到自己的脆弱，卻在妳微笑的時刻，得到足以修復的力量。妳，經過我的痛苦、我的快樂，謝謝。

　　謝謝，一段走在夜市短暫卻又無止盡的回憶，一場青澀時光的再次倒返。雖然再也勾勒不出原來的形狀，卻會被時間逼成某個我們都想要的樣子，存放在心底。成長，或許是生命裡必經的過程，只是不代表最終都會走向熟成的時刻。我們該承認的不是自以為是的成熟，而是必須接受自己的幼稚。給勝旭，或許哪天我們可以看到彼此成長後的真實，你能更認識自己，相信自己能跨越那顆卸不掉的大石，而我仍會微笑地看著你，默默地一如往常，如你認識的我，這是真誠且永遠的。

　　謝謝，紹鈞。在論文即將完成的那刻，每天斷斷續續又無邊的話題，聽著彼此分享的音樂，很溫暖而熟悉，這成為我與這本論文寫作的能量。或許你並不會明白這些有多重要，但也就默默地成為我的支柱，以及知己。謝謝。

　　用一段不是五級字的感謝給立雄（與你的愛貓橘皮）。對於我們，不管用多少文字都再也說不清這樣的糾纏不清。過度地複雜，卻只能簡化成某種無法理解的對等關係。後來，我們一起看的戲、一起逛的街、一起講的話……多少的「一起」都化為生活裡的碎片，然後組成生命的片刻美好，足以回味。或許，我們都了解彼此，也都不夠了解，只是這樣就夠了，因為還有多少能被我們浪費。就像橘皮留給我的滿地貓砂，謝謝。

　　感謝我在這塊鳳梨田上的第一位朋友阿輝。我們像站在天秤的兩端，你有你的任性，我有我的固執，然後在失衡的片刻，我們才找到可以對彼此坦誠的默契。或許，我們都還跑在各自的跑道，只是在交會的時刻，無厘頭地聊著無謂的話題。或許，我們都逃避著生活裡的瑣碎，同枕在黑夜的狹小床沿，只是在回到各自的軌道後，也完成了生命的目標。謝謝，不用太多言語的友情。

　　謝謝永遠嘟嚷著吃喝玩樂的女孩小涵（還有不是女孩的藍爵）。我們總用許多東西來填補生活裡的空白，有深刻的，也有淺白的，卻都是快樂的，縱使有些許的淚光。無需愧對於什麼，因為生命裡有多少的不圓滿，就會用多少的圓滿去填補，沒有終止的一天，就像蜜糖吐司總會吃完，我們卻可以再點下一份餐點。只要給予彼此的是一份完整的真誠，就會被留在心底，不添加防腐劑。謝謝。

　　謝謝珮綸，我們都如無賴一般地知曉生活裡不僅有厚重的書本，更填充著五四三的庸俗，或許這才是屬於我們最真實的部分，包含終老的房屋對分，還有幾年後的上海約定。

　　謝謝研究所的這群人，在平穩或迷亂的研究所生活裡，能夠在無畏的追求背後，看到彼此生命的樣貌。

　　謝謝，我在中正的前四年裡，一場如戰爭又如饗宴般的大學生活，一路走來，始終不變的共同奮戰精神。宜玲、湘甜（還有大叔）、映婷、加祺、艾伶、馬仔、翊展、馨慧……還有許多我列不盡的人。或許，記憶裡最被反覆咀嚼的，總不是看似輝煌的豐功偉業，而是多少的糗事、多少的瘋狂。在宿舍的某層階梯、文學院的某個角落、教室裡的某張桌椅、球場的某條底線……都還清晰地烙印，如陽光一般的顏色，足以讓我們笑著、哭著。謝謝學姊亭君、怡慧、姿尹……，在初入這塊土地時，一雙雙關懷體貼的眼神，不曾消散過。謝謝志偉學長，縱使我並不知道該以怎樣的姿態對你言謝，或者無需謝你，但我的生命在今日走到這個形狀，我必須對你投以堅定的微笑。也謝謝總給我精彩生活的學弟妹們。

　　謝謝愛玉、意燕、靜儀、逸茹、雅婷、傑中、博文……，將你們擺在更特別的位置。在這段旅程裡，或許上車或許下車，但經歷過沿途的風景，是我們共同的回憶，在眼底瀏覽，也存放在記憶裡。謝謝，總給我快樂的你們。

　　謝謝，在網的兩端始終盯著那黃藍白相間的球的你們。阿喜、耀棋、阿信、小光、宋宋、阿叡、小池、阿莎、裕衡、宣佑、阿飛、彭彭、幃鑫……所有中正男排的夥伴們。在大太陽底下的每一滴汗水，我還緊握在手中，不曾蒸發。也謝謝在另一面球網底下的你們。進康，或許我們兩個之間還有一點帳沒有結算，但我也懶得如此斤斤計較，更何況你也不會放在心裡。我會選擇記得在熟識過程裡的那些快樂，是我從未經歷過的，懶散而狂亂的日子。

　　謝謝，來去於系辦的幾位助理。或許世事不斷地變化，但你們的幫助，或是那塊小點心，都是在看似冰冷的辦公室裡，散不去的溫暖，縱使我們總賴在裡頭吹著免錢的冷氣。謝謝你們。

　　謝謝兩杯不同飲料所勾起的緣分，一杯星巴克的拿鐵，一杯五十嵐的冰淇淋紅茶。在夜裡的某個小麵攤，是我們第一次認識的開端，一切難說是巧合，還是作弄？我們都各自背負著自己的黑夜，也各自走在不同的城市、不同的道路、不同的人生，但都能微笑地看著每一個白天。謝謝，Toby 與小華。

　　謝謝遠在英國的 Chiu，即時捎來對我的祝福，你是我認識最久的好友，就讓我們繼續延長時間，距離的話，希望某天可以縮短。

　　最後，還留下一點寫不完的感謝，給我鍾愛的兩個城市——台南與嘉義，

讓我總在靠窗的座位，看著飛逝的景物，然後心仍散落在每一個角落。

未盡吧？我也希望這份謝誌沒有停筆的那刻，縱使我已抹去了多少淚水。真的不寂寞。我努力紀錄著你們的微笑與話語，哭了，也笑了。

旅程，還在繼續下去。這篇謝誌，從待了八年的山城，寫回到我出生的這個城市，寄託著「完成」，同時也附著了「開始」。我會記得，遠方雲霧渺渺的山、開滿黃橙橙油菜花的田、奶茶色的寧靜湖、散落滿地的紫荊花、高聳的文院尖塔，還有許多寫不進來的種種。離開，卻也離不開。

謝謝。

2012 年 7 月民雄

8 月台南

目
次

# 第一章　緒　論

## 第一節　研究動機：重探「當代傳奇劇場」的兩個
　　　　契機

> 吳興國
>
> 我回來了！
>
> 這個決定比出家還要難
>
> 我是誰？
>
> 有誰認識他？

——吳興國：《李爾在此》

「當代傳奇劇場」由吳興國與其友人們於 1986 年創立，並於同年推出改編自莎士比亞（William Shakespeare）悲劇《馬克白》（*Macbeth*）的《慾望城國》。「以京劇搬演西方劇作」在台灣雖非首例，但《慾望城國》透過詮釋《馬克白》，改變京劇本有的表演體系，包含傳統身段、行當分類、舞台設計以及表演藝術的跨界等。〔註 1〕故，《慾望城國》在台灣戲劇／京劇史上有其重要的地位。不過，這樣的作法大大改變當時觀眾對戲劇類型的認知，也導致難以

---

〔註 1〕王安祈認為：「第一齣《慾望城國》，雖然聲腔演唱大體仍在京劇皮黃範疇之內，但肢體動作的多方嘗試已突破了傳統身段的格局，舞台調度的全新設計也打破了京劇一慣的對稱和諧齊整，人物形像的塑造與內在心理的刻畫挖掘完全衝破了戲曲角色行當的嚴謹分類，由東洋風與現代感雜揉而成的面具舞到的運用，也使得戲劇與其他類表演藝術的元素達成了有機融合。……」見王安祈：《傳統戲曲的現代表現》（台北：里仁，1996 年），頁 100。

定位其為戲曲或是現代戲劇。鍾明德曾轉述《慾望城國》首演發生的狀況：

> 據說，《慾望城國》首演時，有三個人坐在一起看戲。右邊的人，看完第一幕，說：「這不是國劇！」說罷，離席。左邊的人，看完第二幕，說：「這不是舞台劇（話劇）！」說罷，也離席。只有坐在中間的，不發一語，將戲看完。〔註 2〕

吳興國所引發的震撼，不只是「以京劇演繹莎士比亞劇作」如此簡而言之。對於傳統京劇戲迷而言，如此大幅度的變革，吳興國也被認為是「從京劇出走」、「革京劇的命」。因此，當代傳奇劇場只要推出作品，評論總是兩極。在吳興國陸續地推出新作後，當時掀起軒然大波的《慾望城國》，可能還是這場「劇場實驗」裡最小幅度的嘗試。他透過「改編西方經典」，從莎劇、希臘悲劇到貝克特（Samuel Beckett）的荒謬劇與契訶夫（Anton Chekhov）的小說，讓「京劇」這個載體不斷地與西方混血，甚至在過程中嘗試完全脫離京劇的符碼：《王子復仇記》再度複製《慾望城國》的改編程式、大量捨棄京劇體系的《樓蘭女》與《奧瑞斯提亞》、首度與電影導演合作的《暴風雨》、前衛性十足的《李爾在此》與《等待果陀》、改變表演型態的歌舞劇《歡樂時光——契訶夫傳奇》與歌劇《康熙大帝與太陽王路易十四》。當代傳奇劇場至 2011 年為止，總共處理了九部「西方混血」之作，而每一部作品都各有其處理方式與劇場風格，足見吳興國在這些劇作裡所灌注的企圖心。

而我真正注意到當代傳奇劇場的作品，其實是 2001 年的復團之作《李爾在此》。或許最令我匪夷所思的是，當時的我近乎未接觸過當代戲曲，甚至是現代劇場也侷限於聽其名，更何談什麼「吳興國」、什麼「當代傳奇劇場」、什麼「跨文化劇場」。對於莎劇，除了《羅密歐與茱麗葉》（*Romeo and Juliet*）、《哈姆雷》（*Hamlet*）等被傳頌的劇名，實與其劇情內容相距甚遠。於是，早忘了當初為何會注意到這部作品，或許連它到底在演些什麼也不確定，因此我該說《李爾在此》這名字取的好嗎？讓我足以點下售票系統的按鍵。被銘記的是，我在最後一幕〈人〉所接收到的感動。透過研究，我們可以得知《李爾在此》作為獨角戲實與吳興國自己有很緊密的繫連，可視為一種自傳式的改編，特別是第三幕的詮釋。但，一個對於吳興國沒有充分了解，甚至也未接觸過莎士比亞原著《李爾王》（*King Lear*）的我，卻被這幕的詮釋所觸動，

---

〔註 2〕 鍾明德：《台灣小劇場運動史：尋找另類美學與政治》（台北：揚智，1999 年），頁 244。

產生一種撇開所有歷史背景、人物意涵等複雜意義的純粹劇場感受。我還記得，吳興國的那段詞：

> 我是誰，我是我
>
> 我在找我！我想我
>
> 我看我，我知道我！
>
> 我問我，我恨我
>
> 我也愛我！我他媽的我！
>
> 我殺了我！我忘了我！
>
> 我又夢見我！我看不見我
>
> 我看透我，我要我！
>
> 我不該是我，我討厭我！
>
> 我還是我！我會不會是我！
>
> 我要面對我，我想找到我

在反反覆覆的「我」裡，或許看到的不是台上的吳興國，而是坐在觀眾席的自己，被深刻地反省著這段台詞，讓它不只是一段詞。最後，隨著結局被緩緩吊上半空的吳興國，眼眶始終是溼潤的。他上昇，淚落下。這部僅有九十分鐘的作品，讓我到了最後一幕還在反覆吞吐著第一幕就出現的「我回來了！」，到底是什麼回來了？當然，透過劇本的分析可以了解回來的可能是重返舞台的吳興國。不過，在一無所知的當下，「回來」與「死亡」就像兩面刃反覆割裂我的思考，不斷透過戲來看著自己。

因此，追逐著這種感動，竟然讓當代傳奇劇場成為我研究的對象。反覆地在想，到底是什麼讓並無接觸過莎士比亞原著《李爾王》的我，接收到得以「同情」的感動，也就是透過吳興國的詮釋，縱使無法全面明白《李爾王》的劇情，卻能從中截取到李爾王與眾人的心思與情緒。並且，就算純以表演論之，《李爾在此》裡吳興國一人分飾十角的演繹也是精彩的。回溯到當時的心情，我赫然明白伊恩・咖特（Jan Kott）在 1965 年藉由討論莎劇《哈姆雷》所提出的論點：「真正重要的是，我們應透過莎士比亞的文本，探索我們當代的經驗，我們的焦慮和感受。」〔註 3〕透過「改編」收到的到底該是原著的「本意」，還是詮釋者的「再解讀」，而經由吳興國在《李爾在此》的詮釋實已帶

---

〔註 3〕 Kott，Jan. *Shakespeare Our Contemporary*. Trans. Boleslaw Taborski. London：Routledge，1965. p.48.

來與《李爾王》不同的感知。這種對於戲曲、對於莎劇皆一無所知，卻能透過吳興國的改編而體驗到的焦慮與感受，除了是我對於當代傳奇劇場的第一次接觸，同時我也認為這可以是「重探」當代傳奇劇場的一個可能。換句話說，就是在繁複的理論依據背後，這層改編到底代表了什麼？這會不會才是當代傳奇劇場能夠轉變的契機。

於是，我的問題意識也是從《李爾在此》作為核心，並以此出發，往前推至創團，往後探討至 2011 年。林鶴宜在《台灣戲劇史》中，指出：

> 到了民國九十年的《李爾王》，令人感到突兀的，不再是非京劇的唱腔，而是整個敘事結構、表演語彙、觀念邏輯、故事人物都那麼渾然西方的情境下，唱出來的竟然是皮黃。然而，這樣的處理扣緊演員吳興國反省自己面對京劇的心情，又很能夠自圓其說。現代戲劇手法日趨成熟，皮黃成了材料，以一個屬性「現代」的劇團而言，也許，它已然建立了某些東西。〔註4〕

到底「某些東西」是什麼？林鶴宜並未明講。不過，透過她對於《李爾在此》的評斷，我試圖回應王安祈在《樓蘭女》首演之後所言的：「『當代』的大部分成員雖都來自京劇界，但他們的目的不在於京劇本身的改良，他們要探索的是當代中國戲劇的新型態。」〔註5〕於是，吳興國所做的並不是「京劇能不能演繹莎劇（西方經典）」這個問題，而是透過「跨文化演繹」，如何對於傳統京劇產生「質變」。王安祈便如此認為：

> 「雅音」是京劇自身的創新，「當代」則企圖從京劇脫殼蛻變成一新的劇型，因此二者的論調與作法有本質上的差異。……綜言之，這個由京劇出發的劇團想要實證的目標已非京劇所能局限。〔註6〕

因此，林鶴宜所謂的「某些東西」應是王安祈此處所指的「戲劇的新型態」，但到底是什麼，也無法明確的指陳。

於是，「改編」到底是什麼？「新型態」又是什麼？透過「跨文化改編」，究竟替當代傳奇劇場帶來怎樣的契機？那麼，對於京劇現代化呢？在這樣的過程之後，我們還能稱當代傳奇劇場的作品為「京劇」嗎？這是一直環繞住我的問題。

---

〔註4〕 林鶴宜：《台灣戲劇史》（新北：國立空中大學，2003 年），頁 244。
〔註5〕 王安祈：《傳統戲曲的現代表現》，頁 100。
〔註6〕 同前註。

　　倘若吳興國的目標是：「希望能讓國劇從古老的時空中走出來，在新的劇場、與新觀眾溝通，透過現代演員不同的思考、運用，以新生的面貌復甦。」〔註7〕，或如林秀偉所言：「我們希望能吸納各種異質的表演體系，經過消化整理，然後，生下一個具有特色的混血兒。這是『當代傳奇』最終的目標。」〔註8〕透過「西方改編」以達成王安祈所言的「戲劇的新型態」，那麼在林鶴宜的觀察下，可能已達成。但，在《李爾在此》之後，當代傳奇劇場又推出《暴風雨》這部「拼貼」意味濃厚的作品，整體形式上又偏離了《李爾在此》所擁有的。可以注意到的是，在吳興國的劇場實驗裡，彷彿不斷地在「中國京劇」與「西方劇場」之間「擺盪」。縱然我們很清楚這沒有絕對性的答案，但吳興國的創作卻總讓人質疑，他的初衷到底是什麼？「新型態」的確無法定義，但吳興國若從「京劇」出發，最終的走向到底是什麼？當然，對於當代傳奇劇場的「跨文化改編」，已有太多論者提出他們的看法，不管是正面或是負面。但在當代傳奇劇場成立了二十五年之後，以及「京劇現代化」逐漸成為定調的今日，如何重新檢視與觀看當代傳奇劇場這二十五年來的作法以及創作，我認為這是在「改編」背後必須被再次思索的部分。

　　另一方面，2009年所推出的傳統老戲系列《梨園傳奇》，卻替這個問題找到一個解答的契機。《梨園傳奇》在2009年推出後，2010年又以《梨園傳奇2》於高雄演出，兩次的《梨園傳奇》共演出《寂寞沙洲冷》（《問樵鬧府、打棍出箱》）、《英雄美少年》（《時遷偷雞》、《石秀探莊》與《陸文龍》）與《傾國之戀》（《貴妃醉酒》與《霸王別姬》）、《四郎探母》、《三岔口》、《遊園》、《戰馬超》幾部老戲。開始被注意到的是，當代傳奇劇場其實不只有「西方改編」，仍有「老戲新編」的部分，也就是《陰陽河》（1991）、《無限江山》（1992）、《金烏藏嬌》（2002）與《夢蝶》（2007）等作。但，《梨園傳奇》所展演的更是連「新編」的成分也除去的「老戲重演」，完全成為當代傳奇劇場一路創作下來的特例，甚至是另一走向。於是，可以重新被思索的是「吳興國的初衷到底是什麼？」的確，當代傳奇劇場以《慾望城國》起家，所被關注的也是他們一路下來透過「跨文化改編」而成的「混血」之作，而這些劇作也成功

---

〔註7〕吳興國：〈從傳統走入莎翁世界〉，《中外文學》第15卷第11期（1987年4月），頁50。

〔註8〕江世芳記錄整理：〈從傳統到傳奇：談「當代傳奇」劇場的京劇革新之路〉，《表演藝術》第9期（1993年7月），頁70。

地改變了現代京劇，就如吳興國之師周正榮所言：「戲是得照你們年輕人的方式做下去了！」〔註9〕透過吳興國的當代傳奇劇場，讓台灣的京劇走進了「轉型蛻變期」，打通古典與現代的界線。但，在陸續創作了二十多年後，被重新搬演的「傳統老戲」到底代表了什麼？這是我必須對當代傳奇劇場重新提出的疑問。這些看似準備被淘汰的「老」戲，因被冠上了「老」字而彷彿必須隨著時間入土。但，我必須替我在看完將近兩百分鐘的吳興國與魏海敏的《四郎探母》的那滴眼淚作辯解。的確，略長的兩百分鐘真也讓人坐不住。不過，單憑〈坐宮〉一折就已值得一夜的消磨。當〈坐宮〉那段扣人的唱詞開始之時，吳興國與魏海敏進入一種兩人的對話語境之中，彷彿楊四郎與鐵鏡公主在時光扭轉之後來到了現場。他們口中流露出的一字一句，纏繞著情感，盤旋在整個舞台之上，也成為吳興國與魏海敏兩人凌駕於其他演員的一大關鍵。如何在嚴謹的程式規範裡，體現角色的情感，或許是兩人經過不同的戲劇訓練過後，在自己的本工之上達到另一種詮釋空間。於是，我的那滴淚水不只是給這齣戲，更是給這兩位演員，同樣也害怕如何他們不在了，還有誰能夠以這樣的姿態演繹這些老戲。〔註10〕作為經典的，到底是戲本身，還是詮釋它的演員？

　　當代傳奇劇場雖以《慾望城國》打響名號，但透過這些改編，吳興國的原點到底是什麼？同時必須回答的是，又為何要以京劇作為演繹載體？其實，就是因為吳興國乃出身自「傳統京劇」演員，而他之所以「從傳統走入莎翁世界」〔註11〕在於試圖解決京劇的衰微。於是，吳興國到底是不是毀壞京劇者，在二十五年後的當下，我認為還有別的解讀空間。站在2011年結束的時候，之所以能夠重新探討當代傳奇劇場，在於對「創新」與「傳統」兩條路線的發展上，當代傳奇劇場都已開展出不同的枝葉，甚至在兩者的中間找到一個足以共融的空間。因此，這將成為我重新討論當代傳奇劇場的可能。

　　揆諸對於當代傳奇劇場的探討，多立足於「創新」的角度，本論文並不否認吳興國的「創舉」與「新意」，但我試圖重新替當代傳奇劇場與吳興國定

---

〔註9〕　引自王安祈：〈寂寞沙洲冷〉，《聯合報》2009年11月1日，D3版。

〔註10〕　本段論述源自於筆者所發表之劇評。詳見日雨（吳岳霖）：〈獻給梨園戲神的禱詞：從《梨園傳奇2》之《四郎探母》反思傳統京劇在當代〉，《國藝會藝評台》，網址：http://artcriticism.ncafroc.org.tw/article.php?ItemType=browse&no=2404（2011.01.11）。

〔註11〕　本用語取自於吳興國：〈從傳統走入莎翁世界〉，頁50～51。

位，而以「傳統」的角度再度檢視當代傳奇劇場這些「跨文化」「混血」之作。當透過遠觀且綜觀的視角，是否能夠替吳興國與當代傳奇劇場找到新的詮釋空間與歷史定位，為本論文嘗試的目標與動機。

## 第二節　研究路徑與問題

### 一、跨文化劇場：「正向」與「反向」〔註12〕

到底什麼是「跨文化劇場」（Intercultural theatre）？法國戲劇學者帕維（Patrice Pavis）在《跨文化表演讀本》（*The Intercultural Performance Reader*）提出對跨文化劇場的定義：

> 嚴格來說，它是透過對來自不同文化區域的表演傳統有意的混合而成的創作形式，這個混合體以致原先的形式不能再被辨認。〔註13〕

透過帕維的定義，我們可以認為「跨文化劇場」是劇場創作者藉由不同文化對於戲劇的處理方式與呈現手法，進而去創造一個屬於他自己的劇場美學。但這套理論也仍有其不確定性，帕維指出：

> 總之，跨文化劇場不僅還未形成一個讓人承認的領域，而且我們也不能確定在他之後是否還會有未來可言。所以，討論劇場實踐中的跨文化交流，可能會比談論在各種傳統的綜合中，冒出來的一種新形式，還來得更有建設性。〔註14〕

「多元文化劇場」（Multicultural theatre）、「文化拼貼」（Cultural collage）、「融合劇場」（Syncretic theatre）、「後殖民劇場」（Post-colonial theatre）與「第四世界劇場」（The「Theatre of the Fourth World」）都屬於「跨文化劇場」的創作方式與發展。〔註15〕而，透過「跨文化」的眾聲喧嘩，除了打開中西方戲劇的互動與交流，成為新的表演藝術與實驗，也成為幾位劇場導演的藝術實踐與

---

〔註12〕本標題的定名取樣自石光生與段馨君兩人對於「跨文化劇場」的論著。石光生：《跨文化劇場：傳播與詮釋》（台北：書林，2008 年）。段馨君：《跨文化劇場：改編與再現》（新竹：國立交通大學出版社，2009 年）。

〔註13〕Patrice Pavis，*The Intercultural Performance Reader.* New York：Routledge，1996. p.8.

〔註14〕Patrice Pavis，*The Intercultural Performance Reader.* New York：Routledge，1996. p.1.

〔註15〕此處參見段馨君：《跨文化劇場：改編與再現》，頁 5。

理論建構。於此，我想透過幾位劇場導演所開創的理論，來簡要說明「跨文化劇場」中，東方劇場對西方劇場的影響。

## （一）〔德〕布萊希特（Bertolt Brecht）

布萊希特於 1935 年觀賞完梅蘭芳在莫斯科的演出之後，受到梅蘭芳詮釋女性角色的手法，以及中國京劇抽象的表演方式影響，逐漸發展出「疏離效果」（the Alienation Effect）與「史詩劇場」（Epic Theatre）理論。孫惠柱指出：「布萊希特認爲他的戲劇是受到了中國戲曲很大的影響。事實上卻有兩點比較相像：它們都不贊成現實的逼眞再現而要修正生活，戲劇動作與生活動作距離較大；都採用自由分場的史詩結構，比較鬆散，動作也常中斷。」〔註16〕布萊希特希望表演者在角色與個人之間保持其距離，以一種「陌生化」（defamiliarization）達到與觀眾維持理性的距離。不過，可以注意到的是，雖說布萊希特認爲自己受到中國戲曲的影響，但他可能對中國戲曲存在著某些「誤解」。中國戲曲的程式化動作，被他認爲是「演戲就是演戲」的狀態，因而加強其「疏離」的想法，但中國戲曲演員並非是以「演戲」的心態來詮釋角色，仍是要試圖與角色相連結，此與布萊希特的「疏離」是有所不同的。不過，若只用影響的角度來論之，中國戲曲的確造就了布萊希特理論的生成。同時，他也透過中國戲曲的取材，製作了《四川好女人》（Der gute Mensch von Sezuan）與《高加索灰欄記》（The Caucasian Chalk Circle），足見布萊希特在「跨文化劇場」的實際運用。

## （二）〔法〕亞陶（Antonin Artaud）

亞陶的「殘酷劇場」（Theatre of Cruelty）建構於他對西方戲劇的不滿，其感受到語言的局限性，因此對非語言劇場有其想像與摸索，而這樣的型態在峇里島表演（Balinese performance）裡找到了答案。他認爲：「峇里島人以高度精準，實現了一種純粹劇場，其中的一切，從構想到演出，其存在、其價值都在於它舞台上的客觀化的程度。它成功的說明，導演的絕對主導權，導演的創造力取消了語言。這些戲劇的主題模糊、抽象，且極其籠統。賦它以生命的，是各種繁複錯綜的舞台手段的巧妙運用。以嶄新的方式運用手勢和聲音，在我們的心靈上，形成一種形上意念。」〔註17〕這樣的表演所給予亞

---

〔註16〕孫惠柱：《戲劇的結構與解構》（台北：書林，2006 年），頁 203。
〔註17〕翁托南‧阿鐸（Antonin Artaud）著，劉俐譯注：《劇場及其複象：阿鐸戲劇文

陶的啓示是「讓我們看到一種身體的而非文字的戲劇概念」〔註18〕。於是，在西方純屬理論的「純粹劇場」，卻讓亞陶在峇里島表演裡找到了實例。不過，他所提倡的「殘酷劇場」雖賦予劇場美學、劇場批評和劇場本身一個新的方向，卻未能實際地實現其具宗教性的高度，但也深刻影響當代劇場。

### （三）〔波蘭〕葛羅托斯基（Jerzy Grotowski）

葛羅托斯基所開創的劇場理論與實踐，最爲人所知的是「貧窮劇場」（Poor Theatre），影響了二十世紀的前衛劇場。之後他又陸續提出其創作理論，包含「類劇場」（paratheatres）、「溯源劇場」（Theatre of Sources）、「客觀戲劇」（art as vehicle）。其中與「跨文化劇場」最爲相關的是「溯源劇場」。鍾明德簡單地說明：「『溯源劇場』就是利用劇場來追溯出人類身體文化之共同的源頭。」〔註19〕這種跨文化的溯源過程，包含1956年葛羅托斯基曾到亞洲內陸遊歷，1962年到中國的北京與上海見過許多傳統與和現代方面的戲劇工作者，1969年到1976年間曾到印度四次等。而，鍾明德以葛羅托斯基的說法指出1962年的中國之旅帶給他增添了兩個練習：一個是「中國原則」（the Chinese principle），係如京劇演員的表演。另一則是林醫師的「喉嚨打開方法」，成爲他在聲音訓練時透過此法讓演員檢查自己的喉嚨是否已適當地張開。〔註20〕而葛羅托斯基的劇場理論影響了二十世紀的現代劇場，如理查・謝喜納（Richard Schechner）的「環境劇場」（Environmental Theater）和芭芭（Eugenio Barba）的「歐亞劇場」（Eurasian Theatre）。

### （四）〔法〕莫盧金（Ariane Mnouchkine）

法國陽光劇團的導演莫盧金對於東方文化有所喜愛，她曾說過：「當時的我在『世界劇場』（Theatre des Nations）看到來自中國的京劇，驚豔不已，也因此受到了一些中國戲曲的啓發。」〔註21〕並曾提出「劇場是東方的」（theatre is oriental）的看法。段馨君指出：「其許多跨文化劇場作品改編自英國莎士比

集》（台北：聯經，2003年），頁56。

〔註18〕翁托南・阿鐸（Antonin Artaud）著，劉俐譯注：《劇場及其複象：阿鐸戲劇文集》（台北：聯經，2003年），頁73。

〔註19〕鍾明德：《從貧窮劇場到藝乘：薪傳葛羅托斯基》（台北：書林，2007年），頁109。

〔註20〕詳見前註，頁112。

〔註21〕亞莉安・莫盧金（Ariane Mnouchkine）、法賓娜・巴斯喀（Fabienne Pascaud）著，馬照琪譯：《亞莉安・莫盧金：當下的藝術》（台北：國立中正文化中心，2011年），頁49。

亞的劇本，或是希臘悲劇，卻創新地採用日本的能劇（Nō）與歌舞伎（Kabuki）形式演出，例如《李爾王》（King Lear）與《米蒂雅》（Medea）。」〔註22〕由莫盧金所成立的陽光劇團，本身也是一個由多國演員組合而成的劇團，就如同一艘「方舟」。〔註23〕此外，當代傳奇劇場能夠再度復團，亦與莫盧金鼓舞吳興國有極大的關係。

其他如彼得・布魯克（Peter Brook）曾提出「第三世界文化的連結」（The Link of the Third Culture）〔註24〕，並曾編導印度史詩《摩訶婆羅達》（The Mahabharata）等跨文化之作；理查・謝喜納提供「烏托邦之夢」給評論者、實踐者及表演者一個追求跨文化表演的解釋，認為在「烏托邦之夢」中，每個文化都被平等地對待，每個人都有「文化選擇」的權利〔註25〕；芭芭則在「歐亞劇場」指出，他的理念將是歐洲和亞洲劇場中的「表達之前原則」（pre-expressive principle）和「普遍文化之前的基礎」（cpmmon pre-cultural foundation）的共同特性〔註26〕。當然，透過「跨文化」以實踐劇場理念者並不僅有如此，不過就誠如段馨君所言：「從當代劇場的角度來看，跨文化主義這一個新興的劇場語彙，指的是一種心理狀態，同時也是一種工作方式。」段馨君並於該說法前以邦妮・馬藍卡（Bonnie Marranca）的說法做解釋：「什麼是『跨文化主義』？『跨文化主義』可以運用在理論、技巧、政治、美學、劇場及評論等方面。跨文化主義與世界觀、實際面及理論皆密不可分：它是一種存在於表演準備、演出過程，以及演評之前的心理狀態。」〔註27〕因此，

---

〔註22〕段馨君：《跨文化劇場：改編與再現》，頁9。

〔註23〕莫盧金指出：「我需要這種豐富性。我並不喜歡『文化混血』這個詞，它有簡化的嫌疑，感覺好像每一個人都變成同樣的樣子。我偏好的，是『方舟』這個形容詞。今天，更甚於以往，陽光劇團彷彿是一艘小小的方舟。」見亞莉安・莫盧金（Ariane Mnouchkine）、法賓娜・巴斯喀（Fabienne Pascaud）著，馬照琪譯：《亞莉安・莫盧金：當下的藝術》，頁207。

〔註24〕帕維曾對布魯克的「第三文化」加以提出定義：「於此，我沒有辦法輕易地給個名字或定義，『第三文化』是狂野的，是無法掌控的，但在某種程度上，是和第三世界相關聯的某種事物——對其他國家而言，它是活力而難以駕馭的特徵，但在不穩定的關係中，需要不斷的調整。」Patrice Pavis，*The Intercultural Performance Reader.* New York：Routledge，1996. p.65.

〔註25〕詳參段馨君：《凝視臺灣當代劇場：女性劇場、跨文化劇場與表演工作坊》（新北：Airiti Inc.，2010年），頁156～163。

〔註26〕見段馨君：《跨文化劇場：改編與再現》，頁11。

〔註27〕同前註，頁11～12。

雖都稱之爲「跨文化劇場」，但卻因每個創作者對於其理解的不同，進而透過
自己的詮釋，以完成其劇場理論。

　　不過，從這些理論流派可以注意到的是，「跨文化劇場」的理論生成與運
用，都是西方人在本有的表演體系上，透過對於東方表演的取材，重新建構
屬於他們各自的劇場系統。於是，用以定義「跨文化劇場」的，其實也都是
西方人的視角。就如莫盧金所言：

> 如果說從西方誕生了偉大的戲劇寫作，那麼東方的貢獻則在於長期地
> 培養了演員的藝術。在東方，一切都是可以呈現的，一切都是有機的。
> 每一個情緒，每一個感覺，都可以找到將它對應的獨特徵兆。東方的
> 演員具有獨到地分析人類行爲的能力，就像解剖員一樣。〔註28〕

對西方人而言，東方文化具有其神秘色彩，於是當西方劇場發展到一定程度
時，爲尋求劇場結構與呈現的突破，本身發展脈絡與西方有所差異的東方文
化與劇場就成爲其重新找到契機的對象。而，在取材上最主要的方式就是西
方的文本與東方的表演相互結合，常見的對象就是日本的能劇、歌舞伎，以
及中國的京劇等。這種「跨文化」的詮釋，彼得・布魯克勾勒了一個極美好
的願景：

> 世界的劇場文化中，沒有什麼比不同種族和背景的藝術家通力合作
> 更爲重要。當不同的傳統一起出現時，首先會有障礙。透過密切的
> 合作，當發現共同的目標時，障礙就會解除。所有人的姿態和語調
> 會成爲相同語言的一部分，在片刻間表達一種共享的眞實，並且將
> 觀眾納入：所有劇場都通往這一刻。〔註29〕

他試圖在他所言明的「空的空間」〔註30〕裡，以開放的態度，透過這種文化
的嵌合，去創造劇場的可能性。

　　但，這種「跨文化劇場」的生成，所透露的其實是創作者如何站在自己

---

〔註28〕亞莉安・莫盧金（Ariane Mnouchkine）、法賓娜・巴斯喀（Fabienne Pascaud）
　　　　著，馬照琪譯：《亞莉安・莫盧金：當下的藝術》，頁190。
〔註29〕彼得・布魯克（Peter Brook）著，陳敬旻譯：〈金色的魚〉，《開放的門：對於
　　　　表演與劇場的思考》（台北：書林，2009年），頁130。
〔註30〕「空的空間」概念取自於彼德・布魯克（Peter Brook）的著作《空的空間》。
　　　　在該書第一章〈僵化劇場〉即提到「我可以選任何一個空的空間（empty
　　　　space），然後稱它爲空曠的舞台。如果有一個人在某人的注視下經過這個空的
　　　　空間，就足以構成一個劇場行爲。」詳見彼德・布魯克（Peter Brook）著，
　　　　耿一偉譯：《空的空間》（台北：國立中正文化中心，2008年），頁20。

的文化基礎上，去「看待」異國的文化，並去「選擇」他所需要的，就像莫盧金雖以敬仰的態度觀看東方的表演與演員，但卻同樣也透露對於西方劇本的自信，其所選取的也僅是東方的表演方式。這也是大多數西方導演對於跨文化劇場的處理方式，如：彼得・布魯克編導的《摩訶婆羅達》雖是印度史詩題材，但卻也經過大量的刪改，成為他所欲展演的樣貌，主要被保留的仍是印度的表演方式。於是，這就存在著創作者本身如何用自己的角度去「定義」異文化進而「選取」，帶有其「文化霸權」的思考，以及個人的偏見。因此，這樣的做法就導致了「誤解」，甚至是文化上「竊用」的可能。最明顯的「誤解」，就如前述提及的亞陶與布萊希特，他們分別對於芭里島表演與中國京劇產生某些程度上的錯誤理解，故透過錯誤的認知去「截取」到他們所需的部分，進而生成他們的理論。不過，問題的核心就在於這個「截取」的過程，所產生的「錯解」與「挪用」，比較著名的例子就是理查・謝喜納與彼得・布魯克。就理查・謝喜納所言的「文化選擇」來說，這個「選擇」本身就存在著過多的主觀意識，並且是以個人的文化背景高姿態地進行選取。雖說文化選擇是在「烏托邦」的理想境界下達成，但這個概念卻過度地理想化，在忽略各自國家的歷史背景與現實因素的情形之下，而被假設成文化是平等與被重視的，導致這個「文化選擇」仍是在於權力者的掌控之下。顯然地，作為西方人的理查・謝喜納就是這個權力核心。於是，段馨君認為：

> 由於謝喜納沒有察覺隱藏在西方優越下，造成人們「低下身」或「竊用」他人文化的偏見。因此他很難於在他國（如印度、中國與台灣）呈現的作品上避免這些「挪用」的情形發生。〔註31〕

同樣的問題也發生在彼得・布魯克、芭芭、葛羅托斯基等人的編導上，他們對於文化的態度雖具全球化的視角，但卻不可避免並且不自知地以西方本有的位階去詮釋。因此，作為東方人的印度學者巴魯洽（Bharucha）顯然就對這個問題小心處理些，他認為：「文化之間交流的計畫仍有一殖民主義的一陣煙圍繞著它們，以至於讓它們防止在文化相互交換之中，有任何相互互惠的可能性。」〔註32〕故，雖說跨文化能讓文化之間相互的影響，並達到創新，但對於本為殖民系統一環而屬於弱勢的東方文化而言，也是有可能產生另一種

---

〔註31〕段馨君：《凝視臺灣當代劇場：女性劇場、跨文化劇場與表演工作坊》，頁157。
〔註32〕轉引自段馨君：《凝視臺灣當代劇場：女性劇場、跨文化劇場與表演工作坊》，頁157。

「侵害」。

　　總結上述可得知，雖說「跨文化」具有其理想性的詮釋空間，並試圖透過一種「文化平等」的態度，達到某種「截長補短」的成果，但顯然地在「西方霸權」爲主架構的世界文化之下，東方文化視同一個「次等」的文明。因此，當「跨文化劇場」的理論影響了台灣劇場，卻產生截然不同於西方導演處理的態度與做法。戴雅雯就指出：「有時候原作與改編之間的牴觸是由於改編過於保守，不敢大刀闊斧更改原作以適應自己的目標。這種情況經常發生在試圖從事文化移轉卻沒有同時進行意識型態變更的改編作品。改編過度拘泥於原作，添增不了多少見地卻徒然模糊了原作的視野。」〔註33〕不可否認的是，必然有台灣劇場導演試圖去拆解西方經典，重新定義與建構，但或多或少都帶有對於西方經典的敬意。而，西方論者對於東方的經典改編亦常抱有「東方人無法詮釋經典」的質疑，多以「西方經典」的「高姿態」來評斷東方改編。不過，以西方透過東方表演所建構的劇場理論而言，何嘗不也帶有「不懂東方文化」的「誤解」。

　　因此，倘若西方取材自東方的「跨文化」是在以西方爲尊的傳統之下的文化選擇的「正向」。那麼，當東方劇場因接收到「跨文化」的理論而向西方取材，那麼以作法上可是爲一種「反向」。

　　不過，可以注意到的是，不管是「正向」或是「反向」，都是以「東方的戲劇形式」來表現「西方的文本」，於是林于竝便指出：

> 仔細觀察的話可以發現，這類跨文化戲劇大多以「東方的戲劇形式」來表現「西方的文本」，相反地以「西方的戲劇形式」來表現「東方的文本」者其實是比較少見的。〔註34〕

因此，他也認爲：

> 從這點可以發現，跨文化戲劇當中的異文化交流並不是在一個對等的狀態底下所進行的。由「西方的」導演或者劇團所主導的跨文化戲劇，以豐富西方戲劇表現型態爲目的，一方面掠奪「東方的」戲劇的表現樣式，另一方面，在無意識當中強化了「西方的」經典文

---

〔註33〕戴雅雯（Diamond，Catherine）著，呂健忠譯：〈台灣劇場的跨文化改編：橋樑或是裂痕？〉，《做戲瘋，看戲傻：十年所見台灣劇場的觀眾與表演（1988～1998）》（台北：書林，2000年），頁33。

〔註34〕林于竝：〈鈴木忠志《特洛伊女人》當中的東西方交會〉，《戲劇研究》第7期（2011年1月），頁173。

本的普世價值以及其與生俱來的優越性。〔註35〕

這兩者之間的交流並非對等的，再加上現代劇場的型態與概念近乎皆建構於「西方」，同樣地，「跨文化劇場」理論亦是如此。故，西方編導是在某種「掠奪」東方表演型態的情形下，去豐富其本有自信的西方劇本，同時也強調了西方的「經典性」。因此，所謂的「反向」的跨文化劇場運用，其實存在著很多弔詭與矛盾的情形，也就是身處東方的創作者，如何在這種帶有「文化霸權」的情境裡，從中面對自身的文化處境，而展現出其樣態。我們可以投以關注的東方創作者，主要有日本的鈴木忠志、蜷川幸雄，以及台灣的吳興國等。

以鈴木忠志而言，他曾編導過多部西方劇作，包含契訶夫的《紀念日》、亞瑟·米勒的《推銷員之死》等，而林于竝則將焦點置於《特洛伊女人》，認為：「這是鈴木忠志所導演的第一個希臘悲劇。有別於之前以『拼貼』的手法肢解西方劇本，在《特洛伊女人》當中，鈴木忠志『完整地』處裡一個完整的『西方翻譯劇本』。」〔註36〕於是，鈴木忠志透過日本傳統的「能劇」以及「歌舞伎」表演的身體性發展成一套表演訓練的體系，稱之為「鈴木方法」（Suzuki Method）。鈴木忠志指出：「在我訓練演員的方法裡，我特別強調『足』（feet）的部分。因為我相信身體跟地面溝通的意識，能喚醒整個身體功能的覺知。」〔註37〕他並認為：

> 演員（不論是歐洲人或是日本人）藉由重踩地面的姿態，可以感受
> 到自己身體內一股與生俱來的力量。經由這種姿勢的導引，可以創
> 造出一個虛擬的空間，也許甚至是一個儀式的空間。在這裡，演員
> 的身體實現了從個人意義變身到宇宙象徵的一種「變身」。〔註38〕

有意思的是，雖說亞陶等人對東方文化與表演有所誤解，但他所理解到的「宗教性」與「儀式性」的可能，卻在作為東方人的鈴木忠志的理論裡體現。於是，在這套方法形成之後，鈴木忠志陸續以此為核心編導了多部希臘悲劇、莎劇、以及契訶夫等的翻譯劇本。同樣地，亦可舉蜷川劇團曾於台灣演出的

---

〔註35〕同前註，頁173～174。

〔註36〕林于竝：〈鈴木忠志《特洛伊女人》當中的東西方交會〉，《戲劇研究》第7期（2011年1月），頁175。

〔註37〕鈴木忠志著，林于竝、劉守曜譯：〈文化就是身體——足的文法〉，《文化就是身體》（台北：國立中正文化中心，2011年），頁9。

〔註38〕同前註，頁15。

《美狄亞》為例，其被認為是歌舞伎版的 Medea，運用了歌舞伎出身的男演員來詮釋劇中的 Medea，讓表演回到日本傳統的表演系統。林原上便指出：「『蜷川』的美狄亞在語言上運用了演員的真假嗓音和音樂的突跳，製造了演員內外獨白心理空間的二重唱，這是用語言來表達轉換情緒的好辦法，也是一種對位的效果。」〔註39〕可見，蜷川幸雄重新演繹《美狄亞》的方法，根本的源自於這位歌舞伎演員。於是，不管是鈴木忠志或是蜷川幸雄，他們都嘗試重審傳統演員的「身體性」，就如鈴木忠志所著的專書《文化就是身體》，獨有從演員的身體出發，才是對於文化探索的根源，因此也才能夠在「跨文化」理論被建構的弔詭語境裡，找出其獨有性。

因此，當吳興國嘗試使用京劇來重詮莎劇、希臘悲劇與現代劇場作品時，除試圖改變京劇演員本有的身體與程式外，能否透過這一層的詮釋，提供西方文本或是東方演繹有不同的「變體」，而這可能是在「改編」這件事情上比較深層的意義。在日本編導的先行實驗下，同樣作為東方傳統藝術核心之一的「京劇」，勢必也可置入於類似的思考脈絡。就誠如黃千凌在其碩士論文《當代台灣戲曲跨文化改編（1981～2001）》中，曾舉出「戲曲跨文化改編的特殊性」，以「創作精神的探索性」、「表演層面的變動」作為討論核心。〔註40〕不過，除了改變京劇層面上的問題外，改以東方創作者的角度，會否能夠提供「跨文化劇場」有其反向的思考呢？就如莫虛金雖也曾以能劇與歌舞伎來表現西方劇本，但其所截取的仍是以「表演型態」為主，在其背後的深刻意涵，如谷崎潤一郎曾在《陰翳禮讚》裡所提到的「圍繞能劇的那種幽暗與由此而生的美」〔註41〕，勢必無法體現得比鈴木忠志等人得宜，甚至西方人在「挪用」這些表演型態時，根本沒意識到這層面的問題。故，以此角度再重新檢視吳興國，或者該說是從吳興國的詮釋重新檢驗「跨文化劇場」，是否能夠改變這層由西方人所建構的理論依據呢？

於是，我們所要思索的是，「反向」的跨文化劇場到底提供了我們怎樣的思維？西方劇場雖取用了東方劇場的身體與表演，來重新體現他們的劇本，但當東方的創作者亦是以同樣方式進行時，其所蘊涵的意義是否相同？以及

〔註39〕林原上：〈我看樓蘭女〉，《民生報》1993年7月9日，14版。
〔註40〕詳見黃千凌：《當代台灣戲曲跨文化改編（1981～2001）》（台北：國立台灣大學戲劇學系碩士論文，2001年），頁18～21。
〔註41〕谷崎潤一郎著，李尚霖譯：《陰翳禮讚》（台北：臉譜，2009年二版），頁50。

其呈現的方式，會否因東方創作者更了解自身的「表演程式」與「身體觀」，而體現出不同的表演架構。這應該是透過「反向」的跨文化劇場所試圖取得的答案。

## 二、我們想要怎樣的劇場？──對「當代傳奇劇場」的提問

> 每一齣戲完成的時候，我們終究都會找到一些答案。但是誰都不能保證下一次也能夠找到。〔註42〕
>
> ──亞莉安・莫盧金（Ariane Mnouchkine）

在完成一齣戲的同時，所得到的答案其實包含對戲劇的思考，乃至於戲劇以外的自省。而莫盧金這樣的說法，其實也忠實地反應當代傳奇劇場的情形。吳興國透過不同的改編手法，針對不同的原著劇本，試圖在不同的劇作中，達到相異的突破，在其強大的企圖心裡，很強烈地在尋求一個答案。但，看似不斷透過前一部劇作所得到的經驗，而開展出下一部劇作的概念，其實卻也讓當代傳奇劇場的劇作呈現一種「擺盪」的現象，不管是搖擺於現代劇場與傳統戲曲間，或者是對於原著的態度。我們似乎可以在當代傳奇劇場的每一部劇作中，找到吳興國對於這齣戲的理念，以及對於戲劇的看法，但這個思索卻不一定會再度被反應到下一部劇作，於是就如莫盧金所言的，那個答案下次不一定也能夠找到。那麼，為什麼會如此？對於這個問題的提出，我想先從兩個問題入手，第一是「什麼是『混血』？」，第二則是「什麼是『當代傳奇劇場』？」。

「混血」一詞用以說明當代傳奇劇場的劇作，最早在書面上有所記載的應是林秀偉在《樓蘭女》演出後（1993 年），與鍾明德的對談稿〈從傳統到傳奇：談「當代傳奇」劇場的京劇革新之路〉。她這樣說：

> 我們希望能吸納各種異質的表演體系，經過消化整理，然後，生下一個具有特色的混血兒。這是「當代傳奇」最終的目標。〔註43〕

之後，以「混血」一詞來論述當代傳奇劇場者，以王安祈作為主要代表。王安祈在《臺灣京劇五十年》裡敘述當代傳奇劇場時，以這段論述作結：

〔註42〕 亞莉安・莫盧金（Ariane Mnouchkine）、法賓娜・巴斯喀（Fabienne Pascaud）著，馬照琪譯：《亞莉安・莫盧金：當下的藝術》，頁 8。

〔註43〕 江世芳記錄整理：〈從傳統到傳奇：談「當代傳奇」劇場的京劇革新之路〉，頁 70。

由《慾望城國》到《樓蘭女》到《奧瑞斯提亞》，京劇的表演程式越
來越減少，這樣的作法頗具爭議性，但在「古典與現代的融合混血」
上頗具創意，……〔註44〕

同樣地，盧健英在吳興國的傳記裡亦重述了王安祈的觀點，認爲吳興國「是
八○年代在台灣劇壇『古典與現代混血跨界』觀念的第一人。」〔註45〕因此，
「混血」這個詞彙用以形容當代傳奇劇場，成爲一個滿普遍的認知。而鄭傑
文的碩士論文，以當代傳奇劇場作爲主題，亦直接將題目訂爲「慾望現代與
混血表演」〔註46〕。

但，「混血」到底是什麼？我認爲，以林秀偉與王安祈所指涉的，並不完
全是同樣的意思。林秀偉的立論基礎在於試圖「發展出另一套唱唸做打」，故
她的「混血」是透過不同的表演藝術體系而誕生。王安祈則是從戲曲作爲出
發，並以「古典」與「現代」作爲「混血」的對象。於是，林秀偉的論點是
「橫向」的，把所有表演藝術置於一平台；王安祈則是帶有對戲曲發展的「縱
向」史觀。不過，就如王安祈在該段論述後所言：「京劇和現代戲劇界的接觸，
也已有由外在形式（如舞臺設計）深入內化到實質內涵（如劇本及表演體系）
的趨勢，『藝術越界』得觀念逐漸落實。」〔註47〕因此，王安祈對於「混血」
其實仍是將其沿伸到整個表演藝術上，只不過，我認爲王安祈的論述是較帶
有一種台灣戲曲（劇）史的視角。於是，倘若將「現代」劇場定義爲西方現
代戲劇的引入，那麼「混血」必然也包含了中西方的混血，也就是當代傳奇
劇場一路以西方劇本爲改編核心的架構。因此，鄭傑文雖未在其論文中點明
「混血」的實際意思，但在使用「殖民混血」作爲內文的標題，並透過「殖
民理論」來加以論述〔註48〕，如他文內對《奧瑞斯提亞》所下的結論：「劇中
各劇場元素的混血交雜，提供了文化層面反思的著力點。」〔註49〕因此，他

〔註44〕 王安祈：《臺灣京劇五十年》（宜蘭：國立傳統藝術中心，2002 年），頁 111。
〔註45〕 盧健英：《絕境萌芽：吳興國的當代傳奇》（台北：天下文化，2006 年），頁
178。
〔註46〕 鄭傑文：《慾望現代與混血表演：1986～2006 當代傳奇劇場作品初探》（台北：
國立台灣大學戲劇學系碩士論文，2008 年）。
〔註47〕 王安祈：《臺灣京劇五十年》，頁 111
〔註48〕 見鄭傑文之論文第四章之安排，爲「殖民混血：隱身在主體中的西方──《樓
蘭女》與《奧瑞斯提亞》」。鄭傑文：《慾望現代與混血表演：1986～2006 當代
傳奇劇場作品初探》，頁 103～149。
〔註49〕 同前註，頁 149。

雖未言明「混血」之意，但透過這段論述，我認為鄭傑文是以林秀偉與王安祈對於「混血」的定義作為基礎，並延展至中西兩造背後所隱含的文化問題，也就是本節前述所論及的「跨文化」。綜合前論，「混血」所涉及的問題，雖可簡而言之是異質表演藝術的結合，以當代傳奇劇場而言，包含中國傳統戲曲、西方現代戲劇、現代舞等，但也由於在融合的過程中，涉及到每個藝術型態背後跳脫呈現層面的藝術視角以及文化詮釋。故，這個「混血」是從表演呈現到意識型態的多重混合與交雜。

　　不過，就如同前述論者大多不去定義「混血」，導致過度理所當然地認定「混血」一詞之意，乃是透過兩者相加而成為另一個東西，但實際過程卻不如人要生下混血兒那麼地簡單。除了是前述提及的文化層面問題，並不只是藉由藝術表演的雜揉就可以妥善處理，而是必須經過對彼此文化的理解，縱使在「跨文化劇場」上「曲解」與「挪用」不甚枚舉。但，純以表演層面上而言，「混血」的實際問題其實是兩者相加並不一定會成為「另」一個東西。由於，透過混血不一定能夠將所有好的部分都加在一起，它只是一個「方法」，卻帶有其「隨機」的意涵。也就是，我們並無法得知，藉由混血能夠生成出怎樣的形貌。林秀偉在自我定義「混血」時，我認為並無意識到這一層面的問題。她所關注到的是，如何透過這個方法育出新型態，縱使她信誓旦旦地說：「我們並不想做『拼貼』；我們想做的是『抽出源頭』，……」〔註50〕但以結果論之，似乎仍是混搭與拼揍而成的形貌。因此，就因「混血」的「不定性」，造成它實驗色彩濃厚。於是，我並不如林秀偉將「混血」視為後來的產物，而是在後續的討論上將「混血」作為一個「過程」與「方法」，故核心問題是透過這層「混血」所被影響到的戲劇觀點，以及如何形成當代傳奇劇場的整體發展與概念生成。

　　另一個問題，雖涉及到「當代傳奇劇場」的定名，其實也與「混血」有相關性。根據吳興國的傳記裡所記載：

> 「當代」指的是此時此刻此世代，「傳奇」指的既是京劇的源頭——
> 元雜劇以降的戲曲，亦隱含著西方所指的冒險事蹟，「劇場」指的是
> 現代化、多元化的表現空間。〔註51〕

---

〔註50〕江世芳記錄整理：〈從傳統到傳奇：談「當代傳奇」劇場的京劇革新之路〉，頁70。
〔註51〕盧健英：《絕境萌芽：吳興國的當代傳奇》，頁153。

可以注意到的是，這個命名就包含了「古典」與「現代」、「中國」與「西方」
兩種看似對立的元素。而這樣的命名方式，同時呼應到「混血」，也就是將
多元的藝術交揉在一起。此外，以「劇場」為名，除其所言的「現代化、多
元化的表現空間」，該字源於英文的「theatre」，而當代傳奇劇場的英譯亦是
以「theatre」命名。由於該字彙取自於西方，因此，其所意指的也是西方現
代戲劇。〔註52〕這個問題涉及西方劇場對於台灣現代劇場的影響〔註53〕，
故，為站上現代舞台，首被考量的條件都是如何使用西方劇場的概念。不過，
從這樣的命名亦可得知，吳興國本無意被框限於中國戲曲中，在受到雲門舞
集，以及文化大學的西方戲劇訓練，他的思路本就不被單一的劇場型態所侷
限，而在創團當時他所交往的對象，亦廣含了整個藝術文化界。於是，吳興
國的「混血」本就不只是一個「製造」與「生成」的問題，而是被囊括在他
如何影響／被影響戲劇圈、藝文界的思考，複雜地夾藏了社會文化層面的問
題。

　　在《慾望城國》首演十年後（1996年），再度重審吳興國當年為何以改編
《馬克白》作為創團之作，其一是希望京劇走出國際性格，在國際舞台上得到
掌聲，另一則為希望開脫國內傳統保守劇評的壓力。〔註54〕在國際舞台上獲得
掌聲，是不容置疑的一件事情，也是當代傳奇劇場在二十多年來的努力成果。
我所要重新檢視的是，「開脫國內傳統保守劇評的壓力」這個思考。哪一部分
屬於「傳統保守」，由於涉及意識型態並無法多做論述，但問題則在於當代傳
奇劇場真有擺脫「劇評的壓力」嗎？我認為是沒有，反而還更多。在以「混血」
作為思考的創作模式下，由於同時涉及到傳統以及現代劇場，導致當代傳奇劇
場的歸類實屬不易，特別在吳興國創團的那幾年，戲曲仍與社會期望有所落
差。因此，當代傳奇劇場的作法，不只是打亂了傳統戲曲的框架，讓吳興國不
僅被認為離經叛道，拔了香頭而被逐出師門，又是投機、崇洋媚外。同時，逆

〔註52〕誠如李立亨所言：「我們現在所談的『現代劇場』、『話劇』或『舞台劇』，其
　　　　實指的都是西方的現代劇場。……劇場就是取材自生命，而表演呈現於生活
　　　　之中，這是我們從西方入手再轉至東方劇場所獲致的結論。」見李立亨：
　　　　《Theatre：我的看戲隨身書》（台北：天下遠見，2000年），頁9。
〔註53〕有關台灣劇場受西方劇場影響，詳細內容可參考馬森：《臺灣戲劇：從現代到
　　　　後現代》（宜蘭：佛光人文社會學院出版，2002年）。馬森：《中國現代戲劇的
　　　　兩度西潮》（台北：聯合文學，2006年）。
〔註54〕見胡惠禎：〈《慾望城國》十年：吳興國回首「非傳統」的伊始〉，《表演藝術》
　　　　第48期（1996年11月），頁24～25。

轉了「跨文化劇場」的既定架構，其實也對於「西方劇場」掀起另一種「革命」。在兩邊的架構都被打亂的同時，看似好像如傳記裡所描述的：

> 從策略上來看，第一，不管是「莎士比亞演京劇」還是「用京劇演馬克白」都是嶄新的概念，懂京劇的老行不能振振有詞，懂莎劇的學者也無法一廂情願；……〔註55〕

但實際上卻剛好相反，不管是專精於傳統戲曲的，或者是研究西方戲劇的，都對於當代傳奇劇場的作法提出屬於他們觀點上的質疑。於是，不是沒有人有能力評論，反而是人人都可以加以批評。

因此，這也是本論文在處理當代傳奇劇場上所意識到的問題。就因為對於當代傳奇劇場評論的兩面化，甚至是主觀與寬廣，本文試圖透過劇評入手，重新架構對於當代傳奇劇場的評價。並且，這也點出本文想處理的問題其實是「我們想要怎樣的劇場？」。當然，這個「我們」並不只是觀眾，也包含了作為創作者的吳興國與當代傳奇劇場。

站在吳興國創團二十五年後的現在，在當時被視為毀壞傳統、打破框架的當代傳奇劇場，除改編西方經典這件事情已不再是令人逃避的議題，如：國光劇團於 2012 年推出改編自莎劇《安東尼與克莉歐佩特拉》（*Antony and Cleopatra*）的《艷后和她的小丑們》〔註56〕、臺灣豫劇團這幾年所嘗試的「豫莎劇」《約／束》、《量·度》〔註57〕等。吳興國在《慾望城國》、《王子復仇記》等作所使用的編導手法、戲曲演員的表演方式，也逐漸被當代戲曲所接受。當初被傳統戲曲學者、觀眾所質疑的，成為理所當然。當年的「創新」，在 2012 年的當下已不再是「新鮮」的事情。當我們不斷地思索「打破傳統」的問題時，當代傳奇劇場所做的已成為了當代戲曲的另一種「傳統」。於是，任何的

---

〔註55〕 盧健英：《絕境萌芽：吳興國的當代傳奇》，頁 168。

〔註56〕 國光劇團的《艷后和她的小丑們》改編自莎劇《安東尼與克莉奧佩特拉》（*Antony and Cleopatra*），於 2012 年 3 月首演。此劇特殊之處，在於其編劇並非傳統戲曲編劇，而是現代劇場學者及劇作家的紀蔚然，女主角則是擔綱多部當代傳奇劇場劇作女主角的魏海敏，並由甫獲國家文藝獎的導演李小平執導。這樣的組合，或許可以開啟當代傳奇劇場尚未觸碰到的空間與前衛性呈現。

〔註57〕 《約／束》改編自莎劇《威尼斯商人》（*The Merchant of Venice*），於 2009 年 11 月首演。而《量·度》則為「豫莎劇」第二部曲，改編自《量·度》（*Measure for Measure*），於 2012 年 6 月首演。兩部劇作編劇同為陳芳與彭鏡禧，並由現代劇場導演呂柏伸執導，豫劇皇后王海玲、朱海珊、劉健華等人主演。編劇陳芳並透過「豫莎劇」的改編，開啟其對於「莎戲曲」的論述。

「框架」本就為人所訂，倘若哪天當代傳奇劇場對於戲曲（劇）的作法成為另一種「框架」時，又將會有其他人提出「打破」的可能。

因此，對作為論述者以及觀眾的我而言，「當代傳奇劇場」到底是什麼？又或，到底要如何去定義當代傳奇劇場？我想把思考拉到彼得‧布魯克的一段話：

> 劇場能反映人類生存的每一個方面，所以每個有生命的形式都成
> 立，每個形式在戲劇表現中都能有潛在的地位。〔註58〕

當代傳奇劇場雖反映了傳統戲曲的存亡問題，但同時也是吳興國個人生存的思考。於是，我在論述上，試圖將當代傳奇劇場與吳興國劃上等號。它的發展史，其實也是吳興國個人的一段生命史。因此，它的「擺盪」不只涉及到創作手法上的客觀問題，其實也是人面對自己人生所產生的不定性。亦如英國知名劇場導演唐諾倫（Declan Donnellan）所言：

> 劇場不僅是具體空間，也是我們築夢之所在；不僅僅是建築物，
> 還是個具想像力與集體性的空間。劇場提供了一個安全的框架，
> 使我們得以帶著幻想的撫慰與群體的鼓勵在其中探索危險的極
> 端。〔註59〕

我認為，劇場給予吳興國的意義絕對不只是演一齣戲這麼簡單，倘若如此，他又何必自己編劇、導演到主演，這或許就是劇場所給予吳興國的另一種生命力與意義。這也是本文以「當代傳奇劇場」作為討論核心，試圖延伸對於生命與戲劇的觀點與探討，並以一種「史觀」的成分觀之，此為本文的研究問題亦是方式。

## 第三節　文獻回顧

當代傳奇劇場自1986年以《慾望城國》創團，開啓以「西方混血」作為核心的「跨文化」改編型態，將京劇發展帶進轉型與蛻變的時期，促使京劇走入現代並產生質變。由於當代傳奇劇場對於台灣京劇表演體系以及劇場型態的劇變與衝擊，因此，掀起傳統戲曲與現代劇場兩端的爭議與討論，而評論者亦從

---

〔註58〕彼得‧布魯克（Peter Brook）著，陳敬旻譯：〈金色的魚〉，《開放的門：對於表演與劇場的思考》，頁129。

〔註59〕迪倫‧唐諾倫（Declan Donnellan）著，馬汀尼、陳大任譯：《演員與標靶》（台北：聲音空間，2010年），頁6。

一般觀眾、藝文界人士，到戲劇方面的專業學者。故，自創團以來，近乎每部劇作皆反應兩極。二十五年來無論是劇評、單篇論文皆相當可觀。故，本節的文獻回顧部分並不一一列舉，僅以對本文影響較大的研究論著爲主。本節主要將分爲「跨文化改編」、「京劇現代化」與「傳記與自述」三個部分。

## 一、跨文化改編：以戴雅雯（Diamond，Catherine）與段馨君的論著爲主

當代傳奇劇場的劇作，實爲台灣跨文化改編的重要代表，故以此作爲立足點的論述亦不勝枚舉。特以，戴雅雯（Diamond，Catherine）與段馨君兩人透過西方劇場理論的建構，並綜觀台灣劇場的跨文化改編，以此視角詮釋當代傳奇劇場。

戴雅雯雖爲西方人，但由於長期觀察台灣劇場的發展，並對此有其獨特之見解。在其所著的專書《做戲瘋，看戲傻：十年所見台灣劇場的觀眾與表演（1988～1998）》〔註60〕中，有四篇論文與本文的探討範疇相關。〈台灣劇場的跨文化改編：橋樑或是裂痕？〉〔註61〕一文，將八〇年代末與九〇年代初，台灣劇場改編外國的劇本蔚成風氣的現象，作一概觀式的探討。她指出，大多數的製作人／導演認爲他們必須把國外文本「台灣化」或「中國化」〔註62〕，而這樣的作法被她認爲：「僅僅移置文本可能會忽視根據原作脈絡瞭解文本所必須面對的困難，也用不著去考慮到底要藉由文本說些什麼，因爲轉移到台灣（或中國）本身就添加了可能取代詮釋的新的文化意義。其二，如果刪除或忽略原作中難以處理的特色，那麼改編一部寫得好或出了名的外國劇本肯定比創作新聞本來得容易。」〔註63〕可見台灣劇場在跨文化改編上，其實帶有其投機的心態。這篇論文的重點雖擺在台灣的現代劇場，並未細論當代傳奇劇場的跨文化改編，

〔註60〕 戴雅雯（Diamond，Catherine）著，呂健忠譯：《做戲瘋，看戲傻：十年所見台灣劇場的觀眾與表演（1988～1998）》（台北：書林出版，2000年）。

〔註61〕 戴雅雯（Diamond，Catherine）著，呂健忠譯：〈台灣劇場的跨文化改編：橋樑或是裂痕？〉，《中外文學》第23卷第7期（1994年12月），頁12～25。後收入於其專書《做戲瘋，看戲傻：十年所見台灣劇場的觀眾與表演（1988～1998）》，頁15～37。

〔註62〕 戴雅雯（Diamond，Catherine）著，呂健忠譯：〈台灣劇場的跨文化改編：橋樑或是裂痕？〉，《做戲瘋，看戲傻：十年所見台灣劇場的觀眾與表演（1988～1998）》，頁15。

〔註63〕 同前註，頁16。

但其所點明的現象，卻直指了台灣跨文化改編的窘境。這樣的觀點亦延續到戴雅雯專論《慾望城國》的〈慾望城國：馬克白的三張臉〉〔註64〕一文，她並認為當代傳奇劇場所賴以取法的先例是從當前舞台劇的發展潮流一脈相承而來，與其他京劇劇團業已採取的方向沒有那麼直接的關聯。〔註65〕她以當代傳奇劇場將《慾望城國》移師倫敦所發生的現象作為例證，來說明其引發的跨文化改編問題。當然，我們亦可質疑何以要表達經典核心才是改編的重點，但這樣的論述卻呈現出台灣劇場對於跨文化改編的立意與思考實與西方劇場有所差異。戴雅雯在〈慾望城國：馬克白的三張臉〉中，有不少先見，成為論述《慾望城國》的重要文獻。首先將《慾望城國》與日本導演黑澤明同樣改編自《馬克白》的電影《蜘蛛巢城》作細緻的對照，並直接指出：「揆諸實情，《慾望城國》並不是《馬克白》的京劇版，而是《蜘蛛巢城》的改編。」〔註66〕《慾望城國》與《蜘蛛巢城》之間的關係，戴雅雯並非提出此論述的第一人，但如胡耀恆等人因避免論述上的複雜，皆捨棄掉這一塊。由戴雅雯的論述上來看，《慾望城國》實大量因襲了《蜘蛛巢城》，而此論述亦成為本文探討《慾望城國》時的重要依據。此外，戴雅雯大量採用《慾望城國》國外巡演時國外評論者的評價，歸結出無法詮釋悲劇、唱腔等層面的問題，提供不同立足點的劇評。最後，並指陳出東方劇作家透過與原著之間在原始素材和處理手法關係上的淡薄，以創造自己的正典（canon）。這樣的觀點，成為本論文觀察《慾望城國》並重新定義其劇作意義的方式與立足點。另外兩篇文章〈歐化中國風格的浮世繪世界：希臘悲劇的亞洲式東方主義製作〉〔註67〕與〈幻境牌坊啪啦響：當代台灣劇場的京劇實驗〉〔註68〕，分別針對了當代傳奇劇場的兩部希臘悲劇改編《奧瑞斯提亞》與《樓蘭女》，各自與亞洲其他的希臘悲劇的跨文化改編以及新編戲曲，作對比

〔註64〕戴雅雯（Diamond，Catherine）著，呂健忠譯：〈慾望城國：馬克白的三張臉〉，《中外文學》第26卷第9期（1998年2月），頁35～54。後收入於其專書《做戲瘋，看戲傻：十年所見台灣劇場的觀眾與表演（1988～1998）》，頁39～64。

〔註65〕同前註，頁42。

〔註66〕同前註，頁43。

〔註67〕戴雅雯（Diamond，Catherine）著，呂健忠譯：〈歐化中國風格的浮世繪世界：希臘悲劇的亞洲式東方主義製作〉，《做戲瘋，看戲傻：十年所見台灣劇場的觀眾與表演（1988～1998）》，頁65～110。

〔註68〕戴雅雯（Diamond，Catherine）著，呂健忠譯：〈幻境牌坊啪啦響：當代台灣劇場的京劇實驗〉，《中外文學》第25卷第8期（1997年1月），頁65～89。後收入於其專書《做戲瘋，看戲傻：十年所見台灣劇場的觀眾與表演（1988～1998）》，頁151～182。

式的閱讀與探討，同樣處理了跨文化改編上的問題，和台灣劇場的困境。

　　同樣地，段馨君的論述基礎也是建構於西方跨文化劇場理論。其專著《跨文化劇場：改編與再現》是目前台灣少數幾本以「跨文化劇場」為主題的中文論著〔註69〕。在有限的中文論著中，段馨君將多數僅以外文撰寫的專著翻譯與整理，並建構出西方跨文化劇場理論的脈絡與基礎，亦成為本論文在處理龐大的跨文化劇場架構的重要依憑。其透過對跨文化劇場理論的建構，再分別以實例說明彼得・布魯克、理查・謝喜納、易卜生（Henrik Johan Ibsen）等人的著作。其中的第四章〈西方對亞洲劇場的影響〉，將視角從西方導演如何取材東方表演以重現其劇場，轉至東方劇場如何受這樣的理論所影響。在台灣的部分，其舉當代傳奇劇場作為主要的例證，並另舉「屏風表演班」、「表演工作坊」為台灣引介跨文化作品的代表。而此章所提出的觀點，亦被延伸成段馨君的另一本專著《凝視臺灣當代劇場：女性劇場、跨文化劇場與表演工作坊》〔註70〕。可以注意到的是，段馨君於此專著第二章說明「台灣當代劇場歷史」時，將當代傳奇劇場置入於1980年代的小劇場，於此姑且不論當代傳奇劇場是否適宜被定位為小劇場，其核心意義在於當代傳奇劇場雖以京劇為出發，但在段馨君的討論架構中，是能夠被建構於「現代劇場」的討論範疇。故，當代傳奇劇場影響層面除吳興國所出身的京劇外，亦對於「現代劇場」有所牽涉。而，有別於戴雅雯對於當代傳奇劇場劇作的論述，段馨君並未細論兩部專著所提到《奧瑞斯提亞》、《李爾在此》與《等待果陀》，她所關注的還是在於「跨文化劇場」這個議題本身。也就是，如何將當代傳奇劇場置於台灣的跨文化劇場發展與影響，被省視的對象是跨文化劇場本身而非當代傳奇劇場的劇作。故，如她在《凝視臺灣當代劇場：女性劇場、跨文化劇場與表演工作坊》中對於《奧瑞斯提亞》的討論，亦被著重在導演理查・謝喜納的跨文化手法的問題所在，以及他的劇場理論建構。

　　此外，紀蔚然的〈跨文化之正解與誤讀：台灣劇場改編西方正典之實驗精神〉〔註71〕與黃承元的〈二十一世紀莎劇演出新貌：論吳興國的《李爾在

---

〔註69〕 以「跨文化劇場」作為主題的個人專著另有石光生：《跨文化劇場：傳播與詮釋》。但，由於該書並未直接觸及當代傳奇劇場的內容，故本文並不將此書列為主要的文獻回顧內容。

〔註70〕 段馨君：《凝視臺灣當代劇場：女性劇場、跨文化劇場與表演工作坊》（新北：Airiti Inc.，2010年）。

〔註71〕 紀蔚然：〈跨文化之正解與誤讀：台灣劇場改編西方正典之實驗精神〉，收錄

此》〉〔註72〕皆是以「西方劇場理論」作爲基礎觀看當代傳奇劇場。紀蔚然以當代傳奇劇場版的《等待果陀》爲例，透過台灣劇場改編西方經典的做法，以「正解」與「誤讀」兩個面向來解讀改編者對於原著的態度。基本上紀蔚然認爲在改編上應考量的是劇本背後的文化、意識形態等問題，而不只是譯文妥貼、演員優劣、局部在地化等消費性或技術性的議題。紀蔚然的論述核心亦是在於如何透過當代傳奇劇場，重新去評述台灣劇場的跨文化改編。黃承元則是透過《李爾在此》所陳述的劇作與表演者吳興國之間的關聯，所開啓的自傳式改編，其蘊含的意義亦與紀蔚然對於改編西方經典的態度相似，就誠如黃承元所言：「類似這樣的獨腳戲的出現，顯示了一種莎劇演出模式的典範的轉移（paradigm shift）。以往演出較重視體系「原汁原味」，近年來的改編策略則偏重追求藝術主體性。」〔註73〕可見，黃承元的態度是對於莎劇的重新解構，所被強調的不是莎劇當時的時空而是演出當下。而，這就已不是過往莎劇改編者所謂的「正解」。紀蔚然與黃承元的論述，影響我在處理當代傳奇劇場的西方改編劇作的態度，故，不強調原著與改編作之間隻字上的改動，而是改編西方經典本質上的探索與反思，甚至如《李爾在此》的改編方式乃是與吳興國自身的互動與共鳴。而黃承元的英文論著 *Chinese Shakespeares：Two Centuries of Cultural Exchange*〔註74〕，將問題意識加以延展到整個莎士比亞劇作的中文改編問題，其中論及到當代傳奇劇場者，亦從《李爾在此》延伸到《暴風雨》。

## 二、京劇現代化：以王安祈的論著爲主

　　將當代傳奇劇場置入於「京劇現代化」與「台灣京劇發展」的歷史沿革與脈絡中，常見於現今對於新編戲曲或是當代傳奇劇場的相關論述。但，以當代傳奇劇場創團初期對於傳統京劇體系的「破壞」，以及其革命性的態度，倘若我們沒有預見當代傳奇劇場後來對於新編戲曲的影響，實無法立言它對於台灣戲曲發展的貢獻，甚至會認爲其已斷戲曲的命脈。

---

　　　　於林鶴宜、紀蔚然編，《眾聲喧嘩之後：臺灣現代戲劇論集》，頁 51～72。
〔註72〕黃承元，〈二十一世紀莎劇演出新貌：論吳興國的《李爾在此》〉，《中外文學》第 34 卷第 12 期（2006 年 5 月），頁 109～123。
〔註73〕同前註，頁 120。
〔註74〕Alexander C.Y. Huang．*Chinese Shakespeares：Two Centuries of Cultural Exchange．*New York：Columbia University Press，2009．

　　將當代傳奇劇場投入於「京劇現代化」的思考脈絡，並提出完整的史觀與論述者，首見王安祈於 1991 年出版其劇本集《國劇新編——王安祈劇集》〔註 75〕時附錄所收錄的〈當前台灣國劇發展的三個方向〉〔註 76〕。有別於前述所提及的西方劇場觀點，王安祈將當代傳奇劇場放進台灣京劇發展的歷史架構，關注的核心變成是它與京劇之間的關聯，問題亦是如何透過改編西方經典而對於京劇產生變化。其三個方向係從「傳統國劇精華的保存」、「雅音小集所開啓的國劇新風貌」到「當代傳奇劇場由國劇出發，創立新劇種」。此文也是首度以「新劇種」作爲對於當代傳奇劇場在透過西方改編所欲達成的實驗。1996 年所出版的專著《傳統戲曲的現代表現》〔註 77〕，是延續〈當前台灣國劇發展的三個方向〉一文而提供更縝密的論述架構。該書論及當代傳奇劇場的部分是在於第三章的「文化變遷中京劇在台灣發展的脈絡」〔註 78〕，此章以歷史沿革的角度，從顧正秋的顧劇團以「植根於傳統的創新」在台灣京劇史上的意義、軍中劇團的由盛轉衰，到對於京劇創新與轉型的關鍵者「雅音小集」，直至本論文所關注的當代傳奇劇場對於新劇型的探索。王安祈的論點立足在整個京劇發展史上，同爲創新轉型期的雅音小集與當代傳奇劇場之間到底有何差異，而當代傳奇劇場又如何在雅音小集所開啓的改變中，更跨出不同的步伐，如王安祈所言的：「『雅音』的興趣在京劇本身的創新，『當代』的理念，則企圖由京劇之轉型導致蛻變成另一『新劇種』。」〔註 79〕在王安祈撰寫該文的當下，當代傳奇劇場已陸續發表了《慾望城國》、《王子復仇記》、《無限江山》和《樓蘭女》幾部作品，而在這幾部劇作中，王安祈所觀察出來的論斷爲：「『當代』的大部分成員雖都來自京劇界，但他們的目的不在於京劇本身的改良，他們要探索的是當代中國戲劇的新形態。所謂的『新型態』，即意味著將拋開崑曲京劇的傳統程式而開發出一套全新的表演方法。」〔註 80〕這個論點後來也成爲多數論者在評述當代傳奇劇場時所依憑的核心價值。同樣地，本文對於當代傳奇劇場的立論，也在於「新型態」這樣的評述而重新提出反思與論述架構。故，此段論述是影響本文極關鍵之處。

---

〔註 75〕 王安祈：《國劇新編——王安祈劇集》（台北：行政院文化建設委員會，1991 年）。
〔註 76〕 同前註，頁 252～259。
〔註 77〕 王安祈：《傳統戲曲的現代表現》（台北：三民，1996 年）。
〔註 78〕 同前註，頁 85～108。
〔註 79〕 同前註，頁 102。
〔註 80〕 同前註，頁 100。

　　同樣地，王安祈在這之後所撰寫的《當代戲曲》〔註81〕、《臺灣京劇五十年》〔註82〕等作，對於當代傳奇劇場的論述也都立足於前作《傳統戲曲的現代表現》中的論點，並透過更完整地陳述「台灣京劇發展史」的脈絡，來強化當代傳奇劇場於歷史沿革中的重要性。以王安祈在這些論述中的詮釋與觀察，雅音小集雖是開啓台灣京劇轉型期的大門，但眞正去完成這樣的使命與改變京劇架構、觀念則應是當代傳奇劇場。不論王安祈在論著中所提到的「新形態」是否有所完成，當代傳奇劇場實以對台灣京劇產生重大的影響與轉向，並帶進其現代化的完成。此外，王安祈藉由此論點並針對各劇作，與劇場現象所發表的論述，亦散見於期刊與報章雜誌。

　　另一方面，王安祈於〈京劇理論在當代台灣的開展與局限〉〔註83〕一文中，提出「當代台灣京劇理論三期說」〔註84〕，透過台灣劇壇人士或學者所直接提出的具體論述，以及戲曲評論鑑賞的文章中所歸納出的審美觀點，建構台灣京劇觀點的發展。其三期之論述分爲傳統觀點的延續、創新的論述與實踐、「大陸熱」與「本土化」交錯影響下的京劇創作論與評論。而本文的探討對象「當代傳奇劇場」則是被置於第二期，也就是以「創新」作爲核心。此文雖延續了王安祈對於當代傳奇劇場的立論，但其將論述角度從劇作本身移轉至評論，以及如何建構京劇理論而言。這樣的論述方式，也成爲本文在討論當代傳奇劇場的劇作時，所使用的另一角度，也就是如何透過創團者的理想，以及報刊雜誌的劇評，重新構築屬於當代傳奇劇場的改編依據與理論架構。王安祈於同年出版的專著《爲京劇表演體系發聲》〔註85〕中的〈京劇理論發展史初探〉一文，同樣是以京劇理論的角度，對於台灣與大陸的當代戲曲發展，做另一層面的論述。

## 三、傳記與自述

　　由於當代傳奇劇場的創作本身，與創團者吳興國之間的連繫非常地緊密，因此探討吳興國也成爲討論當代傳奇劇場非常重要的核心之一。

〔註81〕王安祈：《當代戲曲》（台北：三民，2002 年）。
〔註82〕王安祈：《臺灣京劇五十年》（宜蘭：國立傳統藝術中心，2002 年）。
〔註83〕王安祈：〈京劇理論在當代台灣的開展與局限〉，《清華學報》新 30 卷第 2 期（2000 年 6 月），頁 193～218。
〔註84〕同前註，頁 195～212。
〔註85〕王安祈：《爲京劇表演體系發聲》（台北：國家出版社，2006 年）。

　　針對吳興國的生平傳記，目前主要的依據是 2006 年所出版由盧健英撰寫的《絕境萌芽：吳興國的當代傳奇》〔註86〕，該書的斷代係在吳興國的童年直至 2005 年發表《等待果陀》以及「傳奇二十」的經典重演。可以注意到的是，書名的副標取爲「吳興國的當代傳奇」就可得知吳興國自身與當代傳奇劇場之間的密不可分，而此傳記在當代傳奇劇場創團的 1986 年之後，主要的紀錄角度也轉爲「當代傳奇劇場」如何創作這些劇作，以及這些劇作與吳興國之間的關係，足見此傳記的主要視角乃是透過吳興國的生命歷程，整體地觀照當代傳奇劇場。

　　此外，吳興國對於自己的創作概念，除見於當代傳奇劇場劇作的節目冊外，最爲重要的兩篇論述是：吳興國於《慾望城國》劇本發表於《中外文學》時所寫的〈從傳統走入莎翁世界〉〔註87〕一文，以及 2009 年所發表的〈形塑新中國戲曲〉〔註88〕。〈從傳統走入莎翁世界〉一文陳述當代傳奇劇場的創團始末，以及創作《慾望城國》的主要概念。故，成爲多數論者論述當代傳奇劇場與《慾望城國》的重要依據。目前所見對於當代傳奇劇場的創作理念，以及基本認知，亦多以此文作爲憑據。同時期由學者所發表的論文與劇評，包含胡耀恒的〈西方戲劇改編爲平劇的問題——以「慾望城國」爲例〉〔註89〕、焦桐的〈戲劇文化的提昇〉〔註90〕、林璄南的〈一場出色的演出〉〔註91〕與陳文華的〈誰謀殺了鄧肯〉〔註92〕等文，多與吳興國的〈從傳統走入莎翁世界〉有所呼應，也成爲回溯當代傳奇劇場創作初衷的重要依據。而，在 2009 年所發表的〈形塑新中國戲曲〉，吳興國自己將當代傳奇劇場所創作的幾部劇作，包含《慾望城國》、《王子復仇記》、《李爾在此》、《暴風雨》與《等待果陀》，逐一地重述創作概念，以及對吳興國自身的意義何在。此文的出現，重新整理以及印證了當代傳奇劇場與吳興國自身的意義與繫連。透過吳興國對

---

〔註86〕盧健英：《絕境萌芽：吳興國的當代傳奇》（台北：天下文化，2006 年）。

〔註87〕吳興國：〈從傳統走入莎翁世界〉，《中外文學》第 15 卷第 11 期（1987 年 4 月），頁 50～51。

〔註88〕吳興國：〈形塑新中國戲曲〉，《二十一世紀》第 112 期（2009 年 4 月），頁 90～96。

〔註89〕胡耀恒：〈西方戲劇改編爲平劇的問題——以「慾望城國」爲例〉，《中外文學》第 15 卷第 11 期（1987 年 4 月），頁 77～81。

〔註90〕焦桐：〈戲劇文化的提昇〉，《文訊》第 28 期（1987 年 2 月），頁 116～119。

〔註91〕林璄南：〈一場出色的演出〉，《文訊》第 28 期（1987 年 2 月），頁 120～122。

〔註92〕陳文華：〈誰謀殺了鄧肯〉《文訊》第 28 期（1987 年 2 月），頁 123～124。

於自己創作理念的重整與重述，提供本文在討論脈絡上，更能以吳興國的生命史作爲角度加以論述。

　　另一與吳興國關係緊密者爲其妻林秀偉，她除了是吳興國的創作夥伴外，亦是當代傳奇劇場劇作《樓蘭女》的創作者，這部作品是當代傳奇劇場在對於新型態、新劇型的探索上極重要的關鍵。因此，林秀偉在《樓蘭女》發表期間與鍾明德對談的紀錄〈從傳統到傳奇：談「當代傳奇」劇場的京劇革新之路〉〔註 93〕，文內鍾明德所提到的「創造一個新的劇場」〔註 94〕，以及林秀偉所指出的「抽出源頭」〔註 95〕、「發展出另一套唱唸做打」〔註 96〕、「生下一個具有特色的混血兒」〔註 97〕等論述，都成爲探討當代傳奇劇場劇作以及創作目標的重要依據。而林秀偉在《樓蘭女》二版演出時所發表的〈在舞與劇的轉彎處〉〔註 98〕一文，重省她在《樓蘭女》首演時的創作理念，亦表達當代傳奇劇場對於劇種創新的核心思考。

## 四、其他

　　本文在論述當代傳奇劇場時，意識到當代傳奇劇場的劇作發表時，報章媒體的刊載情形，其中除記載劇作演出時所引發的觀眾反應，以及創作者在創作當下的初步構思，另一方面則是劇作發表時的社會現象與文化意識。這部分的紀錄與評述，成爲本文在重新架構論述體例時重要的憑據。也就是，如何在劇作本身之外，看到文學、藝術與文化的其他可能。

　　此外，有關論述當代傳奇劇場或吳興國的學位論文，常見於對於新編戲曲的討論〔註 99〕，獨立以當代傳奇劇場作爲主體的學位論文，最完整者爲鄭

〔註93〕 江世芳記錄整理：〈從傳統到傳奇：談「當代傳奇」劇場的京劇革新之路〉，《表演藝術》第 9 期（1993 年 7 月），頁 67～70。
〔註94〕 同前註，頁 67。
〔註95〕 同前註，頁 70。
〔註96〕 同前註。
〔註97〕 同前註。
〔註98〕 林秀偉：〈在舞與劇的轉彎處〉，《表演藝術》第 43 期（1996 年 5 月），頁 80～81。
〔註99〕 如黃千凌：《當代台灣戲曲跨文化改編（1981～2001）》（台北：國立台灣大學戲劇學系碩士論文，2001 年）。劉浩君：《90 年代台灣京劇新作及其社會文化意涵研究》（新竹：國立清華大學中國文學系碩士論文，2001 年）。林淑薰：《臺灣新編京劇的主題、敘事技法與舞臺呈現之探討》（台北：國立政治大學中國文學系博士論文，2010 年）。

傑文的《慾望現代與混血表演：1986～2006 當代傳奇劇場作品初探》〔註100〕。其論述的時間點切在 2006 年，因此所討論的最後一部劇作為《等待果陀》。鄭傑文分析當代傳奇劇場各劇作的劇本、舞台呈現、表演與服裝等，並試圖處理劇作中所反映的殖民、西方文化等問題。本論文則在鄭傑文的論述基礎上，除加入在《等待果陀》之後發表的幾部劇作，並改變鄭傑文在討論當代傳奇劇場劇作的分類方式，以及在詮釋角度上亦著重於其劇作對於後來新編戲曲與跨文化劇場的影響。

綜觀而論，本節透過對於「跨文化改編」與「京劇現代化」的文獻基礎與前人研究，試圖建構本論文對於當代傳奇劇場重新論述的可能。有別於前人研究多著重於當代傳奇劇場怎麼改編西方劇作，以及其呈現方式，本論文試圖將當代傳奇劇場以其本身的發展史作為脈絡，並在二十五年後的今日重新審視當代傳奇劇場對於新編戲曲的意義，再次建構當代傳奇劇場的劇場史地位。

---

〔註100〕鄭傑文：《慾望現代與混血表演：1986～2006 當代傳奇劇場作品初探》（台北：國立台灣大學戲劇學系碩士論文，2008 年）。

# 第二章　吳興國的劇場實驗：從「混血」出發

　　文化是文明和愚昧的集結，歷史是功績與罪惡的混合，每一個世代
　　都有代言者，越是險惡的時勢，越需要吞噬悲劇人物作爲祭品，這
　　些被選中獻祭者，大多是性格所造成的，而爲何偏偏每一次，我都
　　相信自己就是那個被選中的人，……〔註1〕

——吳興國

　　1986 年，由於感受到京劇的日漸衰微，吳興國與一群志同道合的朋友成立了「當代傳奇劇場」，試圖讓京劇從古老的時空中脫胎，在現代的劇場裡與新的觀眾溝通。〔註2〕創團之作《慾望城國》，改編自莎士比亞（William Shakespeare）的悲劇《馬克白》（*Macbeth*），以京劇演繹莎劇的方式，開啟吳興國實驗劇場可能性的第一步，而他也成爲《慾望城國》裡的悲劇人物——敖叔征。彷彿與悲劇有揮之不去的關係，當代傳奇劇場陸續改編了多部西方悲劇，吳興國也與這些悲劇人物（包含《王子復仇記》的公孫宇、《李爾在此》的李爾王、《樓蘭女》的頡生等）達到一種共鳴，甚至是與自己生命歷程相呼應。或許，傳統戲曲正走向衰亡的命運，如此險惡，吳興國將自己的生命放置於「如何將傳統京劇搬上現代舞台」的祭台上，展開他的劇場實驗。

　　「當代傳奇劇場」在新編戲曲的發展上，承接「雅音小集」對於戲曲現

---

〔註 1〕吳興國：〈傳主序：我演悲劇人物〉，收錄於盧健英：《絕境萌芽：吳興國的當
　　　　代傳奇》，頁 74。
〔註 2〕見吳興國：〈從傳統走入莎翁世界〉，頁 50。

代化的先行之舉，而以「改編西方劇作」的「混血」手法作為方式，進而開啓台灣「京劇轉型期」〔註3〕。誠如王安祈所言：

> 「雅音」是京劇自身的創新，「當代」則企圖從京劇脫殼蛻變成一新的劇型，因此二者的論調與作法有本質上的差異。……綜言之，這個由京劇出發的劇團想要實證的目標已非京劇所能局限。〔註4〕

於是，「改編」對於當代傳奇劇場與吳興國而言，其意義可能不只是重新詮釋這些西方著作〔註5〕，而是透過這樣的手法達成京劇的轉型，以成就新劇種（型）的誕生。因此，吳興國在當代傳奇劇場所做的實驗，不只是藉由「改編」達到「混血」作品的生成，而是運用這層「混血」的「過程」，在表演藝術、中西文化等不同領域間達到跨越，以「跨界」作為方法，成就其劇場實驗的目標。於是，我們可以思考的是，吳興國透過這樣的實驗，到底產生了什麼？而，在實驗的過程中，又對於整個台灣的戲劇（曲）結構與文化造成怎樣的效應？

　　故，本章的討論對象將鎖定在吳興國於當代傳奇劇場的「混血」作品，並將其分為三個部分：第一節以創團之作《慾望城國》（1986）與《王子復仇記》（1990）為核心，探討其如何改寫京劇的詮釋方式，並成為當代傳奇劇場最初的改編經驗；第二節將探討《樓蘭女》（1993）、《奧瑞斯提亞》（1995）與《暴風雨》（2004）如何在《慾望城國》的基礎上更具「破壞性」的「再創」，給予當代傳奇劇場與台灣劇場有怎樣的改寫意義；第三節的討論對象是當代傳奇劇場最近期的兩部劇作《歡樂時光——契訶夫傳奇》（2010）與《康熙大帝與太陽王路易十四》（2011），探討其透過不同的詮釋方式達到的新意，如何創造當代傳奇劇場的另一條走向，以及是否達到另一層的意義。至於，性質本可歸類於此的《李爾在此》（2001）、《等待果陀》（2005）兩部劇作，由於其特殊的表現方式，及對於吳興國有不同的意義，將移至第三章再作論述。

---

〔註3〕 此說取自王安祈所言之：「就京劇理論層面，他們（郭小莊與吳興國）則是轉型期的主要論述者。」詳見王安祈：〈京劇理論在當代台灣的開展與局限〉，頁200。

〔註4〕 同前註。

〔註5〕 誠如鄭傑文所言：「然而，怎樣叫改編？又，當代如何改編？改編的目的為何？獲致了怎樣的成就？可以引發出什麼樣的反思？這其實也是貫穿整篇論文與思索當代傳奇劇場最核心的問題。」見鄭傑文：《慾望現代與混血表演：1986～2006當代傳奇劇場作品初探》，頁52。

# 第一節　經典範本的創生：《慾望城國》的初步實驗與《王子復仇記》的經驗複製

本節的討論核心將集中於當代傳奇劇場改編莎劇，並最早發表的兩部作品——1986 年取材自《馬克白》的《慾望城國》，以及 1990 年由《哈姆雷》改編的《王子復仇記》。這兩部劇作除發表時間相近之外，其改編策略皆以「中國化」作爲原則，試圖詮釋出中國的馬克白與哈姆雷，並以「京劇」的技巧來加以表達。鍾明德於《在後現代主義的雜音中》一書中將由傳統戲曲出發接觸現代劇場分爲三種模式，並將當代傳奇劇場的《慾望城國》置於「第二類接觸」，他認爲其整個演出（包括劇本）已經受到現代劇場的影響，可是，演員訓練方面卻依然是「中學爲體」。〔註6〕當代傳奇劇場製作人林秀偉亦回應此說：「後來的《王子復仇記》、《無限江山》都是可以說是《慾望城國》「中學爲體」模式的延續。」〔註7〕而王安祈則提出「當前（1991 年）台灣國劇發展的三個方向」，將「當代傳奇劇場」置於第三方向「由國劇出發，創立新劇種」〔註8〕，此說亦與鍾明德的說法有異曲同工之處。因此，以考量發表時間、莎劇（西方）改編〔註9〕、中國化的文本改寫、「中學爲體」的表演爲原則，並以「劇場實驗」作爲討論思維，故將兩部作品視爲當代傳奇劇場最初的實驗。

吳興國曾針對布萊希特受京劇的影響而發展出疏離劇場，以及俄國電影導演艾森斯坦受到日本能劇啓發而發明「蒙太奇」的電影美學，提出：「那有什麼新觀念是可以改變京劇的？」〔註10〕本節的論述試圖由此出發，或許「改編西

---

〔註6〕 鍾明德：《在後現代主義的雜音中》（台北：書林，1989 年），頁 36，註 1。

〔註7〕 江世芳記錄整理：〈從傳統到傳奇：談「當代傳奇」劇場的京劇革新之路〉，頁 67。

〔註8〕 詳見王安祈：〈八、附錄——當前台灣國劇發展的三個方向〉，《國劇新編——王安祈劇集》，頁 257～259。本文中，「當前」後括弧內的 1991 年爲筆者所加，係以該書出版年份作爲該說之「當前」。王安祈所指出的三個方向分別爲「傳統國劇精華的保存」（以保存舊有的錄音錄影爲主，包含「顧正秋專輯」等）、「國劇的新風貌」（係指「雅音小集」），以及本文所論述的「當代傳奇劇場」的「由國劇出發，創立新劇種」。

〔註9〕 《無限江山》之所以不在本節的討論的範疇，在於其雖是以「中學爲體」，但題材上卻回到中國傳統的李後主故事，故在討論核心上與《慾望城國》與《王子復仇記》是有所差異的。

〔註10〕 盧健英：《絕境萌芽——吳興國的當代傳奇》，頁 155。

方劇作」是當代傳奇劇場所嘗試的一個方式，但不管是爲了「改良京劇」、「改編京劇」，乃至於去創造一個「新的劇場」、「新的型態」〔註11〕，其原初的構思仍是在於如何讓京劇踏上現代劇場與新觀眾溝通〔註12〕，並試圖將京劇本身所擁有的可能性發揮，拉長其存活於舞台上的生命，嘗試京劇究竟能夠走多遠。故，本節將從《慾望城國》展開論述，除針對其在首演當下對於京劇，以及劇場產生的衝擊，更試圖從現今的角度回觀《慾望城國》，探討其對於新編京劇（戲曲）帶來何種效應，以及奠基的可能，最後並兼論以同樣架構改編的《王子復仇記》，探討創作與表演經驗上的複製可能造成的問題。

## 一、《慾望城國》：以莎劇作爲方法

　　針對當代傳奇劇場改編《馬克白》爲《慾望城國》，鍾明德曾言：「他們很勇敢：他們要利用莎士比亞，把英國大文豪吞進中國京劇的肚子裡，消化之後，看看我們還有甚麼東西可以留下來。」〔註13〕可見，他認爲「京劇」是一個較大的載體，而當代傳奇劇場試圖在消化莎劇後吐出一個更完善的個體。因此，改編莎劇其實是對於京劇的改造與刺激。而胡耀恒與王安祈皆提出其改編西方劇作的意義，胡耀恒指出：「利用國外原有的劇本改成平劇至少有兩大優點，其一是平劇本身具備很優美的表演方式，其二是國外的劇本可以提供新的素材與新的觀念。」〔註14〕王安祈亦言：「取材自西方，主要的目的即是以下兩層：一是借重西方經典以補強傳統中國戲曲中一向深度較弱的『思想性』（中國戲曲慣於較片段的抒發人在各種處境之下的情緒反應，對於整齣戲所含蘊的哲理思想並不刻意追求），此外，更想藉由陌生西化的題材以刺激轉換現有的表演體系。」〔註15〕故，誠如當代傳奇劇場的製作人林秀偉所言：

　　　　的確，「當代傳奇」劇場在做《慾望城國》的時候，就是希望超越你

---

〔註11〕　鍾明德這樣說：「『當代傳奇』劇場不僅僅滿足於『改良京劇』、『新編京劇』，而是嘗試創造一個新的劇場。」見江世芳記錄整理：〈從傳統到傳奇：談「當代傳奇」劇場的京劇革新之路〉，頁 67。

〔註12〕　吳興國說：「希望能讓國劇從古老的時空中走出來，在新的劇場、與新觀眾溝通，透過現代演員不同的思考、運用，以新的面貌復甦。」見吳興國：〈從傳統走入莎翁世界〉，頁 50。

〔註13〕　鍾明德：〈森林移動了！〉，收錄於吳興國、林秀偉著：《英雄不卸甲：出發！慾望城國的傳奇旅程》（台北：日月文化，2010 年），頁 26。

〔註14〕　胡耀恒：〈西方戲劇改編爲平劇的問題——以「慾望城國」爲例〉，頁 77。

〔註15〕　王安祈：《傳統戲曲的現代表現》，頁 100。

（鍾明德）所說的「第一類接觸」，因此特別選莎士比亞的劇本，不
僅是嘗試以東方的表演形式結合西方的精神內涵；更重要的，是藉
此動搖傳統京劇時時不忘宣揚的「忠、孝、節、義」這樣的意識型
態，期盼京劇從僵硬的框架中掙脫出來，而能夠產生新的故事、新
的感情。〔註16〕

由這幾段說法可見，對於當代傳奇劇場以京劇的表演體系（亦融合其他的表
演藝術）改編西方劇作，所存在的構思是如何運用莎劇的優點去填補京劇的
缺乏，亦或是動搖京劇的故／固有型態。因此，在探討《慾望城國》的當下，
我認為應將其置於其如何藉由莎劇（《馬克白》）去重新正視、詮釋「京劇」，
而不只是當代傳奇劇場如何「改編莎劇」、「再現莎劇」。近期有論者以「功能
論」（skopos-oriented）的說法，將「跨文化改編」視為一種廣義的翻譯，故以
翻譯光譜的方式，認為改編亦須致力於「貼近原著精義」〔註17〕，但此論點
並不適宜用以評斷當代傳奇劇場演繹《慾望城國》的「時代意義」。如以「功
能」論之，應是「將莎劇作為一種方法」用以「改造京劇」〔註18〕，乃至於
開創新的劇種型態，目的絕非僅在於「演繹莎劇」。故，我將討論《慾望城國》
的方式分為「表演」及「文本」兩個維度，將其運用「跨界」藝術的表演方
式，與當代傳奇劇場創團的目標相互對照，並從劇本改編的角度提出與原著
《馬克白》之間的再思考。

### （一）表演「新型態」：當代傳奇劇場的目標確立

「當代」的大部分成員雖都來自京劇界，但他們的目的不在於京劇
本身的改良，他們要探索的是當代中國戲劇的新型態。〔註19〕

---

〔註16〕江世芳記錄整理：〈從傳統到傳奇：談「當代傳奇」劇場的京劇革新之路〉，
頁67。

〔註17〕詳見陳芳：〈新詮的譯趣：「莎戲曲」《威尼斯商人》〉，《戲劇研究》第8期（2011
年7月），頁59～90。陳芳並以此作為概念，與彭鏡禧合力改編莎士比亞的《威
尼斯商人》（*The Merchant of Venice*）為豫劇《約／束》。

〔註18〕焦桐曾針對京劇改「良」問題引述閻振瀛的論點，閻振瀛認為：「中國傳統戲
曲算是發展得很圓滿了，就這個角度來講，它無所謂『改良』的問題，因為
它已經『良』了。……因此，郭小莊『雅音』不是改良平劇；『當代傳奇劇場』
也不是平劇的改良，如果他們成功了，就是另一種戲劇的表現形式。」見焦
桐：〈戲劇文化的提昇〉，頁118。故，本文於此使用的字詞為「改造」，而不
是具有評斷意味的「改良」。

〔註19〕王安祈：《傳統戲曲的現代表現》，頁100。

王安祈在〈文化變遷中台灣京劇發展的脈絡〉中以此段話替當代傳奇劇場下了個清晰的目標，而後論者亦多以此作爲評斷的準則。何謂戲劇的「新型態」？王安祈認爲，即拋開崑曲京劇的傳統程式而開發出一套全新的表演方法。〔註20〕因此，她也認爲當代傳奇劇場的理念是企圖由京劇之轉型導致蛻變形成另一「新劇種」。〔註21〕《慾望城國》的演出，雖說是替這樣的目標走向第一步／部〔註22〕，但在首演過後的一年內，評論者對於其劇種類型的擺置仍呈現各說各話的現象，焦桐認爲是「一齣介於現代舞台與傳統平劇之間的戲」〔註23〕（1987年2月），林璄南則定位爲「現代中國的舞臺劇」〔註24〕（1987年2月），而胡耀恒稱其爲「歌舞劇」〔註25〕（1987年4月）。當然，這些詞用以歸類《慾望城國》並無錯誤，不過這幾個詞彙卻都是已存在的劇種，並非所謂的「新劇種」或「新型態」。同樣地，在當年（1986年）的報章中亦指出：「『慾望城國』是否仍冠以國劇的名稱，曾在當代傳奇劇場裡引起很多討論。」〔註26〕於是，戴雅雯（Diamond，Catherine）在十多年後（1998年）發表〈慾望城國：馬克白的三張臉〉〔註27〕一文時仍以「京劇」稱呼之。於此，我試圖將思考回到吳興國將劇本發表於《中外文學》時所言：「『慾望城國』之劇型，基本上是不可被類化的，我們只是用國劇的技巧來表達莎士比亞的『馬克白』。」〔註28〕可見，王安祈的論點極可能立足於「不可被類化」一詞，因而推斷當代傳奇劇場的目標在於「摸索新劇種」。即使吳興國大張旗鼓地認爲《慾望城國》不是京劇，而是「以其技巧表達《馬克白》」，又雙重否定地認

〔註20〕王安祈：《傳統戲曲的現代表現》，頁100。
〔註21〕同前註，頁102。
〔註22〕王安祈此說發表的時間應於當代傳奇劇場演出《慾望城國》、《王子復仇記》、《無限江山》及《樓蘭女》之後，故筆者於此提出此說，有回頭檢視之意圖，而意即《慾望城國》勢必爲此說發展的第一步。
〔註23〕焦桐：〈戲劇文化的提昇〉，頁116。
〔註24〕林璄南：〈一場出色的演出〉，頁120。
〔註25〕胡耀恒：〈西方戲劇改編爲平劇的問題──以「慾望城國」爲例〉，頁78。
〔註26〕黃寤蘭：〈突破傳統排演慾望城國 吳興國面對極大考驗〉，《聯合報》1986年11月9日，12版。此記者在同年的另一篇報導中，亦在標題以「國劇型態的馬克白」稱呼之。見黃寤蘭：〈莎翁名劇展新風貌 國劇型態的馬克白〉，《聯合報》1986年4月28日，12版。
〔註27〕戴雅雯（Diamond，Catherine）著，呂健忠譯：〈慾望城國：馬克白的三張臉〉，《做戲瘋，看戲傻：十年所見台灣劇場的觀眾與表演（1988～1998）》，頁39～64。
〔註28〕吳興國：〈從傳統走入莎翁世界〉，頁51。

為他不是在演繹「莎士比亞的馬克白」，而是「中國的馬克白」〔註29〕。但，就表演層面而言，「僅以京劇技巧演繹就不是京劇」的說法是模稜兩可的。故，我將從《慾望城國》如何運用其他表演藝術，加以調和京劇本身的表演系統，對其再檢視。

　　焦桐曾指出：「它（《慾望城國》）採用了現代舞臺劇的觀念，包括導演制度、分幕分場、燈光音效及布景道具的運用、樂隊的加入……等等；……」〔註30〕而鄭傑文更以現代導演制度的概念，提出《慾望城國》在「排場與表演設計安排」、「劇場空間與舞台美術」、「場面調度與舞台空間使用」、「燈光使用」、「音樂設計」、「服裝化妝與砌末」等方面的改變，並認為這些概念乃是與傳統舞台的分道。〔註31〕也就是說，《慾望城國》的基本舞台構思在於回歸到吳興國的思考前提：如何讓京劇在新的劇場、與新觀眾溝通〔註32〕，於是他大量地運用現代舞台所擁有的技術，讓京劇足以產生某些質變，並能夠與現代的舞台相容。

　　但，僅是運用現代舞台技術，那又如何跟「雅音小集」的做法有所區隔？當代傳奇劇場的核心其實是在「表演方式」上達到「跨界」。《慾望城國》中，能夠充分體認到吳興國與林秀偉兩人如何結合自身在「雲門舞集」的「現代舞」經驗。從開場的山鬼唸著：「吾乃山中鬼魅是也。」，逐漸從層層的黑紗裡現身，他的步伐雖仍有京劇身段的痕跡，但卻已揉合現代舞蹈的動作與身法。不管是在舞台上的大步移動與跳躍，以及手部動作配合破衣服或開或收，乃至於隱入舞台的旋轉，其實都較近於現代舞的表演方式。可見，山鬼的詮釋方式是在演員本有的戲曲表演體系中，添入現代舞的身體脈動，進而延展出屬於山鬼的演繹方法。此外，現代舞蹈的表現方式，其實有助於某些意象所擁有的豐沛「隱喻性」的傳達，最顯著的就在於由林秀偉所飾演的舞俑於〈大宴〉一場所帶來的「面具舞」。有異於飾演山鬼的演員，林秀偉是一個現代舞者，並不具備戲曲演員的身體，因此她甚至是反過來地在舞蹈之中放進中國、戲曲的元素。〔註33〕王安祈認為：「由東洋風與現代雜揉而成的面具舞

---

〔註29〕其劇目即顯目地標示著「《慾望城國》——中國的《馬克白》」。
〔註30〕焦桐：〈戲劇文化的提昇〉，頁116。
〔註31〕鄭傑文：《慾望現代與混血表演：1986～2006當代傳奇劇場作品初探》，頁79～83。
〔註32〕見吳興國：〈從傳統走入莎翁世界〉，頁50。
〔註33〕戴雅雯認為：「這一場舞蹈完全沒有京劇的身段，其作用倒是更像西方歌劇裡

的運用，也使得戲劇與其他類表演藝術的元素達成了有機融合。」〔註 34〕這段舞蹈除了達到表演藝術上的跨界與融合，其更有異於部分傳統戲曲中所安排的舞蹈表演，不具有實質的意義，「這段表演設計，對情節之推演轉接、性格之深入刻劃，乃至於整體意象之營造，均有醒目而不突兀的效果。」〔註 35〕並藉由現代舞蹈演出運用身體傳達無須言語的隱喻性。戴雅雯認為：

> 舞俑的表演是個傳神的暗喻（metaphor），表達了本劇隱而不顯的主
> 題：「沒有訣竅／可以從臉上探出人的心機」。〔註 36〕

我們始終看不到舞俑的真實面孔，只是透過面具來觀看她所詮釋出的形象，但這些臉卻都只是一個又一個固定的面容。鄭傑文認同戴雅雯的隱喻詮釋並指出，此劇的設計更是導演觀點的滲透：「究竟是誰的慾望？誰造成的毀滅？」〔註 37〕這段顯然脫胎自《馬克白》的改編電影《蜘蛛巢城》的橋段〔註 38〕，差異在於《蜘蛛巢城》中的家臣乃是以舞與唸詞表達，而舞俑則在無話語的傳達下構成隱喻思維。其採取非傳統戲曲的表演與喻意的傳達方式，無痕跡地結合於中國大殿的獻舞，融涉「戲中戲」的內涵，促使「跨界」不只是無意義地「拼貼」，而是「融和」。於是，《慾望城國》在表演上與「雅音小集」最顯著的區隔，就在於這層舞台與表演「隱喻性」。「雅音小集」的舞台功能仍在於提供一個表演的空間，而當代傳奇劇場則在舞台佈置、道具等方面置入其背後的意涵，看似傳統戲曲的「一桌二椅」，卻擁有高聳入天的椅背，最後一幕的森林移動等，都不只是劇情推移，更融涉了環環相扣的因果關係，及不以言說的寓意。

---

的插舞（dance interlude）。」見戴雅雯（Catherine Diamond）著，呂健忠譯：〈慾望城國：馬克白的三張臉〉，《做戲瘋，看戲傻：十年所見台灣劇場的觀眾與表演（1988～1998）》，頁 56。雖說沒有京劇的身段，但我認為林秀偉在舞蹈中是帶有濃厚的中國味，才能夠沒有痕跡地嵌進《慾望城國》的劇情，以及整體的架構。

〔註34〕 王安祈：《台灣京劇五十年》，頁 110。
〔註35〕 見王安祈：《當代戲曲》，頁 102。
〔註36〕 戴雅雯（Catherine Diamond）著，呂健忠譯：〈慾望城國：馬克白的三張臉〉，《做戲瘋，看戲傻：十年所見台灣劇場的觀眾與表演（1988～1998）》，頁 56。
〔註37〕 鄭傑文：《慾望現代與混血表演：1986～2006 當代傳奇劇場作品初探》，頁 85。
〔註38〕 在原著《馬克白》裡並無此段劇情，其應脫胎自《蜘蛛巢城》的這段劇情：鷲津（原著的馬克白）在宴請群臣，有位上了年紀的家臣跳了一段舞，舞裡夾雜了「野心勃勃、蠻橫傲慢，逃不開他應受的懲罰」等詞，看得鷲津坐立難安，怒斥家臣退下。

　　《慾望城國》異於傳統戲曲的表演方式，實爲論者多著墨之處。不過，針對「山鬼」，鄭傑文曾舉其爲例說明「『表演』與京劇傳統的對話」，並從中觀察「傳統的化用」與「創新的軌跡」，但他歸結演員存在的某些京劇動作的身影，認爲是「傳統訓練留在身體的運作方式」。〔註39〕縱使這部分可能是演員自身所無法根除的根底〔註40〕，但我認爲在《慾望城國》的表演安排上，吳興國亦在無意識中殘留了京劇的痕跡。從全劇一開始的幕後合唱：

> 歎世人看不透功名富貴，原都是水中月迷夢一回。
> 算心機臨斷崖前程自毀，到頭來浪掏沙枯骨空悲。

以及「山鬼」開場那段：

> （詩）山精水怪現身影，聚毒爲蠱擾人心，不喜天下太平事，興風作浪無安寧。（白）吾乃山中鬼魅是也。只因薊國一場內亂，戰火即將平息。明日，大將敖淑征搬兵還朝，必打此森林經過，我不免在此等候於他，等他到來作弄一番。看啊！風號雨嘯，電閃雷殛，駕雷電，穿黑暗，越光明，我就是這個主意，我就是這個主意……嘻……

其以全知的角度，簡要地告訴觀眾《慾望城國》的劇情發展，甚至是結局走向，此與傳統戲曲的「副末開場」功能相同。而山鬼一段話不啻爲「自報家門」，特別點出其「不喜天下太平事」，欲「興風作浪無安寧」，幾乎已將其蓄意害人的心理展現出來，近似「說破」；就誠如焦桐所言：「同時也保留了許多傳統平劇的演出系統」〔註41〕。

　　而最顯著的京劇鑿痕，或者應說是置入京劇思維的部分，在於因須符合「人物塑造」而影響的「表演方式」。如吳興國自己所言：「人是那麼複雜，每天應付那麼多事，怎麼可能老是局限在某種性格。」〔註42〕於是，針對《慾望城國》如何詮釋《馬克白》裡的將軍與夫人，論者多用幾個形容詞來稱許：

---

〔註39〕　詳見鄭傑文：《慾望現代與混血表演：1986～2006 當代傳奇劇場作品初探》，頁 72～74。

〔註40〕　在吳興國的傳記中，描述在處理《慾望城國》的演員演法時，首要演員忘掉自己是一個戲曲演員，吳興國認爲：「只有忘掉，才能進入角色心理情境。」見盧健英：《絕境萌芽──吳興國的當代傳奇》，頁 168～169。但顯然地，從實際表演上而言，並無法完全根除這個部分。

〔註41〕　焦桐：〈戲劇文化的提昇〉，頁 116。

〔註42〕　盧健英：《絕境萌芽──吳興國的當代傳奇》，頁 169。

「打破平劇人物模式化的局限」〔註43〕、「打破舊有角色的圍限」〔註44〕、「如此一來京劇的腳色行當乃至於『臉譜』所特具之意義和制約，就自然破除且更見豐彩」〔註45〕。這些說法雖足見《慾望城國》在人物塑造與角色表演上之突破，卻也透露出其所跨越的並非京劇這個表演型態本身，乃是將思考回到京劇本身。被打破的是演員在詮釋每一個行當之間嚴謹的劃約，而非憑空想像一個角色的表演方式。誠如吳興國自己所言：

> 只有結合武生、老生、大花臉的力量才足以詮釋「馬克白」將軍，
>
> 只有結合青衣、花旦、潑辣旦才能演活「馬克白」夫人。〔註46〕

於是，吳興國並無法全然抹殺掉京劇的痕跡，甚至更回到京劇的體系裡重新審視「行當」，他所發展出的「新」表演方式其實是在原有的表演體系裡尋覓到更自由的活用空間〔註47〕。其所審視的不是「行當」本身，而是演員如何詮釋與塑造。會以此思維進行角色的塑造，其實也考量到究竟戲曲演員可否全面地拋棄原有的身體、故有的程式，就如飾演敖叔夫人的魏海敏所言：「最讓我為難的，是飾演敖叔征夫人這個壞女人的角色，這跟我受到的青衣訓練天差地遠，我甚至不知道，壞女人該怎麼走路亮相？該怎麼有血有肉？」〔註48〕於是，戴雅雯便如此認為：

> 從角色行當創造新的劇中人物（dramatis personae），此一企圖暴露了演員的棘手問題——他們不只是必須先想像兩個主要角色，然後在京劇傳統內尋求妥當的扮演方法，而且還得要拓展吟域以便包容這樣獨一無二的個體。〔註49〕

可見，《慾望城國》所做的突破是如何在原有的行當中去構思角色的適切性，而不去過度違背傳統戲曲演員訓練而來的身體與表演程式（縱使在一開始吳

---

〔註43〕 焦桐：〈戲劇文化的提昇〉，頁117。
〔註44〕 鄭傑文：《慾望現代與混血表演：1986～2006當代傳奇劇場作品初探》，頁71。
〔註45〕 朱芳慧：〈論析《慾望城國》之改編過程與藝術成果〉，《藝術論衡》復刊第2期（2009年11月），頁16。
〔註46〕 吳興國：〈從傳統走入莎翁世界〉，頁51。
〔註47〕 如吳興國所言：「這些角色都必須打破自己的慣性，重新塑造。」見盧健英：《絕境萌芽——吳興國的當代傳奇》，頁169。
〔註48〕 魏海敏著，陳慶祐文字撰述：《女伶：魏海敏的影像自述》（台北：積木文化，2006年），頁32。
〔註49〕 戴雅雯（Catherine Diamond）著，呂健忠譯：〈慾望城國：馬克白的三張臉〉，《做戲瘋，看戲傻：十年所見台灣劇場的觀眾與表演（1988～1998）》，頁53。

興國不斷強調要「放」、要「忘掉」），也不斷地呼應吳興國自己所言的「用國劇的技巧來表達莎士比亞的『馬克白』」〔註50〕。

另一方面，《慾望城國》縱使存在一個「創造新劇種」的意識，但卻仍不斷地反映「京劇」如何呈現於現代舞台的問題。藉由調合京劇表演方式的虛擬，與現代舞台的寫真，除了是技術層面的問題，更在於在「表演」上如何協調與應用。《慾望城國》可見的是其「對於表演型態的取捨」，特別是在於舞台與表演的「虛實交替」。以第三幕第一場的〈馴馬〉而言，其取自《蜘蛛巢城》的劇情安排（三木與他的兒子準備出席淺茅登基酒宴前，其坐騎失控的不祥之兆）。被馬夫所馴的「馬」，電影必然是以真馬，但《慾望城國》的舞台表演卻不考量當代舞台劇的詮釋，其捨棄意象化的表示或者是道具的使用，選擇以傳統京劇的「身段」來加以揣摩。讓四個馬夫藉由吆喝、翻滾等傳統身段的應用，以虛代實，不過，同時也以傳統京劇所不會使用的——預錄的馬嘶聲——將馬的存在表現出來。同樣地，在第二場的〈洗手〉更不可能出現真實的水，或者是紅色的血，舞台上極簡地擺置水盆與盆架，以及傳統戲曲的一桌二椅。要怎麼洗、洗什麼，完全倚仗著飾演敖叔夫人的魏海敏，以其動作、唱詞去模擬洗淨手上的血的行為，以及痛苦複雜的情緒。與其配合的是，舞台的紅光照射在夫人身上，加以呼應莎士比亞不斷強調的「血」的元素。其餘皆為演員運用傳統戲曲對於空間的掌握，以及身段上的虛擬來傳達。這兩個例子都透露出，《慾望城國》在表演層面仍以「京劇」作為核心，而運用現代的技術，置入原本傳統所無的光影、音效，試圖讓觀眾能透過演員的表演，保有其想像空間，卻也不流失擬真的強化效果。

綜觀而論，《慾望城國》被歸類於鍾明德所謂的「第二類接觸」，由其表演可明顯觀察出「中學為體」的現象。大量拆解京劇程式，同時也思索如何透過現代舞台以及不同表演藝術的涉入，而將其重組。對於其表演所要傳達的，是如何回應當代傳奇劇場所被賦予的目標，以及吳興國為搬演《慾望城國》所提出的目的（新劇種誕生的可能）〔註51〕，也不斷地反映吳興國當初創團所要追求的方向（讓「京劇」在新舞台與新觀眾溝通）。不過，《慾望城

---

〔註50〕吳興國：〈從傳統走入莎翁世界〉，頁51。
〔註51〕吳興國自己在面對京劇界「離經叛道」的批判聲時，亦如此言之：「我並不是要革京劇的命，而是在做新劇種的摸索。」見盧健英：《絕境萌芽——吳興國的當代傳奇》，頁168。

國》在表演上的重點，其實是「高度發揮傳統程式」﹝註52﹞，除前述提及的「行當跨越」，其他如慢動作的運用、小兵的發揮、兵隊的排列等，都是在傳統程式的範圍內加以思考與運用，進而拆解掉僵化的架構。因此，縱使《慾望城國》仍可透過傳統戲曲尋其蛛絲馬跡，但卻是在「京劇」的範疇裡重新思考「跨界」能夠提供什麼改變，進而嘗試往「新劇種」的誕生邁進。

### （二）文本意義：《慾望城國》是／不是《馬克白》？

假使《慾望城國》的「表演」是致力於讓京劇能有所改變，從「呈現」莎劇到「創生」新的表演型態；而其文本（劇本）則是努力地將莎劇轉換為能以京劇演繹的架構。

吳興國認為：

> 比如，劇本對語言功能的發揮和詩的應用、濃厚的敘述性，使劇中人物常常跳出情節與觀眾交談、人物出現的秩序性和場次繁多……等。而故事發生的情景又和東周列國歷史中描寫的歷史事件相當接近。﹝註53﹞

因此為求《馬克白》能以京劇的方式展演，《慾望城國》所採取的方式是移動故事的場景至中國，將地域、時代等氛圍皆轉換為中國的文化符碼。其改編的入手點在於：「《馬克白》與中國京劇的共同點」。於是，編劇李慧敏將《馬克白》移植到中國，再由吳興國等人編寫為戲曲的語言，而這樣的手法就如鄭傑文所言，是把《馬克白》當成京劇來重新編寫﹝註54﹞。

然而，從劇本的呈現對照吳興國之言，他不是要演莎士比亞的《馬克白》而是中國的《馬克白》，其實就可以提出很多詰問。究竟敖叔征到底能不能夠與馬克白等同論之，其實在《慾望城國》的改編方式上，將很多「文化轉譯」的問題簡化，間接也導致敖淑征夫妻與馬克白夫妻的差異。莎士比亞在《馬克白》中強調的雖是人性幽微的共同性﹝註55﹞，但在從西方移植進中國的同

---

﹝註52﹞「高度發揮傳統程式」一詞為王安祈老師於口考時所提供之意見，我深感認同，故重新放入本文的論述架構內。

﹝註53﹞吳興國：〈從傳統走入莎翁世界〉，頁50。在其傳記中亦指陳：「眾人討論之後，想到老戲裡面有一齣《伐子都》，劇情很像莎士比亞的《馬克白》，兩者都在描述權力慾望如何引致亡國悲劇，而又都以鬼魂的出現來鞭苔道德良心。」見盧健英：《絕境萌芽──吳興國的當代傳奇》，頁156。

﹝註54﹞鄭傑文：《慾望現代與混血表演：1986～2006當代傳奇劇場作品初探》，頁60。

﹝註55﹞方平曾言之，莎士比亞把他的惡有惡報放在次要地位，而懷著極大的興趣注

時，很多問題是無法等而化之。林璄南提出《慾望城國》在劇本編修上，由於刪減掉原著的部分劇情，雖使劇情步調加快、節構更嚴謹，卻也因而割捨掉好些緊要的細節，包含敖叔夫人的角色還可以再多加著墨、終場前未處理「森林移動」的情節等，但林璄南基本上仍抱持著讚許的態度。〔註56〕不過，陳文華就以「誰謀殺了鄧肯」為題，指出由於情節上的變動導致鄧肯（薊侯）被殺的疑點成為《慾望城國》在人性刻劃上的失準與缺漏，他認為馬克白殺鄧肯的猶疑來自於野心和良知的糾結，而敖叔征在被糾纏的同時，他弒君的動機卻是以野心另外的理由所促成。〔註57〕陳文華直言《慾望城國》兩個很大的問題，一為「莎劇的主題，本在逼視罪惡對人性的控制，而罪惡在本質上是不需要藉認合堂皇的理由才存在的，『慾』劇的轉變，顯示編者似乎並未真正了解罪惡的恐怖性，因此對罪惡的行為採取了『鄉愿』的詮釋。」〔註58〕而這樣的轉變亦產生另一個問題為「『當代傳奇』編排此劇的目的，聲稱是要跳出傳統戲曲的窠臼而直探人性的隱微，但在實踐的過程裡，卻讓我們感到其間藩籬仍在。」〔註59〕同樣地，胡耀恒也指陳《慾望城國》在劇本上的弱化，他認為：「『慾劇』的觀念因此相當接近民俗信仰中神鬼報應的想法，缺少莎劇中的人道與倫理精神。」〔註60〕於是，鄭傑文舉敖叔征聽聞山鬼預言、自言自語與其夫人訴說預言時為例，說明敖叔征吐漏以中國倫常為價值觀的「忠義」、「社稷」等字眼，因此與開場的山鬼預言產生同樣的問題，其「強化了命運捉弄的向度，而降低了敖叔夫婦的自主意志在這齣悲劇中的份量」。〔註61〕可見，《慾望城國》在從莎劇轉換為中國文本的同時，顯然地偏離了《馬克白》所要傳達的核心，縱使該劇標題很醒目地抓住「慾望」這個焦點〔註62〕，

---

視著他內心世界的衝突、掙扎、痛苦。見方平：〈前言〉，收錄於莎士比亞（Willam Shakespeare）著，方平譯：《新莎士比亞全集 5・悲劇・麥克貝斯》（台北：貓頭鷹出版，2000 年），頁 240。
〔註56〕林璄南：〈一場出色的演出〉，頁 122。
〔註57〕陳文華：〈誰謀殺了鄧肯〉，頁 123。
〔註58〕同前註，頁 124。
〔註59〕同前註。
〔註60〕胡耀恒：〈西方戲劇改編為平劇的問題──以「慾望城國」為例〉，頁 79。
〔註61〕鄭傑文：《慾望現代與混血表演：1986～2006 當代傳奇劇場作品初探》，頁 61～65。
〔註62〕不過，1986 年 4 月的報導中指出當代傳奇劇場嘗試以國劇型態演出莎翁悲劇「馬克白」，而新劇名尚未定。見黃寤蘭：〈莎翁名劇展新風貌　國劇型態的馬克白〉，《聯合報》1986 年 4 月 28 日，12 版。可見，「慾望城國」之名可能是

但很難避免的是，中國人的「慾望」表達方式總籠罩一層厚重的「忠義」、「倫理」、「君臣」等思維，於是若被論者取之與原著比較，總被認為削弱原著所要傳達的人性。但，戴雅雯曾針對傳統京劇的道德觀，反駁彭鏡禧所指出的「京劇體現的是古老的道德與世界觀，和現代世界脫了節」，認為：「問題不在德性本身，而是在於舞台闡明德行的方式流於老套又缺乏想像。忠對於現代現代世界仍然有其意義，不過也許京劇文本呈現的方法不合時宜。」〔註63〕故，《慾望城國》以倫理道德描繪敖叔征的掙扎並不意外，而《馬克白》對於《慾望城國》的影響可能在於改變其陳述傳統道德的方式，不再是死板的俗套以及說理，而有更豐富的情感交雜。〔註64〕如敖叔夫人誘導敖叔征弒君的橋段，雖可見「出征只為忠心獻」、「君臣相對愧無言」、「這弒君背義的罪過呢？」這些教條式的言語，但卻也夾藏了夫人對於人情世故的剖析，「是禍是福皆難斷」、「明日出征遭毒算」等勸說，都不只是禮義道德的長篇大論。於是，在轉換的過程裡雖不可避免地添入中國傳統教化，卻也塑造出了一個被動的敖叔征。

此外，當代傳奇劇場之所以選擇《馬克白》，實是在於它與中國京劇之間的共同點，轉化為中國的背景和情感，較無太大突兀。〔註65〕於是，《慾望城國》之所以必須將《馬克白》「中國化」，是為了服膺於「京劇」的需求，但若如前述所言，《馬克白》與《慾望城國》在主題意識上有所差異，那麼是否能夠再以中國的《馬克白》作為號召呢？只是，我認為這是當代傳奇劇場刻意營造的衝突感與模糊化。就如戴雅雯所言：「吳興國所稱他不是要演《馬克白》的說法恐怕有點言不由衷，因為他無疑是乘便利用該劇的知名度，激發

---

在於劇本內容已寫定後，才從中取得「慾望」這樣的概念，並訂為題目。故，在編劇改編的過程中，可能無意識要以「慾望」作為主題。

〔註63〕見戴雅雯（Catherine Diamond）著，呂健忠譯：〈慾望城國：馬克白的三張臉〉，《做戲瘋，看戲傻：十年所見台灣劇場的觀眾與表演（1988～1998）》，頁39及注1。

〔註64〕黃千凌曾針對《王子復仇記》的傳統框架問題，指陳這樣的文化跨越跳脫不出傳統的道德框架，但鄭傑文卻認為，既然改編者有意識地將西方劇作轉換到中國時空，就代表了接受其後的文化特色與限制，立基在中國文化思惟礎石上再行挖掘，自然無意於抹煞傳統的道德觀念。見黃千凌：《當代台灣戲曲跨文化改編（1981～2001）》，頁96。鄭傑文：《慾望現代與混血表演：1986～2006當代傳奇劇場作品初探》，頁66～67。不過，如以「改變傳統道德的表達方式」來解讀《慾望城國》與《王子復仇記》，應也是一種方式。

〔註65〕吳興國：〈從傳統走入莎翁世界〉，頁50。

大眾對他的計劃感到興趣。」〔註66〕而於吳興國的傳記中亦有類似的概念：「既是夾縫就有空間，當代傳奇劇場選擇了一個模糊地帶，再用自己的專長將模糊地帶發揚光大。」〔註67〕的確，這樣的策略性手法實是吸引了觀眾進入劇場，觀賞了一齣「不是京劇的京劇」、「不是《馬克白》的中國《馬克白》」。

　　於是，在人物塑造、情節發展與安排上都與《馬克白》產生偏離的情形下，我將問題再次回到「《慾望城國》到底是不是《馬克白》？」或者該說「其本意到底是不是要翻譯《馬克白》？」。假使《慾望城國》的作法乃是將莎劇作為一種方法，而核心在於京劇，或者是從京劇所脫胎而成的新劇種，那麼《慾望城國》與原著的貼合性其實是被消薄的。而《慾望城國》實非直接取材自《馬克白》，這個答案是被肯定的。其傳記中曾指出，吳興國與林秀偉雖然看了很多英國莎劇版本，但重要的影響還是日本《馬克白》——黑澤明導演的電影《蜘蛛巢城》。〔註68〕而在經歷過首演後的多次編修整理，吳興國自己說：「但我一直保留著所謂黑澤明的影子，刻意留下這個創作軌跡。」〔註69〕雖說是痕跡上的保留，但一對照起《慾望城國》與《蜘蛛巢城》即可驚覺，與其認為《慾望城國》是中國的《馬克白》，不如說是中國的《蜘蛛巢城》。而戴雅雯是針對《慾望城國》與《蜘蛛巢城》之間的連繫最早提出完整論述者，她綜觀兩部作品提出：

> 揆諸實情，《慾望城國》並不是《馬克白》的京劇版，而是《蜘蛛巢城》的改編。因此，文本在二度更動之前就已經透過亞洲觀點過濾一次了。這麼看來，吳興國所面臨的主要挑戰不在於文本上的詮釋，而是在於形式上的呈示（formal presentation）：他的工作是改編文本以因應京劇的表演技巧。〔註70〕

而除在表演型式上的轉換之外，兩部作品之間的差異在於日本文化與中國文化不同的感性（sensibilities）反映在各自的傳統劇場。〔註71〕其論點或許出自其觀察，亦可能承於1987年焦桐曾轉述牛川海的一段論述：

---

〔註66〕戴雅雯（Catherine Diamond）著，呂健忠譯：〈慾望城國：馬克白的三張臉〉，《做戲瘋，看戲傻：十年所見台灣劇場的觀眾與表演（1988～1998）》，頁41。
〔註67〕盧健英：《絕境萌芽——吳興國的當代傳奇》，頁168。
〔註68〕同前註，頁172。
〔註69〕同前註。
〔註70〕戴雅雯（Catherine Diamond）著，呂健忠譯：〈慾望城國：馬克白的三張臉〉，《做戲瘋，看戲傻：十年所見台灣劇場的觀眾與表演（1988～1998）》，頁43。
〔註71〕同前註。

> 這次「慾」劇的場景安排就跟黑澤明的電影「蜘蛛巢城」（改編自莎
> 士比亞的「馬克白」）完全一樣，唯一不同只是一部是電影，一部是
> 舞臺劇，因此，與其說「慾」劇是改編自莎翁的「馬克白」，倒不如
> 說是改寫黑澤明的「蜘蛛巢城」。〔註72〕

雖說兩人所要強調的論點是有所不同的，戴主要在說明文化觀點過濾的問
題，是透過這個中介譯本的詮釋，而牛則點明《慾望城國》的劇本編修問題
乃至於國內新劇本的匱乏與難求。但，他們都指出一個核心是：「《蜘蛛巢城》
對《慾望城國》的影響遠大於原著《馬克白》」。

　　而前述所提及的有關《慾望城國》在改編《馬克白》上的問題，其實只
要考量《蜘蛛巢城》這個中介，便可知曉為何。胡耀恒曾認為《慾望城國》
與《馬克白》之間的相形見拙，除改編上的疏忽外，大部分出於劇種問題，
因大量利用平劇的唱作念打，費時很多，卻又必須符合其演出時間為三個小
時左右，故「即使改編者有意忠實原著，他仍不得不減少人物和台詞，也因
此無法避免上述的種種差距。」〔註73〕但胡耀恒這段論述的問題，在於「有
意忠實原著」這個論點。由於他在該文開頭即點明「為免節外生枝，文中沒
有觸及黑澤明的『蜘蛛巢城』與『慾望城國』的關係」〔註74〕，在忽略《蜘
蛛巢城》的前提之下，提出「忠實原著」的思維，是有待商議的。就實情來
看，《慾望城國》在劇情與人物上刪減，實非以《馬克白》為考量對象，乃是
依循《蜘蛛巢城》的情節加以修改。由於黑澤明大量運用能劇的表演型態，
又為符合一部電影的演出時間而將《馬克白》有所刪減與簡化；《慾望城國》
亦以京劇演繹的構思，加上電影二至三小時的表演時間亦與舞台劇接近；可
以這麼說，《慾望城國》的準則，實為透過《蜘蛛巢城》加以改編，而非《馬
克白》。回觀胡耀恒認為《慾望城國》的處理雖不盡完美，卻可發揮平劇特色，
並在有限時間演完一個故事，故稱其為「『慾望城國』的辦法」；〔註75〕但事
實上，所謂的「『慾望城國』的辦法」，實為「『蜘蛛巢城』的辦法」。

　　再如《慾望城國》開場以幕後合唱的方式唱道：

　　歎世人看不透功名富貴，原都是水中月迷夢一回。算心機臨斷崖前

---

〔註72〕焦桐：〈戲劇文化的提昇〉，頁119。
〔註73〕胡耀恒：〈西方戲劇改編為平劇的問題——以「慾望城國」為例〉，頁80。
〔註74〕同前註，頁77。
〔註75〕同前註，頁80。

程自毀，到頭來浪掏沙枯骨空悲。

常被論者抨擊有悖於《馬克白》開場的懸疑與混淆不清，並將故事的終局提早告訴觀眾，失卻《馬克白》的原味。但，這段開場曲的初衷可能出自於《蜘蛛巢城》的開場。以歌隊配合笛聲，帶進一片荒蕪的原野：

> 看哪　這片土地
> 現在荒涼　了無一人
> 從前是個堅固的城堡
> 住著一位驕傲的勇士
> 卻死在野心之下
> 他的靈魂仍在游走
> 從古至今　自負的驕傲
> 都領著野心往滅亡之路

同樣將三木將軍／敖叔征的未來一一批露，並無懸疑可言，其所傳達的便為三木將軍／敖叔征「如何」走向毀滅〔註76〕，而非馬克白的「為何」走向毀滅。於是，不管是女巫轉為山鬼的問題、薊侯被殺的疑惑，還有敖叔征部分形象的塑造，這些評論者曾提及的缺漏，實是皆其來有自：《蜘蛛巢城》。換言之，幾乎所有《慾望城國》的劇本對比起原著中的偏移與缺失，主因實在於其改編底本並非《馬克白》。由於《蜘蛛巢城》已將《馬克白》簡化，以此簡化之版本加以改編，必然顯露出《慾望城國》與《馬克白》的差距。

但，此一觀點並非將三部作品列出優劣的評比，而是在於：若《慾望城國》係以《蜘蛛巢城》為改編準則，直接取《馬克白》做比較對象時必然會有所偏差。而當代傳奇劇場這樣的作法，其實與其表演方式有所呼應，乃在於一種策略上的處理，之所以取中國的《馬克白》作為標題，除《蜘蛛巢城》本身亦為《馬克白》的改編之外，更在於以《馬克白》為號召，揚起莎士比亞的大旗，以期對京劇的創新而有所引力。故，《慾望城國》雖消彌原著文本的意義，但卻在《馬克白》與《蜘蛛巢城》兩者的背書之下，達到其突破傳統的意義。

綜觀《慾望城國》的表演呈現與劇本改編，實可歸結出幾個現象：當代傳奇劇場之所以改編《馬克白》為《慾望城國》，係從兩者之間的共同性為出

---

〔註76〕戴雅雯（Catherine Diamond）著，呂健忠譯：〈慾望城國：馬克白的三張臉〉，《做戲瘋，看戲傻：十年所見台灣劇場的觀眾與表演（1988～1998）》，頁45。

發點，而將劇本改寫至可以京劇的表演型態演繹，並同時讓京劇能有所改變，乃至於產生新的劇種。但由於其改編大量參考日本電影《蜘蛛巢城》，故其主題意識亦已偏離原著。可見，其乃取莎劇《馬克白》作為改寫京劇「文本與表演」的方法，以及其創團目標的策略，故是否貼近於原著非其本意。

## 二、東方「正典」？戲曲「範本」？：回眸的文化意義

　　延續前段之論述，於此，我想再次思考「貼近原著本意」的問題。不過，這個問題本身就存在著觀者對於劇作的解析，而這些觀眾的身分可能也是分歧的。就「一般觀眾」而言，以譯著大量流通的現今，亦不能避免觀眾並不理解《馬克白》所要傳達的意涵以及故事架構，更何談《慾望城國》首演的1986年，必然有觀眾不「識」《馬克白》。因此《慾望城國》雖以《馬克白》作為號召，但勢必有聽聞《馬克白》之名而不知其意之人，那麼《慾望城國》是否全然承襲自《馬克白》，對於「一般觀眾」而言並不是那麼的重要。另一層面是，當代傳奇劇場所瞄準的可能不只是「一般觀眾」，而是有影響力的文化界人士、學者等「專業觀眾」。於是，《慾望城國》所帶來的是評論角度的多元，也成為當代傳奇劇場後續劇作的共同現象。

　　1990年11月15日當代傳奇劇場首次將《慾望城國》帶至國外，於英國倫敦皇家國家劇院演出，而後成為當代傳奇劇場最常於國外演出的劇目之一。倘若中國或是台灣的觀眾是不識《馬克白》，那麼西方觀眾則是對於京劇的不夠了解。在倫敦演出後，《聯合報》於11月17日以「劇評呈現兩極化觀點」為標題，紀錄下在讚揚背後的文化隔閡問題，報導指出：

> 每日電訊報的查爾斯·史賓塞則排斥中國戲曲音樂、演唱方法、表演體系等，呈現出另一種觀點。整體而言，英國人對傳統戲曲文武場的喧囂，旦角、小生及丑角的發聲方法最無法接受，尤其是青衣的小嗓用法，有些劇評人表示「不喜歡」。經濟時報劇評人阿拉斯帖·瑪考萊指出，中國戲曲音樂很難聽懂，比印度或印尼的還難接受，以他「西方人的耳朵」聽來，頗為尖銳刺耳、甚至醜陋。泰晤士報班尼迪特也不習慣旦角「擠壓出來的女高音」唱法，每日電訊報查爾斯甚至還認為女性假嗓唱法如同「迪斯奈卡通中咪鳴叫的小貓」。〔註77〕

---

〔註77〕張必瑜：〈慾望城國倫敦演出 演員表現更穩定成熟：劇評呈現兩極化觀點〉，《聯合報》1990年11月17日，08版。

由這些近乎情緒化的「負面評論」，可見西方評論者對於自己所不熟悉的京劇，充滿一種傲慢的排斥。於是，戴雅雯便以其對於這些「主觀」的負面評價的觀察，指出：「倫敦評論界對於該次演出的反應不只是毀譽參半，而且顯示西方觀眾遭遇完全陌生的劇場時的困窘，即使這一次以異國情調詮釋英國文化的偶像本身就有其吸引力。」〔註78〕並提出西方評論者以他們所熟悉的《馬克白》作爲主要的觀照點，以及對京劇的難以進入，關注的焦點在「台灣的劇團演出的是否爲悲劇，或京劇是否演得出悲劇」〔註79〕，並點明「舞劇的誇張使得嚴肅的場合變爲輕浮而幾近於笑劇」〔註80〕，以及京劇的唱腔並不被所理解與接受〔註81〕。而這些問題實是環環相扣的，由於《慾望城國》的表演核心是在於京劇，假使西方論者對於京劇的表演方式採負面之評價，那更又如何理解表演與文本之間相扣合的意涵呢？既是如此，對於西方論者所指陳的《慾望城國》不是悲劇，或者是京劇無法演繹悲劇，都存在著透過重重藩籬而不見其眞實樣貌的詮釋。同樣地，對於「悲劇」到底該如何定義，也存在西方與東方兩種不同的視角，在《慾望城國》這樣「跨越」於東西方之間的劇作裡自然地產生衝突。當然，除了西方人不熟悉京劇表演藝術、唱腔等看法外，亦可以反向地思索，有沒有可能演員本身的表演並不夠成熟，而無法體現京劇之美呢？

　　但，這場在倫敦的演出，亦再次掀起《慾望城國》在台灣的討論聲浪。而後在當代傳奇劇場簡介《慾望城國》的書冊中，常見國外媒體讚揚的部分，包含 1990 年英國《衛報》：「這是我見到最好的東西文化交融之一。」、1998 年法國《衛報》：「《慾望城國》轉變了教皇宮廣場的氣氛，觀眾們是眞正的沉醉在戲劇裡。」等。〔註82〕《聯合報》記者張必瑜亦以「慾望城國出征　觀察系列」〔註83〕作爲系列報導，於該年 11 月 21 起一連四天記載《慾望城國》

---

〔註78〕戴雅雯（Catherine Diamond）著，呂健忠譯：〈慾望城國：馬克白的三張臉〉，《做戲瘋，看戲傻：十年所見台灣劇場的觀眾與表演（1988～1998）》，頁57。
〔註79〕同前註。
〔註80〕同前註，頁58。
〔註81〕同前註，頁58～60。
〔註82〕這些轉載的報導可見於吳興國、林秀偉著：《英雄不卸甲：出發！慾望城國的傳奇旅程》，頁154。
〔註83〕張必瑜：〈慾望城國出征　觀察系列之1　文化過招　驚動約翰牛：西方沙文主義心態可解　只嘆中國戲曲隔閡未釋〉，《聯合報》1990 年 11 月 21 日，08 版。
　　　張必瑜：〈慾望城國出征　觀察系列之2　劇院大老闆是觀眾：從當代傳奇劇場

這次倫敦演出帶來的效應與其觀察之現象。可見，與其注目於《慾望城國》帶給西方觀眾另一種劇場刺激，更驚人的其實是「《慾望城國》在倫敦演出」這件事對於台灣人所帶來的迴響。而台灣人對於「至國外演出」這件事所產生的迴響，所激發的文化自信問題，促使林懷民藉此議題呼應倫敦劇評毀譽參半的現象。他指出了兩個問題：「問題一：我們需要西方劇評家的肯定才能──才敢──才願意──肯定我國藝術家的才華和努力嗎？」、「問題二：『慾望城國』由於規模龐大，迄今只在台灣少數城市上演。政府為了經營國際形象才肯斥資補助。同樣的經費足以讓『慾望城國』演遍台灣各城鎮，讓年輕演員得到磨練進步的機會，讓萬千民眾得到精神生活的充實。急於外交，而不肯『與民眾在一起』，是否本末倒置？是否流於短視？」，林懷民在文章一開頭就丟出「如果葛蘭姆（Martha Graham）台灣行落得惡評如湧，紐約時報會如何處理？」作為震撼彈，指陳台灣社會對於自己文化所缺乏的關心與自信。〔註 84〕因此，既然西方論者可以質疑中國劇場不足以搬演悲劇文本，我們勢必也可對他們無法理解京劇藝術而提出反駁，不是倚仗國外看待的評價而搖擺不定，更重要的是「我們」如何看待《慾望城國》。

從西方論者的觀點，實則透漏了一個問題是，當代傳奇劇場的《慾望城國》真的適合西方觀眾觀看嗎？由於表演與劇本是環環相扣的，因此當京劇的表演體系不斷影響觀眾對於劇情、文本意義的理解與認知，在這樣的隔閡之下，他們所得到的不過是連雜技表演也不如的四不像。而透過西方觀眾的眼光，更可推測《慾望城國》是接近於「京劇」，而非「西方悲劇」，甚至也還不能是新的劇種，其表演結構與觀看都仍在「京劇」的範圍內。因此，《慾望城國》的搬演意義，除對於京劇的文本與表演體系加以改造外，更存在著對於京劇觀眾的意義。《慾望城國》雖打破傳統京劇的體制與架構，但卻必須擁有京劇的基本認知與接受才足以承載這部作品所要傳達的意義，就算這些觀眾可能並不識《馬克白》（是不是／識不識《馬克白》已非《慾望城國》

英倫之行 讓我們看到迥異於我國國家劇院的體制 以及為民眾鋪設的完整人文設施〉，《聯合報》1990 年 11 月 22 日，08 版。張必瑜：〈慾望城國出征 觀察系列之 3 藝術小兵 肩膀挺得直：在英健康的文化環境下 藝術活動不懂稀鬆平常 而且只要演出好 演員敬業 雖非大牌照樣能獲得藝術家般的對待〉，《聯合報》1990 年 11 月 23 日，08 版。張必瑜：〈慾望城國出征 觀察系列之 4 英國劇場 新血舊輪 生生不息〉，《聯合報》1990 年 11 月 24 日，08 版。
〔註84〕 詳見林懷民：〈葛蘭姆 如果惡評如湧〉，《聯合報》1990 年 11 月 21 日，08 版。

的本意），因爲吳興國可能也無意去詮釋《馬克白》或是悲劇。誠如戴雅雯所言：

> 《慾望城國》的創作者並不是以莎士比亞的文本爲主要的依據，而是把京劇的技巧應用在日本的改編，這意味著亞洲的劇作家在創造他們自己的正典（canon），其與西方的原始素材和處理手法的關係變得越來越淡薄。〔註85〕

其所欲開創的不是「再演」西方經典，而是試著開創出「東方正典」──屬於東方（中國京劇）的表演系統，並產生其特有的「經典性」。這可能更是當代傳奇劇場藉由《慾望城國》的初步實驗，所蘊涵的更遠大的目標。

　　此外，戴雅雯曾舉台灣的小劇場改編西方文本演出，很少依原作之爲外國劇本的文義格局，而是經過改編給重新嵌入台灣的文義格局，她認爲：「當代傳奇劇場所賴以取法的先例乃是從當前舞台劇的發展潮流一脈相承而來，與其他京劇劇團業已採取的方向反倒沒有那麼直接的關聯。」〔註86〕不過，針對《慾望城國》的詮釋內容，她又指出：「在以往的京劇文本和獨樹一幟的《馬克白》這兩極之間，《慾望城國》還是比較貼近前者，不只是因爲劇中標榜的文學正義（poetic justice），而且是因爲劇中強調的命運的力量以及人物的宿命觀。」〔註87〕從兩個不同的方向觀看《慾望城國》，卻顯露出它本身所處的弔詭位置：改編方式異於其他京劇劇團的做法，卻又在內容回應京劇的文本。同樣地，這樣弔詭的位置也出現在《慾望城國》與《馬克白》之間的繫連，王安祈認爲：

> 莎劇原劇寫的是人的野心慾望如何一步一步吞噬自我的過程，而這齣戲的故事框架及結局卻又恰恰對上了「善惡到頭終有報」的中國傳統觀念（當然更是戲曲裡固有的教忠教孝道德觀），所以這齣戲的觀眾直可「各取所需」的各自獲得感情洗滌或道德教化的滿足。〔註88〕

而「各取所需」的現象其實回應到前段所指出，《慾望城國》是將莎劇作爲一種方法以及策略。就誠如盧健英於吳興國的傳記中所言：

---

〔註85〕戴雅雯（Catherine Diamond）著，呂健忠譯：〈慾望城國：馬克白的三張臉〉，《做戲瘋，看戲傻：十年所見台灣劇場的觀眾與表演（1988～1998）》，頁60。
〔註86〕同前註，頁42。
〔註87〕同前註，頁53。
〔註88〕王安祈：〈竹林中的探險：觀《羅生門》戲曲演出〉，《表演藝術》第67期（1998年7月），頁75。

> 從策略上來看，第一，不管是「莎士比亞演京劇」還是「用京劇演
> 馬克白」都是嶄新的概念，懂京劇的老行不能振振有詞，懂莎劇的
> 學者也無法一廂情願；第二，他還是以京劇為核心思考，但現代化
> 的幅度更為擴大，聽著像京劇，看著又像舞台劇。〔註89〕

在此策略的運用之下，《慾望城國》或許無法藉由《馬克白》所給予的思想性，
而達到全面改造京劇本有的思想體系，但卻也在呼應京劇的表演藝術之下，
開展出另一條發展軌跡。因此，這個弔詭位置的存在，其實也凸顯當代傳奇
劇場開拓出「當代戲曲」的新方向，透過嘗試「新劇種的誕生」而立足住其
獨特位置，並不依循任何已存在的發展體系與脈絡。

鍾明德曾言：

> 由這種模仿和接觸出發，我們才可望達到「不是東方的，也不是西
> 方的，但同時是東方的，也是西方的；不是傳統的，也不是現代的，
> 但同時是傳統的，也是現代的」當代台北之表演藝術。〔註90〕

《慾望城國》立足於當代傳奇劇場的出發點，必然離這個境界仍有些距離。
但當其致力於邁向鍾明德所言的「第三類接觸」時，最初嘗試的《慾望城國》
影響所及，卻是目前當代新編戲曲的編劇與表演。以《慾望城國》所採取的
行當跨越方式，其實已成為當代戲曲人物塑造的多面詮釋。舉例來說，國光
劇團這幾年來所新編的「女戲」〔註91〕系列，就已跳脫「行當」對於角色塑
造的問題。以《金鎖記》〔註92〕裡的曹七巧而言，無論在劇本的背景時空（民
國初年），或者是人物複雜的心境轉折，皆非傳統戲曲會出現的角色。但，在
《慾望城國》的先行實驗之下，「行當的跨越」似乎成為演員在詮釋角色上的
基本概念。而以《慾望城國》中的吳興國與魏海敏於首演時的演繹方式，卻
是打破原先京劇演員所根深蒂固的思維。於是，王安祈認為：

> 吳興國對於台灣戲曲界的貢獻主要在於「新表演型態的開發」以及

〔註89〕 盧健英：《絕境萌芽——吳興國的當代傳奇》，頁168。
〔註90〕 鍾明德：《在後現代主義的雜音中》，頁221。
〔註91〕 國光劇團的女戲係指《王有道休妻》、《三個人兒兩盞燈》、《金鎖記》、《青塚
　　　 前的對話》、《狐仙故事》以及《孟小冬》這一系列以女人為主體的新編戲曲。
　　　 前四部劇本收錄於王安祈：《絳唇珠袖兩寂寞》（新北：印刻，2008年）。趙雪
　　　 君：〈狐仙故事〉，《戲劇學刊》第14期（2011年7月），頁203～245。王安
　　　 祈：〈孟小冬〉，《戲劇學刊》第12期（2010年7月），頁185～217。
〔註92〕 國光劇團的《金鎖記》改編自張愛玲同名小說《金鎖記》，由王安祈、趙雪君
　　　 編劇，李小平導演，魏海敏主演，2008年5月首演。

「爲古典戲曲注入現代氣質」，而他的身分不只是受邀演出的一名
「演員」而已，更重要的，他是主動的「觀念提出者」。〔註93〕
甚至於不僅是觀念的提出，更透過實際地操作，以實踐的精神去碰撞本有的
體系。對於魏海敏如何飾演曹七巧，甚至是其他新編戲的角色（包含當代傳
奇劇場《樓蘭女》、國光劇團《歐蘭朵》、《孟小冬》等），創造敖叔夫人的過
程提供她加以成熟運用的關鍵〔註94〕。此外，前述曾提出《慾望城國》如何
運用虛擬動作與擬眞效果，亦是逐漸發展成當代戲曲表演與現代舞台技術的
基本考量。而在編劇手法上，則是如何置入於非傳統、非中國本有的元素，
打開對於戲曲題材上的認知。除亦可以取莎劇或是其他國外劇作加以改編與
演繹，如：台灣豫劇團改編自莎劇《威尼斯商人》（The Merchant of Venice）的
《約／束》；亦或是從異樣的題材得到靈感，而與中國／台灣本有的故事架構
加以融和，如《國光劇團》2009 年的作品《狐仙故事》，編劇趙雪君即從日本
漫畫《除妖怪譚》中取得靈感，再結合《聊齋誌異》的〈封三娘〉加以串聯
與改寫。對於題材的選擇、議題的碰撞，其源頭皆可溯至《慾望城國》之先
鋒經驗（avant-garde）。因此，若無《慾望城國》在前行的衝撞與成就，台灣
的當代戲曲勢必無法有目前的發展與開創。

王安祈認爲：「這齣戲（《慾望城國》）一箭雙鵰式的獲得了成功，也確立
了戲曲演世界經典的幾項意義：一、深化人性啓迪哲思以補強戲曲原本的抒
情。二、古典劇作中永恆人生與當前經驗的交互指涉。三、藉陌生西化的題
材刺激轉換表演模式。」〔註95〕從「以戲曲演世界經典」出發，其意義在劇
本與表演上改變當代戲曲的發展。可見，縱使《慾望城國》的做法尚未達到
新劇種的誕生，亦還在創造「東方正典」的初步（即使《慾望城國》對當代
傳奇劇場而言已有其經典性，但對於整個東方劇場來說，仍是有其改善之空
間），但其對於首演當下以及二十多年後的今日所衝擊之影響，則是在於新編
戲曲（《慾望城國》雖以京劇爲核心，但其影響亦包含豫劇等其他劇種）的重
新架構與表演型態。於是，《慾望城國》除是當代傳奇劇場的最初實驗範本，
同樣也可能已成爲新編戲曲的範本之作。

〔註93〕 王安祈：〈序三：藝術越界〉，收錄於盧健英：《絕境萌芽──吳興國的當代傳
　　　　奇》，頁 68。
〔註94〕 此部分將在第四章第三節再多做說明。
〔註95〕 王安祈：〈竹林中的探險：觀《羅生門》戲曲演出〉，頁 75。

## 三、《王子復仇記》：經驗的複製與失落

我以為，《慾望城國》不僅是當代傳奇劇場對於劇場實驗的第一步，更堪稱「東方正典」的基石，以及新編戲曲的「範本」。在這種轟動效應的思考下，當代傳奇劇場將《慾望城國》的經驗加以複製，於 1990 年 3 月推出改編莎劇《哈姆雷》的《王子復仇記》。

吳興國在 1990 年 10 月將《慾望城國》搬上國家戲劇院〔註96〕，於節目單內認為：

> 如何在文字上有貼切的闡述，及人物同等深度的刻劃，一直是我們
> 面對莎劇力有未逮之感的困難處。〔註97〕

可見，如何在莎士比亞的劇本深度與京劇的表演型態中取得平衡，始終是當代傳奇劇場所面臨到的難題。縱使在本節的論述中認為，當代傳奇劇場最後所取捨的是「改造京劇」這個核心，進而「探索新的表演型態」，而非「如何詮釋莎劇」，但假若能同時兼具莎劇與京劇兩者的優點，仍是更完美的成果。不過，這問題顯然到了再次演出《慾望城國》時仍無法解決；而同年 3 月以相似改編方式演出的《王子復仇記》，似乎也陷入這種「力有未逮之感」的困境中〔註98〕。

該劇的編劇王安祈曾針對《王子復仇記》在探索新表演型態的創發，指出：

> 最明顯的例子是：這齣戲的劇情中有「鬼魂出現」、「戲中串戲」、「假
> 作瘋癲」和「比武較量」等關鍵段落，這些片段原本可以輕易地套
> 用京劇程式而大肆發揮，但導演兼主角的吳興國卻選擇了有意的割
> 捨棄置，而試圖改從電影、現代舞甚或傳統的說唱等各類藝術中汲
> 取靈感重做詮釋。〔註99〕

---

〔註96〕《慾望城國》首演是 1986 年 12 月於台北市社教館文化活動中心（現在的城市舞台），而 1990 年 10 月則是暨第二部作品《王子復仇記》於國家戲劇院首演後，首次將《慾望城國》搬上國家戲劇院的大舞台。

〔註97〕吳興國：〈從傳統到當代〉，收於《慾望城國》1990 年於國家戲劇院演出之節目單。

〔註98〕《王子復仇記》的編劇王安祈曾質疑《慾望城國》並未動搖「善惡二分的觀念」，而無在人性深邃面上獲得更好的成績，只不過她同時也指出自己在編寫《王子復仇記》時，雖知其觀念與主題之提出，並借此回顧自身，卻也深知在面對嚴重的文化隔閡之下並未掌握此問題。見王安祈：〈竹林中的探險：觀《羅生門》的戲曲演出〉，頁 75 及註 3。可見在知曉問題於何處，但卻也無法深切地處理這個改編上的問題。

〔註99〕王安祈：《台灣京劇五十年》，頁 110。

由此，王安祈認爲導演吳興國乃是企圖去建構另一套表演體系。可見，吳興國在《王子復仇記》中試圖讓原本在《慾望城國》所做的實驗幅度稍加地擴大，特別是於如何在京劇與現代表演藝術之間的取捨。在《慾望城國》裡，縱使已割捨掉許多能夠以京劇詮釋之處，但仍保留能以京劇本有的虛擬動作詮釋之處，如馬伕馴馬、探子翻身等。但，《王子復仇記》則是在可以寫入京劇程式的橋段中，置入不同表演藝術的詮釋方式。如原著《哈姆雷》中著名的「戲中戲」，當代傳奇劇場將其分爲兩段，第一段爲公孫宇以「跳判」的形式，手持生死簿上場；第二部分則是公孫宇所點之戲碼──「燭影搖紅」。「跳判」雖爲傳統戲曲的一套舞蹈程式，但在《王子復仇記》中，除造型上非傳統，表演程式亦多爲自創，並沒有傳統會有的「吐火」，而重點在於卷軸打開來的「禮義廉恥」。緊接著，脫胎自傳統戲曲表演的是一段「數板」，藉此數落叔王及皇后。之後，「燭影搖紅」的這段戲曲表演，明顯地看出表演藝術上的跨界結合。它使用了說書的框架，並結合舞劇於其中。在音樂上，運用了小鼓、三弦與古箏，與說書人相互配合及幫腔。〔註100〕而由台北民族舞團的舞者詮釋的宮女，和兩名戴著面具扮演皇帝妃子者，亦配合說書人的內容起舞。〔註101〕可見，這段「戲中戲」是在中國傳統戲曲的表演方式上，跨足曲藝、現代舞、舞踏，加以融合出新的表演程式。這樣的表演方式，雖說在《慾望城國》時就已大量運用，但《王子復仇記》不僅是經驗上的繼承，更試圖延展其運用的幅度與範圍。除此之外，此劇更試圖從「電影」擷取到靈感，以「電影式戲曲」的概念，運用舞台設計、剪影效果與慢動作、音效、畫面營造，甚至是工作人員的字幕表，都在舞台設計家聶光炎的手上製造出如電影般的幻覺，以期實踐導演吳興國所欲傳達的「坐在劇院看電影」式的戲曲，〔註102〕此部分顯然異於《慾望城國》，卻似乎只侷限於此劇的開場，並未貫穿於整部劇作。

　　雖說《慾望城國》與《王子復仇記》的預設觀眾是不同的，在《慾望城國》

〔註100〕鄭傑文指出，說書人的語調、吟唱均捨棄京劇或戲曲傳統。見鄭傑文：《慾望現代與混血表演：1986～2006當代傳奇劇場作品初探》，頁87。

〔註101〕陳芳認爲，「戲中戲」的舞劇採用《天鵝湖》（Swan Lake）芭蕾舞動作，則頗似中國「樣板戲」的慣用手法。陳芳：〈《哈姆雷》的戲曲變相〉，《戲劇研究》第3期（2009年1月），頁181。

〔註102〕詳見張必瑜：〈「王子」躍登現代劇場堂奧〉，《聯合報》1990年3月6日，17版。而當代傳奇劇場在2004年再度推出改編自莎翁劇作的《暴風雨》，直接聘請電影導演徐克執導，其概念可能源於《王子復仇記》的先行實驗。

得到迴響並獲得國外演出機會後，《王子復仇記》的觀眾群不再被預設爲台灣，而是國外觀眾。〔註103〕不過，綜觀《王子復仇記》的劇本改編與表演方式，其實仍在《慾望城國》所開啓的架構之下。從劇本的改編而論，其掌握住的是如何抓住「復仇」乃至於「殺戮」的這個核心，再去拆解、重組《哈姆雷》的劇本結構與情節，置入中國的文化與語境。大致上，《哈姆雷》的經典劇情及重要結構是被保留的，包含主線（哈姆雷→公孫宇），以及部分副線劇情（雷厄提爲父波龍尼報仇→蕭毅爲太宰報仇、小符廷霸→仇榮）。《王子復仇記》中，哈姆雷爲復仇而生的三個手法〔註104〕是被公孫宇所使用的。以《哈姆雷》最爲經典的「戲中戲」爲例，這個置於全劇最中央的一場戲〔註105〕，如何藉此表達出眞實與虛假、表象與內裡的關注〔註106〕，並改換入中國的場域，實爲難題。中國的公孫宇將哈姆雷演的西方戲劇〔註107〕轉爲演傳統戲曲，於是，這段暗喻（甚至已可以說是明指）叔王罪刑的戲中戲，在《王子復仇記》中被重新搬弄。劇情變成了是有名的優伶進宮獻演，本來叔王點了「王祥行孝」暗指公孫宇必需對其展露孝道，但公孫宇卻以「趙氏孤兒冤報冤」透露出自己欲報仇血恨的企圖，最後卻是在「燭影搖紅」此戲碼裡偷渡了叔王與娘娘暗度陳倉的故事，這段劇情就如《哈姆雷》中達到的效果相似。〔註108〕而《王子復仇記》的改編框架乃是運用序幕的「殺戮的奔馳」、中幕的「殺戮的延續」以及終幕的「殺戮的停息？」，構成「永恆的殺戮」這樣的命題。從序幕裡，公孫宇所言：「冤冤相報何時了？罷！海闊天空自在行」〔註109〕，到了中幕，由公孫宇與仇榮的對戰

〔註103〕此論點爲王安祈老師所提供。

〔註104〕方平指出哈姆雷（哈姆萊特）雖對於復仇這件事情游移不決，但它並非只是拖延著，他替復仇預先做了三個步驟，分別爲裝瘋、斬斷情絲，以及用演戲做爲「捕鼠器」。見方平：〈前言〉，收於莎士比亞（Willam Shakespeare）著，方平譯：《新莎士比亞全集 4・悲劇・哈姆萊特》（台北：貓頭鷹出版，2000年），頁209～210。

〔註105〕彭鏡禧：〈緒論〉，收於莎士比亞（Willam Shakespeare）著，彭鏡禧譯：《哈姆雷》（台北：聯經，2001年），頁xxiv。

〔註106〕同前註。

〔註107〕《謀殺貢札果》（The Murder of Gonzago），或者是哈姆雷自己所說的《捕鼠器》（The Mousetrap）。

〔註108〕這齣戲中戲究竟是讓公孫宇探測到叔王的良心，還是讓自己洩了底，顯露出自己已知曉其父是被叔王所殺呢？而就如彭敬禧針對《哈姆雷》所言，這齣戲中戲固然讓哈姆雷獵取了國王的良心，但他這句話豈不也洩了自己的底，讓國王獵取到他的內心？同前註，頁xxvi。

〔註109〕王安祈：〈王子復仇記〉劇本，收錄於《國劇新編：王安祈劇集》，頁223。

變爲蕭毅與仇榮，仇榮反覆地喊著：「殺父之仇，不共戴天，放馬過來！」〔註110〕，而在序幕裡是公孫宇趕回國處理父亡之事，這回變成公孫宇殺了蕭太宰，因此蕭毅要回國報父仇。終幕的比武，雖如叔王之說，爲「平息兩家仇恨」，但不共戴天之仇卻在毒劍與毒酒中暗藏玄機，最後全部人都死於殿上，而始終在邊疆要報父仇的仇榮，終於攻進毫無防守的國境，又將成爲另一個仇恨與殺戮的循環。臨死前，公孫宇這樣唱著：

　　（唱）風雷息烏雲散無雨無晴，驀回首天似洗河漢轉星，歎世人不
　　　過是滄海一粟，是與非情與仇誰能論評，零落水仙何處問？〔註111〕

遠方傳來水仙的歌聲以及她的倒影，最後，公孫宇唱道：「天風響處覓一個清淨安寧。」〔註112〕結束其生命，於此他才尋得生命的意義。〔註113〕由此可見，《慾望城國》與《王子復仇記》皆試圖在改編的過程中，面對莎劇龐大的劇情架構，如何以最簡化的方式去加以表達，於是《慾望城國》抓住「慾望」，而《王子復仇記》藉由「復仇」的行動咬住「殺戮」這個核心，藉此詮釋出中國的馬克白與哈姆雷。

　　編劇王安祈指出：

　　　　在「王子復仇記」的編劇過程中我深深體會到這不僅是文字的翻譯與
　　　　劇情的改編，更是整個文化背景轉換。轉換的結果也許已不符合莎翁
　　　　的原意，也許和傳統國劇的慣性發展也已不同，但是，我們是想藉這
　　　　個故事架構來探討中國人面臨此一情境時會如何來作抉擇，而且，我
　　　　們更想借這這些戲的實驗來考慮創一新劇種的可能性。〔註114〕

就劇情而言，其所欲表達是中國如有哈姆雷，他會怎樣面對這種窘境，於是，這樣的編劇思考亦讓「流於中國傳統倫理」的批評得以解釋。因此，《王子復仇記》同樣是「以莎劇作爲方法」，不管是增加京劇的創作題材，或者是對於新劇種的創造可能，都仍在《慾望城國》本有的方法裡，但《王子復仇記》在《慾望城國》的實驗先行之下卻無太顯著的進展。如馬森所指陳《王子復

〔註110〕王安祈：〈王子復仇記〉劇本，收錄於《國劇新編：王安祈劇集》，頁237。
〔註111〕同前註，頁248。
〔註112〕同前註。
〔註113〕這段唱詞也呼應到方平翻譯哈姆雷王子最後的一段話：「我想要表明——一切
　　　　都歸於沉默。」見莎士比亞（William Shakespeare）著，方平譯：《新莎士比
　　　　亞全集4‧悲劇‧哈姆萊特》，頁421。
〔註114〕王安祈：〈編劇的話〉，收於《王子復仇記》節目單。

仇記》中的語言問題〔註 115〕，實於胡耀恒評論《慾望城國》時就已存在。縱使編劇王安祈在塑造京劇詞彙的表現，有別於《慾望城國》以小說創作者李慧敏勾勒劇本架構，再由吳興國編寫成戲曲，而更能一貫化地創作；大陸編曲家李廣伯編寫唱腔及鑼鼓，也能充分處理新編京劇的音樂問題。但，因缺乏如《蜘蛛巢城》這樣的亞洲觀點，故整體呈現皆遜於《慾望城國》。

　　因此，相較於首部作品《慾望城國》所帶來的廣大迴響（不管是正面或是負面的評論），試圖複製其經驗的《王子復仇記》所收到的回應就遜色許多。完全針對該劇提出評論者，獨有馬森於 1990 年 4 月 2 日《中華副刊》發表的〈老樹新枝：評「當代傳奇劇場」《王子復仇記》〉〔註 116〕一文。其餘的評論多為當代傳奇劇場或當代戲曲整體之論述，而將《王子復仇記》置於其中的討論範疇；如編劇王安祈所發表的〈文化變遷中京劇在台灣發展的脈絡〉〔註 117〕、收錄於《台灣京劇五十年》的一節〈「當代傳奇劇場」使京劇蛻變〉〔註 118〕等文；或是探討新編京劇以及當代傳奇劇場的學位論文；或是如陳芳於 2009 年發表〈《哈姆雷》的戲曲變相〉〔註 119〕一文，將《哈姆雷》的戲曲改編做一對照性的討論，故將《王子復仇記》列入。而這些評論所指陳的問題，亦多與《慾望城國》所萌生的爭議相似，因此勢必無法造成更大的迴響。同樣地，相較於《慾望城國》演出時，報章媒體的熱烈報導及驚呼，《王子復仇記》雖一舉搬上國家戲劇院的大舞台，卻未得到更大的注目。從報章在《王子復仇記》開演前所下的標題：「傳統戲曲表演體系＋西方戲劇內涵＋現代劇場形式」〔註 120〕，深切感受到其與《慾望城國》於 1986 年碰撞京劇體制所被下的評語相近，同樣力度的撞擊在《慾望城國》演出後的四年必然無法再造成相同的效應。此外，林淑薰曾訪談《王子復仇記》的編劇王安祈，她說截至目前為止所編撰的劇本中，最不滿意的一部作品便是《王子復仇記》，因為

---

〔註 115〕馬森：〈老樹新枝：評「當代傳奇劇場」《王子復仇記》〉，《當代戲劇》（台北：時報文化，1991 年），頁 245～248。

〔註 116〕馬森：〈老樹新枝：評「當代傳奇劇場」《王子復仇記》〉原載於《中華副刊》1990 年 4 月 2 日，後收於《當代戲劇》一書。

〔註 117〕王安祈：〈文化變遷中京劇在台灣發展的脈絡〉，《傳統戲曲的現代表現》，頁 85～108。

〔註 118〕王安祈：《台灣京劇五十年》，頁 110～112。

〔註 119〕陳芳：〈《哈姆雷》的戲曲變相〉，頁 147～191。

〔註 120〕張必瑜：〈傳統戲曲表演體系＋西方戲劇內涵＋現代劇場形式：王子復仇記開創中國新劇種〉，《聯合報》1990 年 1 月 4 日，17 版。

她未能掌握到原著劇作該有的精隨，而只是將之勉強轉譯爲中國化的戲曲作品而已。〔註121〕於是，《王子復仇記》試圖複製《慾望城國》成功的經驗，卻也同時將文化轉譯的問題一併複製而無法妥善處理。

　　「以莎劇作爲方法」的改編策略，或許讓《慾望城國》獲得討論，並可能出乎當時預料地影響後世新編京劇的編劇手法。雖說這樣的手法可加以複製，卻必須在文本的內涵更加琢磨，特別是同爲「西方經典」的改編，純粹的「中國化」或許早已無法承載其豐沛的寓意。當新鮮感消退，卻無法在內容的文化轉譯、表演手法等方面有更大幅度地深化，乃至於往新劇種更邁進一步時，這種接近於「過渡性」，或者是「初步」的實驗手法，恐無法再激起評論者的同等迴響，或觀眾的同等反應。故，如何在這兩部劇作的奠基上，又能再次有所突破，或許是當代傳奇劇場在進入《樓蘭女》、《奧瑞斯提亞》、《暴風雨》這三部作品時，所試圖解決的問題。

## 第二節　從「破」到「立」：《樓蘭女》、《奧瑞斯提亞》與《暴風雨》的劇場定位與意義

　　當代傳奇劇場在演出《慾望城國》與《王子復仇記》後，同樣以「改編西方劇作」爲原則而製作的跨文化劇場作品，分別是《樓蘭女》（1993）、《奧瑞斯提亞》（1995）、《李爾在此》（2000）、《暴風雨》（2004）與《等待果陀》（2005）。〔註122〕這幾部作品一方面將改編題材由莎劇延展到更古老的希臘悲劇，更跨足至近代的荒謬劇，可謂巧妙地回應鍾明德在《樓蘭女》首演前日曾提出的：「當代傳奇在涉獵西洋古典名劇之後，是否可以也試試西洋現代戲劇，譬如說契訶夫的『櫻桃園』或貝克特的『等待果陀』？」〔註123〕另一方面，更在《慾望城國》的範本改編與《王子復仇記》的手法複製後，試圖挪

---

〔註121〕見林淑薰：《臺灣新編京劇的主題、敘事技法與舞臺呈現之探討》，頁121。

〔註122〕當代傳奇劇場近期的兩部「西方混血」劇作《歡樂時光——契訶夫傳奇》（2010）與《康熙大帝與太陽王路易十四》（2011），分屬於歌舞劇與歌劇，並且在改編題材分別亦爲契訶夫的短篇小說及透過歷史事件加以新編之作，故暫不於此討論。

〔註123〕鍾明德：〈藝聞焦點　樓蘭女：羅布泊悲歌〉，《聯合報》1993年7月3日，25版。或許是聽到鍾明德的心聲與建議，當代傳奇劇場的確於2005年推出了《等待果陀》，雖未改編契訶夫的《櫻桃園》，卻在2010年將他的短篇小說串聯改編爲歌舞劇《歡樂時光——契訶夫傳奇》。

移「京劇」這個主體，將實驗的步伐從一開始的「初步」實驗，大幅度地嘗試衝破京劇框架，形塑新的劇種型態。本節將討論核心集中於改編自希臘悲劇的《樓蘭女》與《奧瑞斯提亞》，以及改編莎劇的《暴風雨》。之所以將《李爾在此》與《等待果陀》移至第三章再做論述，乃因此二劇對當代傳奇劇場有更深刻而複雜的意義，故必須獨立劃分而論。

　　本節問題意識的聚焦，起於這三部劇作的共通性──導演的置換。《樓蘭女》、《奧瑞斯提亞》與《暴風雨》的導演不再是吳興國，而是分別由三位非出身傳統戲曲者──舞蹈家林秀偉、「環境劇場」實踐者理查·謝喜納與電影導演徐克──所執導。〔註124〕由吳興國之外的導演，特別是跨藝術領域／跨文化者，究竟會對當代傳奇劇場一向的風格，以及其所關注的問題，帶來怎樣的衝擊或火花？倘若在「跨文化改編」的光譜下，《慾望城國》與《王子復仇記》皆因文化轉譯的手法而偏向「中國化」，那麼，以「西域」作為場景的《樓蘭女》、照搬西方文本的《奧瑞斯提亞》以及虛設時空的《暴風雨》，是否已偏向光譜的另一方向？而這是否又與這三位導演有所關聯呢？因此，本節將從《樓蘭女》與《奧瑞斯提亞》的導演手法討論起，試圖從這個問題作為開端，再延續到《暴風雨》的整體製作。最後，將以一個從「破」到「立」的論點，建構三部劇作在當代傳奇劇場的定位與意義。

## 一、導演「破壞術」：《樓蘭女》與《奧瑞斯提亞》的對照

　　本節的開頭便言明，此三部劇作被聚焦的原因在於「導演」，而台灣戲曲在「雅音小集」首度引進戲曲導演觀念〔註125〕後，作為「傳統的表演體系向現代劇場的問路石」〔註126〕，而較「雅音小集」更往現代劇場靠攏的「當代傳奇劇場」，實是與「導演」密不可分。我們可以注意到的是，由於導演制度的傾向，名留劇場界者亦常為導演，如：日本的蜷川幸雄、英國的彼得·布魯克、美國的羅伯·威爾森（Robert Wilson）與本節將論及的理查·謝喜納等人。李立亨便指出：

　　　　導演的工作就是「將劇本上的文字『翻譯』成劇場演出」；同時，他

〔註124〕這不僅是「非」由吳興國導演，其實也是當代傳奇劇場截至目前（2011年）為止，唯「三」非由吳興國所導演之作品。

〔註125〕王安祈曾於《當代戲曲》中總結「雅音小集」對於戲曲製作方式的影響，其中一點就為「首度引進戲曲導演觀念」。見王安祈：《當代戲曲》，頁73。

〔註126〕焦桐：〈戲劇文化的提昇〉，頁117。

得在和劇作家、設計家、和演員等劇場藝術家合作的過程中，爲這
齣戲創造出統一的語言及觀點。〔註127〕

於是，現代劇場的最終呈現其實是依循著導演的意志，爲其具體化的詮釋。
因此，《樓蘭女》、《奧瑞斯提亞》與《暴風雨》若能給予當代傳奇劇場不同的
經驗，亦是在於這層「翻譯」的過程，這三位導演是否能夠賦予不同的想像，
而有別於吳興國。

　　於此，我將問題核心置於《樓蘭女》與《奧瑞斯提亞》，除兩部劇作皆是
希臘悲劇改編（《樓蘭女》爲尤力匹底斯（Euripides）的《米蒂亞》（Medea），
《奧瑞斯提亞》爲埃斯庫羅斯（Aeschylus）的《奧瑞斯提亞》（Oresteia）三
部曲），更須被探討的是兩位導演——林秀偉與理查・謝喜納——所引發的「跨
文化劇場」的差異與問題。本文在第一章的「研究路徑與問題」中，以「正
向」與「反向」的跨文化劇場提出探討，而將「當代傳奇劇場」歸之於「反
向」。但，《奧瑞斯提亞》乃是由理查・謝喜納執導，顯然地應被視爲「正向」
的跨文化劇場。因此，《樓蘭女》與《奧瑞斯提亞》的對照，其實展現了「正
向」與「反向」的跨文化劇場，在同一個劇團裡產生怎樣的效應。也就是，
當理查・謝喜納深入東方團體時，到底能不能實踐不同的意義與面貌，而林
秀偉是否能夠詮釋出不同於吳興國的東方劇場。所謂的「破壞術」，在於破壞
戲曲本有的結構，及當代傳奇劇場的既定模式，但同時也在思索這樣的「破
壞」是否也讓戲曲的美感不復存在。而《暴風雨》由於涉及到「破壞」之後
的下一步作法，故將另作論述。

## （一）《樓蘭女》：意識模糊的編導目的

### 1、失焦的「反向」跨文化劇場

　　《樓蘭女》作爲當代傳奇劇場第一部「非」由吳興國執導之作品，在最
初創作的過程其實是經歷過吳興國與林秀偉兩人競賽式的爭執。〔註128〕之所

〔註127〕李立亨：〈導論：導演的劇場　劇場的導演〉，《表演藝術》第 47 期（1996 年
　　　　 10 月），頁 71。
〔註128〕詳細內容可參考林秀偉〈在舞與劇的轉彎處〉一文。林秀偉於該文回顧三年
　　　　 前（1993 年）之所以會擔任導演，是一個陰錯陽差的情況：「三年前，我與
　　　　 吳興國二人各手執《樓蘭女》的劇本，分別爲演員排了其中的兩場戲。結果
　　　　 是：他的版本保留了明顯的京劇符號；而我導的方式，卻完全脫離京劇的影
　　　　 子。當下，他果決地判定讓出導演寶座，理由是：給「當代傳奇」另一個再
　　　　 闢新徑的機會，……。」見林秀偉：〈在舞與劇的轉彎處〉，頁 80。

以由林秀偉勝出，乃是在於「給『當代傳奇』另一個再闢新徑的機會」〔註129〕，而她與吳興國的差異就在於「完全脫離京劇的影子」〔註130〕。因此，到底如何達成林秀偉在《樓蘭女》首演前所言的：

> 我們希望能吸納各種異質的表演體系，經過消化整理，然後，生下
>
> 一個具有特色的混血兒。這是「當代傳奇」最終的目標。〔註131〕

成為林秀偉執導所面對的課題。也就是，她認為要接近鍾明德所言的「不是東方，也不是西方的，但同時是東方的，也是西方的；不是傳統的，也不是現代的，但同時是傳統的，也是現代的」〔註132〕並完成「第三類接觸」〔註133〕，是要透過「混血」的方式去達成。

於是，林秀偉與吳興國的思考乃是在解消掉這些戲曲演員的表演體系後，是否能夠刺激出一套不同的表演系統。就誠如林秀偉所言：「我跟吳興國意圖發展出另一套唱唸做打，去取代原來京劇的唱念做打（包括演員的肢體、聲音訓練等等）。」〔註134〕她於《樓蘭女》當中的作法則是將全劇的語言改以白話散文為主，故「唱」的部分也隨之消解。整部劇作因除去了京劇的西皮二黃，僅保留三段唱，分別在頡生出場的美人入懷歌、樓蘭女見到孩子所哼唱的搖籃曲，以及樓蘭女計畫復仇猶疑時對子女所吐露的心聲。而，最後一段唱其實是介於「唱」與「唸」之間的詮釋，這也是由於句型的「散文化」：

> 愛情的甘美、叫我忍受了懷胎的痛苦、生下你們
>
> 實指望、給你們幸福、賜你們歡樂
>
> 看著你們長大、披上嫁衫、迎娶新娘

---

〔註129〕詳細內容可參考林秀偉〈在舞與劇的轉彎處〉一文。林秀偉於該文回顧三年前（1993年）之所以會擔任導演，是一個陰錯陽差的情況：「三年前，我與吳興國二人各手執《樓蘭女》的劇本，分別為演員排了其中的兩場戲。結果是：他的版本保留了明顯的京劇符號；而我導的方式，卻完全脫離京劇的影子。當下，他果決地判定讓出導演寶座，理由是：給「當代傳奇」另一個再闢新徑的機會，……。」見林秀偉：〈在舞與劇的轉彎處〉，頁80。

〔註130〕同前註。

〔註131〕江世芳記錄整理：〈從傳統到傳奇：談「當代傳奇」劇場的京劇革新之路〉，頁70。

〔註132〕鍾明德：《在後現代主義的雜音中》，頁221。

〔註133〕同前註，頁36，註1。

〔註134〕江世芳記錄整理：〈從傳統到傳奇：談「當代傳奇」劇場的京劇革新之路〉，頁70。

　　到老來，受你們扶養，依靠你們養老

　　待生命逝去，裝殮我的屍首，為我留下眼淚。

在這種散文式的構句下，又缺乏京劇的鑼鼓點，女主角魏海敏只能憑靠自己
對於旋律以及吟唱的摸索而詮釋這樣的文句。同樣地，她的身體表演因這樣
的導演訴求，以接近生活的動作取代京劇身段，同時也因厚重繁複的服裝而
壓縮掉程式化的表演體系。

　　以「消解京劇」、「破壞程式」作為目標的《樓蘭女》，可以說是前衛性十
足，其在嘗試消解京劇程式的過程中，林秀偉是以「劇場性」作為主要思考。
於是劇本結構並不重要，反而著重於講話的節拍感，以及歌隊的身體能夠化
為舞台設計，並蘊含其隱喻性，這類偏向呈現狀態的意旨。

　　只是作為「跨文化劇場」的一個環節與型態，如要將其做法賦予意義，
林秀偉卻顯露出在自我意識上的疊床架屋。倘若「反向」的跨文化劇場是要
站在「東方劇場」的角度，重新架構「如何透過對自身的表演體系的『正解』，
以詮釋不同的文化」，那麼林秀偉刻意去拆解傳統劇場的做法就有些本末倒置
了。也就是說，將中國傳統劇場的表演藝術解消的過程，其實只是讓《樓蘭
女》變成是「中國化」或「西域化」的《米蒂亞》，我們所看到的只是換了個
場景、換了個語境、換了個名字，那麼就直接演出《米蒂亞》即可，何必再
透過這層劇本的轉換，並且配合新疆樓蘭女屍的出土，作一齣意義被削薄的
《樓蘭女》？就如戴雅雯所指陳的：

> 林秀偉捨近求遠，利用一個尚未銘記在中國文學正統與歷史意識的
> 外國文本，因而得以自由發揮她個人的詮釋，毋須費心去弭平先入
> 為主的中國觀念，也不至於非要與西方所呈現的米蒂雅相提並論不
> 可。因此，《樓蘭女》根本是個新文本，卻頂著飲譽西方世界兩千年
> 的光環。〔註135〕

雖說我們可以質疑台灣人是否知曉《米蒂亞》，而能享有那兩千年的光環，
但在同年（1993年）的4月，蜷川劇團也將改編自《米蒂亞》的《美狄亞》
帶來台北演出，因此《米蒂亞》這名號至少在台灣是有所耳聞的，那麼戴
雅雯的論點就得以立足。故，林秀偉選擇外國文本卻又抹殺京劇符碼，存

---

〔註135〕戴雅雯（Diamond，Catherine）著，呂健忠譯：〈幻境牌坊啪啦響：當代台灣
　　　　劇場的京劇實驗〉，《做戲瘋，看戲傻：十年所見台灣劇場的觀眾與表演（1988
　　　　～1998）》，頁162。

在著更多編導手法上的「投機」，如此才能夠肆意地「創新」，卻又不失其背後龐大的歷史背景。或許，這樣的編導手法是以一種強硬的態度去回應當代傳奇劇場創團的目標——新劇型、新型態、新劇種，但究竟是不是「脫離京劇的影子」就可以達成，本就是一個值得質疑的論點與作法。因此，林秀偉在《樓蘭女》的編導手法，就存在與「反向」的跨文化劇場背道而馳的意義。

《樓蘭女》雖執意破壞京劇，卻仍以京劇演員詮釋，最後，竟成為《樓蘭女》最被嘉許之處。從王安祈與呂健忠針對魏海敏於《樓蘭女》中的評述來看，可見其端倪。王安祈認為：「如果一定要說《樓》和京劇仍有關聯，那麼唯一的聯繫可能只是植根於魏海敏身上怎麼也擺脫不了的傳統功力了。其實魏海敏並沒有運用雲手、山膀之類的傳統程式身段，但數十年的訓練使她在舉手投足間風韻天成。她的肢體動作駕馭甚至美化了繁雜的服飾，幾乎沒有一位現代劇場的演員能在台上展現出這般的風華韻致，……」〔註136〕而呂健忠則認為：「不可否認，魏海敏初上場走進舞台焦點後，她的舉手投足，尤其是手勢，著實讓我嚇了一跳；我在心裡驚叫：改編自古典希臘的現代戲，怎麼還流露京劇的身影！不過，隨著人慢慢入戲並逐漸瞭解到編導的創作意念，原先的驚愕一變而為驚嘆。希臘悲劇基本上就是在美感洋溢的氣氛中揭露命運之恐怖，京劇的做工所展現的韻律節奏既能凝塑動態的音符又能喚醒靜態的雕塑，魏海敏的京劇底子適足以發揮所長營造美感。」〔註137〕兩人的觀察雖略有差異，卻可見魏海敏雖被導演要求以更自然的方式來詮釋，但她之所以能夠體現樓蘭女動作上的「美感」，其實仍源於自身在傳統京劇身段上的基礎。的確，《樓蘭女》的核心乃是試圖拆解京劇符號，但這種新的美感創發卻絕非能夠一蹴可幾。我們可以思索的是，樓蘭女若非魏海敏飾演，而換作是舞台劇、歌劇演員，在手法上可能更超越京劇本體，但，真的能夠比魏海敏詮釋的好嗎？其實在呂健忠的論述中，更認為《樓蘭女》的演員成功勝過於編導的手法。〔註138〕這樣的現象，是足以讓人重新省視當代傳奇劇場刻意在編導上有所創舉，但是否能夠達到其遠大的目標？因此，在 1996 年第二

---

〔註136〕王安祈：〈「演」出戲劇史：從北京京劇團到當代傳奇〉，《表演藝術》第 11
　　　　期（1993 年 9 月），頁 103。
〔註137〕呂健忠：〈樓蘭女何去何從？〉，頁 104。
〔註138〕同前註，頁 105。

版的《樓蘭女》中，歌隊演員全部更換為戲曲演員，勢必回應了這樣的現象
——戲曲本來的藝術與美感才是當代傳奇劇場本有的優勢，如將其捨棄，只
是讓自己陷入僵局裡。此外，《樓蘭女》從首演版到 2008 年吳興國導演的第
三個版本，透過拆解與重組的過程，從一開始強調的「非戲曲」，在經過音樂、
唱曲等問題的更改後，向「非京劇」的方向修正。〔註 139〕於是在 2008 年版時，
吳興國認為其所要做的是「完全無傳統戲曲形式而又能發展出東方語彙的現
代戲曲形式」，實質透露出一種模糊的觀點，到底什麼是有東方語彙而又完全
無傳統戲曲形式的現代戲曲呢？既然用了「戲曲」一詞，又以與京劇較相近
的「國語」（北京話）演繹，那如何與「京劇」有所區隔呢？由此可見，吳興
國試圖在「破」的同時，極力於要「創發」個「什麼」〔註 140〕，卻仍陷在那
個關卡。

　　但，從這樣的改變以及對於首演版的評論，被重新挑起的核心是：林秀
偉所努力去拆解的，才是整部《樓蘭女》最無法撼動，同時也是最有價值的
部分——京劇所擁有的曲唱藝術與美感。就如同前述所論之，倘若不是魏海
敏、不是吳興國，這部劇作是難以成為一個被討論的對象。而，這也是透過
「反向」的跨文化劇場，作為東方的詮釋者所要面臨的課題，也就是如何檢
視自身的表演藝術與體系。顯然地，作為原初構思的林秀偉，如是以「怎麼
拆解京劇」作為主軸，她對於這樣的自我意識其實是非常淺薄的，乃是在最
終呈現上無意識地成就這層的意義與表演。

### 2、流離的「女性視角」

　　此外，我認為足以說明林秀偉在編導意識上的模糊之處，還有作為「創
作源起」與「宣傳焦點」的「女性視角」。

　　在《樓蘭女》首演前，林秀偉曾指出《樓蘭女》的編劇本想找習志淦，
但她認為：

> 可是後來我們越來越感覺到，《米蒂亞》中的女性意識和對父權的批
> 判，用中國的古典詩詞格律似乎很難表達得淋漓盡致，最後才決定

〔註 139〕此觀點出自於林淑薰：《臺灣新編京劇的主題、敘事技法與舞臺呈現之探討》，
　　　　頁 119，註 157。
〔註 140〕會使用「什麼」這樣不確定的字眼，在於我同時在懷疑吳興國或者是當代傳
　　　　奇劇場處理《樓蘭女》這樣的作品時，在觀點上看似確切，但在執行上卻可
　　　　看出許多的盲點，以及闕漏，甚至到了不同版本的修改時又顯示出對於原初
　　　　觀點的不確定性，故，以「什麼」來說明這種不確定性。

自己寫。〔註141〕

而在 1996 年《樓蘭女》受邀至新加坡演出時，她再度思索創作緣起：

> 這是「當代」目前唯一的一齣「女戲」。從《慾望城國》、《王子復仇記》、《無限江山》、《奧瑞斯提亞》等，無不籠罩在男性統領觀點下的國家、政治、權利、血緣繼承和生命尊嚴上，除了是因爲身兼藝術總監和男主角的吳興國，爲求實踐自我革命的創作外，男演員人口眾多也是另一個原因。而女製作人──我，對才子佳人、賞花餘事的柔性題材，也是興趣缺缺。〔註142〕

足見，從 1993 年到 1996 年兩版的《樓蘭女》都將演出價值定位在「女戲」。雖然我們不可斷然認爲男性就無法寫出「女戲」的價值，但就現況來看，大部分的「女戲」幾乎皆由女性書寫，如王安祈、趙雪君等；當然也有例外的魏明倫。而《米蒂亞》的選擇，亦一反過往戲曲題材中的女性塑造，直接挑選最極端的女性形象加以詮釋。這部作品，果然是當代傳奇劇場截至目前（2012 年）爲止，唯一一部「女戲」。

而「由林秀偉執導／改編《米蒂亞》」這件事，巧合地能與蜷川劇團於該年（1993 年）4 月所帶來台北演出，同樣改編自《米蒂亞》的《美狄亞》，作一比較。鍾明德在《樓蘭女》開演前，曾言：「在希臘時代，Medea 是由男演員戴假髮來扮演的。蜷川幸雄這位日本男導演所創造的『美狄亞』，也是由歌舞伎男演員來演出。台灣版的『樓蘭女』有林秀偉這位女編導和魏海敏這位女演員攜手合作，可能是種改良。」〔註143〕於是，有別於蜷川劇團遵循希臘悲劇《米蒂亞》以男編導與男演員爲核心，《樓蘭女》試圖開展的，一爲林秀偉的「女性」編導角度，另一則爲魏海敏的「女性」演繹視角。但，看似有別於蜷川，卻在演出後的評論中產生弔詭的現象。如鄭培凱指出：「『樓蘭女』在製作編導，乃至於服裝設計、舞台背景及燈光音響的安排，都深受日本蜷川劇團對『美狄亞』詮釋的影響。從宏觀的演藝角度而言，『樓蘭女』的演出沒有太多創新之處，特別是對於不久以前在國家戲劇院看過蜷川『美狄亞』的觀眾來說，此劇演出的模仿痕跡比較重，像是蜷川『美狄亞』的中文翻版。」

---

〔註141〕江世芳記錄整理：〈從傳統到傳奇：談「當代傳奇」劇場的京劇革新之路〉，頁 70。

〔註142〕林秀偉：〈在舞與劇的轉彎處〉，頁 81。

〔註143〕鍾明德：〈Medea、美狄亞、樓蘭女 觀眾看到什麼？〉，《聯合報》1993 年 4 月 26 日，18 版。

〔註144〕乃至於黃建業甚至以「失敗」來評斷，他認為：「相較起來，當代傳奇的《樓蘭女》是明顯的失敗，蜷川劇團碩大的創作模式像牢籠般影響了《樓蘭女》的創作，……」〔註145〕被認為是「塑造成一個受了委屈的尋常女人」〔註146〕的《樓蘭女》，雖不一定有受到蜷川劇團的影響，但不免要質疑的是，看似與蜷川劇團不同的「女性視角」究竟何在？又何以稱得上是「女戲」呢？〔註147〕

　　因此，到底要怎麼演繹（包含編導）所謂的「女性視角」，其實是可以被思索的。由於性別本身的「被制定」性〔註148〕，於是《樓蘭女》所嘗試傳達的是人最「原始」的一種動能，也就是當人不被制約地區分男女時，我們若遭遇到樓蘭女的處境，如何去面對背叛、面對復仇（這也是《慾望城國》

---

〔註144〕鄭培凱：〈樓蘭女：妥善呈現原著精神　魏海敏演出令人激賞〉，《聯合報》1993年7月6日，32版。

〔註145〕黃建業：〈文本的背叛與忠實的詮釋：兼談三個希臘作品的演出〉，《表演藝術》第11期（1993年9月），頁101。

〔註146〕戴雅雯（Diamond，Catherine）著，呂健忠譯：〈幻境牌坊啪啦響：當代台灣劇場的京劇實驗〉，《做戲瘋，看戲傻：十年所見台灣劇場的觀眾與表演（1988～1998）》，頁163。

〔註147〕之所以提出此疑問，在於國光劇團（或者該說是王安祈）於2005年起，陸續推出以「女人」為主題的新編戲曲，包含《三個人兒兩盞燈》（2005）、《青塚前的對話》（2006）、《金鎖記》（2006）、《王有道休妻》（2008）、《狐仙故事》（2009）與京劇歌唱劇《孟小冬》（2010）。這些劇作的編劇皆為女性（王安祈及趙雪君），導演雖為男性，但這些作品在描述女人的心緒、內在及處境其實都遠比《樓蘭女》細膩，甚至更符合所謂「女性視角」的觀點。前四部作品劇本收錄於王安祈：《絳唇珠袖兩寂寞》（新北：印刻，2008年）。《狐仙故事》劇本收錄於《戲劇學刊》第14期（2011年7月），頁203～245。《孟小冬》劇本收錄於《戲劇學刊》第12期（2010年7月），頁185～217。有關於這幾部「女戲」的女性角色論述可見，汪詩珮：〈文人傳統與女性意識的對話：《青塚前的對話》中的兩種聲音〉，《民俗曲藝》第159期（2008年3月），頁205～247。汪詩珮：〈女兒心‧女人情：國光劇團近年的「女戲」〉，《印刻文學生活誌》第82期（2010年6月），頁164～67。陳芳英：〈深雪初融：論新世紀新編京劇的女性書寫〉，《戲劇學刊》第13期（2011年1月），頁35～64。陳俐婷：〈倩影乍現──論《絳唇珠袖兩寂寞》新編京劇中女性角色〉，《雲漢學刊》第23期（2011年8月），頁215～239。等文。

〔註148〕誠如朱迪斯‧巴特勒（Judith Butler）認為：「如果性別是一種製造（doing），一種被不間斷地開展的活動，而且在一定意義上不為他／她所知、不甫他／她做主的話，它也並不因此變成了一種自動的或機械的東西。相反，它是處於限制性情景中的一種即興實踐。」見朱迪斯‧巴特勒（Judith Butler）著，郭劼譯：《消解性別》（上海：上海三聯書店，2009年），頁1。

以降被反覆詮釋的人性問題）。所以，張小虹認為米蒂亞比較不是心狠手辣，而是一個敢愛敢恨，充滿自然原始力量的代表，並透過女性的形象出現。〔註149〕但必須思索的是，這個詮釋本身並不脫尤力匹底斯，甚至是作為改編者的蜷川幸雄（張小虹所言的亦是指尤力匹底斯的原著《米蒂亞》）。於是，在《樓蘭女》中看似激進的女性詮釋，實質仍是男人所幻想創造出來的「女人」。因此，觀眾在觀賞後，從劇情以及樓蘭女的質問〔註150〕，確實會看到男主角詰生的忘恩負義，以及對愛情的背叛與不忠。但，樓蘭女最後毒殺郡主與郡侯，甚至殺死了自己的孩子，雖說她以「為了逃離敵人的追殺，不能讓孩子任人宰割，我只有儘快殺掉自己的孩子」為由，並以佛理「世道浮偽，恩愛必離，苦海沉淪，無涯無邊」作為殺業的憑藉。不過，「殺子」仍是事實，況且樓蘭女是個有魔力的人，何以不能保全自己的孩子。倘若真實的理由是想藉「殺子」讓詰生痛苦一世，倒又太毒腸。故，《樓蘭女》的改編仍受限於原著的框架，所謂的「女性視角」若只是編導與演員為女性，那麼就太過於薄弱了。特別是，倘若我們都在父權主義的思考下成長，那麼女人也不一定能夠替女人發聲。於是，當文本從古代希臘走向當代台灣，存在於其中的女性意識是否能夠有所轉換？而尤力匹底斯之所以偉大，在於他所生活的時代氛圍，卻能提出《米蒂亞》這樣的見解與詮釋，那麼林秀偉的編導手法既無法脫離《米蒂亞》，又何必刻意地強調，並流離於她所預設的「女性視角」？

此外，呂健忠在〈樓蘭女何去何從？〉一文中，稱許魏海敏及此劇其他演員大多數的肢體語言，但他卻指陳了一個問題：「演員之成功未必能保證劇中人物性格刻畫能否成功，先決條件在於編劇的手法和導演的意念。」〔註151〕他認為：《樓蘭女》抽離了希臘神話脈絡，又大量刪略原作的劇情和台詞，結果是，一來樓蘭女（即米蒂亞）為大苑王子頡生（即傑森）所做的種種犧牲不復有跡可尋，二來米蒂亞被簡約成簡直只有現在而沒有過去、只知恨而不識其餘的一

---

〔註149〕林秀偉、張小虹：〈悲劇力量——女人的吶喊〉，收錄於當代傳奇劇場《樓蘭女》2008年節目冊。

〔註150〕於《樓蘭女》劇中，樓蘭女這樣激動地說：「是誰救了你性命，助你取得金枝葉？／是我！是我，是我！堂堂樓蘭公主，美蒂雅！為了你、／我與你私奔；／為了愛情，我幫助你、我傷害了多少人的生命；／為了愛情，我害于闐王死在自己女兒的手上；／為了愛情，我觸怒了神靈；／為了愛情，我眾叛親離；／我這麼做都只是要為你排除憂患！」

〔註151〕呂健忠：〈樓蘭女何去何從？〉，《表演藝術》第11期（1993年9月），頁105。

個平面人物。」〔註152〕而同樣處理未盡的，還有與樓蘭公主對話的歌隊們。他們看似運用男女區分來闡述父權與女性的對話，在同時具備演員與觀眾的身分下，他們可以提出介於劇中與劇外的見解，以達到替女性發聲的可能。但，這群被隱身在女群眾間的男群眾，卻有點始終不一。在樓蘭公主表露復仇心跡時，原屬對立面的男、女歌隊竟然組成一群同唱道：

> 米蒂雅，我們答應妳，嚴守秘密
>
> 妳有這樣的念頭，我們並不驚訝
>
> 妳是對的！
>
> 若是上天不嚴懲妳的丈夫，那麼，妳就該報復
>
> 不錯，妳該不去報復！

這段唱詞雖取材自原著，但卻消解掉原著歌隊的客觀位置，轉爲積極，並從略帶勸阻變成鼓勵。〔註153〕以「後現代」的手法來表露編導所欲在劇中傳達的內涵，這種手法並無不可，但林秀偉在歌隊的運用，並沒有妥善地將對立面處理，反而在是否要抽離出劇作時，過度涉入劇情的走向，於是這樣的發聲也被淡化。〔註154〕

---

〔註152〕同前註。呂健忠所提出的「平面人物」，實質也呼應到戴雅雯的看法，她認爲：「林秀偉的版本一位專注於樓蘭公主身爲女人的處境，無視於使她陷入困境的種種因素。……更是由於導演存心要把樓蘭公主塑造成一個受了委屈的尋常女人。」見戴雅雯（Diamond, Catherine）著，呂健忠譯：〈幻境牌坊啪啦響：當代台灣劇場的京劇實驗〉，《做戲瘋，看戲傻：十年所見台灣劇場的觀眾與表演（1988～1998）》，頁163。

〔註153〕在原著裡，當米蒂亞吐露殺機時，唱詩隊這樣唱：「妳既然已將計劃告訴我們，我們一方面想幫助妳，一方面又想維護常道，勸妳不要這樣做。」又，「妳眞的狠得下心殺害自己的骨肉嗎？」又，「同時也會傷害妳自己，妳會變成最不快樂的女人。」是一種帶點勸阻，但卻也表露旁觀立場的態度。見劉毓秀、曾珍珍合譯：《希臘悲劇》（台北：書林，1984年），頁204～205。

〔註154〕鄭傑文亦援引呂健忠的說法，再將呂健忠所指出的「歌舞隊角色定位不清」的問題舉例加以分析，歸結認爲：「他與歌隊群眾的對話，其實可以是女性觀點的深入挖掘，他既是憤怒的受迫女性，可是在劇中是握有發言權的，他和群隊的對話如果夠深入，才可以讓人理解到他在忿忿不平的背後有什麼思考，而歌隊的反應，也可以創造出『女性的對話空間』。」見鄭傑文：《慾望現代與混血表演：1986～2006當代傳奇劇場作品初探》，頁114～119。故，在「劇本與導演安排下的樓蘭女過度扁平化」與「歌隊定位不清」的情形下，這些本來能夠大量發揮所謂「女性視角」或者是「女性對話」的空間，不僅相較於原著而被萎縮（甚至原著還是由男性創作的），更讓人質疑此劇是否已流於過度淺薄的女性詮釋，無法將樓蘭女鮮明的形象傳達。

　　或許也因林秀偉在前兩版的《樓蘭女》中並未妥善處理好「女性視角」的問題，故 2008 年當代傳奇劇場第三度搬演《樓蘭女》，導演再度換回吳興國。雖說此次重演的劇本並未有太大的更動，其主要抒發的型式與內容集中的五點〔註 155〕可能亦不影響太多首演版所提出的概念，但原先主要構成架構的「女性」卻已被打破。但有意思的是，在此次重演前（2008 年 11 月 8 日），林秀偉與知名女性主義學者張小虹於台北敦南誠品舉辦了一場公開對話，並以〈悲劇力量──女人的吶喊〉為題收入於該次演出的節目冊。由此可見，若連導演亦被置換為男性，仍可以「女性視角」自視之，那麼《樓蘭女》的「女性視角」是該被大大打上個問號。因此，不論是導演的改變，或者如前述所提及的，《樓蘭女》近於蜷川的改編作，卻仍然自視為「女性視角」的詮釋，值得懷疑其早已流於宣傳的手法，或理論的先行〔註 156〕，而非實際之運作。

## （二）《奧瑞斯提亞》：混搭或強權

### 1、「混搭」而成的衝突感

　　一言以蔽之，我所導的，不是一個以京劇為裝飾的現代劇，也不是一齣僅限於借用外國故事、搬演希臘悲劇的京劇表演。相反的，在和台灣藝術家們彼此積極合作時，我的目標是一種所謂的「文化間的」（Intercultural）表演，即，一個能將兩種以上的傳統併置，讓它

---

〔註 155〕在 2008 年版本的《樓蘭女》節目冊，吳興國於〈導演的話──《樓蘭女》傳奇〉，總結 2008 年《樓蘭女》所要抒發的形式和內容，集中於：
1.希臘悲劇的歌隊形式與人物結合的探討。
2.人與超自然而不可控制的關係。（自由意志與神喻命運的對立）
3.全新而現代作曲劇型而引出的內發性，不經雕琢的聲調吟誦與曲式。
4.完全無傳統戲曲形式而又能發展出東方語彙的現代戲曲形式。
5.華麗與荒漠視覺衝突的劇場美學，感謝許博允的現代樂，葉錦添的服裝，林克華的舞台，黃祖延的燈光。
見吳興國：〈導演的話──《樓蘭女》傳奇〉，當代傳奇劇場 2008 年《樓蘭女》節目冊。
〔註 156〕王安祈在《樓蘭女》演出後所發表的〈「演」出戲劇史：從北京京劇團到當代傳奇〉，曾以「千萬別陷入理論的迷思」作為該文的結束，她認為：「當代傳奇對於戲劇的前景幾乎有著超限度的關懷，對於各類劇場知識都努力接納汲取。然而，戲劇的演出有時是最直接的，理論或許更適合交給劇評人，製作單位『單純』一些並無不可。……希望當代傳奇千萬別陷入了理論的迷思，憑著他們的實力，若能站在自己的基礎上穩健地踏出每一步，相信必能築構出戲劇史下一頁的美麗藍圖。」
見王安祈：〈「演」出戲劇史：從北京京劇團到當代傳奇〉，頁 103。

們時而水乳交融，時而撞擊衝突的一種表演。〔註157〕

　　　　　　　　　　　——理查・謝喜納（Richard Schechner）

　　早在《樓蘭女》演出前的 1992 年初，當代傳奇劇場就已計畫與理查・謝喜納合作《奧瑞斯提亞》，而花了三年的時間，才於 1995 年的 10 月 27、28、29 日首演。若《樓蘭女》的製作是在 1992 年至 1993 年間，那麼當代傳奇劇場實質在更早之前就已選擇一種決絕的姿態向京劇告別，因此選擇一個完全與京劇無關的外國現代劇場導演來合作《奧瑞斯提亞》。〔註158〕縱使《樓蘭女》在首演的呈現上，將傳統的唱唸拋棄，看似離京劇遠去，而《奧瑞斯提亞》卻將其拾回，重新審視「合歌舞以演故事」的意義。但相較林秀偉於《樓蘭女》裡爲開展與《慾望城國》不同的道路，而強將京劇的符碼移除，謝喜納的作法則是將「京劇」化爲表演的一個元素，畢竟他並不了解這些京劇的唱或是動作所代表的涵意，他乃是透過演員所表達的，去挪用或是更動成他創作的一部份。〔註159〕

　　《奧瑞斯提亞》的組成，相較於《樓蘭女》刻意地去遠離京劇，它所呈現的是不同文化之間的「混搭」，包含一個美國導演的視角、一齣希臘悲劇的原著、一個台灣的京劇團體與劇場，最後，把整齣戲丟進了大安森林公園這個非傳統表演場域。稱之爲「混搭」，在於謝喜納並無意將這項改編的工作放置於任何一個載體，或者是任何文化的轉譯。因此，有別於當代傳奇劇場先前的作品，將故事背景丟入中國場域（就算是《樓蘭女》因想遠離京劇，而刻意將故事背景放置於遠離中國本土的西域，但仍是存在轉譯的過程），或是不斷地省視「京劇」作不作爲「載體」的問題，他近乎無視於「京劇」這個「主體」，而肆意地去進行這種帶有「拼貼」色彩的創造。就如本段前頭所引

---

〔註157〕理查・謝喜納（Richard Schechner），周慧玲譯：〈導演的話〉，當代傳奇劇場《奧瑞斯提亞》節目冊，頁 25。

〔註158〕相較於林秀偉與徐克，謝喜納基本上是最遠於京劇這個本體的。林秀偉是吳興國之妻，就算專長並非京劇，但勢必也會有所接觸。而徐克雖是電影導演，但畢竟是中國人，在文化上還是較謝喜納貼近於中國文化與京劇的。

〔註159〕誠如周慧玲所言：「因爲謝喜納沒有傳統的包袱，他可以無視京劇各行當中嚴格的表演程式，而只著重個別身段的戲劇表現效率，或將京劇中表現力特強的部分，自由的抽離出來，甚至加強個別身段在表現人物內心世界的不足處。」周慧玲：〈環境劇場加「跨文化」表演：《奧瑞斯提亞》劇場初探〉，《表演藝術》第 36 期（1995 年 10 月），頁 23。

的謝喜納之說法，他雖有提到「水乳交融」，但我認為，他更醉心致力於這種文化間的「撞擊衝突」。於是，在《奧瑞斯提亞》中，觀眾可以聽到樂師拉著西皮二黃，但演員（奧瑞斯）卻是如此的唸白與唱：

（國語）我們是打從朵利斯城來的，

輕車簡從，我和我的這位朋友

要一起前往希臘的阿果斯。

途中遇到了一位福西人，

名叫史特拉，

（韻白）他對我們說道：

（唱）陌生人，既然你要往阿果斯，

請替我捎一個緊急口信⋯⋯

謝喜納並不將這些外國的譯名中國化，而是直接扔進京劇的韻白與唱詞之間，因此「阿卡曼儂將軍」、「克萊頓皇后」等人名不時地在京劇的語彙中穿梭。這種不加轉譯的改編，而以「異化」的手法衝撞、凸顯，打破當代傳奇劇場在前作裡所致力的「調和」，這種「拼貼」手法也成為當代傳奇劇場後續作品的做法之一。在語言不加轉譯的過程裡，看似忠實呈現原著的符碼，但卻是將這樣的符碼直接移動來衝撞不同文化的表徵。

於是，在這部「三部曲」的作品，謝喜納又在每一部曲裡丟進一個現代人身分與裝束的角色，包含：第一部曲由李小平飾演的街頭小子，以歌隊的一員混於其中；第二部曲則是由王冠強以商人裝扮飾演奧瑞斯的好友皮雷斯；最詭譎的是第三部曲，由彭湘時詮釋的女神雅典娜是以綜藝節目主持人的方式現身，塑造出觀眾涉入劇中、現代進入古代、東方走入西方的表現方式。這幾個角色不只是在畫面上營造出不同文化並存的氛圍，更將以現代人眼光重詮希臘悲劇的過程搬上舞台，這些人可能是謝喜納本身的觀點，或許也是其詮釋台下觀眾的看法。故，謝喜納不藉由劇本講述衝突，而是直接將衝突「製造」出來。所造成的是原有的故事線被打斷，劇情同樣也被解消，整體的故事高潮反而落在這些看似「胡鬧」的衝突。這種刻意營造的「畫面」、「語彙」異化的衝突感，並透過現代人的角度去點破希臘原著的意旨，看似頗具意圖與新意，但刻意而為的手法會否流於某種觀點的塑造，或者是「後設」理論的運行呢？

此外，這種衝突的製造亦顯露在《奧瑞斯提亞》在服裝、化妝上所呈現

的多元化。﹝註160﹞於是，戴雅雯就指陳《奧瑞斯提亞》在服裝、音樂等方面所產生的混搭，並認爲在服裝上「某些實例可以看出葉錦添整合不同來源而獲致推陳出新的成果，但更常見的是仿照後現代拼貼，只是湊合一番，看來不搭調也不加以理會。此一手法吻合謝喜納整合或湊合種種文化來源所要獲致的。」﹝註161﹞不過，如要以「整合」或「湊合」來歸結謝喜納的作法，我更認同的說法是「湊合」。基本上他對所有文化來源的元素與概念並沒有整合的意圖，他是以他觀察到的「原始」體驗直接拼裝到《奧瑞斯提亞》，於是這些元素並不是本體，反而已被「工具化」。被「工具化」的其實不只是這些「實體」的元素，亦包含了前述提及的「語境」、「文化」、「時空」等「非實體」，同樣地，始終被當代傳奇劇場所思考的「京劇」表演藝術，實也被謝喜納挪爲「混搭」的一個部分。他不僅大大地解構《奧瑞斯提亞》這部希臘悲劇，其雖保留了「京劇」的符碼，卻將「京劇」作爲主要展演模式的地位加以抹去。故，如以《樓蘭女》與《奧瑞斯提亞》來思索當代傳奇劇場對於京劇的態度，其實都對於「京劇」作爲主體位置的加以抹拭，只是方法不同。

　　謝喜納作爲「跨文化劇場」理論的操作者之一，他在《奧瑞斯提亞》中最足以撼動台灣劇場與觀眾的，就是「環境劇場」﹝註162﹞的實行。謝喜納雖是此理論的提出及施行者，但當代傳奇劇場的《奧瑞斯提亞》卻是他執導過的第一部在戶外演出的環境劇場﹝註163﹞。因此，這部作品不僅是對於當代傳

---

﹝註160﹞有關《奧瑞斯提亞》裝扮上的處理，可見鄭傑文：《慾望現代與混血表演：1986 ～2006 當代傳奇劇場作品初探》，頁 141～148。
﹝註161﹞戴雅雯（Diamond，Catherine）著，呂健忠譯：〈歐化中國風格的浮世繪世界：希臘悲劇的亞洲式東方主義製作〉，《做戲瘋，看戲傻：十年所見台灣劇場的觀眾與表演（1988～1998）》，頁 84。
﹝註162﹞謝喜納於 1986 年所發表的〈環境劇場的六大公設〉，替「環境劇場」下了個註解。這六大公設是：
一、戲劇活動是一整套相關聯的交際。
二、全部空間都爲演出所用，全部空間都爲觀眾所用。
三、戲劇活動可以在完全改造過的空間進行，也可以利用「找來的空間」。
四、（演出的）焦點是靈活可變的。
五、演出中的所有因素都用各自的語言說話（沒有主次之別）。
六、文本既不必是演出的起點，也不必是其目標。甚至可以完全沒有文本。
見 Richard Schechner，*Public Domain：Essays on the theatre*，New York：Avon Books，1968，譯文參照孫惠柱：《戲劇的結構與解構》，頁 183～184。
﹝註163﹞周慧玲於〈環境劇場加「跨文化」表演：《奧瑞斯提亞》劇場初探〉一文中指出：「《奧》劇與謝氏過去其他劇場經驗最大的不同是，這是他所執導過的第

奇劇場，乃至於整個台灣京劇、劇場界，是一個極富危險性的實驗，對於謝喜納這個執行者而言，更是一場充滿挑戰性的冒險。鍾明德在《奧瑞斯提亞》的節目冊中，轉引了一句貼在佈景工廠大門的銘言：「劇場是危險的。」〔註164〕而，謝喜納所嘗試的不只是一個危險的「劇場」空間，更是一個近乎無法全面掌控的大安森林公園。其中的困難，不只是戲劇活動的本身，還隱藏著如何售票、如何搭設舞台等現實層面上的問題，當然這部分是吳興國、林秀偉等行政人員所需解決的。因此，就如周慧玲所言：「戶外演出對謝喜納而言，並不意味著觀眾有更多的自由去打破正統劇場的空間。相反的，他必須更加小心謹慎的安排觀眾的活動，以兼顧劇場空間的流動性，與演出的順暢度。『革命』的任務與美學的要求，在此時是被兼顧的。」〔註165〕不過，這樣的構思是成功的，就如何吸引觀眾目光及不同的體驗而言。從演出後的一段報導：「侍衛高喊『讓開！讓開』時，觀眾紛紛起立讓道，並被這突如其來的臨場感弄得很興奮。」〔註166〕可見，不管是曾或不曾走入劇場的觀眾，這樣的「劇場」體驗是奇特的，不僅將傳統的鏡框舞台打破，同樣地，對於「公園」這個場域的經驗也是被去除的。當觀眾變成演員或是表演的一部分，就如《聯合報》所下的新聞標題：「大安公園看戲 觀眾被設計」〔註167〕觀眾必須讓道，使返國的阿卡曼儂王走向皇后，於是觀眾變成是這個國度裡的人民。在這個空間裡，希臘悲劇不再是具有某種「神聖性」而遙不可及的，這些都在我們的身邊發生著。〔註168〕故，在劇中添入現代人角色，或是觀眾變成表演的一環，

一部在戶外演出的環境劇場。」見周慧玲：〈環境劇場加「跨文化」表演：《奧瑞斯提亞》劇場初探〉，頁24。

〔註164〕鍾明德：〈從希臘雅典到當代傳奇〉，當代傳奇劇場《奧瑞斯提亞》節目冊，頁7。

〔註165〕周慧玲：〈環境劇場加「跨文化」表演：《奧瑞斯提亞》劇場初探〉，頁24。

〔註166〕江世芳：〈「奧瑞斯提亞」戶外演出觀眾被逗得「很樂」〉，《中國時報》1995年10月29日，23版。

〔註167〕周美惠：〈大安公園看戲 觀眾被設計〉，《聯合報》1995年10月26日，15版。

〔註168〕如鄭傑文所言：「在空間上，希臘悲劇與京劇不是高高在上，被觀眾觀看的客體，而是如果當觀眾也是彼此的景觀的一部分，大家都參與共同成為這各自作的一部分。當所有的空間都為表演和觀眾所用，觀眾也變成表演的一部分。只是，觀眾的參與，在本劇中雖然不是全然的被動（如我們在一黑暗的劇場中觀賞），主要是以被『並置』的方式，共同組成文化拼圖的其中一塊。」見鄭傑文：《慾望現代與混血表演：1986～2006 當代傳奇劇場作品初探》，頁136。

符合了古典與現代、現實與虛構的「混搭」。不管是可能在公園旁呼嘯而過的警車，風吹過樹梢的聲響，以及台下觀眾的參與，都成爲了佈景、舞台的一部份，因此就連劇場環境也是呈現「混搭」的面貌。

2、是不是「強權」？：導演強大的主導

前述所提及的這種「混搭」風貌，其實要歸結於「導演的主觀意識」。謝喜納藉由這種詮釋方式表達個人意見，體現一種屬於他自己的「說故事的方式」，而整部劇作儼然就是專爲他所服務。《奧瑞斯提亞》這部作品，其實體現「導演」對於劇作的涉入性與決定性。就如謝喜納在演出前的座談會〔註169〕中所言：「偉大的作品可以開放給不同的人做各式各樣的注釋，我注重正統的注釋。但我樂於創造第二種注本。」〔註170〕於是，他完全以自己的觀點去重新詮釋、創造出當代傳奇劇場版的《奧瑞斯提亞》，或者該說是「謝喜納版」的《奧瑞斯提亞》。

最顯著展現其主觀意識的，出現在第三部曲的結局安排。在 1995 年時，除當代傳奇劇場外，另有兩個版本的《奧瑞斯提亞》——陳立華導演之國立藝術學院版《奧瑞斯提亞》、田啓元導演之媚登峰版《奧瑞斯提亞》（劇名爲《甜蜜家庭》）——演出，但在劇情的處理上多遵照原著，特別是這個著名的結局。也就是，雅典娜設立法庭，精選雅典公民組成陪審團，而由復仇女神與太陽神阿波羅擔任克萊頓皇后與奧瑞斯的辯護，最後由於雅典娜關鍵的一票，奧瑞斯獲判無罪。這段譽爲「民主」的判決，卻讓謝喜納以「我不這樣做」的態度去處理，因爲他本質性的質疑這場判決，謝喜納指出：

> 我個人對人們以陪審團的法律概念來解決一些衝突，平息一些問題，感到懷疑。讓我們看看最後的投票，在法庭中，奧瑞思佔有較好的局勢，因爲他的證人是天神——阿波羅，而阿波羅又是主人法

---

〔註169〕 該座談會係以當年三位分別執導《奧瑞斯提亞》的導演——謝喜納、陳立華、田啓元——與胡耀恒之對談，並由吳興國引言、周慧玲現場口譯、林秀偉記錄整理，其文字稿刊載於《表演藝術》第 37 期（1995 年 11 月），頁 88～91。文稿內標示座談會時間爲民國 83 年（1994）8 月 19 日，但根據訪談之內文，推測陳立華導演之國立藝術學院版《奧瑞斯提亞》應已演出，田啓元導演之媚登峰版《奧瑞斯提亞》（劇名爲《甜蜜家庭》）與當代傳奇劇場版《奧瑞斯提亞》尚未演出，而此三部劇作亦皆於 1995 年首演，故座談會時間應爲民國 84 年（1995）8 月 19 日較合理。

〔註170〕 林秀偉記錄整理：〈從希臘雅典到當代傳奇〉，《表演藝術》第 37 期（1995 年 11 月），頁 91。

官雅典娜的哥哥。……對我而言，這場審判就如同現今的許多法庭，
充滿了腐敗、賄絡及利益交換。〔註171〕

他質疑這不是一場公平的審判，同時謝喜納也否決原著作者對於整個價值觀架
構的模式。於是，他將雅典娜的身分換成一位現代電視綜藝節目的女主持人，
謝喜納說：「這樣的人物，在電視裡經常可見，她永遠微笑，好像以麥克風控制
所有的場面，但是，我們知道在她之上有幕後的老闆在控制她。」〔註172〕如不
去質疑謝喜納解讀是否有問題，這樣的比喻其實是很傳神的。因此，原本嚴肅
且莊嚴的法庭場景，隨之變得可笑，最後的收尾也以綜藝式的唱名進行，將原
著的涵義完全地解構，甚至是扭曲。謝喜納去嘲諷乃至顛覆希臘古典式的完整
與平衡，將第三部曲以尖刻嘲諷的「羊人劇」（SATYR PLAY）〔註173〕終結，
其所做的是去「質疑原本劇作家的價值體系」〔註174〕。而他的反諷不僅是針對
原著本身，更隱藏對現今社會的諷刺。特別是他直接割捨掉公民「投票」的環
節，假使以「環境劇場」能與底下觀眾互動，安排觀眾投票亦有更靈活的表
演方式，但謝喜納卻拒絕了這個可能。因為就算提供公民投票的空間，最後決
定權仍在雅典娜身上，這個公投並無任何實質意義。他根本性地否決人可以決
定他人命運的可能，而現今民主、法治只不過是為當權者所設。古嘉齡甚至將
其概念延伸到謝喜納乃是對台灣人民是否真正了解民主的真義，其目的已經不
只是在劇場環境中與現場觀眾互動而已，更是對整個台灣大環境做了一番思
考、對話與諷刺。〔註175〕不過，由於謝喜納並未明言如此，並且我認為他對於
台灣的民主發展歷史並沒有如此深刻的研究，因此古嘉齡雖有其獨到的詮釋空
間，仍略顯過度解釋。但，謝喜納所直指的可能是整個世界、社會所共同面臨
的現象，而並非專指哪個區域。因此，紀蔚然便認為，這三部曲的基調由「悲

---

〔註171〕同前註，頁90。

〔註172〕林秀偉記錄整理：〈從希臘雅典到當代傳奇〉，《表演藝術》第37期（1995年
11月），頁90。

〔註173〕所謂的「羊人劇」，根據《新編西洋文學概論——上古迄文藝復興》裡的說法：
「另有羊人劇（satyr play，又稱 satyric drama），歌舞隊員個個做羊人裝扮，
演出傳說故事的怪誕部分或以怪誕的方式演出傳說中的故事。」見呂健忠、
李奭學編譯：《新編西洋文學概論——上古迄文藝復興》（台北：書林，1990
年），頁37。

〔註174〕林秀偉記錄整理：〈從希臘雅典到當代傳奇〉，頁90。

〔註175〕古嘉齡：〈當代傳奇劇場演出作品之劇型探討——兼論《奧瑞斯提亞》之演出，
以觀其劇團之成長歷程〉，《中華學苑》第53期（1999年8月），頁28。

劇的悲愴」、「通俗劇的濫情」、「由悲劇氛圍急轉爲綜藝節目的輕浮膚淺」，讓整個公審變成一場荒謬可笑的變局。〔註176〕基本上，導演意識籠罩整部劇作並無不可，但我們可以思索的是「今天謝喜納所處的位置」。也就是當他能夠深入一個東方劇團時，他是不是能夠從這種接觸中，從新修正「跨文化劇場」的誤解與挪用。但，很顯然地，謝喜納並沒有藉由這樣的機會，反而是將他對於劇作掌控的「強權」實踐地徹底。

　　胡耀恒在《奧瑞斯提亞》演出後，便認爲：「問題的癥結所在，是謝喜納的理論和態度。」他除提出謝喜納的理論發表於六○年代，在演出當下的 1995 年並不新穎，而他一貫喜歡依據自己理念，改編前人的作品，胡耀恒並針對謝喜納在劇中添入的三個現代角色，造成的結果是「演出給人的整個印象，很像一則轟動的社會新聞，悲劇變成了鬧劇。」〔註177〕姑且不論把《奧瑞斯提亞》作爲一齣鬧劇是否有所不可，以我的見解就認爲，顛覆西方經典的神聖地位，是一個現代詮釋者可以處理的課題。只不過，我認爲謝喜納並沒有嘗試去理解他所運用的所有元素，因此，段馨君便直接指控，並以謝喜納的「選擇的文化」〔註178〕作爲論述，認爲謝喜納或多或少仍竊用了東方文化以創造能顯現西方優越感的文化拼貼（college）。〔註179〕她指出《奧瑞斯提亞》

---

〔註176〕紀蔚然：〈意外新意〉，《民生報》1995 年 10 月 30 日，14 版。紀蔚然基本上是認同謝喜納的觀點與做法，於是當紀蔚然自己面對到西方經典改編時，他也以一種「顛覆」且「質疑」的態度，替國光劇團改編了莎劇《安東尼與克麗奧佩特拉》（*Antony and Cleopatra*）爲《艷后和她的小丑們》（2012）。不過，這樣的手法其實也引發了與謝喜納相似的問題，或許都變成在質疑劇作家的價值體系。劇評可見林乃文：〈典型冷疏離，非典型京／莎劇《艷后和她的小丑們》〉，《表演藝術評論台》，網址：http://pareviews.ncafroc.org.tw/?p=1986（2012.04.03），吳岳霖：〈親愛的，告訴我，你的深情在哪？《艷后和她的小丑們》〉，《表演藝術評論台》，網址：http://pareviews.ncafroc.org.tw/?p=2390（2012.05.09）。

〔註177〕胡耀恒：〈評「奧瑞斯提亞」：編導是成功樞紐　爭議焦點也在他〉，《聯合報》1995 年 11 月 8 日，35 版。胡耀恒：〈評「奧瑞斯提亞」：解構原創態度　猶有斟酌餘地〉，《聯合報》1995 年 11 月 9 日，35 版。

〔註178〕段馨君指出，謝喜納認爲一個人無論他／她的出生背景爲何，都擁有進入特定事物的選擇性。以藝術特質的角度來看，謝喜納認爲「文化選擇性」可以用來解釋跨文化交流的過程是沒有外在或內在改變的限制。根據謝喜納的看法，捨棄個人天生的文化背景，人們應該有作爲和力量來選擇文化。見段馨君：《凝視臺灣當代劇場：女性劇場、跨文化劇場與表演工作坊》，頁 148。

〔註179〕同前註，頁 149。

的爭議在於並未傳遞京劇的特質，也未表現出希臘悲劇的元素，反而淪為像是肥皂劇或是娛樂掛帥的電視秀，另一個則為這場演出並未保持著文化公平信念。〔註180〕「選擇」這件事情，本就帶有很深的主觀意識，但問題就取決於導演到底要以什麼態度來選取。有別於吳興國在改編西方文本上，對於莎劇（西方經典）的敬意，以及對於京劇的欲拒還迎。謝喜納就顯得肆意許多，他所做的是「我個人的手法就是給新的注解。我拒絕去模擬別人畫過的畫。……我們有權力作任何的注解，死人不會由墳墓蹦出來理論。」〔註181〕我於此想聲明的是，一種「態度」上的問題，也就是我們是否要透過對不同的文化加以認知，才去處理這些文化與藝術的整合，而謝喜納在《奧瑞斯提亞》裡的作法已不是「誤解」，更是對於這些元素的「強行挪用」。

　　《奧瑞斯提亞》的導演手法，雖然無法替「跨文化劇場」提出轉變與變革，但卻是對台灣劇場如何處理自己的傳統元素，提供了一條思路：到底能不能夠純粹把「京劇」作為一項展演的工具。於是，這成為《奧瑞斯提亞》與謝喜納給予當代傳奇劇場最直接的影響，也就是，當我們以「京劇」作為本位思考時，會否會被其所擁有的表演形式所框限，不管是刻意去拆解或是融合。同時，對於「戲劇（曲）」的觀看被開拓，也造成當代傳奇劇場近期的幾部劇作都對於「京劇」的型態開始有所鬆動，而以歌劇或是歌舞劇等不同的樣貌加以呈現，並打開其「跨界」的幅度。

## 二、修正或失準：「戲劇評論」對「當代傳奇劇場」之影響

　　當代傳奇劇場自創團演出《慾望城國》後，其劇作實飽受傳統戲曲界與現代劇場界的兩極評價，不管是針對改編西方劇作、運用現代舞台技術、拆解傳統京劇程式，以及添入其他表演藝術元素等，都導致不同專業的劇場人士以其專長對當代傳奇劇場下評論，甚至是自「雅音小集」所掀起的非專業觀眾的劇評〔註182〕。而當代傳奇劇場在這樣的環境與注視之下，也逐漸發展

---

〔註180〕同前註，頁 150～152。

〔註181〕林秀偉記錄整理：〈從希臘雅典到當代傳奇〉，頁 91。

〔註182〕王安祈曾針對「雅音小集」所帶來的現象，指出：「有心的人會突然發現很多不懂『梅尚程荀』甚至根本分不清西皮、二黃的人居然都寫起劇評來了，……無可否認的，這些觀點中充滿了對京劇的『無知』，但從另一角度來看，卻又未嘗不是所有藝文之人在對京劇的現代化做出集思廣益的智慧貢獻。」見王安祈：《傳統戲曲的現代表現》，頁 95。

出如何從評論獲取觀眾的需求，並成爲導演與編劇對於作品呈現的考量。

## （一）從《樓蘭女》三個版本的「修正」論起

《樓蘭女》的演出可以分爲三個版本：1993 年的首演版、1996 年的「當代傳奇 10 年」新版與 2008 年的吳興國導演版。我認爲，《樓蘭女》三個版本的變動，其實處理掉不同層面上的問題，同時也包含了一直嘗試在解決的部分，而這些問題巧妙地都是在演出之後的評論所提出的。

《樓蘭女》在首演後，我認爲其被檢討的問題並不完全在於劇場結構的顛覆，而是在作爲導演的林秀偉是否有足夠的意識駕馭這部劇作，以及編導上的問題。不過，由於首演版與第二版的編導皆是林秀偉，這層面的問題並沒有被解決的意圖，兩版的劇本基本上是相同的。故，第二版的《樓蘭女》主要處理的是舞台、音樂、服裝等問題。1996 年的新版《樓蘭女》是爲了當代傳奇劇場創團十年（當時一併推出的是創團之作《慾望城國》），以及該年 6 月將前往新加坡國際藝術節邀演的重新編修。此版本在執行與表演團隊上變動較少，導演仍由林秀偉擔任，但在整個呈現上已有許多與首演版的差異。1996 年版的《樓蘭女》在許博允爲首演版所創作的音樂中，加入人聲創作，強化了獨唱、合唱、混聲等，其取材自蒙藏的音樂曲調，並由許博允之妻音樂家樊曼儂整合。劇本方面，則在鍾明德指導下，強調語言的詩韻。而服裝設計葉錦添也拿掉過多的服飾符號，讓演員們可以動作自如，舞台也將改由澳洲的 Casey Van Sebile（溫石鵬）以敦煌石窟爲創作源頭設計軟硬景配合的旅行型舞台。〔註183〕會有這些改變，我們可以注意到首演之後的評論。針對《樓蘭女》首演版中過少的音樂，王安祈曾認爲：「然而觀賞之後卻發覺新聲腔的摸索似乎不是重點（全劇只有三支唱曲），歌唱成分在劇中已減少到最低，……」〔註184〕；在服裝上的問題，報章曾轉載蜷川劇團的中根公夫的看法：「對頣生的服裝造型則不敢苟同。」〔註185〕黃建業也認爲：「但《樓蘭女》的服裝除了是構成演員障礙的華美的材質外，卻尋找不到視覺的

〔註183〕以上有關於 1996 年新版的修編，主要參考周美惠：〈當代傳奇 10 年 王后出招〉，《聯合報》1996 年 3 月 15 日，35 版。紀慧玲：〈創作再創作新耳目〉，《民生報》1996 年 3 月 15 日，14 版。周美惠：〈樓蘭女 重新打造舞台 溫石鵬亮模型〉，《聯合報》1996 年 4 月 10 日，35 版。梁岱琦：〈「當代傳奇」十年慶 老戲碼翻新重來 新版 樓蘭女 捨繁複 再登場〉，《聯合晚報》1996 年 4 月 14 日，10 版。
〔註184〕王安祈：〈「演」出戲劇史：從北京京劇團到當代傳奇〉，頁 103。
〔註185〕曹怡：〈樓蘭女 具國際賣相〉，《聯合報》1993 年 7 月 9 日，25 版。

內涵。」〔註186〕舞台與導演問題，王生善讚揚聶光炎為首演版所設計的舞台，但認為導演林秀偉並沒有善加利用。〔註187〕林原上也指出首演時出現的整體舞台技術配合的缺失，包含音樂表現的本身缺少一種蘊釀的危機感，音樂製造了一個既渾厚又蒼涼的情境，卻因為舞台布景的空間不足而難以溝通。舞台燈光就像布景和音樂太滿太多，整個對比的層次不見了，更襯托不出美狄亞多層次的心理空間等。〔註188〕黃美序則直接坦承他不喜歡這齣戲，只比前一齣《無限江山》好。〔註189〕而這些問題，對照起 1996 年版《樓蘭女》所重新編寫的內容，就可以察覺其針對評論所做的改動。

不過，我認為《樓蘭女》在「劇本」以及「詮釋角度」才是最足以詬病之處。如呂健忠在〈樓蘭女何去何從〉一文中所提及的「歌隊」問題：「《樓蘭女》處理群隊最失策的地方還是在於角色定位不清，因而扭曲了改編的旨趣。」〔註190〕或如李立亨在觀賞新版《樓蘭女》後，也同樣指出：「歌隊沒有希臘悲劇原有的『理想的觀眾』、目擊者身分的『綠葉』之功，反倒成了平庸的應聲蟲。」〔註191〕其他還有角色之間的問題：「可惜的是在『樓蘭女』中，因為整體製作上的分配失衡，其他角色的輕弱與模糊，使得她在舞台上像是在唱獨角戲一般的，顯得有些寂寞。」〔註192〕因此，我才在前一段落中指出，林秀偉對於劇場改編的自我意識不夠，同時作為核心的「女性視角」也缺乏其意義，在這樣的基礎之下，看似特意處理與原著不同的手法與安排，反而都成為《樓蘭女》的包袱，並且漏洞百出。例如：以《樓蘭女》為題，但整部劇作僅有序場時將棺木裡的「樓蘭女美蒂亞」喚醒，出現了與「樓蘭」相關的想像，之後的劇情便消逝。這樣的手法顯然是為了配合時事，其所根據乃是當年在新疆古城樓蘭所挖掘到的公主石棺，因而在套入中國格局時以此為據，故將劇名亦訂為《樓蘭女》。但就誠如戴雅雯所認為：「然而《樓蘭女》的演出，就創造一個清晰可辨的中國觀點而論，實在乏善可陳。事實上，整

〔註186〕黃建業：〈文本的背叛與忠實的詮釋：兼談三個希臘作品的演出〉，頁 101。

〔註187〕王生善：〈我看樓蘭女〉，《聯合報》1993 年 7 月 9 日，25 版。

〔註188〕詳見林原上：〈我看樓蘭女〉，《民眾報》1993 年 7 月 9 日，14 版。

〔註189〕見紀慧玲：〈樓蘭女 首演登台〉，《民生報》1993 年 7 月 5 日，14 版。

〔註190〕呂健忠：〈樓蘭女何去何從？〉，頁 107。

〔註191〕李立亨：〈文化特餐 紅旗・白旗・阿罩霧 樓蘭女 兩幅複雜的「國畫」〉，《民生報》1996 年 5 月 23 日，14 版。

〔註192〕童乃嘉：〈文化特餐「樓蘭女」使我問 使我思 為什麼？〉，《民生報》1996 年 5 月 22 日，14 版。

個舞台設景完全擺脫了京劇的特色。除了開場抬著樓蘭公主石棺的儀式戲，以及把後續的劇情設定在如今以唐代佛教石窟壁畫知名於世的敦煌，劇本析依《米蒂雅》的故事大綱，看不出文本有何創新。」〔註193〕於是，可以質疑的是，「樓蘭」與原著《米蒂亞》這兩個題材成爲《樓蘭女》宣傳手法，而無法對於劇本以及整個思想內涵做更深度的詮釋。

在第二版演出之後，這些問題顯然地沒被解決。李立亨在1996年第二版的《樓蘭女》演出後，將其與同時在台北演出、由國立藝術學院戲劇系當綱、邱坤良編劇的《紅旗‧白旗‧阿罩霧》作比較，對照《紅旗‧白旗‧阿罩霧》的沒有經過完整「劇場化」處理，《樓蘭女》顯得過於沒有留白而太過「劇場化」。他從服裝、音樂、舞台、語言使用、場面調度、劇情的複雜認爲：「《樓蘭女》最大的問題是：導演林秀偉若不是無力控制、要不就是放任「眾聲喧嘩」的場面發生。」〔註194〕而類似的問題也被呂健忠所點明，他以「刪減破壞原著精神」爲其中一要件舉例說明，如：從原著的雅典王伊吉思轉爲大月氏國王後，他與樓蘭女之間的誓言被刪除，以及英雄形象的被破壞等問題，在這種刪減之下抹殺掉原著的精神，乃至於將原著歌舞隊的唱詞刪到一行不剩，而導致《樓蘭女》的歌舞隊角色定位不清，皆顯露出改編之作定位不清的癥結。〔註195〕同樣地，石光生也認爲：「《樓蘭女》改編《米底亞》最嚴重的問題是肆意刪減台詞。」〔註196〕雖說作爲一改編，是否得完全遵照原著的意念與台詞執行，並非成功與否的關鍵，但《樓蘭女》在劇本改編與導演手法上究竟是要顛覆，還是貼近原著，實質是模糊不清的，而這些問題也在在讓人無法理解林秀偉的核心在哪。就如林谷芳所提出的疑問：

> 「樓蘭女」與「美狄亞」在生命理念上有何不同？若有，在那裡？
> 與我們的文化價值觀有關嗎？若沒有，那時空又何須轉移到傳說中
> 的古國？是爲了美學距離感的考量嗎？若眞如此，則在虛遣的服飾
> 化粧所引致的抽離作用外，我們爲何又見到了許多類似電視劇的口

〔註193〕戴雅雯（Diamond，Catherine）著，呂健忠譯：〈幻境牌坊啪啦響：當代台灣劇場的京劇實驗〉，《做戲瘋，看戲傻：十年所見台灣劇場的觀眾與表演（1988～1998）》，頁163。

〔註194〕李立亨：〈文化特餐 紅旗‧白旗‧阿罩霧 樓蘭女 兩幅複雜的「國畫」〉，《民生報》1996年5月23日，14版。

〔註195〕呂健忠：〈樓蘭女何去何從？〉，頁105～107。

〔註196〕石光生：〈論《樓蘭女》的跨文化詮釋〉，收錄於陳芳主編：《「劇場事」8：戲曲易容術專題》（台南：台南人劇團，2010年），頁20。

語對白呢？又為何較看不到獨白、幫腔及對話間的層次性考量呢？〔註197〕

《樓蘭女》看似「成」於編導林秀偉的獨特性，的確也開創了當代傳奇劇場的新局。但在編導手法上的不純熟與落差，同時也讓《樓蘭女》被質疑。

到了 2008 年版本的《樓蘭女》，吳興國於〈導演的話——《樓蘭女》傳奇〉，總結 2008 年《樓蘭女》所要抒發的形式和內容，集中於五點〔註198〕。但我們可以注意到的是，這些內容並沒有針對以上的問題有太顯著的改變，劇本仍依照林秀偉的底本，基本上吳興國並沒有重新詮釋《米蒂亞》的意圖。倘若要處理導演手法與詮釋角度的問題，僅是置換導演，似乎是有點敷衍的。不過，我認為之所以無法替這個部分有太大的更動，涉及到我底下所要說明的，這三個版本不願變動的部分。

在《樓蘭女》首演之後，乃至於後兩版本的演出，有一個問題是被反覆提出的，不過卻因觸及到此部劇作堅持的編寫核心，故始終沒有被接受，也就是「京劇全然被剝離」的問題。王生善認為：「『樓』劇最大的遺憾是導演為了突破以往的成就，刻意揚棄中國傳統戲劇唱作之美和程式化的表演特性。超越昨天的自我，是對自己很好期許和挑戰。其方法和途徑也是相當廣闊的。假使要特意掩蓋自己最美的一面，而去尋求創新和變化，那就有「作繭自縛」的遺憾了。」（1993）〔註199〕貢敏：「他反而覺得美中不足的是用了京戲演員，但唱念做表用得太少，有『捨己耘人』的感覺。」（1993）〔註200〕由此延伸出的問題，亦包含了肢體語言上的配合與支離，林原上認為：「『樓蘭女』演員在語言和形體上的探索和呈現，太過簡單，這裡面喪失了京劇演員對語言和動作的要求和講究的精神層次。」（1993）〔註201〕而第二版的《樓蘭女》試圖在「唱曲」方面加以修改，古嘉齡綜合討論兩個版本，並以「中國新歌劇」的建立來評斷《樓蘭女》，而試圖將其歸類。他認為：

> 《樓蘭女》的嘗試與「中國新歌劇」的建立，在大方向上，有其相
> 似之處，前者未來有可能被納入後者的體系中（或者成為其體系建

---

〔註197〕林谷芳：〈生命理念轉換與美學手法融和：「樓蘭女」引發的當代劇場課題〉，《聯合報》1993 年 7 月 13 日，28 版。

〔註198〕此五點詳見本論文第二章，註155。

〔註199〕王生善：〈我看樓蘭女〉，《聯合報》1993 年 7 月 9 日，25 版。

〔註200〕見紀慧玲：〈樓蘭女 首演登台〉，《民生報》1993 年 7 月 5 日，14 版。

〔註201〕林原上：〈我看樓蘭女〉，《民生報》1993 年 7 月 9 日，14 版。

> 立前的過渡作品，如《琵琶記》即爲南戲轉變置傳奇之間的過渡橋
> 樑。），但現今《樓蘭女》的歸屬還是個未知數。〔註202〕

不過，「將《樓蘭女》歸類」這個方式是否有所意義，或者適不適宜，本就有待商議，畢竟林秀偉想做的實是去發展另一套唱唸做打〔註203〕，或者是一種新的劇種型態，那麼是否要將其歸類到某個已被提出的類別（縱使這個類別也帶有不確定的共識）就變成畫蛇添足之事。故，若「脫離京劇符碼」這樣的方式是當代傳奇劇場在《樓蘭女》所著墨之處，那麼其在版本編修上所添加的音樂，亦是在「脫離京劇符碼」的前提之下，並無意對評論所針對的問題加以修正。但，很有意思的是，在首演版中添加了許多非京劇演員於群隊中，而1996年版卻將演員組成全部換回京劇演員，這樣的現象會否是編導林秀偉對於「京劇」問題的某種妥協呢？不過，綜觀之下，《樓蘭女》卻是本節討論的這三部劇作中，唯一將京劇符碼抽離的作品，相較於實驗性更高的《奧瑞斯提亞》與由電影導演執導的《暴風雨》，仍將「京劇」作爲元素之一。我認爲，《樓蘭女》爲回應首演時的初衷，勢必得保留林秀偉執導過的痕跡，也就是嘗試去消彌掉京劇的影子。

故，從三個版本的《樓蘭女》來看當代傳奇劇場面對「評論」的處理態度，可以注意到他們在「變」與「不變」之間的權衡。也就是，當代傳奇劇場的劇作其實有其追求的核心意義，《樓蘭女》就是在「京劇符碼」的「消去」，因此吳興國縱使根據評論去修正一些演出上的問題，但若觸及於此就會嘗試以其他方式去做轉圜，而非再做大幅度地修改。這某種程度也呼應到當代傳奇劇場創團以來的態度，在擺盪於傳統與創新間並透過劇作去修正與達成其目標的走向，這是可變的，但不可變的就是他們對於「新型態」的一種追求。

## （二）主觀的失準：評論與劇作共有的問題

從《樓蘭女》到《奧瑞斯提亞》，存在著兩個層面上的主觀，一是導演的處理態度與改編手法，另一則爲演出後的評論。當代傳奇劇場藉由「導演」的置換開展其不同的視野與詮釋角度，試圖往劇種「新型態」邁進，其所掀起的轟動與討論聲浪，除不亞於《慾望城國》外，同時有些在文化轉譯、劇

---

〔註202〕古嘉齡：〈當代傳奇劇場演出作品之劇型探討——兼論《奧瑞斯提亞》之演出，以觀其劇團之成長歷程〉，頁23。
〔註203〕見江世芳記錄整理：〈從傳統到傳奇：談「當代傳奇」劇場的京劇革新之路〉，頁70。

本編修、舞台呈現等更爲複雜的問題，乃至於某些主觀的評斷，都是這些評論的特色。之所以如此，我認爲跟「編導」有密不可分的關係。本節所討論的三部劇作除《暴風雨》另聘請戲曲編劇習志淦外，《樓蘭女》與《奧瑞斯提亞》皆由導演林秀偉與謝喜納自行改編劇本（《奧瑞斯提亞》另由鍾明德翻譯）。故，由於《樓蘭女》與《奧瑞斯提亞》主要在於「導演主觀視角」的呈現，因此，對其評價亦多著墨於針對導演如何詮釋的問題。於此，我想藉《奧瑞斯提亞》的評論帶來的效應，來說明這樣的現象。

　　《奧瑞斯提亞》這部劇作，其所引發的效應是最爲兩極的。這個問題也直指導演謝喜納近乎無視於過往的注解，甚至是在創作過程給予的建議，誠如他自己所言：「我個人的手法就是給新的注解。我拒絕去模擬別人畫過的畫。……我們有權力作任何的注解，死人不會由墳墓蹦出來理論。」〔註204〕於是這種想法就有別於胡耀恒在對談中所認爲的：「我是很嚴肅來看待原著中的寓意。」〔註205〕可見，謝喜納是有意識地去隔絕《奧瑞斯提亞》的前行譯本所賦予的解讀，而自行在所執導的當代傳奇劇場版本之《奧瑞斯提亞》裡投以自身的主觀意識，就誠如本節前述所言，整部劇作儼然就是專爲他所服務，但此成爲論者批評之處。

　　在這些評論中，楊惠君是正面評價者之一，他認爲可以給予《奧瑞斯提亞》更多面向的一種解讀，而不被純粹化。〔註206〕但他也舉出謝喜納將《奧瑞斯提亞》注解爲荒謬劇所帶來的批評：「而謝氏備受批評之處，似乎便是由於他違反了古典悲劇應具的悲愴感，嘲弄了所謂從痛苦中淬煉的智慧。」〔註207〕同樣地，劉紀蕙雖讚揚此劇：

> 以現代觀點介入傳統悲劇與京劇的形式，同時帶入本土的時空環節，雖然會引起熱愛傳統希臘悲劇與中國京劇的觀眾不安，卻是十分有發展潛力的切入點。而且，悲劇與鬧劇同台並行，造成異質情緒的衝撞，其實是個翻轉舞台經驗慣性分類的設計，十分具有爆炸力。〔註208〕

〔註204〕林秀偉記錄整理：〈從希臘雅典到當代傳奇〉，頁91。
〔註205〕同前註。
〔註206〕詳見楊惠君：〈給《奧瑞斯提亞》一個機會〉，《表演藝術》第39期（1996年1月），頁85。
〔註207〕同前註，頁84。
〔註208〕劉紀蕙：〈台北新神廟：大安森林公園的《奧瑞斯提亞》〉，網址：http://www.srcs.nctu.edu.tw/joyceliu/mworks/mw-taiwantheatre/Oresteia.htm。

具有「翻轉舞台」的過程，源於導演謝喜納獨特的觀察與見解，但她亦同時指陳其於劇情編導上的問題：「這齣劇的演出在結尾時卻失去了平衡，顯得頭重腳輕。」〔註209〕並認為：

> 問題在於劇情發展的能量與邏輯沒有適當的處理。隨著舞台上的演出，無論是意象、論點或是情緒，劇場的空間中都已發展出了一些透過文字糾結而醞釀出的能量。但是，這些能量以及悲劇與喜劇兩種邏輯發展之後，卻在沒有化解的狀態之下被取消，使得第三幕中魏海敏與吳興國失去了情感動機，像是在格列佛遊記中被小人國的百姓重重用繩子綁住的巨人，不知如何動彈。〔註210〕

劉紀蕙並提出劇中處理性別歧視問題，以及克萊頓皇后身分情感轉換問題，做為此劇之所以無法詮釋的內在能量；足見謝喜納可能只著眼於他有興趣顛覆之處，全劇仍有不少缺漏。戴雅雯認為：

> 利用《奧瑞斯提亞》「揭發」雅典社會的父權體制，這不無舊調重彈之嫌：雅典社會獨尊父權，而《奧瑞斯提亞》反映此一事實，但是將該劇化約成除此譯題別無其他，這是簡化得離了譜，……在台灣，《奧瑞斯提亞》談不上有什麼文化方面的根基，因此像這樣一個鄭重其事的笑劇企劃是讓人摸不著頭緒的偏頗之舉……〔註211〕

可見，謝喜納看似抓住《奧瑞斯提亞》原著的某些漏洞而去反駁或是諷刺，但實質只是在他自己的理解下而將問題加以簡化，並好似站在一個高處去評斷他個人觀察下的社會。因此，我認為《奧瑞斯提亞》不應被歸咎於詮釋角度的主觀，更大的問題是，為服務這樣的角度而促使劇情呈現得簡化。從演出前謝喜納如何講述《奧瑞斯提亞》，就可得知他為何會如此簡化；他說，他可以「三句話」以蔽之——遠征歸來的亞格曼儂王遭王后謀殺，其子奧瑞斯提亞為父報仇而弒母，隨後受困於復仇女神的追緝轉向阿波羅求救，並引發歷史性的大審判。〔註212〕雖說是劇情摘要，但卻可見謝喜納對於理解《奧瑞

---

〔註209〕同前註。

〔註210〕同前註。

〔註211〕戴雅雯（Diamond，Catherine）著，呂健忠譯：〈歐化中國風格的浮世繪世界：希臘悲劇的亞洲式東方主義製作〉，《做戲瘋，看戲傻：十年所見台灣劇場的觀眾與表演（1988～1998）》，頁92。

〔註212〕周美惠：〈當代傳奇版 奧瑞斯提亞 前衛風格，如走鋼索！〉，《聯合報》1995年7月28日，35版。

斯提亞》的單向。故，古嘉齡在論述《奧瑞斯提亞》時，亦以「京劇被西方
戲劇強暴了？希臘悲劇被京劇調戲了？」為副標討論「『跨文化』後的省思」。
他認為：「謝喜納在《奧》劇中，並置了過多來自不同文化的創造元素，而他，
高估了自己對於不同文化的理解度與掌握能力。」〔註213〕這個觀點，實可與
胡耀恒在首演後第一時間提出的對導演的質疑相呼應。

　　而謝喜納為了製造出「劇中劇」，以及一種現代與古典的雜揉感，所置入
的三個現代人，他們各自在劇中「扮演」也「抽離」，替劇情提供解釋，以及
替導演闡述了理念。特以李小平所飾演的街頭小子來說，他的功能在於提供
現代觀眾與劇中的古典角色溝通的管道，他不停地喃喃自語，不明白劇情的
走向與發展，也在劇情中玩弄卡珊德拉的頭髮，或是與克萊頓皇后對話。導
演諭示了現代觀眾不懂希臘悲劇，或是想與劇中人討論的心理，因此直接設
計了這樣的角色，代替觀眾發言。這樣看似前衛性與後現代的處理手法，戴
雅雯認為：「這些當代人物以現在口語的國語發音，表面看來是用於連繫該劇
的古風與當代感，也就是使『奇異、遠古與外國』更貼近我們的經驗。」〔註
214〕我認為，這也是《奧瑞斯提亞》整部劇作立意上最有趣之處，這三個角色
不僅跨越了時空，更揭竭了「戲劇」與「現實」的隔離。但戴雅雯同樣也指
陳：「假如他在全部三齣戲都出場，他可以透過自己對於劇情的逐步瞭解向觀
眾解惑，可惜卻不是這麼一回事。」〔註215〕戴雅雯的質疑在於這個角色並沒
有在整部劇作達到連貫的功能，但我認為這樣的角色，雖提供現代觀眾的理
解可能，同樣卻也貶低了觀眾對於劇情剖析的能力，並且讓觀眾以一種專屬
於導演的「單向」視角觀看《奧瑞斯提亞》，滅殺其他的解讀空間，而這也是
將整體架構簡化的結果與處理。

　　故，對於《奧瑞斯提亞》的評斷之所以被聚焦於導演身上，乃在於全劇之
呈現是透過導演謝喜納對於文化的選擇與認知，去達到他對跨文化的解讀；但
因缺乏客觀層面的理解過程，希臘、中國、西方的多元只是「被迫拼貼」，而
沒有融合的契機。於是，連《奧瑞斯提亞》的評論其實也具有主觀的針對性，

---

〔註213〕見古嘉齡：〈當代傳奇劇場演出作品之劇型探討——兼論《奧瑞斯提亞》之演
　　　　出，以觀其劇團之成長歷程〉，頁26～27。
〔註214〕戴雅雯（Diamond，Catherine）著，呂健忠譯：〈歐化中國風格的浮世繪世界：
　　　　希臘悲劇的亞洲式東方主義製作〉，《做戲瘋，看戲傻：十年所見台灣劇場的
　　　　觀眾與表演（1988～1998）》，頁82～84。
〔註215〕同前註，頁84。

甚至或多或少出現情緒化的用詞。紀慧玲曾報導有關在該劇演出後的座談會中，胡耀恒、紀蔚然、貢敏、劉紀蕙、閻鴻亞與周慧玲等劇場及學術的人士，對於該劇其實呈現極度兩極的反應，導致座談會的局面是緊張的。而有意思的是，某些評論的主觀性，完全不亞於謝喜納執導《奧瑞斯提亞》的執意。貢敏指出，古老的京劇、希臘悲劇被一個美國導演調戲了，結果是即興、僥倖、不幸；閻鴻亞亦指陳，京劇現代化的實驗可以從小作品做起，不要每次搞這麼大的戲，砸這麼多錢，很不環保。〔註216〕同樣地，戴雅雯亦直接指出：

> 《奧瑞斯提亞》由台灣的文建會和亞洲文化協會贊助，花費高達六百萬新台幣，是當代傳奇所有的製作中耗資最鉅的——該劇團以前就製作過昂貴的京劇大排場，相形之下仍然見絀。雖然票價奇貴無比，製作單位又在現場要求觀眾額外贊助以挹注經費，仍然入不敷出。〔註217〕

有個問題核心是，注入了多少經費，就要回收多少的效應，而這也成為《奧瑞斯提亞》受到批評的關鍵：實驗性過大，成敗難定，卻又耗資過鉅。雖說如此，但我不否認吳興國透過謝喜納嘗試在《奧瑞斯提亞》的實驗精神，這種對文本的顛覆態度，以及劇場的開放性，其實是被當代傳奇劇場後期的劇場實驗所接納的，當然，怎麼重新對待文本是必須被審視的部分。因此，《奧瑞斯提亞》雖在文化轉譯間達到不同的詮釋方式，但這樣的手法還是值得再做商榷的，無關乎編導方式的對錯。或許最可惜的是，這是一部僅能首演而不會再被重新修訂的劇碼。

綜觀之下可注意到，論者在審視《奧瑞斯提亞》時，多所攻擊導演謝喜納視角的單一與武斷，但這些論者的評論其實也在言詞間流露過度主觀的判斷。特別是陳世雄在〈跨文化，還是「忘我」文化——從京劇《中國公主杜蘭朵》與謝喜納版《奧瑞斯提亞》談起〉裡，以民族文化的角度指控謝喜納，認為：「京劇有『國劇』的美稱，正如日本的歌舞伎和能劇那樣，都是一個國家、一個民族藝術的瑰寶和象徵性，是珍貴的文化遺產。她之所以需要保護，是因為可能受到侵害。問題在於，……當我們的文化遺產；藝術瑰寶遭到汙

---

〔註216〕紀慧玲：〈謝喜納版 奧瑞斯提亞 見仁見智 觀感 短兵相接〉，《民生報》1995年 11 月 12 日，14 版。

〔註217〕戴雅雯（Diamond，Catherine）著，呂健忠譯：〈歐化中國風格的浮世繪世界：希臘悲劇的亞洲式東方主義製作〉，《做戲瘋，看戲傻：十年所見台灣劇場的觀眾與表演（1988～1998）》，頁 75。

染時，我們卻往往麻木不仁，或者無原則地『寬容』，……如果是像謝喜納版的《奧瑞斯提亞》那樣搞法，那麼，『抵抗』將是必要的，原因就在於，文化上的『忘我』是難以承受的。我們贊成跨文化探索，但是不贊成那種忘卻了民族主體性的「忘我」的文化。」〔註218〕這樣的論斷更顯得視角的狹隘，無法開啓中國劇場放置於世界平台的可能，只是一味地以「保護」作爲號召，反而扼殺了劇場的開放性。因此，我認爲從《奧瑞斯提亞》的評論所得來的現象，是一種論述「主觀視角」而形成的「主觀認知」，這樣的態度雖激情，卻也窄化了論述的可能，產生一種主觀的失準。

## 三、「立」的追求與未盡：《暴風雨》的劇場呈現及其定位

　　從「導演」這個角度來看，《樓蘭女》與《奧瑞斯提亞》除在表演與劇本呈現有其明顯的意圖，林秀偉與謝喜納對劇場具有一定程度（甚至高度）的熟悉。於是，《暴風雨》由電影導演徐克執導，或許就在透過他在劇場的新鮮感，是否能夠拋棄更多的包袱，而產生不同的劇場呈現與氛圍。只是，這樣的作法無疑是一種實驗與冒險，究竟徐克能替《暴風雨》帶來怎樣的契機呢？

　　同樣地，這種新鮮感也是對於觀眾而言的。雖說由電影導演「跨界」執導劇場作品，近年已有較多作品以此方式作爲號召，在 2011 年就有蔡明亮所編導的三齣獨角戲《只有你》、林正盛執導台灣豫劇團的新編豫劇《美人尖》兩部劇作〔註219〕。只是，他／它們的成敗，其實仍有待檢驗。但在《暴風雨》首演的 2004 年，當代傳奇劇場的作法其實頗具創發性。

　　於此，我的討論將從當代傳奇劇場《暴風雨》的劇場呈現與「莎劇」、與「京劇」之間的關聯開始，進而拉到本節的焦點——導演，也是在檢視徐克對於這部劇作產生怎樣的碰撞。最後，則要將問題回歸到，本節爲何將《暴風雨》置於最後作獨立論述。其存在兩個對立層面的問題，也就是這部劇作對照《樓蘭女》、《奧瑞斯提亞》「不同」與「同」之處。第一個問題是，同樣

---

〔註218〕陳世雄：〈跨文化，還是「忘我」文化——從京劇《中國公主杜蘭朵》與謝喜納版《奧瑞斯提亞》談起〉，收錄於杜長勝主編：《京劇與現代中國社會：第三屆京劇學國際學術研討會論文集》（北京：文化藝術，2010 年），頁 317。

〔註219〕關於《只有你》與《美人尖》的電影與劇場之間的關係，可參考張宛瑄：〈慾望拉鋸在身體與心之間——評《只有你》——陸弈靜的〈點滴 我的死海〉〉，《表演藝術》第 229 期（2012 年 1 月），頁 98。吳岳霖：〈致命的額頭叉——評臺灣豫劇團《美人尖》〉，《表演藝術》第 231 期（2012 年 3 月），頁 103。

以非傳統戲曲爲專業的導演執導，《暴風雨》與前兩部作品的差異在哪。第二個問題則是，爲什麼要將《暴風雨》置於此節與《樓蘭女》、《奧瑞斯提亞》一併討論，此作對於當代傳奇劇場的意義性何在。

### （一）「錯解莎劇」與「改造京劇」

於此，我想從兩個角度來解讀當代傳奇劇場的《暴風雨》：第一是透過編劇的改編，如何表達莎劇原著的意旨；第二則是其如何呈現出不同的表演型態。

基本上，當代傳奇劇場的《暴風雨》是依循著原著的架構加以改編的。綜觀來看，《暴風雨》在高度依附著莎士比亞原著之下，其劇情架構、人物安排、情節高潮、時序等，都未有明顯的變動。〔註220〕而在音譯上，亦似《奧瑞斯提亞》，並未進行「在地化」的過程，直接使用譯名，如波布羅、愛麗兒、米蘭達與弗定男等。於是，基於這樣的改編基礎，是否代表當代傳奇劇場將遵循莎劇《暴風雨》的原意呢？

導演徐克曾這樣說：

> 波動的年代，各種角力在任何社會都可能發生，『暴風雨』給他的啓示是：權力、仇恨都是瞬間短暫的，人性才是最終要維護的，這齣戲讓他看到人性的希望。〔註221〕

最後的「和解」，是莎劇《暴風雨》所貫穿全劇的核心，而徐克顯然也嘗試捉住這個要旨，來進行當代傳奇劇場版《暴風雨》的改編。於是，徐克所試圖轉化的，是莎劇《暴風雨》裡波布羅〔註222〕最後的獨白：「我一切魔力，如今都一起拋棄，／剩下的只是我本來的力氣；／可憐我已年衰體弱，那麼說實情，／全憑你們：把我在這島上監禁／還是放我去那不勒斯。我重又登上／我公國的寶座；陷害我的同黨／我已經把他們饒恕；那麼別讓我／注定把這個荒島當做老窩；／把我從困住我的魔法中解放，／全靠各位幫忙，多鼓幾下掌——／你們喝聲好，便把我的帆吹飽，／否則我就達不到我的目標——／那是討諸位喜歡。如今我再沒有／精靈好驅使，再沒有魔法和符咒，／我

---

〔註220〕鄭傑文在其碩論將莎劇原著與當代傳奇劇場改編的分場及行動，以圖表加以分析與對應，詳見鄭傑文：《慾望現代與混血表演：1986～2006 當代傳奇劇場作品初探》，頁 90～93。

〔註221〕李玉玲：〈徐克呼喚暴風雨上演大和解〉，《聯合報》2004 年 8 月 6 日，B6 版。

〔註222〕本文參照之譯本爲方平所譯，譯本將波布羅譯爲普洛士帕羅。詳見莎士比亞（William Shakespeare）著，方平譯：《新莎士比亞全集 3・喜劇・暴風雨》（台北：貓頭鷹出版，2000 年）。

的下場只落得傷心苦惱；／除非依靠向上天多多禱告。／祈禱有一股力量，直達天堂，／慈悲的上天便把過失原諒。／你們有罪過，希望能得到寬宥，／願你們也寬大為懷，放我自由。」〔註223〕一種在生命經過波折與試煉之後，對於仇恨的釋懷，同樣也讓自己得到解放，不只是離開這個孤島，亦是遠離波布羅所給予自己的束縛。因此，編劇習志淦將這段詞，轉變成一段吟唱：

> 我從此撒開空空的兩手
>
> 將魔法逕行拋去
>
> 不再被符籙幽錮
>
> 在沒有精靈為我拋走
>
> 重拾故我，重返故土
>
> 再不做權慾之囚
>
> 赦免那舊日的過失
>
> 毋庸庇求內疚
>
> 解脫靈魂之枷鎖
>
> 啟上蒼寬宥，讓我仇恨解脫
>
> 憑著大家善意的鼓掌
>
> 賜予我和風一口
>
> 送我上篷帆歸舟
>
> 容我告別今日的舞台
>
> 曲終人散，放我自由
>
> 放我自由
>
> 放我自由

在以「寬恕」、「和解」為前提之下的改編，兩段獨白的內容被有意安排的相似，包含魔法的拋去、重返故土等，甚至是最後一句的「放我自由」是完全相同的。於是，這樣的改編方式就比經過「在地化」的《慾望城國》或《王子復仇記》，更接近於原著的鋪排與要義。從當代傳奇劇場版的《暴風雨》有意地導引到這個結局以及傳達的要旨來看，我認為其本意是要讓改編作與原著貼合；然而，導向這個結局的過程，在人物塑造、劇情鋪排的更動上，竟

---

〔註223〕同前註，頁624～626。當代傳奇劇場進行《暴風雨》的改編，主要是採用楊牧的譯本，但本論文因未深究譯本與改編本之間的關係，故採用較新的方平譯本。

也顯露出編劇與導演對於《暴風雨》原著的錯解。

在當代傳奇劇場版的《暴風雨》開場，以一段近似《慾望城國》裡的山鬼預言掀開序幕：

波布羅，波布羅

海之怪，天之魔

萬丈風浪掀善惡

呼風喚雨掃塵濁

掃塵濁

率先揭謁了波布羅用魔法召喚而來的暴風雨，所欲掀起的人性風暴，過往的仇恨也將再次發酵。於是，第一幕第一場〈魔法〉也在波布羅呼喚暴風雨，站在孤島之巔，揮舞著他的長袍，所吟唱的詞裡展開：

咒語鎮惡煞

大地起梵歌

電閃雷擊劈怒火

倒海翻江舞金戈

禍福循環

難逃因果

難逃因果

天網恢恢

宇宙大德

吼醒眾生沉睡臥

笑聽狂濤吟哦

主宰乾坤誰似我

巨掌遮天，駭浪驚波

此時的波布羅，顯然地並無「寬恕」的可能。他認為自己是因果循環的一部分，他的復仇就是代替宇宙天道佈下天網，一切都是由他主宰。可見，與最後的波布羅相比，初登場的他是驕傲的，是一個終掌魔法大權而欲報復當初作為政變受害者的人。於是，整部劇作裡都充滿了波布羅的國仇家恨。在第三場時，波布羅唱道：「念歸計，遙望家國魂欲斷；欲報仇，往事縈繞胸臆間。」或是「十二載，滅國之恨欲未減，為復仇，強撐苦熬耐孤寒。勤修古書入魔界，演練法術山海間。練成這魔衣魔杖與魔卷，呼風喚雨報仇冤！」都足以

顯露波布羅的潛心修法，只爲了這場復仇。

但，這顯然就與莎劇《暴風雨》裡的波布羅有所不同。在原著裡，這場暴風雨並不是「復仇」的開端，而是「和解」的啓動。於是，「和解」與「寬恕」這個議題是始終貫穿整部劇作的。因此，原著裡的波布羅對著女兒所說的：

放心吧。你眼看船沉了，這悲慘的景象

直打動了你心坎深處，叫你難過：

可我憑著法力，早就安排妥當了，

一個人也不會遭到——不，哪怕是

一根毫髮，也不會受到損傷，

……〔註224〕

就已透露這場暴風雨是假的，只爲了引導這群人抵達孤島，而進行一場和解的巧局。波布羅十二年來的修練，並不是爲了復仇，反而是爲了讓人能夠去寬恕，同時也讓自己的女兒米蘭達與王子弗定男學會什麼是愛。看似復仇的行爲，其實都只是一場試煉、一場教訓，透過瀕死經驗而完成生命的和解，同時也解放了波布羅自己。〔註225〕故，莎士比亞筆下的波布羅與吳興國所詮釋的波布羅，從人格塑造到行爲都大相逕庭。

於是，我認爲這是當代傳奇劇場在經過改編後，對於莎士比亞的「錯解」，不管是刻意的，或是無意的。當然，我們可以認爲當代傳奇劇場的改編，是試圖將一個從復仇到和解的過程表現出來，包含整個復仇行動的解消與心靈的變化，有別於莎士比亞在以「和解」爲前提下的貫穿與詮釋。於是，其與原著的差異也於此展現。不過，如果波布羅的報復心這麼強烈，那麼爲何不乾脆就讓這群王公貴族死在一開場的暴風雨呢？當然，這樣做就過度顛覆了原著。何況最痛苦的往往都不是直接賜死，而是更繁複的折磨。只是，在這樣的「重詮」或是「錯解」序幕之後，原著裡的一切巧妙安排，原本都在波布羅的掌控之間，而當代傳奇劇場的波布羅卻顯得失去控制。如果米蘭達與弗定男的巧遇，是一場「愛」的試煉，皆在波布羅的安排之下。那麼他何必在兩人相遇之後，對著精靈愛麗兒大發脾氣地說：「女兒她……十多年與我相

---

〔註224〕本文參照之譯本爲方平所譯，譯本將波布羅譯爲普洛士帕羅。詳見莎士比亞（William Shakespeare）著，方平譯：《新莎士比亞全集3·喜劇·暴風雨》（台北：貓頭鷹出版，2000年）。頁505。

〔註225〕關於《暴風雨》裡的波布羅的解讀，詳可見鄭傑文：《慾望現代與混血表演：1986～2006當代傳奇劇場作品初探》，頁93～94。

依爲命，卻不及陌生人一見鍾情。」甚至是遷怒地說：「放他們上島，讓他們忍飢挨餓，自相殘殺，飽嘗心靈的創傷！」於是，在莎士比亞筆下有一定高度的波布羅，到了當代傳奇劇場的重詮，變成人性劣面的展現，不再是一個以「和解」作爲生命高度的智慧者，反而顯得狹隘。於是，莎劇裡的試煉與教訓是針對波布羅以外的眾人，而當代傳奇劇場則變成是連波布羅都仍在學習寬恕，這十二年的光陰對他而言不過是復仇的準備。故，在這樣的安排與詮釋之下，莎劇原本的命題是近乎被抹殺掉的。

　　此外，當代傳奇劇場針對卡力班的設計，牽涉到此劇對於現實層面的指涉。演出前的報章曾指出：「外界認爲『暴風雨』強調的仇恨與和解、卡力班原住民等情節，很像台灣當今的政治現實，……」〔註226〕就誠如吳興國自己所言，其爲對當代台灣最切身的關懷：

> 這是我首次爲台灣這座海洋中的孤島創作演出的作品，近年來，族群間相互排斥、欺壓、分裂是源自台灣的歷史創傷，傳統的價值、文化的內涵，一點一點地被毀壞、忽視。製造暴風雨，祈求的是心靈淨化之後的寧靜。對原住民，對大自然得關懷，應是當代世界性最切身的課題。〔註227〕

故，這種對於當代環境、社會的思考，或多或少繼承自《奧瑞斯提亞》，以及上一部作品《李爾在此》的隱喻〔註228〕。不過，以波布羅的奴隸卡力班來直指台灣的原住民〔註229〕，甚至是以原住民舞蹈來表現，是否隱藏了鄙視原住民的意涵呢？卡力班在劇中的品行，既不高尚，用淫邪的眼光看著精靈愛麗兒，並且也是愚笨地臣服在給他喝酒的弄臣。雖說他背叛波布羅有其正當性，

---

〔註226〕李玉玲：〈徐克呼喚暴風雨上演大和解〉，《聯合報》2004 年 8 月 6 日，B6 版。

〔註227〕吳興國：〈創作自述〉，《暴風雨》特刊（台北：當代傳奇劇場，2005 年二版），頁 48。

〔註228〕誠如雷碧琦所言：「《暴風雨》可說是《李爾》的續集：兩齣戲都描繪了政治野心、世代衝突、權力傲慢，也都在辯證正統與異端、真實與虛幻；而《暴風雨》所探討的原住民與外來者、自由與奴役、放下與和解等議題，更超越了《李爾》。」見雷碧琦：〈風雨如晦，雞鳴不已〉，《暴風雨》特刊，頁 71。不過，我認爲這段論述是有點過譽的，其實《暴風雨》或許提出了這些議題，也試圖在劇中展演，但就呈現結果而言並沒有達到其高度，這部分在後一段落會再作補充。

〔註229〕其實當代傳奇劇場在《暴風雨》裡，對於原住民的指涉已非暗指。除卡力班的穿著極接近於達悟族外，在夢中的祖奶奶也高喊：「我是你飛魚族的祖奶呀！」可見其已以「飛魚」直指蘭嶼的達悟族。

因為這個孤島本來就是他的住所，但卻在在都掌握於波布羅手上，被玩弄著。甚至刻意改變原著裡卡利班最後的結局，讓他與愛麗兒成親，會否更是流於一切都是波布羅的一手安排呢？或許，這也暗喻著台灣這座孤島上的原住民，地位與存活總被晚至的漢人主宰著，而這群漢人還自視為「台灣人」，排擠更晚才抵台的人們，稱他們為「外省人」。因此，就如王靖獻所言：「《暴風雨》中場景，無論同台互動者的語言如何稀釋，惡化，我們這個有缺陷的卡力班開口幾乎都維持著詩的崇高的音質，超然的嚴肅性，使用著他沉著，粲然有光的無韻體。」〔註230〕也許在表演呈現上的安排，讓卡力班以原住民舞蹈演繹，打破莎劇原著所謂的神聖的無韻體，但我們能可保留這層隱喻性，也就是卡力班看似缺陷，卻在在反映著其他人的自以為完美。只是，倘若要忠於這種「後殖民」的批判，又何必替卡力班寫下一個看似幸福美滿的結局呢？

提及卡力班的原住民詮釋，就延伸到當代傳奇劇場在《暴風雨》的表演問題。為表現卡力班作為這座孤島的原住民，當代傳奇劇場延伸其隱喻性，比擬為台灣，於是卡力班的詮釋法就以原住民歌舞為主。從第三幕第一場，卡力班在抱怨波布羅對他的暴行，而將柴火堆高時，唱道：

> 柴禾高高堆
> 篝火快快旺
> 燒死那個波布羅
> 該死的大魔王
> 想當初你剛上島
> 你花言巧遇將我誆
> ……

卡力班在唱這些歌詞的同時，除配上我們常見的原住民舞蹈動作外，亦將「A——Yi——Ru——A」這樣看似無意義的吆喝融入其中，而高高堆起的火焰，就像是原住民的豐年祭一般，只是此島的住民只剩下卡力班。同樣地，也可從詞中顯露出波布羅就像是漢人佔據台灣後，對待原住民的行為與態度。

不過，除去卡力班為求隱喻意義的表演方式，當代傳奇劇場的《暴風雨》就是一部「以京劇演莎劇」的作品。《暴風雨》的表演呈現，是當代傳奇劇場

---

〔註230〕王靖獻：〈莎士比亞《暴風雨》的外延與內涵〉，《東華人文學報》第 2 期（2000年 7 月），頁 5。

自《慾望城國》與《王子復仇記》以來，最貼近於京劇的作品。不管是唱腔、身段，大抵都可見京劇的痕跡。以第二幕第一場的美蘭達出場來看，她先舞著水袖，唱道：

> 暴風雨逞兇狂，荒島橫掃
>
> 見不著王子蹤跡
>
> 我好心焦
>
> 越溝塹躍石崗
>
> 四方尋找

這段唱詞基本上符合音韻，縱使當代傳奇劇場在《慾望城國》之後，雖以京劇為基礎，但卻不完全符合京劇本有的架構，故，美蘭達的唱腔雖近於京劇，卻不完全可以京劇一以貫之。同樣地，隨後出場的霍定男所唱的第一句話：「霍定男感與風暴試比高。」雖源於京劇的唱腔，但卻配合了傳統戲曲未有的聲光效果，製造出電閃雷鳴，讓風暴更具震撼性。因此，《暴風雨》的作法其實就與《慾望城國》相似，以「京劇」作為基礎，運用京劇演員本有的底蘊，但卻大量地改造了原本的規範，甚至是添入現代舞台科技，特別是《暴風雨》在聲光的運用上更顯徹底。

其實，《暴風雨》最大的改造還是在於吳興國所詮釋的波布羅。波布羅的唱唸方式雖源於京劇的唱腔，但從最後尾聲的那段吟唱來看，卻融入了吳興國自己的演繹方式。他在第一句「我從此撒開空空的兩手」後，出現了鑼鼓點的配合，而第二句的「將魔法逕行拋去」則是用唸的方式呈現，而直至「憑這大家善意的鼓掌」前，這段唱唸都是沒有配樂的狀態，到「賜予我和風一口」才開始有文武場的配合。光憑這段唱詞就可見吳興國有自己一套的詮釋方式，而不完全依循著京劇。只是，這種語言與唱腔的混雜，王友輝並不表認同，他認為：「魔法師波布羅在面對不同角色時，忽而京白、忽而韻白，忽而又如尋常口語的語言模式，除了勉強表現為心思的混亂，實在難以讓觀眾掌握創作者真正的目的。」〔註231〕此外，他一併指出該劇在音樂和唱腔設計上的混亂，以及服裝所導致表演的受限，與肢體動作的不夠純熟造成之失誤。〔註232〕因此，《暴風雨》的處理可以視為「實驗」的一個環節，必然尚未完善，

---

〔註231〕王友輝：〈失準的氣象預報〉，《表演藝術》第 147 期（2005 年 3 月），頁 106 〜107。

〔註232〕同前註。

但我們可以在當代傳奇劇場後續的作品，如《歡樂時光——契訶夫傳奇》與《康熙大帝與太陽王路易十四》裡再次看到這樣的手法。而，波布羅的魔法長袍也是吳興國不能夠依循著傳統表演方式的關鍵。這件由葉錦添設計的長袍，相當地厚重，因此大部分的戲曲身段都是被限制的。不過，卻也因這件長袍，延伸出許多與京劇身段不同，而近於現代舞的表現。此外，葉錦添強調了一種「舞台和人」的對比關係，往往在舞台過大、演員過小的情形下，又顯得人的存在過於渺小。於是，波布羅的長袍暗藏玄機，將吳興國整個墊高，凸顯了他在舞台上的地位。同樣地，精靈也基於這個原則，而做出了高過演員頭的翅膀。〔註233〕亦由葉錦添所設計的舞台，基本上是空台的，並無太多的舞台設計，就誠如葉錦添自己所言：「回到原來的東西，去想新的東西，再往簡單的走，再往傳統的走，更多傳統的元素，更多東方的元素。」〔註234〕因此，像是開場落難的船亦是虛擬，並沒有搭設一艘真實的船，反而是運用演員的動作，配合聲光所製造出來的暴風雨，營造出船遇到暴風雨落難的畫面。於是，這樣的服裝與舞台設計，其實都在傳統與創新之間游走，尋求一個可以去改造的契機與方式。

故，當代傳奇劇場在《暴風雨》的改編與表演上，看似依循著原著與京劇，但其實是以其為基礎，有不同的解讀與詮釋，縱使這之中存在著許多問題，包含人物塑造與文本詮釋的不得宜、表演運用上的缺漏等，而或多或少涉及到導演層面，會於下段說明，但卻可顯露出《暴風雨》是在「錯解莎劇」與「改造京劇」的基礎上完成。

### （二）失準的電影魔法？〔註235〕

### 1、導演角度的失焦

在《暴風雨》正式演出前，當代傳奇劇場在網頁上提供了四個版本的劇本結構讓觀眾票選。由導演徐克與藝術總監（執行導演）吳興國構思的四個版本如下：

> 徐克的四套版本，四種美學
>
> 1. 魔法十二章經——以魔法師普洛士為觀點天文、地理、航海、自

---

〔註233〕這部分參考自《暴風雨》DVD所收錄之《關於葉錦添之東方形式劇場重現》。
〔註234〕同前註。
〔註235〕「失準」一詞取自於王友輝針對《暴風雨》的劇評〈失準的氣象預報〉。

然、宗教、儀式，魔法十二章經解開人類生命的奧秘。

2. 卡力班的無人島——以半人半獸的先住民卡力班爲主角聆聽……祖靈的歌聲，看！飛魚乘風破浪。文明的矛盾消失，權力與知識荒謬好笑，別鬧了！魔法師，一切回歸自然。

3. 魔幻的奇航——遇險歸來的亞朗索王說出在無人島一段海外奇聞，將亞朗索——文明世界和魔法師——知識力量及卡力班——大自然生命，並置爲三大主題，是文明與原始，權力與知識，生命與自然的抗爭與和解。極可能由吳興國一人裂變爲三個角色，劇場的變化和整體表演形式最具挑戰。

4. 神秘魔法師——世界是座舞台，作者，導演，觀眾，誰是主宰？魔法師全仗一隻筆，橫掃滿台暴風雨，描繪出美麗的精靈世界，那宮廷，天堂，花園，地獄，洞窟，出現了，又消失。這是一場幻景，我們都是夢中人物，落幕，鼓掌，煙消雲散。〔註236〕

而根據當代傳奇劇場出版的《暴風雨》特刊內所刊載的〈暴風雨製作史記〉所記錄，在「票選期間內，網友多半選擇第三版『魔幻的奇航』」〔註237〕。但，最後所確定演出的，卻非網友所票選出來的第三版。在2004年6月4日，經由王安祈推薦大陸一級編劇習志淦編寫戲曲演出版後，徐克於6月20日結合前四版本精華，再推出以十三首主題歌爲主的第五版本，並於6月28日依戲劇表演節奏，再次調整場次順序，並確立全劇骨幹，去旁雜枝節，成第六版。因此，在7月初確定編劇爲習志淦後，7月29日時，劇本的第一稿就正式誕生。〔註238〕此稿雖非最後呈現的完整樣貌，但《暴風雨》的基本架構與美學基礎亦於此確定。不過，這樣的劇本創作發展，最後若是將這四個版本結合，而非遵循網友的意見，那麼其存在著「爲何要網友票選」的疑問。

　　有別於過往的劇場表演，觀眾在進入劇場後才可能知曉整個劇情架構，至多是從報章雜誌的介紹或是報導中，約略明白該劇的某些創作概念或故事

〔註236〕此內容轉引自鄭傑文：《慾望現代與混血表演：1986～2006當代傳奇劇場作品初探》，頁98。根據鄭傑文於註腳表示此見於演出前當代傳奇劇場網站，而在演出後連結已被移除。在當代傳奇劇場出版之《暴風雨》特刊，亦把此四版本與第五、六版本記錄於書中，但文字上略有更動，基本架構並無太大改變，因於此試圖還原到演出前的網站資料，故轉載鄭傑文所紀錄之內容。
〔註237〕〈暴風雨製作史記〉，《暴風雨》特刊，頁134。
〔註238〕同前註，頁135。

大綱。徐克開啓了一個近似於「電影預告片」的宣傳手法，其雖非去拍攝一部預告片，卻運用網路媒體的效果，丟出他改編、執導《暴風雨》的元素與精采的架構。而更重要的是「開啓與觀眾互動的可能」。在《奧瑞斯提亞》以「環境劇場」打開與觀眾之間流動的大門，《暴風雨》雖搬回了劇院，但其將互動的契機透過網路，藉由這樣的投票讓觀眾可以提早接觸到這部作品，以至於激發興趣購買戲票走進劇院觀賞。而這樣的概念，也符合了當代傳奇劇場早期創團的理念，使用網路吸引到更多年輕、新的族群。從最後演出的結果而論，我認爲徐克的做法其實不是讓網友得以決定劇情，而是挑起網友對這部劇作的興趣，從一般網友變成觀眾，屬於宣傳手法的一環。最後結合四個版本，除了折衷，以及不願捨棄任何一個構想外，亦可推測：「不管哪個版本必有其擁護的網友，如選擇其一，會否流失另三個版本的擁護者呢？」於是，徐克最後的第五版〔註239〕、第六版〔註240〕極可能本就在他的預期中，特別將前四種版本公佈，宣傳的效果遠高於實質採用的可能。

綜觀來看，當代傳奇劇場過度折衷地想擷取幾個版本的核心，反而在莎士比亞原著裡的多面向中失了焦。在有限的詮釋空間裡，導演過度貪心而不知剪裁地將所有討論焦點分散到整部劇作中。在追尋莎劇《暴風雨》的「和解與寬恕」產生錯解之下，最原初的構思就已有所失卻，而這個架構顯然是爲了符合第一個版本的需求。卡力班的設計則是呼應了莎劇本有的「殖民的權力流轉」〔註241〕，亦是第二版本所追求的。至於第三版的設計基本上是源

〔註239〕 第五版爲「以魔法師之歌、暴風雨之歌、浮萍若夢之歌、美醜之歌、美麗新世界之歌、咒罵之歌、魔幻之歌、愛情之歌、奴隸飲歌、荒堂宴席之歌、自由解放之歌、寬恕之歌、獨白貫串全劇。」見〈徐克創作《暴風雨》六個版本〉，《暴風雨》特刊，頁36。

〔註240〕 第六版爲「型式結構與第五版相當接近，劇本雛型已成，段落分爲：魔法師之歌、暴風雨之歌、浮萍若夢之歌、美醜之歌、愛情之歌 I、理想國之歌、荒堂宴席之歌、咒罵之歌、魔幻之歌、奴隸飲歌之歌、愛情之歌 II、審判與和解之歌、婚禮祝福之歌、自由之歌、寬恕獨白之歌。」同前註。

〔註241〕 有關莎劇《暴風雨》的殖民問題與權力位置，詳可參王靖獻：〈莎士比亞《暴風雨》的外延與內涵〉，頁20～25。林明澤：〈走出暴風雨——後殖民情境中「卡力班」認同的困境〉，《中外文學》第25卷第7期（1996年12月），頁163～185。劉瓊云：〈卡立本（Caliban）的失落與尋回——《暴風雨》（The Tempest）及《魔法師的寶典》（Prospero's Books）中的權力論述〉，《中外文學》第29卷第10期（2001年3月），頁183～203。孫惠柱：〈《暴風雨》與殖民敘事〉，收錄於張沖主編：《同時代的莎士比亞：語境、互文、多種視域》（上海：復旦大學出版社，2005年），頁63～78。

於前兩個版本，因此最後呈現的《暴風雨》亦有所呼應。至於第四版本的處理方式，則出現在最後一場，當卡力班偷穿波布羅的法衣時，愛麗兒所言：「今天不過是主人安排的一場戲！看啊！我們這些個演員，多麼拉塌。」不過這非編導所獨創，這段對話亦是取材於原著﹝註242﹞，足見莎士比亞本就有此構思存在。同樣地，本文在前述所引的波布羅的尾聲獨白，也提到：「容我告別今日的舞台，曲終人散，放我自由。」皆直指第四版本的「世界是座舞台」，而一切都是一場戲、一場幻景、一場夢。

或許，最後所呈現出來的《暴風雨》有效地結合了這幾個版本的核心，但卻也分散了焦點。看似將原著《暴風雨》的多元化皆有闡述，但在最初的核心意義就已先行「再詮」，那麼又何必勉力地將所有的莎劇原意都加以解讀呢？呂健忠曾認為：「劇本的彈性在於詮釋的空間：只要劇本的文學性夠強，只要人類社會持續變動，劇本的詮釋空間就不會萎縮，改編者就能夠繼續享有發言的空間。所謂忠於原作，說穿了就是根據原作文本提出合理的詮釋；所謂忠於觀眾或與觀眾對話，基本前題是觀眾要能夠入戲。當代台灣劇場所表現的跨文化改編，囫圇吞棗劇情大綱者有之，棄詮釋於不顧者有之，隨興汲取靈感者有之。」﹝註243﹞或許，《暴風雨》透過莎劇本有的構思，嘗試與現代觀眾有所對話，但卻也在過度尋求觀眾角度的同時，而無法有更深度的視角，這也是當代傳奇劇場在面對《暴風雨》的改編所陷入的問題。

### 2、與電影何干？又與京劇何干？

知名影評人聞天祥曾針對徐克與當代傳奇為《暴風雨》所擬的六個版本的分場大綱，以六個角度試圖「破解徐克的暴風雨六招」，分別是：從文本、從詮釋觀點、從當代傳奇劇場、從過往的電影改編（一）彼得格林納威的魔法師的寶典、從過往的電影改編（二）德瑞克賈曼的暴風雨、從徐克本尊。﹝註244﹞我於此想要檢視的，是聞天祥所針對導演徐克除造成新聞價值外，所點出

---

﹝註242﹞原著裡，波布羅（普洛士帕羅）曾在指示精靈扮演女神時，這樣說：「舞劇已結束了。我們這些個演員……」見莎士比亞（William Shakespeare）著，方平譯：《新莎士比亞全集3・喜劇・暴風雨》，頁596。

﹝註243﹞呂健忠：〈台灣劇場改編現象的近況〉，《中外文學》第23卷第7期（1994年12月），頁45。

﹝註244﹞聞天祥：〈聞天祥破解徐克《暴風雨》六招〉，《暴風雨》特刊，頁42～47。此文原以〈兩大魔法師，在充滿噪音的島上交鋒：如何穿越莎翁與徐克的「暴風雨」？〉為題發表於《表演藝術》第144期（2004年12月），頁18～22。收錄於特刊之版本，文字上略有更動，本文乃採用特刊內之版本。

的三點：

> 第一、如何把他在電影創造過的視覺奇觀，化為不同的舞台裝置，
> 　　　驚豔、震撼我們？

> 第二、作為一個優秀的改編者與轉譯者（就他成功克服珠玉在前的
> 　　　「倩女幽魂」、「黃飛鴻」等系列而立創新局），他要如何提供
> 　　　不同於以往的新觀點在「暴風雨」上面？

> 第三、據說吳興國對「暴風雨」的興趣當中，有部分是有感於對
> 　　　於台灣近年政局、政客的感嘆。徐克的作品在政治隱喻這
> 　　　方面的敏銳（「第一類型危險」、「上海之夜」、「刀馬旦」、「黃
> 　　　飛鴻」……）不遑多讓，或者我們能在舞台上看到一個讓
> 　　　台灣「現形」、甚至讓我們對藝術與現實產生聯想的作品？
> 　　　　　　　　　　〔註245〕

其實，如何將徐克於「電影」上的成就運用到《暴風雨》的舞台，可能是一開始我們對於聘任一個電影導演替劇場執導的期許。

　　不過，在《暴風雨》演出前的報導曾提到：「徐克昨談起這次『舞台首部曲』，相當謙遜地說，既不會是『武俠風』，也不會是『魔戒風』，『應該建立一個自己的風格』。不過，觀眾對電影手法如何融入這齣戲帶有魔法故事的戲仍備感興趣，徐克雖堅不露口風，最後仍表示，故事主人翁、吳興國飾演的米蘭公爵，也就是魔法師，會有件魔法衣，『這件大法衣該多大，暗藏什麼道具，將牽動舞台空氣變化與視覺效果』。」〔註246〕雖說是「不露口風」，但我所質疑的是，到底能否將「電影手法」放入《暴風雨》。畢竟連徐克自己也說：「電影是平面藝術，舞台是立體空間，電影可以創造焦點，舞台卻是觀眾自由選擇焦點，種種不同，『都在學習、摸索』。」〔註247〕於是，《暴風雨》裡可能與電影有直接關係的效果，除類似電影宣傳的手法外，為打造一個魔幻的舞台，《暴風雨》的聲光效果遠比前作更為豐沛，包含光影變化、暴風雨的音效，以及波布羅施法時的畫面營造等，於是，整部劇作在表演以外，其實都被這些舞台技術面的效果給填充。畢竟舞台不如電影可以透過剪接、攝影角

---

〔註245〕聞天祥：〈聞天祥破解徐克《暴風雨》六招〉，《暴風雨》特刊，頁47。

〔註246〕紀慧玲：〈徐克舞台首部曲掀起暴風雨〉，《民生報》2004年8月6日，A12
　　　　版。

〔註247〕同前註。

度來提供觀眾觀看的視角，視角的自由反而讓導演必須在更多地方著墨；但這或許就是「電影到舞台」的一種窘境，也就是到底該如何處理，而不流於只是「現代舞台技術加上京劇」。顯然地，這就是徐克在《暴風雨》裡所無法突破的框架。因為，《暴風雨》在基本表演型態以京劇為核心，徐克並無在整體呈現中有更多的著墨；雖從表演片段上看到徐克對於許多身段與動作的修改，但在最後呈現裡卻還仍流於當代傳奇劇場過往的處理方式，也就是嘗試解消掉京劇的既定程式。同樣地，為了打造所謂的「電影畫面」，或為解決不同的「視角」問題，卻仍必須倚仗舞台科技，於是，其「拼貼」感就越加明顯，近乎是一部混雜了「京劇」、「原住民舞蹈」、「電影聲光」等的作品。

　　為了回應「京劇」舞台，葉錦添替《暴風雨》所設計的舞台，基本上是採取傳統戲曲的「空台」，並沒有固定的場景，所有的佈景都是依照該場次而上台的，皆為活動式，如岩石、樹梢等。故，整個架構呈現一種虛實相映的情形，像是一開始的「船難」就不使用真實的道具，而是以演員虛擬的方式，再配合大量的聲光。舞台後面的佈景亦以咒符打造意象化的魔法世界，並沒有真實構築出一個島嶼的景緻。不過，《暴風雨》的舞台中央近乎都是淨空的，或許是在回應葉錦添嘗試「回歸傳統」的可能，讓演員都在淨空的位置表演。其所對應的是葉錦添複雜的服裝設計，除了波布羅牽動整個環境與空氣的魔法長袍，還有像愛麗兒高聳的翅膀。只是，這樣的作法就顯露出一個窘境——有必要聘請一位電影導演執導嗎？徐克所提供的功能，似乎只剩下提供強烈的聲光效果，反而讓《暴風雨》卡在「電影」與「舞台劇」之間不上不下的位置。

　　本以為，藉由一個與劇場無關的導演執導，徐克比起其他劇場導演更不受限於劇場本有的想法與構思，於是更能將其天馬行空的元素注入《暴風雨》中。不過，這之間還是存在著劇場與電影的隔閡，仍有許多構思最終是無法在《暴風雨》裡執行的，例如：徐克曾思考讓吳興國一人分飾阿龍梭、波布羅與卡力班，但最後並無這樣處理。〔註248〕誠如徐克自己所言：「電影和劇場是不同範疇，電影手法放在舞台並不適合，……」〔註249〕。於是，《暴風雨》在無法有更多「電影手法」的涉入時，反而顯得比當代傳奇劇場同樣以不同領域導演執導的《奧瑞斯提亞》與《樓蘭女》，更接近於「戲曲」，甚至是近

---

〔註248〕吳興國雖於《李爾在此》中一人分飾十角，但在劇本結構、舞台大小、人物安排等問題的差異，《李爾在此》並無法直接移植於《暴風雨》的演繹中。
〔註249〕李玉玲：〈徐克 呼喚暴風雨 上演大和解〉，《聯合報》2004年8月6日，B6版。

於明華園以聲光效果與通俗性打造而成的《超炫白蛇傳》。不過，《暴風雨》之所以會近於「京劇」，從「導演」的角度來看，除了現實問題外，仍有兩個層面的問題：

第一點是「徐克對於執導這部作品的原初想法」。在演出前的報導中指出：

> 徐克一直用「京劇」、「我們做的是京劇」稱呼此次合作，他說，不必用武俠片或電影《魔戒》的類型風格來想像此劇，「京劇仍應維持本身的獨特性」；即使魔法大戰，「也要從京劇手法裡去研究，有何表現方式」，所以這整齣戲「要從京劇角度來看」。〔註250〕

可見，徐克在確定執導《暴風雨》後，其實始終是以京劇作為主要的構思方向，他並無意捨棄京劇可能帶給舞台效應的可能，縱使他認為「應該建立一個自己的風格」〔註251〕，但此風格是以京劇作為基礎，才將所長發揮。故，徐克才有別於林秀偉刻意捨棄京劇符號、謝喜納的肆意拼貼混搭，他存在著對於京劇、舞台、莎士比亞的敬畏與不確定感，於是就連他自己也說：「說到這裡，舞台、京劇、莎士比亞於我手裡會變成怎樣的一回事，連我自己也想知道。」〔註252〕

第二點則是「徐克並沒有足夠的時間掌握」。《暴風雨》這部劇作除去一開始的構思與討論，徐克真正參與執導的時間其實只有短短的十一天而已。由於電影《七劍》突然開拍，徐克根本無法在開始排演時就來台執導，直至 2004 年的 12 月 19 日才抵台灣開始趕工（《暴風雨》於 2004 年 12 月 30 日首演）。故，在此之前的執行導演始終都是吳興國。但，這並不代表吳興國有意遵循京劇的表演程式，甚至我認為他本來並無意如此（畢竟早有《樓蘭女》和《奧瑞斯提亞》的實驗經驗），於是吳興國在報導中回應徐克的說法，曾如此說：「用想像的，絕對有電影感」〔註253〕。根據過往經驗，我認為吳興國是害怕《暴風雨》會「長得」像京劇。但，在無法使用更多的時間構思「電影手法」的涉入，《暴風雨》最後的呈現就只能使用最表層的聲光效果，就連導演角度都無法詮釋合宜。再加上，吳興國與徐克兩人的構思呈現到劇本，是聘請京劇編劇家習志淦執筆，這樣的方式也必然影響到《暴風雨》最後呈現的樣貌。

---

〔註250〕紀慧玲：〈徐克舞台首部曲掀起暴風雨〉，《民生報》2004 年 8 月 6 日，A12 版。
〔註251〕同前註。
〔註252〕徐克：〈創作自述〉，《暴風雨》特刊，頁 29。
〔註253〕紀慧玲：〈徐克舞台首部曲掀起暴風雨〉，《民生報》2004 年 8 月 6 日，A12 版。

於是，我們可以反過來思考，「由徐克執導」看似能夠脫離京劇，甚至有將「電影」經驗帶進劇場的可能；只是，缺乏劇場經驗，凸顯劇場與電影之間的差異，反倒成為徐克執導《暴風雨》最大的圍限。《暴風雨》及《奧瑞斯提亞》兩部劇作特別外聘的兩位導演──徐克與謝喜納──都存在著一種「頑童」的性格，我認為徐克也沿用了謝喜納某些「混搭」、「拼貼」式的劇場元素組合，例如：原住民舞蹈、現代舞，以及京劇層面上的改造；但呈現結果除在基本構思的差異與實際執行的問題外，更重要的是「兩人擅長的不同」。如我前述所提及，或許徐克可以非劇場出身的定位而提供不同的構思，但「適不適合」變成是實際執行上的困難。因此，謝喜納可以他本有的劇場風格與理念，任意地構思出所有環節與呈現，但徐克深知舞台與電影之間巨大的差異，故，就算他有天馬行空的想法，也不一定能夠執行在舞台之上，而在兩者間的美學風格亦有其基調上的差異〔註254〕。所以，徐克的舞台建構是被迫要萎縮的。同樣地，以作為劇作操刀者的導演而言，徐克對《暴風雨》的掌控顯然是低上許多。

## （三）從「破而未立」到「立而未盡」

於此節的最後，我想先把焦點回到「為何將《樓蘭女》、《奧瑞斯提亞》與《暴風雨》並置討論」的問題。近年專以「當代傳奇劇場」為主題的學位論文有兩部：1999 年由柯曉姍寫成的《當代傳奇劇場舞台演出本之研究》〔註255〕，以及 2007 年由鄭傑文撰寫的《慾望現代與混血表演：1986～2006 當代傳奇劇場作品初探》。由於柯曉姍討論對象為 1999 年前的作品，故不觸及《暴風雨》，在分類上也較為簡單。〔註256〕至於，鄭傑文的分類是比較特殊的，他

〔註254〕在紀慧玲的報導中指出徐克在開演前抵達台灣，他與吳興國等人之間對談的問題：「徐克說，討論重點主要是美學風格，『三個男人對抗一個女人』（他、吳興國、葉錦添與製作人林秀偉），每個人意見不同，必須統一，也落實具體化，其中，他希望保留京劇表演基調，卻希望角色人物誇張、幽默、人性化些，尤其原本不是主線的魔法師女兒的愛情線希望加重，但吳興國對莎士比亞文本心懷敬畏，對誇張、搞笑式的表演方式還有疑慮。」見紀慧玲：〈「暴風雨」颳向國際　行情水漲船高〉，《民生報》2004 年 12 月 22 日，A12 版。

〔註255〕柯曉姍：《當代傳奇劇場舞台演出本之研究》（台北：中國文化大學藝術研究所碩士論文，1999 年）。

〔註256〕其分類為參考發表時間與改編類型，分為改編莎劇時期（民國 75～79 年）、改編中國傳統戲及創作歷史劇時期（民國 80～81 年）、改編希臘悲劇時期（民國 82～85 年）與搬演兒童劇時期（民國 86 年以後），但此分類實已不適用於當代傳奇劇場於 2000 年後所發表的劇作之走向。

不以發表時間作爲考量，而是採取「改編主軸」作爲區隔，切成三大區塊：「慾望西方，慾望現代——《慾望城國》、《王子復仇記》與《暴風雨》」、「殖民混血：隱身在主體中的西方——《樓蘭女》與《奧瑞斯提亞》」以及「發現傳統劇場的前衛性——《李爾在此》、《等待果陀》與其他」。鄭傑文的分類方式，與本文最大的差異，就在於「到底要將《暴風雨》放置於何處？」就這個問題而言，鄭傑文認爲：

> 而《暴》一劇的處理手法相對上又回復到早期的手法——劇本基本
> 上依附莎劇情節主幹、爲求節奏明快刪減支線情節的份量、保留皮
> 黃唱腔並且將語言重寫爲適合京腔的詩句、肢體動作融合傳統京劇
> 身段節奏、同時融合其他元素於導演處理中等。〔註257〕

針對這個說法，我認爲「劇本基本上依附莎劇情節主幹」、「爲求節奏明快刪減支線情節的份量」這部分並不只是《慾望城國》、《王子復仇記》與《暴風雨》所存在的情況，而是當代傳奇劇場面對到西方原著所共有的處理方式；僅有《李爾在此》大量拆解掉莎劇本有的情節主幹，而《樓蘭女》與《奧瑞斯提亞》仍保有兩部希臘悲劇的主要劇情架構，並因表演時間限制而對支線情節有所刪減。但鄭傑文的分類方式，是有其論述意義的。《暴風雨》除改編題材與《慾望城國》、《王子復仇記》皆爲莎劇外，由於其較近於「京劇」，因此整體形式明顯異於《樓蘭女》與《奧瑞斯提亞》。故，之所以《暴風雨》置於此節討論，其實我想回應的是本節標題的「從『破』與『立』」，也就是「一個『破』與『立』的問題」。

王安祈在《傳統戲曲的現代表現》中，針對《樓蘭女》有一段論述：

> 大體而言，《樓蘭女》仍只停留在「破而未立」的階段，新系統的初
> 步輪廓都還未及勾畫。〔註258〕

假使當代傳奇劇場所追求的目標是「建構新劇種的可能」，那麼在《慾望城國》的初步實驗與《王子復仇記》的經驗複製之後，其所思索的應是「如何再大幅度衝破京劇的框架」。倘若將本節所討論的幾部劇作並置的話，《慾望城國》與《王子復仇記》其實是較近於京劇本體的，而《樓蘭女》與《奧瑞斯提亞》則是刻意地要與「京劇」作切割，不管是《樓蘭女》對於「京劇」演唱體系的刪除，或是《奧瑞斯提亞》強制挪用「京劇」作爲表演元素之一。就如王

---

〔註257〕鄭傑文：《慾望現代與混血表演：1986～2006 當代傳奇劇場作品初探》，頁 89。
〔註258〕王安祈：《傳統戲曲的現代表現》，頁 101。

安祈所言的：「《樓蘭女》的推出，即可能意味著是以上三期爲基礎的另一新
階段的開始。」〔註259〕足見，《樓蘭女》的演出意義不只是針對當代傳奇劇場，
更是在整個「現代京劇界」的另一種可能，也就是如何挪移京劇作爲主體的
位置。當代傳奇劇場從一開始的《慾望城國》被認爲是要「革京劇的命」，以
此角度來看，那麼之後的任務大概要試圖「創立」一個新的「劇場國度」。但，
就誠如王安祈所言的「破而未立」，《樓蘭女》與《奧瑞斯提亞》所體現的是，
「破壞」的幅度遠大於《慾望城國》，吳興國在此階段所做的是「如何與京劇
之間的關係逐漸稀薄或脫離」，而往京劇的反方向馳去，但那個方向是否爲新
劇種的誕生，實是有待商榷的。

　　林秀偉在《樓蘭女》中刻意隱匿掉對於京劇符號的處理，而《奧瑞斯提
亞》則是在謝喜納的執導下，更近於現代劇場的表現方式，甚至對於台灣的
現代劇場而言，亦具有其開創性，縱使並非所有專業劇場人士都表示贊同，
但這層實驗上的意義性是不可被抹滅的。但，這兩部作品到底給予了「京劇」
怎樣的改編意義？我認爲可以從《奧瑞斯提亞》來觀察。《奧瑞斯提亞》於導
演謝喜納的手上，呈現出一種被「翻玩」的現象。謝喜納指出：

> 而當這些演員一旦進入排練，他們那種京劇的說唱方式和京劇式的
> 身體，又都取代掩蓋了他們作爲做爲現代人的一些特質。這種取代
> 和掩蓋，是回歸過去？抑或回到未來？〔註260〕

於是他認爲：「我們的『奧瑞斯提亞三部曲』將質疑：所謂的『傳統』，是屬
於何人？什麼年？……」〔註261〕謝喜納所質疑的，不只是傳統戲曲本身，更
是這樣的系統如何存活在現代人的身體裡，於是他嘗試開創一個屬於「當下」
的詮釋與表演。雖說表演體系在謝喜納的執導方式下不斷地被碰撞，但這些
碰撞主要是對於演員本身的衝擊，至於謝喜納本身是完全不被這個「傳統」
的「框架」所受限的。〔註262〕古嘉齡曾以「謝喜納對『當代傳奇劇場』的提
升」爲標題，認爲：「謝喜納最大的貢獻該是在於：『當代』演員因京劇科班

〔註259〕王安祈：〈「演」出戲劇史：從北京京劇團到當代傳奇〉，頁103。
〔註260〕理查・謝喜納（Richard Schechner），周慧玲譯：〈導演的話〉，當代傳奇劇場
　　　　《奧瑞斯提亞》節目冊，頁25。
〔註261〕同前註。
〔註262〕就誠如周慧玲所言：「這是《奧》劇排練過程中，常見的各種表演體戲互相抗
　　　　衡的場面。」見周慧玲：〈環境劇場加「跨文化」表演：《奧瑞斯提亞》劇場
　　　　初探〉，頁25。

出身，雖有著小劇場演員缺乏的扎實肢體訓練，卻也擺脫不去妨礙其重新創作的程式化表演語彙，但是，在經過謝喜納西方前衛劇場的洗禮後，『當代』的演員、對自己的表演，從一成不變的表演程式裡掙脫出來，有了新的詮釋方式，……」〔註263〕而我認為，這個表演程式的轉換與掙脫是當代傳奇劇場一直以來所致力之處，謝喜納可以說是提供一個新的方法，但對於謝喜納本身，他應是實驗、認真地「玩弄」這些京劇的身體如何與自己的理論相碰撞，就算最後不一定是融和，他所要的是「拼貼」與「衝擊」之後的火花。謝喜納並不像吳興國與林秀偉刻意地要去「做什麼」，或者應該說「有什麼得去做」，他乃是將自己手上所擁有的，拆解、重組到《奧瑞斯提亞》中。他在被授權進入吳興國的當代傳奇實驗後，實質是完全在執行謝喜納自己的劇場實驗；而他的「主觀性」不只呈現在劇情與角色的安排，更是對於整個表演形式上的掌控。因此，謝喜納有別於吳興國或林秀偉在「破」時同在思索「立」，他所做的是如何讓劇場形式、表演體系、文化轉譯能夠全然突破，將「京劇」作為他運用的元素的其中一環，替他所服務，並無意再對京劇的表演體系有所轉換與思考。〔註264〕換言之，從《樓蘭女》到《奧瑞斯提亞》，所達到的是一種「破」的極致。

　　至於《暴風雨》的製作，實如鄭傑文所言，較近於《慾望城國》的改編方式。其以「寬恕」為主題的架構，與《慾望城國》以「慾望」、《王子復仇記》以「殺戮」相仿。但，《暴風雨》不強調「在地化」，處理文化轉譯的問題，卻較近於《奧瑞斯提亞》。以《慾望城國》與《王子復仇記》而言，兩部作品在文化問題上，將場域轉移至中國，而將原著的某些意涵以中國化的方式加以詮釋。但，《暴風雨》則隱匿了場域的問題，並保留西方名稱的符指，

---

〔註263〕古嘉齡：〈當代傳奇劇場演出作品之劇型探討——兼論《奧瑞斯提亞》之演出，以觀其劇團之成長歷程〉，頁29～30。

〔註264〕針對《奧瑞斯提亞》，王安祈認為：「創作群在導演指揮下，共同體現謝喜納對於希臘悲劇的『解構』，以及對於民主法庭的懷疑。只是，導演的興趣主要在自我理念的表達，『京劇』似乎不是他熟悉也不是他感興趣的所在。也就是說，京劇演員身上和口裡豐厚的藝術根柢，其實只為導演一人之理念而服務，至於京劇表演體系當如何豐盈或如何轉換，導演卻沒有太大興趣。」見王安祈：〈第五章　臺灣京劇導演的二度創作與女性塑造〉，《性別、政治與京劇表演文化》（台北：國立臺灣大學出版中心，2011年），頁174。筆者的推斷與王安祈之論述相似，皆認為謝喜納所執導的《奧瑞斯提亞》實專為他一人所服務，其所作完全為傳達他的理念。

如人名的波布羅、卡力班等，這方式就近於《樓蘭女》與《奧瑞斯提亞》的「西洋化改編」〔註265〕。此外，《慾望城國》的重詮建構「在地化」，以及從電影《蜘蛛巢城》而來的二度改編，因此其與原著之間的切割，並不在於編導對於《馬克白》的主觀意識。相對來看，《奧瑞斯提亞》由於並未經過《慾望城國》的改編歷程，故其改動帶有濃厚的編導意識，或是「文化優越性」的問題。因此，《暴風雨》雖看似貼合原著，卻與《奧瑞斯提亞》同樣經過編導的二度解讀。於是，可能的詮釋缺漏或偏執上，實質是落入《奧瑞斯提亞》所被質疑之處。舉例來說，本文前述所提及《暴風雨》處理卡力班這個角色的問題。莎士比亞的「卡力班」的特殊點在於「殖民」與「權力」之間的問題；而當代傳奇劇場版的《暴風雨》將卡力班的穿著設計成台灣原住民達悟族的造型〔註266〕，包含達悟族的丁字褲，而他夢中，祖奶奶高喊「我是你飛魚族的祖奶呀！」，再加上祖靈的穿著亦是彷達悟的服裝，卡力班成為實質指涉，只為與台灣的政治與現實加以連結。亦由於指涉過度明顯，為消弭卡力班的醜陋形象，用了一個解消「美」與「醜」的評價以及回歸到天地自然的結合，讓他與愛麗兒成親，會否只是一個刻意的改編？其所刻意添入的「台灣」在地指涉，除了表演方式與服裝的結合，以及夢境裡的祖奶奶，就未有任何的「再」處理；於是這個議題流於刻意與突兀。我們甚至可以質疑編導有意圖地討論「政治」、「台灣」議題，而勉力地添入此指涉，卻又無法有更深刻的詮釋，更可能落入對原住民貶低的窠臼。

此外，《暴風雨》強調其為以「京劇、崑曲、原住民舞蹈」結合再現的魔幻大戲，若魔幻的核心處理是以「電影」，那麼這部劇作顯然地試圖集合四項以上的不同表演藝術。但，其所採取的方式則是如《奧瑞斯提亞》一般，將各種表演藝術肆意地「拼貼」，像波布羅由吳興國飾演，故是以「京劇」；卡力班指涉了原住民，故以原住民舞蹈……等。於此，再回到前述提及的對於當代傳奇劇場處理卡力班的質疑，會否也只是為了提供一個不同的表演型態，而挪用這樣的符號呢？於是，整部劇作就像是多重聲音的共響，並無一個核心的表演主軸。因此，我認為《暴風雨》看似與《慾望城國》的敘述框

---

〔註265〕所謂的「西洋化改編」，係指即概括保留原著的情節線，人名、地名均依原著，而在容量上作適度的壓縮。有關當代莎士比亞改編戲曲的改編策略大約有三種類型，請詳見曹樹鈞、孫福良：《莎士比亞在中國舞臺上》（哈爾濱：哈爾濱出版社，1989年），頁189～197。

〔註266〕或許有意思的還有，飾演卡力班的演員楊敬明是排灣族的原住民。

架相似，但在未進行「在地化」、對於表演型態的拼貼、文化轉譯的態度等核心問題，都較近於《樓蘭女》與《奧瑞斯提亞》的詮釋模式，此為本文為何將《暴風雨》置於本節討論之緣故。

　　若《奧瑞斯提亞》已達到當代傳奇劇場的劇場實驗的極致可能，那麼《暴風雨》如何重新檢視《樓蘭女》被斷定的「破而未立」的問題，我認為是其核心意義。於是，若我們將《慾望城國》與《王子復仇記》視為一個階段，而《樓蘭女》與《奧瑞斯提亞》為另一階段，那麼《暴風雨》的處理乃是試圖揉合前兩階段所奠定、或是破除的型態，而嘗試去「成立」一種新的劇種。故，當代傳奇劇場在「破」的同時，其實可能始終在思索如何在「破」之中找到「立」的可能，以期達到鍾明德所言的「『不是東方的，也不是西方的，但同時是東方的，也是西方的；不是傳統的，也不是現代的，但同時是傳統的，也是現代的』當代台北之表演藝術。」〔註267〕，也就是所謂的「第三類接觸」。於是，在前作的基礎上，《暴風雨》的製作，應是在於嘗試對於「立」與「創」一個「新劇種」提出構思。誠如導演徐克所言：「應該建立一個自己的風格」〔註268〕，不過由於徐克實際執行導演工作僅有十一天，因此在首演之後甚至有觀眾指出，這齣戲「不知道」導演在哪裡。〔註269〕這個說法有兩個可能：一為導演在這部作品的功能薄弱，另一則為不知道總導演徐克的功能在哪，畢竟這部作品更近於執行導演吳興國所執導的型態。由此可見，《暴風雨》雖外聘導演徐克執導，但就前述提及導演的角度上，卻也顯露其中的不足與缺漏，甚至吳興國在《暴風雨》中的實質地位是更高的〔註270〕。於是，我們雖可認為當代傳奇劇場外聘「跨界」導演，是為了有更具「破壞性」的實驗，但《暴風雨》卻由於徐克著力之處過少，反而在吳興國的職掌之下，回歸到他從《慾望城國》就開始的對於「新劇種」的追求。那麼，當代傳奇劇場欲「立」的思考必然於《暴風雨》中被生成。而之所以選擇《暴風雨》作為「立」的對象，除其立於前行改編作品的基礎外，其所謂的「立」更是

〔註267〕鍾明德：《在後現代主義的雜音中》，頁221。

〔註268〕紀慧玲：〈徐克舞台首部曲掀起暴風雨〉，《民生報》2004年8月6日，A12版。

〔註269〕見李玉玲、林欣若：〈暴風雨上場「沒看過京劇這樣搞」〉，《聯合報》2004年12月31日，C6版。

〔註270〕鄭傑文亦認為：「徐克的參加除了開場似乎增添了更多視覺效果之外，全劇仍流露出吳興國的導演痕跡；……」見鄭傑文：《慾望現代與混血表演：1986～2006當代傳奇劇場作品初探》，頁101。

要站上大舞台（國家戲劇院）的演出，故《李爾在此》雖得到極高的讚譽，但其爲一個九十分鐘的小作品，並且是在台北新舞台這樣比較中型的場地首演。因此，這樣的現象也可看出吳興國「急」於將劇作搬上大舞台，並「急」於「立」出超越前行作品的經典之作。

　　但，這個「立」其實是未盡完成的，甚至可以說是失敗的。鄭傑文針對《暴風雨》的人物人格塑造、劇本結構，乃至於整體編導問題的闕如，認爲：「《暴風雨》的編導失準，在美學上不若先前作品之突破，卻也沒能始既有的美學更爲深化，在表導演上面沒有特別突出的表現，愼爲可惜。」〔註271〕本節亦在編導上提出質疑。其詮釋主題雖試圖環繞住「寬恕和解」的大命題，卻可見在人物塑造、劇情安排上的疲乏。陳芳以中國的「禪」來解讀當代傳奇劇場《暴風雨》的詮釋，認爲：「『當代版』的改編並未保留原著的弔詭與曖昧，而是選擇一種『說清楚、講明白』的敘事策略。在『親情』與『寬恕』這兩個主題上，都環繞著波布羅，以達成一種禪悟的自由。」〔註272〕她並以禪宗教義，《壇經》裡的字句「一刹那間，妄念俱滅」、「一悟即至佛地」來詮釋波布羅由凡入佛的歷程，認爲：

> 這齣「莎戲曲」《暴風雨》在吳興國的改編與演繹下，果然發揮了「放下、和解、寬容」的精神，充滿禪意。原著的人文主義和弔詭曖昧固然不存，但「當代版」美麗的「誤讀」，卻也賦予莎劇《暴風雨》在當代後殖民論述之餘，另一種禪學論述。無疑也爲莎劇作出深具中國風格的跨文化詮釋。〔註273〕

但，不論究竟是吳興國詮釋的「誤讀」或是陳芳解讀這層詮釋的「誤解」，其實都顯露出當代傳奇劇場在處理《暴風雨》的主題意識上並不夠明確，導致本是能夠詮釋全人類共有的人性現象，被限縮爲中國文義格局的「禪宗」解讀。於是，當這些詮釋層面的問題沒被解決，作爲「魔幻大戲」的《暴風雨》只殘留了技術、手法上的絢爛與豐富；但也不免質疑這樣的特效，是否隱匿掉了徐克本欲著眼的「京劇」之美呢？甚至，這些特效手法與京劇之間，本

---

〔註271〕鄭傑文亦認爲：「徐克的參加除了開場似乎增添了更多視覺效果之外，全劇仍流露出吳興國的導演痕跡；……」見鄭傑文：《慾望現代與混血表演：1986～2006當代傳奇劇場作品初探》，頁101。

〔註272〕陳芳：〈「禪」與吳興國的《暴風雨》〉，收錄於陳芳主編：《「劇場事」8：戲曲易容術專題》，頁101。

〔註273〕同前註，頁115。

就不是非得湊合在一起，《暴風雨》的做法不過是一種「混合」或是「拼貼」，並未對「京劇」產生更好的質變。〔註274〕

　　故，《暴風雨》在整個劇場呈現與內涵傳達上都未達該有的水準，更何談「創立新型態」的可能。在《暴風雨》演出之後，王友輝就直接點明地說：

　　　　從《暴風雨》的演出中，我們無法察覺大破之後的大立原則，……
　　〔註275〕

同樣地，王安祈在綜觀當代傳奇劇場從創團至《暴風雨》演出，也指出：

　　　　當代傳奇試圖多方開創的意圖明顯，但後來的幾部戲幾乎都破而未
　　　　立。莎劇《暴風雨》從劇本到導演、舞台、音樂都陷入混亂，……
　　〔註276〕

若王友輝所言之「大破」係從《樓蘭女》與《奧瑞斯提亞》而來，從前述所提及的編導問題，以及對於「京劇」這個主體的意義來看，更顯露出吳興國在《暴風雨》中的「立」並未達成。

　　此外，當代傳奇劇場在20周年（2006年）時，再度於台北城市舞台重演三部莎劇改編作品——《慾望城國》、《李爾在此》與《暴風雨》，報導中指出《暴風雨》將是修改幅度最大的一齣。而主要修改部分，在於舞台、服裝重新修改，聘請金士傑擔任表演指導，作曲家鍾耀光重新譜寫配樂。〔註277〕但，當代傳奇劇場好似無意修改文化內涵的問題，雖在劇本走向上有所修改，報導中指出，新版《暴風雨》將從首演版的魔幻大戲走向「幻象歌舞劇」，劇本由沉重轉向喜劇形式。〔註278〕我認為，這樣的處理其實並無正視《暴風雨》所隱含的對於文化問題的失誤，如在2006年版的《暴風雨》中，將原住民卡力班變成半人半獸，究竟是試圖消彌對於原住民的不敬，還是讓這種指涉更顯著地透露出「原住民非人」呢？而這種表演層面上的轉換（魔幻大戲→幻象歌舞劇），實質也透露出《暴風雨》在整個製作上，對於已成定局的評論並無

---

〔註274〕段馨君就認為：「外界對吳興國作品的論述，如他和香港導演徐克合作的《暴風雨》被認為是『文化拼貼』的實例。《暴風雨》結合北京古典京劇特色和電影特效手法上被認為是一大突破，然而卻是個失敗的混合。」見段馨君：《凝視臺灣當代劇場：女性劇場、跨文化劇場與表演工作坊》，頁152。
〔註275〕王友輝：〈失準的氣象預報〉，頁106～107。
〔註276〕王安祈：〈第五章 臺灣京劇導演的二度創作與女性塑造〉，《性別、政治與京劇表演文化》，頁174。
〔註277〕李玉玲：〈當代暴風雨 驟變幻象劇〉，《聯合報》2006年8月8日，C6版。
〔註278〕同前註。

力去多做修正，僅能在看似創新的劇場效果上做足。另外，將新版的《暴風雨》轉爲「喜劇」形式究竟適不適宜？方平在翻譯並區分莎士比亞原著時，採用《第一對折本》的作法將《暴風雨》歸類於「喜劇」〔註279〕，不過在傳統的莎劇分類上，多將《暴風雨》列入「傳奇劇」。而將《暴風雨》置於「傳奇劇」，乃在於其別稱「悲喜劇」，代表其取材兼顧悲劇與喜劇的特質，就算結局處理上是喜劇，但卻蘊含了較爲嚴肅的關懷。〔註280〕故，當代傳奇劇場在新版之走向若簡化爲「喜劇」，那麼其背後隱藏的深沉意涵是否會隨之消弭？同樣地，文本的深度亦無法達到原著所傳達的深刻。雖說改編不一定得遵照原著，但在當代傳奇劇場有意傳達莎士比亞《暴風雨》的「寬恕和解」，卻又將其簡化的趨向，不免對其提出質疑。

於是，雖說《樓蘭女》與《奧瑞斯提亞》在當代傳奇劇場的劇作中，乃是屬於「破」的階段，其出現彷若開啓當代傳奇劇場一個新階段；但《樓蘭女》對待「原著」的問題，其實是《慾望城國》以降的共同現象。同樣地，無論是《奧瑞斯提亞》或是《暴風雨》，其實都存在著這樣的思維與處理方式；而這也是「跨文化改編」的弊病，並未在當代傳奇劇場的多方嘗試裡得到改善，也讓原著的文本深度、思維內涵無法藉由當代傳奇劇場的改編而呈現。換言之，自《慾望城國》以來的深度問題，實是沒被解決的。另一方面，朱

〔註279〕方平所譯之《新莎士比亞全集》將《暴風雨》列於第三卷的「喜劇」。

〔註280〕林璄南指出：「傳奇劇，有時亦稱作『悲喜劇』（tragicomedy），因爲這類型的戲劇，取材多半兼顧悲劇與喜劇的形式和題材。在場景方面，其時空常設定得相當寬廣，且多涉及一些超自然或令人難以置信的因子。在情節上則常以悲劇式的氛圍起始，卻以喜劇式的結局告終。只是，就像我們在《暴風雨》原劇所看到的：在喜劇式的轉折之外，整齣戲也自有其嚴肅的訊息和關懷。」見林璄南：〈令類莎劇：當代傳奇的《暴風雨》〉，當代傳奇劇場《暴風雨》特刊，頁25。王靖獻曾舉歷代第一個以關乎傳奇的概念檢驗莎劇的柯律治（Samuel Taylor Coleridge）的說法：「《暴風雨》，我強調，乃是浪漫傳奇劇（romantic drama）的代表範例，這種戲劇所寓託的要義初與史實或其他歷史糾葛無關，而其興致發自其內在之有當，正足以接應，訴諸我們天性感知之官能，亦即我所謂的想像，總是從時間或空間獨立出來的——一種無論歷史年份或地理方位如何舛錯（此於別的任何劇種亦非屬無赦之醉），所以說，都值得輕輕帶過，那樣的可以不予深究的一種戲劇。」故，王靖獻認爲《暴風雨》符合此說，並指出：「此即傳奇劇，尤其屢見於莎士比亞晚期傳奇劇中令人動容的重逢，再認之狂喜（rapture of recognition）。這時，虛實幻化互相交錯，兩極並生，聯翩，頡頏，遙遠回歸眼前，念茲褪入遺忘，戲劇情節到此若無所續，只剩下恩怨情仇的妥協，眾神注目下，人性長期追求的大和解（reconciliation）。」見王靖獻：〈莎士比亞《暴風雨》的外延與內涵〉，頁11～13。

靜美曾針對當代傳奇劇場所改編的兩部希臘悲劇作品——《樓蘭女》與《奧瑞斯提亞》——表示讚揚，她指出：

> 「當代」改編經典名劇的手法常常引起批評家和觀眾二極化的反應
> ——不是很欣賞，就是被批評的一蹋糊塗。……但如果我們願意用
> 心去理解「當代」這麼做是爲了開拓京劇新語言的可能性，那麼也
> 許能避免過多的期待與要求。〔註281〕

可見，若我們必須去理解當代傳奇劇場在改編背後的目的，才能去包容這些劇作在呈現上的問題，那麼當代傳奇劇場是否可以就不去處理「不夠深化」的質疑？這也是當代傳奇劇場在編導《暴風雨》時，無法再更進一步呈現與創立的原因。那麼，僅是借用某個西方劇本的題材與框架，卻流失其核心，這也在在顯露出當代傳奇劇場對於「改編西方」的態度問題。〔註282〕故，石光生就曾藉由評論《樓蘭女》，直接大聲疾呼：「面對這樣缺乏人文主義的跨文化詮釋，我必須疾聲大呼：劇團們請讓觀眾感受到你們的誠意，而不該是二三十年來仍深陷原本的泥淖中而不自知。」〔註283〕於是，我們所欲思考的不只在於該如何改編西方經典，更應該是這樣的改編到底帶給劇作、劇團，或是戲劇（曲）這個載體，有怎樣的意義。

特別是《暴風雨》這部作品，本以爲在前作的基礎上，能夠有更豐沛的解讀與詮釋；特別是當代傳奇劇場已經歷多方的實驗，堪稱台灣的劇團裡，運用中西兩方元素最爲經驗豐富者。只是在「跨文化改編」所帶來的效應與改變上，卻仍陷入前作的盲點，甚至是大部分「跨文化改編」的問題。徐亞湘在觀賞過《暴風雨》首演後，曾以「中國戲曲傳統與西方戲劇經典的對話、實驗的窘境」作爲核心，指出難處在於嶄新與融和；在大多數觀眾認可的戲劇形式建立之前，難以避免地淪爲兩端各自以其自身「傳統」出發所進行的嚴格要求，他認爲：

> 這次當代傳奇《暴風雨》的創作演出，似乎也掉入了上述的窘境，

〔註281〕朱靜美：〈希臘悲劇在「當代」〉，收錄於廖美玉主編：《一九九九臺灣現代劇場研討會論文集》（台北：行政院文化建設委員會，1999年），頁66。
〔註282〕鄭傑文在歸結當代傳奇劇場版《暴風雨》時，同樣也指出相似的觀點。他認爲：「西方如果只是提供一個題材或想像，而沒有進入其中核心加以化用，選擇西方的背後並沒有提出完整詮釋、表達想法的企圖，那麼編導的『改編西方』的背後，是不是無意中流露出對西方的迷思？」見鄭傑文：《慾望現代與混血表演：1986～2006當代傳奇劇場作品初探》，頁101。
〔註283〕石光生：〈論《樓蘭女》的跨文化詮釋〉，頁24。

亦即雖然展現出「不再猶疑於傳統或現代之間」，「為世界劇場催生」
的強烈企圖與使命，但綜觀全劇，戲曲元素、符碼的大比例植用，
使得我們很難不拿戲曲原有的規範和既定印象進行對照與要求，而
對莎劇《暴風雨》的情節摘取、添減及不同詮釋，也使得我們合理
地對於原作劇旨是否把握準確、角色深度是否詮釋得宜等進行檢
驗。結果令人遺憾的是兩頭落空。〔註284〕

只是，如果只是「拼貼」，或是「劇情框架的挪用」，就能夠將不同源頭的劇
場元素處理完善，那麼就過度忽視彼此文化背後的豐富意涵。誠如張逸帆在
〈台灣專業劇場的西洋戲劇挪用〉一文中，認為：「改編在台灣多被當作一種
權宜的手段，以有效、媚俗的演出為前提。」〔註285〕該文討論對象以台灣舞
台劇為主，但此論點亦可針對當代傳奇劇場加以深思。不過，當改編與原著
之間關係逐漸薄弱，當代傳奇劇場的下一步，若跳脫「改編」而進入「新編」，
會否可以更接近「第三類接觸」呢？縱使，我們無法定義到底是「新編」或
是「改編」較優，但從當代傳奇劇場對於這幾部劇作的處理，可見吳興國對
於文化間的問題並無法持平以待；雖與原著之間的關係逐漸淡薄，但對於「西
方經典」密不可分的連繫與敬意，卻同時也讓在「破」之後試圖達到「立」
的《暴風雨》，除了未盡外，更多是失準的遺憾。這必然是當代傳奇劇場欲往
「新劇種的創立」邁進，所需再突破與斟酌之處。

## 第三節　給「跨界」另一個可能：《歡樂時光——契訶夫傳奇》與《康熙大帝與太陽王路易十四》的實驗手法及其呈現

「當代傳奇劇場」於 2007 年起，開始了一個新的編導嘗試，也就是由吳
興國導演，知名小說家張大春〔註286〕擔任編劇。這一系列的作品，包含：《水

---

〔註284〕徐亞湘：〈好看的戲！好戲？——批著戲曲外衣的當代莎劇《暴風雨》〉，《民
　　　　生報》2005 年 1 月 5 日，A12 版。

〔註285〕張逸帆：〈台灣專業劇場的西洋戲劇挪用〉，收錄於廖美玉主編：《一九九九臺
　　　　灣現代劇場研討會論文集》，頁 97。

〔註286〕張大春，1957 年 6 月 14 日生，筆名大頭春，當代華文作家。創作類型以小
　　　　說、詩、詞、京劇、說書、書法、導讀、文學評論、歷史評論、新聞評論為
　　　　主，近期多有時事批評，散見於張大春個人的部落格：http://blog.chinatimes.
　　　　com/storyteller。張大春本身亦有編劇的經驗，包含改編自己的作品《將軍

滸 108》（2007）、《歡樂時光——契訶夫傳奇》（2010）、《水滸 108II——忠義堂》（2011）以及《康熙大帝與太陽王路易十四》（2011），〔註287〕有別於當代傳奇劇場先前作品，以導演兼任編劇爲主（如：《樓蘭女》的編導爲林秀偉、《奧瑞斯提亞》的編導爲謝喜納、《李爾在此》的編導爲吳興國等），或是聘任專業的「戲曲」編劇（如：《王子復仇記》的王安祈、《暴風雨》的習志淦等）。之所以與張大春合作，我認爲應有兩個層面的考量：一是借重張大春作爲知名小說家的名氣〔註288〕，讓一般觀眾能嘗試走進劇場，或許也帶有其票房的現實考量。二則在於這幾部劇作都是當代傳奇劇場未曾碰觸過的材料，

碑》、《大頭春》與《野孩子》爲電視劇，而在與吳興國合作之後，更與導演王家衛合作電影《一代宗師》的編劇，以及監製全民大劇團的舞台劇《當岳母刺字時……媳婦是不贊成的！》。

〔註287〕《水滸 108》與《水滸 108II——忠義堂》更由流行歌手周華健擔任作曲，與吳興國、張大春是《水滸 108》系列最重要的三個核心。有關這兩部劇作的論述，請見本論文第四章第二節。

〔註288〕近五年有關張大春作品的期刊論文或書評，如劉莉瑛：〈張大春騷動青春懺悔錄——讀《我妹妹》悲喜情境的荒謬人生〉，《黎明學報》，第 20 卷第 1 期（2008 年 7 月），頁 39～44。張輝誠：〈人情有所不能忍者——評張大春《富貴窯》〉，《文訊》284 期（2009 年 6 月），頁 106～107。張耀升：〈張大春《戰夏陽》的解構閱讀〉，《臺灣文學研究學報》第 9 期（2009 年 10 月），頁 187～204。謝靜雯：〈張大春《城邦暴力團》的敘事美學〉，《語文暸望》第 1 期（2011 年 5 月），頁 17～51。楊清惠：〈大書場——《城邦暴力團》的敘事修辭〉，《東華人文學報》第 19 期（2011 年 7 月），頁 185～208。……等。而近五年以張大春爲主題或爲部分論述主題的台灣學位論文，合計有九部，如許士品：《張大春新聞小說及其文學主張研究》（新竹：玄奘大學中國文學系碩士論文，2008 年）乃藉張大春的小說《大說謊家》的內容做分析，試圖討論張大春「寫實／虛構」、「歷史／新聞」的創作思維之下的作品姿態。劉淑貞：《肉與字：九〇年代後小說中的死亡與自殺書寫——以張大春、駱以軍、邱妙津、黃國峻爲考察對象》（台北：國立政治大學中國文學系碩士論文，2008 年）則藉由討論張大春、駱以軍、邱妙津、黃國峻的死亡與自殺書寫，在語言本體論的前提下，重新定位九〇年代向來被稱之爲「後現代主義」的世代，其實在語言與自殺的本質行動上，根本有其現代主義精神的重要實踐。李榮洲：《從游移到回歸——張大春小說的離散與認同》（台南：國立成功大學台灣文學系碩士論文，2009 年）以探討張大春小說文本中離散思維的遊移與文化認同回歸的方向爲主題。林銘亮：《諷刺與諧擬——論張大春小說中的諷喻主體》（新竹：國立清華大學中國文學系碩士論文，2010 年）以作者意識的角度，界立張大春小說中的作者意識爲「諷喻主體」，藉此說明張大春小說本身的種種現象、特殊的寫作風格、以及諷喻主體對張大春小說的幫助與不可避免的限制。由這幾部論文可見，有關張大春作品及主張的討論角度廣泛，並有其價值，故具有一定的文學地位。

特別是以「小說」爲題材者，有中國的章回小說《水滸傳》，以及俄國小說家安東・契訶夫（A.P. Chekhov）的中短篇小說，包含〈帶小狗的女士〉、〈變色龍〉、〈第六號病房〉等〔註289〕，《康熙大帝與太陽王路易十四》則以歷史人物爲題材虛構故事，更須借重其文學造詣以深化當代傳奇劇場的劇本呈現。

鄭傑文在其碩士論文《慾望現代與混血表演：1986～2006 當代傳奇劇場作品初探》的最後，曾有感地這樣認爲：「當代傳奇二十年後仍不停於創新與嘗試，其用心與努力都令人可貴。不過在「拼博」之外，更細膩地處理每部作品於形式與內涵的結合，當可以令當代之後有更多新經典問世，相信也是大家的期待。」〔註290〕該文的討論範疇結束於 2006 年（或者應說是 2005 年發表的作品《等待果陀》），而吳興國與張大春這個始於 2007 年的編導組合，或多或少反映了鄭傑文所提出的這個建議──形式與內涵的深化問題，這也是當代傳奇劇場從《慾望城國》以降皆未處理完善之處。故，張大春的出現，實質是在替這場劇場實驗找到另一種可能，試圖在文學與思想層面得到改造與成長，以深化其內涵。而這幾部劇作的表演型態，基本上已跳脫當代傳奇劇場前作以「京劇」爲思索架構（《歡樂時光──契訶夫傳奇》爲歌舞劇、《康熙大帝與太陽王路易十四》爲歌劇，《水滸 108》系列雖稱爲「搖滾京劇」，但京劇的成分已被稀釋，而帶有濃厚的流行音樂性質）。此外，在語言的使用上，當代傳奇劇場於《奧瑞斯提亞》時捨棄「中國化」的轉譯過程，直接以中文譯名演繹，而在《歡樂時光──契訶夫傳奇》中亦未經過「中國化」，《康熙大帝與太陽王路易十四》則直接讓中、法文夾雜在整部劇作裡，於是這兩部作品都呈現出語境的交疊。

故，本節的討論核心將集中於《歡樂時光──契訶夫傳奇》與《康熙大帝與太陽王路易十四》兩部劇作，之所以將《水滸 108》與《水滸 108II──忠義堂》移出此節，因其爲「中國題材」，具有另一層的意義，將於第四章再

〔註289〕本文有關於契訶夫原著小說譯本多參照安東・契訶夫（A.P. Chekhov）著，丘光譯：《帶小狗的女士：契訶夫小說新選新譯》（台北：櫻桃園文化，2010年）。安東・契訶夫（A.P. Chekhov）著，李輝譯：《契訶夫文集》（北京：中央編譯出版社，2010 年）。安東・契訶夫（A.P. Chekhov）著，汝龍譯：《契訶夫小說全集》（上海：上海譯文出版社，2008 年）。安東・契訶夫（A.P. Chekhov）著，丘光譯：〈變色龍：契訶夫經典短篇小說新譯〉，《印刻文學生活誌》第 86 期（2010 年 10 月），頁 58～61。

〔註290〕鄭傑文：《慾望現代與混血表演：1986～2006 當代傳奇劇場作品初探》，頁203。

做論述。本節的討論架構將分為：戲劇呈現上的問題，以及戲劇以外的探討。我試圖在當代傳奇劇場對於「西方混血」的不同構思之下，以「編劇」以及「表演」兩個角度，討論「跨界」與「跨文化」的不同向度，如何在這兩部劇作裡，體現出其「詮釋」與「劇類」上的問題。最後，將問題導向劇場呈現之外的文化現象、創意的整體結合，在於這兩部劇作因社會環境而生成的訴求，是否影響到其最終呈現的樣貌，以其完整探討其實驗手法與呈現意義。

## 一、跨越後的樣貌：詮釋方法上的探究

《歡樂時光——契訶夫傳奇》與《康熙大帝與太陽王路易十四》兩部劇作，其實深切地考驗了編劇在「說故事」上的能力與方法。《歡樂時光——契訶夫傳奇》雖是改編自契訶夫的中短篇小說，但由於其呈現方式乃是將十四篇小說串連，使片段的故事合成一個完整的戲劇敘述得以歌舞展演，誠如吳興國所言：「在日新月異的潮流衝擊下，年青人喜歡創新嘗鮮，我又如何把一篇篇的老故事講得引人入勝，讓觀眾走進契訶夫小說，一起分享生命的感動，也把這些感動傳遞給我們的下一代。」〔註291〕透過這個「說故事」的過程，改變原著的文類與表達方式。該劇與其定位為「改編」，其實「新編」的成分更高。至於《康熙大帝與太陽王路易十四》在固有的史實架構下，以1688年法國傳教士白晉的出使中國，讓兩個相距千里之遙的君主——康熙大帝與法王路易十四——達到交流與共鳴的可能。其雖有史料的考究與佐證，但也倚仗部分的虛構以組織情節與巧合。於是，《歡樂時光——契訶夫傳奇》與《康熙大帝與太陽王路易十四》都著墨在故事情節上的串聯，以及不同文化間到底如何詮釋地合情合理。

於此，我針對其整體詮釋上所發出的疑問是：這兩部劇作到底「跨」的是什麼？而又「跨」出了怎樣的樣貌？本節曾指出，《歡樂時光——契訶夫傳奇》是暨《奧瑞斯提亞》以來，當代傳奇劇場另一部不經過「中國化」過程的作品，而《康熙大帝與太陽王路易十四》則直接將兩國的語境並置。因此，在這樣的詮釋過程裡，編劇如何越過文化與語言的隔膜，在劇情與人物的描繪上，呈現出不同於西方劇場改編的意義，這是本段的討論核心。不過，十在正式進入這兩部劇作前，將以2006年譚盾與張藝謀製作、吳興國參與演出

---

〔註291〕吳興國：〈生活化的劇場 貼近真實的寫意〉，《歡樂時光——契訶夫傳奇》節目冊。

的歌劇《秦始皇》作爲原點，先點出其問題，再由此進入《歡樂時光——契訶夫傳奇》與《康熙大帝與太陽王路易十四》的討論。

### （一）唱英文的秦始皇：《秦始皇》所接謁的問題

《秦始皇》由譚盾作曲與張藝謀導演，2006 年於紐約大都會歌劇院首演，是大都會歌劇院首次上演由華人原創、以中國題材爲主軸的歌劇，並由世界三大男高音之一的多明哥（José Plácido Domingo Embil）飾演秦始皇，吳興國則在劇中詮釋陰陽師的角色。《秦始皇》雖非當代傳奇劇場所製作的作品，但吳興國在《康熙大帝與太陽王路易十四》的教育推廣手冊的〈新世紀東西合璧〉一文裡，指出：

> 生、旦、淨將在這部歌劇裡遇到男高音、女高音、男中音。我曾在
> 2006 年於美國大都會歌劇院與多明哥在歌劇「秦始皇」同台演出。
> 當時，作曲家譚盾曾想讓東西方歌聲和鳴，卻仍未如願，我與多明
> 哥並未有合唱機會，而是各自展現。〔註292〕

於是，《秦始皇》所影響的是《康熙大帝與太陽王路易十四》的呈現方式——中文跟法文的混雜與並置，以及歌劇的表演型態。但其所接謁的問題，是整個「跨文化劇場」生成的過程，故，亦影響了《歡樂時光——契訶夫傳奇》。

於此，我著墨在《秦始皇》的詮釋與改編方式，如何影響《歡樂時光——契訶夫傳奇》與《康熙大帝與太陽王路易十四》。我所要針對的是：《秦始皇》從劇本生成到舞台呈現，所造成的「語境」與「文化」的問題；另一則是吳興國在劇中所飾演的陰陽師，擺置於歌劇裡產生怎樣的意義。

《秦始皇》之所以受到矚目，乃因其環繞一個以「中國」爲意識型態的核心；也就是說，這部作品展演了一個屬於「中國」的故事，整個「創作團隊」是中國人：譚盾作曲、張藝謀導演與擔任編劇的大陸小說家哈金。於是，在「跨文化改編」的思路裡，這樣的狀態應該可以「正解」出一個屬於「中國」的戲劇呈現。只是，這部作品弔詭之處在於，其表演型態爲非中國所本有的「歌劇」，而多數的演出者亦都是外國人，特別是秦始皇由多明哥演出。不可否認的是，如果這是一齣歌劇，由多明哥演出是無庸置疑的。只是，所造成的是一個「唱英文的秦始皇」。

「唱英文的秦始皇」的詭譎之處就在於，《秦始皇》並無「在地化」的改

---

〔註292〕吳興國：〈新世紀東西合璧〉，《康熙大帝與太陽王路易十四》教育推廣手冊，頁 18。

編過程，故事本身還是屬於原生的場域——中國，但卻強制改變了「語言」，造成的是「語境」本身的抽離感。英文存在於大都會歌劇院並不衝突，但用以展演一個中國故事，就顯得矛盾。而這種弔詭，其實也是當代傳奇劇場演出《奧瑞斯提亞》的狀況，以中文演出在台灣並不奇怪，但語彙的譯名以及場域的遠離，都顯得支離破碎。當然，譚盾等人製作這樣的作品應有其意圖——用外國人熟悉的語言與歌劇，提供他們了解中國的可能。但，可以注意到的是，大陸的《南方週末》所轉載的幾段國外報導：

> 當多明戈扮演的皇帝出場時，音樂轉變為譚盾特有的抒情風格，音樂來自於富有特色的亞洲五聲調式，但也包含著傳統西方歌劇長句式的華美，其中穿插著惱人的不和諧音和令人意想不到的躍動。作曲家注重感官上的美感，但也表現得相當成熟。他非常專業地利用這些感官上的衝擊力，來釀造出獨具特色的美酒，以至於沒有必要給它貼上「西方」或是「東方」的標籤。〔註293〕

又指出：

> 儘管譚盾有讓音樂主宰整個歌劇戲劇性的才能，但因《秦始皇》一劇太過拖長，也不得不對他非常失望，雖然《秦始皇》中的音樂非常吸引人……、全劇由多明戈……第一次在西方的歌劇舞臺上創造了一個中國角色，這實在是太好不過了……我也有些失望，我認為譚盾可以多給多明戈的高音區展示，讓我多帶些詠歎調旋律回家……〔註294〕

其中雖有正反兩面的評價，但都被著重在音樂與多明哥的唱，「中國」題材本質上是被忽略的。於是，《秦始皇》在中國題材、中國製作團隊、外國語言／歌曲、外國演員的雜揉、交織之下，造成一種文化與語境上的弔詭。如此的詭譎情境，對於中西方的觀眾或評論者，是否也在不同的位置上透過不同的視角，因而產生戲劇以外的觀看呢？

於此，我要點出秦始皇在劇中所唱的一句詞：

> 這是什麼音樂，
>
> 天地無法動容，
>
> 如何征服人心？

---

〔註293〕王寅：〈洋裝《秦始皇》〉，《南方週末》，2007 年 3 月 21 日。
〔註294〕同前註。

雖然這是在說「秦樂」的問題，但或許也是在「跨文化」之下所造成的現象：
無法達到藝術所帶給所有人的共通性。換句話說，當《秦始皇》拿到中國或
台灣演出時，其所造成的現象到底會是什麼？在無法融入英文歌劇的語境與
美感之下，或許只會鑽進「秦始皇為何是外國人」的死胡同裡，萌生對中國
故事的挑剔？或是對歌劇更有距離些。然而，《歡樂時光——契訶夫傳奇》就
是通過這樣的處理方式而造就的作品，但卻是一個反轉的情形——以中文講
俄國故事。《歡樂時光——契訶夫傳奇》又特以西方的「歌舞劇」為載體，可
謂與《秦始皇》所顯露的弔詭現象不謀而合。

　　而，吳興國在劇中所飾演的陰陽師到底揭開了什麼？其實，這個角色在
劇中的位置不無尷尬。他看似介於劇中與劇外，一開場便接謁了秦始皇的史
實狀況，但在劇情正式開展時，他卻變成一個遊走在周圍的角色，主要的述
說者變成是另一個以英文演繹的女巫。陰陽師這個角色實是整部《秦始皇》
中最符合「中國」元素者，除演員的血緣問題，更是使用中文表演。吳興國
的臉戴上紅色面具，代表「陽」，後腦勺戴著銀白色的面具，代表「陰」，身
上的穿著亦類似符咒的組合。更重要的是吳興國的表演方式，雖以自由發揮
為主，但由於其底蘊為京劇藝術，因此整個身體的美感是由京劇身段所雜揉
而成。在正面的「陽」時，其聲腔與身段都近於「生」，而「陰」時則近於「旦」。
同樣地，一些踏步與轉身的動作亦是結合現代舞與京劇而成，造成他的表演
異於其他歌劇演員。而吳興國的唱，除帶有京劇的聲腔外，其實亦結合了「吟」
的方式。整體而言，吳興國的戲劇身體雖異於其他演員，但就如他自己所吟
唱的「萬物和兮」，其實也能揉進整個演出當中。

　　於是，這樣的表演形態應用於《歡樂時光——契訶夫傳奇》與《康熙大
帝與太陽王路易十四》，包含了介於歌劇與京劇的詮釋、中文與外語夾雜，還
有文化與語境之間的混雜。因此，《秦始皇》雖非當代傳奇劇場的作品，但由
於吳興國的參與演出，反而成為當代傳奇劇場從與京劇聯繫較深的幾部劇
作，轉變成《歡樂時光——契訶夫傳奇》與《康熙大帝與太陽王路易十四》
這兩部作品的中介質。

### （二）怎樣的契訶夫？：《歡樂時光——契訶夫傳奇》的「跨文類」詮釋

　　《歡樂時光——契訶夫傳奇》是一個劇本、舞台、道具、人物乃至於表
演環環相扣的作品；其開放了舞台的觀看視角，讓觀眾席在舞台的兩側，於

是兩邊的觀眾可能會看到不同角度的演員表現，再加上此劇串聯了十四篇小說，必須倚仗劇本、道具與人物之間的配合。於是，《歡樂時光——契訶夫傳奇》到底如何詮釋契訶夫的小說，或者是詮釋出怎樣的契訶夫，本段將從「如何串聯小說成戲劇」這個角度切入，最後回到此劇的詮釋內涵。

### 1、從「選擇小說」到「串連成戲劇」

> 我在思考如何從這個框框走出來，甚至怎樣借重文學小說，或者當
> 下的、我們現在的一些環境、意識觀念，來找一個空間將傳統銜接。
> 但要銜接得順利而有道理，或有挑戰性。對我來說就是做這部戲的
> 艱難。〔註295〕

——吳興國

取材自契訶夫的作品並不是一件令人意外的事情，但當代傳奇劇場卻不從契訶夫知名的戲劇作品——《海鷗》、《凡尼亞舅舅》、《三姐妹》與《櫻桃園》——入手，反而串連契訶夫十四篇的中短篇小說為戲劇呈現。吳興國的這段話，其實就揭竭了《歡樂時光——契訶夫傳奇》的作法，也就是在「跨文類」的過程中，如何達到文學小說與戲劇間的接合，亦是本段所要說明的「從『選擇小說』到『串連成戲劇』」。

　　所謂的「選擇小說」其實有兩個層面的意思要解釋：一是為什麼要選擇小說來改編，二是選擇哪些小說。

　　於此，或許我們可以從契訶夫小說與戲劇之間的表達方式討論起。巴金在〈我們還需要契訶夫——紀念契訶夫逝世五十周年〉一文中，表示：「我翻開他的著作，就好像看見他帶著他那溫和而誠懇的聲音：『太太、先生們，你們的生活是醜惡的！』貫穿契訶夫全部著作的就是這種擔憂，這種關心，這種警告，這都是他那顆仁愛的心出來的。」〔註296〕在契訶夫的作品裡，他所刻劃的是社會底層的人們，並對照社會金字塔上層的權貴人士，產生諷刺性的反差。他的筆觸雖然平淡無華，但就如巴金所說的，「仁愛的心」讓契訶夫的文字可以在平實中觸動到讀者。如：當代傳奇劇場所選取的短篇小說〈牡蠣〉，把「飢餓」稱是一種病，並以第一人稱回憶自己幼時與父親在路上流浪，

---

〔註295〕李伊晴記錄整理：〈小說的切片，戲劇的張力：張大春 VS.吳興國談契訶夫〉，《印刻文學生活誌》第 86 期（2010 年 10 月），頁 45。

〔註296〕巴金：〈我們還需要契訶夫——紀念契訶夫逝世五十周年〉，《簡潔與天才學生——巴金談契訶夫》（北京：東方出版社，2009 年），頁 10。

看到餐廳裡的有錢人吃著昂貴的牡蠣，於是對著裡頭的人這樣說：「請給我幾個牡蠣吧！給我幾個牡蠣！」〔註297〕最後在這群有錢人的圍觀下，「我」連殼一起吃下了牡蠣，然後因爲肚痛而躺在床上。看似平淡的故事，但卻帶來一種淡淡的憂愁與諷刺，特別是最後父親的那段話：「腦袋裡有一種說不清的感覺⋯⋯好像裡面有個人⋯⋯或許是因爲我今天沒有⋯⋯那個⋯⋯沒有吃過東西⋯⋯我這人，眞的，是有點古怪，糊塗⋯⋯我明明看到那些先生爲牡蠣付了十盧布，幹嘛我沒有走過去，向他們討幾個⋯⋯借幾個錢呢？他們多半會給的。」〔註298〕對照著有錢人的哄堂大笑，父親所擔憂的不是兒子的身體，反而是怎沒跟他們討點錢。契訶夫藉由這種詭譎的情境傳達一種無言以對，並帶有深深的反諷口吻。就如巴金所言：

> 因此他不斷地跟社會的一切疾病作鬥爭。對於庸俗的勢力，對於不
> 合理的制度和生活，對於一切醜惡、卑劣的東西，他不斷地揭露，
> 不斷地嘲笑。他憐憫地然而嚴肅地警告人們：你們要不改變生活方
> 式，就得死亡。〔註299〕

在〈牡蠣〉裡被點名的疾病是「飢餓」，但那群有錢人何嘗不也有病，不也是醜惡的嗎？或如〈變色龍〉中，契訶夫在警察官員的姓氏上動手腳，取「奧楚梅洛夫」爲名，其字源爲「癡呆的」、「鼠疫」〔註300〕，藉此諷刺警察官員面對權貴的處理態度上的趨炎附勢，毫無正義公理。可見，契訶夫的小說雖沒有激動的筆調，但卻可在字裡行間感受到他暗藏的關懷，甚至是尖銳至極地直刺人心。

　　但，契訶夫的寫法在劇本文類上，容易導致劇情較爲無趣，難有高潮、衝突出現。故，契訶夫的劇場作品，被歸類於二十世紀俄國寫實主義戲劇，在戲劇結構中屬於散文式結構，如孫惠柱所言：

> 場景集中而無須多變，人物較多而關係不必緊密，人物之間錯雜有
> 各式各樣的矛盾和衝突，分散而不集中，片段而少貫穿；劇中往往
> 難找出邏輯高潮，但是可以有情緒高潮，因爲全劇的主體在一個統
> 一的氣氛和情調中體現出來。其著眼點是從整體上反映出一個社會

---

〔註297〕安東・契訶夫（A.P. Chekhov）著，李輝譯：〈牡蠣〉，《契訶夫文集》，頁107。
〔註298〕同前註。
〔註299〕巴金：〈我們還需要契訶夫──紀念契訶夫逝世五十周年〉，頁11。
〔註300〕見安東・契訶夫（A.P. Chekhov）著，丘光譯：〈變色龍：契訶夫經典短篇小說新譯〉，頁61，譯註2。

　　　　局部的面貌，或者如曹禺所說，「用多少人生的零碎來闡明一個觀
　　　念」。〔註301〕

因此，就連契訶夫自己也說：「我的戲是以強音開始，而以弱音結束，這就違
反了戲劇藝術的一切法則。……我在讀我自己的新劇本時，不禁又一次深信，
我根本不是劇作家。」〔註302〕而孫惠柱更形容《三姐妹》一劇是契訶夫劇作
中最平淡、甚至是最沉悶，大部分場面都充斥著好像是漫不經心的客廳閒聊。
〔註303〕契訶夫的戲劇裡，藏匿了太多的「潛台詞」，必須倚仗觀眾在沉悶的氛
圍裡，去挖掘人物行為背後的指涉，於是太多具有「戲劇性」的效果，在契
訶夫的舞台上都被移除。導致的不只是觀眾可能看不懂，更使導演不知從何
下手。或許，如要掌握住這些劇作的「戲劇性」，就必須從「潛台詞」加以改
造。但，過度地演出這些劇本上所隱匿的內容，則容易落入「這不是契訶夫」
的陷阱裡。〔註304〕

　　於是，就如吳興國自己所言：「契訶夫的劇本要改編成歌舞劇其實很難，
可是他的小說就比較容易，因為它很活潑，短短的很可愛。但他寫成劇本時都
好沉重，好像在寫劇本時把他內在的壓力放大了。」〔註305〕如與契訶夫的
劇作相比較，其小說在劇情的處理其實更有起伏性，於是影響吳興國為何選擇
作為契訶夫逝世一百五十周年紀念的創作底本。除此之外，在經過「跨文類」
的過程，必須將其轉化為「劇本」的樣貌，改編者也有更寬廣的空間去挖掘人
物背後的意涵或指涉，而不受限於改編契訶夫劇本所必須面對的「這不是契訶
夫」的質疑，因為這些從小說而來的台詞與動作都必須經過編劇的「重詮」。

　　至於，「要選擇哪些小說」其實就涉及了後續必須將這些小說串連成戲劇
的問題。也就是說，到底要如何讓十四個故事變成一個故事，或者是讓這些

---

〔註301〕孫惠柱：《戲劇的結構》（台北：書林，1993年），頁41。
〔註302〕安東・契訶夫（A.P. Chekhov）：《海鷗》導演計畫・序》（北京：藝術出版
　　　　社，1956年），頁17。本段論述轉引自孫惠柱：《戲劇的結構與解構》，頁32。
〔註303〕孫惠柱：《戲劇的結構與解構》，頁32～33。
〔註304〕最近期的例子，大概就是台南人劇團於2012年3月改編契訶夫知名的劇作《海
　　　　鷗》為「四幕喜劇」，作為「西方經典台語翻譯演出計畫」的第七部作品（由
　　　　呂柏伸執導、許正平改編）。其以「霹靂火」式的爆炸性詮釋作為核心，把這
　　　　些隱而不講的劇情一一翻出，甚至誇大。或許，這是一個改編的方式，但似
　　　　乎就離契訶夫遠矣。
〔註305〕李伊晴記錄整理：〈小說的切片，戲劇的張力：張大春 VS.吳興國談契訶夫〉，
　　　　頁56。

故事能夠在同一時空裡發生。此作雖將張大春定位為編劇（改編），但其實整個故事的架構皆由吳興國所構思，包含怎麼串聯這十四篇小說，而張大春主要的工作則是裡頭的歌詞。吳興國其實很早就找到了這個連結的核心，他說：

> 為什麼我們可以把這幾篇文章連接在一起呢？這是因為契訶夫早期
> 所觀察的生活小細節。其實他所寫的故事好像都在同一個空間裡面
> 發生，只是不同人家，所以我就可以把這些故事以某種順序串接在
> 一起。〔註306〕

因此就如張大春回應吳興國所言：「所以最後觀眾會知道整個是一篇作品。」〔註307〕於是，如何串聯成《歡樂時光——契訶夫傳奇》，存在著內涵與技術層面的作法。內涵部分，其實是契訶夫小說本身所共有的「深沉」、「揭露」與「憐憫」，既然這是這些小說的核心價值，那麼必然有其連結的可能。因此，吳興國與張大春的工作其實是在技術性層面的，也就是在人物的處理，以及舞台設計〔註308〕。

《歡樂時光——契訶夫傳奇》整部劇作將十四篇契訶夫小說安排的順序是：〈牡蠣〉、〈變色龍〉、〈小蘋果〉、〈套中人〉、〈瞌〉、〈犯罪犯子〉、〈歌女〉、〈文官之死〉、〈紳士朋友〉、〈她是誰〉、〈憂傷有誰知〉、〈黑衣僧〉、〈第六病房〉與〈帶狗的女人〉。節目冊中將〈帶狗的女人〉放置於最後一個章節，但它其實也是這部劇作的開端。當一列火車衝進舞台，契訶夫那個時代的人們紛紛下車，走進劇場。故事就在帶狗的女人走進〈牡蠣〉的餐廳，得以開展。吳興國說：

> 因為在這個小說裡，她沒有等到她心愛的人。這個等待就變成我們
> 所有人的等待，也象徵著一群女人的等待。〔註309〕

而這種等待最後也變成了觀眾的等待，因此故事的最後就收在帶狗的女人又走過舞台，縱使觀眾還是不知道她到底等待到了什麼，但這種空無而靜置的意味就深沉地流露。為了讓這些小說成為一個戲劇的整體，《歡樂時光——契

---

〔註306〕同前註，頁49。
〔註307〕同前註。
〔註308〕雖說舞台設計是另一專業的工作，《歡樂時光——契訶夫傳奇》亦有張忘作為舞台設計。不過，我認為《歡樂時光——契訶夫傳奇》在舞台的基本構思上是透過吳興國與張大春，而張忘則是將其實體化。
〔註309〕李伊晴記錄整理：〈小說的切片，戲劇的張力：張大春VS.吳興國談契訶夫〉，頁47。

訶夫傳奇》所採取的方式是「運用同樣的人物加以連結」，整部劇作裡的人物是交替出現的，時而作為主角，時而推動下一個故事的出現。〈睏〉中的小保姆在〈套中人〉的章節時就已出現在舞台的邊側，並與作家有對唱的橋段；〈犯罪分子〉裡的法官，到了〈歌女〉則成了偷情又受賄的主角，而〈歌女〉裡的歌女在法官拋棄後潦倒，在〈紳士朋友〉裡去找牙醫拔牙；〈文官之死〉被噴到口水的將軍，在〈她是誰〉中大談風流豔遇，而將軍這個設定更可追溯到〈變色龍〉裡，將軍家的狗跑到街上撒野；〈憂傷有誰知〉的老車夫是在〈她是誰〉的樓房下等待著客人；〈黑衣僧〉裡的柯甫倫被送進〈第六病房〉的精神病院。這樣的編劇手法，其實是緊抓住契訶夫書寫小說上的構思，也就是對於市井裡的平凡人物的描寫。這些人都不是所謂的英雄將相，而是中產階級，將軍、法官看似社會地位較高，但他們都糾纏在生活裡的瑣事。由於這些人都遊走在平凡的人生裡，就如我們的生活有太多的巧合，這件事情可能成為下一件事情的觸發點，只是我們對這些看似瑣碎的小事都漠不關心。於是，在這樣的構思裡，當人物無法做有效的串聯時，《歡樂時光——契訶夫傳奇》就使用了如吳興國自己所言的「他所寫的故事好像都在同一個空間裡面發生，只是不同人家」這個構思，讓舞台成為一個城市、一條街道，不同的小說是不同人家、不同房子裡的故事，因此就不會顯得突兀。〈牡蠣〉和〈變色龍〉看似不同故事又難以串接，卻都在街道上發生，就好像只是把攝影鏡頭轉到另一個方向。同樣地，從〈牡蠣〉、〈變色龍〉到〈小蘋果〉、〈套中人〉與〈睏〉，就像鏡頭從外面的街道移轉到某幾戶人家，把他們屋內發生的事情揭露出來。在這樣的設計之下，每個小說就因此達到了串聯的效果與目的。

為了表現這樣的形式，「如何運用舞台的轉換」是這部劇作另一個巧妙之處。吳興國汲取了《奧瑞斯提亞》導演謝喜納運用「環境劇場」的理念，開啟他對於舞台空間的思考向度，而活用室內的所有空間。《歡樂時光——契訶夫傳奇》並不是一個傳統的鏡框舞台，其演出場地在台北市的華山1914創意文化園區。雖然有別於大安森林公園的完全開放式場地，《歡樂時光——契訶夫傳奇》的演出場地還是有屋頂、有固定空間，具有一定程度的封閉性，但他將觀眾分成兩邊，而演員是在中間表演。因此，兩邊的觀眾其實會由於不同的角度，而看到不一樣的演出。亦由於故事場景必須不斷地變換，舞台並沒有固定的搭設，是以活動性的道具為主，如〈第六病房〉的病床、〈憂傷有誰知〉的馬車等，甚至是比較大型的像是〈套中人〉裡作家的樓房、〈紳士朋

友）的牙科診所等，都是可以攀登的活動式場景。於是，看似不大的舞台空間，因為所有場景都是活動性的，加上嚴密的走位安排，其實讓整部劇作充滿了流動性；更因為貼近於觀眾，觀眾也變成劇裡的一個部分，甚至是這個城鎮裡的一份子。或許，這也是一種諷喻，在我們看不到的地方，其實每個人的生命都在變動，只是我們都對生活漠不關心，像是一個觀看者。

　　而《歡樂時光——契訶夫傳奇》特殊的架構與詮釋方式，王安祈給予了極高的評價，她認為：

> 環境的打造與戲劇情境完全融合：華山文創中心／臺灣古早時代／契訶夫小說時代／《歡樂時光》各段戲劇之環境與主題，各個層面多元交織，不僅直指內心，更擴大豐富了環境的指涉性，與早期的呈現大不相同。〔註310〕

足見當代傳奇劇場在場景構思與劇情駕馭之間的相互配合，有別於《暴風雨》等作在舞台上的華麗氛圍，卻未與劇情貼合；《歡樂時光——契訶夫傳奇》在整體營造上則讓舞台與道具成為一個重要的環節，同時推動了劇情的開展，讓故事足以交織在此。

### 2、沉靜？歡樂？何以為是？

　　《歡樂時光——契訶夫傳奇》在整體的架構與詮釋上，雖有其獨到之處，但從劇名的定名到整部劇作的呈現方式，吳興國與張大春解讀契訶夫的角度是「歡樂」。只是，這樣的「讀」與「演」，到底與契訶夫小說有何差異呢？

　　吳興國曾言之：

> 在金融危機襲擊全球時，我突然想到您（契訶夫），原來，有錢人玩的遊戲，小老百姓毫無招架之力！什麼叫公平？什麼叫幸福？怎樣是天才？怎樣是癡呆？我以一場瘋子的舞會，敬您百年前已點名的睿智。〔註311〕

在《歡樂時光——契訶夫傳奇》劇中，最像是一場瘋子的舞會，是改編自〈第

---

〔註310〕王安祈：〈第五章　臺灣京劇導演的二度創作與女性塑造〉，《性別、政治與京劇表演文化》，頁175。該劇被定位文創古早味歌舞劇，故王安祈於文中提及華山文創中心與臺灣古早時代的問題，但因這層面的探討涉及到戲劇文本與表演以外的問題，故本文將置於本節的第三段再另做論述。

〔註311〕吳興國、林懷民、李歐梵等人：〈穿越時空傳簡訊給契訶夫〉，收錄於安東・契訶夫（A.P. Chekhov）著，丘光譯：《帶小狗的女士：契訶夫小說新選新譯》，頁5。

六病房〉的段落。這個橋段拆解原本小說裡的敘事結構，最後的呈現更像是一場在精神病院裡的瘋狂舞會。誠如節目冊內所描述的：「高度理想者不是異類就是瘋子。瘋子罵醫生：『你是哲學家嗎？你有什麼資格來開導我！』於是，瘋子變醫生，醫生變瘋子，他們歡樂地舉行了一場舞會。」〔註312〕張大春替劇中的葉大夫所寫的歌詞，不斷地反覆著「請讓我為你開藥」，但這個藥究竟是什麼？卻無人知曉。於是，劇中的病人與醫護人員，不斷地唱、不斷地跳、不斷地將病床置換，這場舞會沒有華麗的場佈或是餐點，只有精神病院的場景，畫面是無比的歡樂卻又荒謬。不過，我認為吳興國所形容的「瘋子的舞會」係指他以歌舞劇的型態來詮釋這部作品，也就是整部劇作都是一場「瘋子的舞會」。歌舞劇的優點就在於，它足夠地熱鬧，可以吸引住觀眾的目光，讓契訶夫小說較為平鋪直敘的說故事方式，得到另一種形式的變型。就如吳興國自己所說：「我們可不可以真正的把契訶夫的小說生動地串在一起，讓觀眾覺得很有趣味。」〔註313〕於是，《歡樂時光——契訶夫傳奇》的做法是將契訶夫小說裡的「歡樂」給放大詮釋，並從中或是穿插如〈睏〉、〈憂傷有誰知〉等較為陰鬱的小說，或是運用這種歡樂去對照裡頭某些人物的幽微內心世界。但歡樂只是表象的一環，核心則是生命與社會的灰暗，就如張大春就用卡爾維諾（Italo Calvino）於《給下一輪太平盛世的備忘錄》〔註314〕中的語句，認為契訶夫所寓言的真相是：「深度就在表面」〔註315〕。

只是，契訶夫的〈第六病房〉原來真是這種氛圍嗎？〈第六病房〉是《歡樂時光——契訶夫傳奇》裡最長的一篇小說，但當代傳奇劇場幾乎將本來的情節拆解掉了，只是反覆地在演繹一種「舞會」的氛圍，其主要情節變成是延續〈黑衣僧〉裡的柯甫倫被送進精神病院這件事情。因此，當我們回過頭來看契訶夫的原著時，小說的開頭是在描述這家醫院：「醫院的後院裡有一棟不大的，四周長著密密麻麻的牛蒡、蓽麻和野生大麻的廂房。這棟房子的屋頂是鐵皮的，已經生了鏽；煙囪半歪半斜；門前台階已經朽壞，長滿雜草；

---

〔註312〕見當代傳奇劇場：《歡樂時光——契訶夫傳奇》節目冊。
〔註313〕李伊晴記錄整理：〈小說的切片，戲劇的張力：張大春 VS.吳興國談契訶夫〉，頁 49。
〔註314〕伊塔羅・卡爾維諾（Italo Calvino）著，吳潛誠譯：《給下一輪太平盛世的備忘錄》（台北：時報出版，1996 年）。
〔註315〕張大春：〈關於一點點的契訶夫〉，當代傳奇劇場《歡樂時光——契訶夫傳奇》節目冊。

牆上的灰漿只留下斑駁的殘跡。廂房的正面正對著醫院，後牆朝著田野；一道上面釘著釘子的灰色圍牆把廂房和田野隔開。這些尖端朝上的釘子、灰色的圍牆和偏屋本身，縮有這些都顯得陰森恐怖，只有醫院和監獄才會有這種特殊的氛圍。」〔註316〕接下來的情節才漸漸帶著讀者走進這個地方，然後看到這間病房。而在漫長的劇情之後，小說結束在下葬的場景：「第二天，安德烈‧葉菲梅奇下了葬。爲他送葬的只有米哈伊爾‧阿爾良内奇和達留什卡兩人。」〔註317〕於是，從小說的頭尾就可以感受到〈第六病房〉是在一種寂靜的荒謬感裡醞釀而成，因此原著與改編是截然不同的兩種氛圍。可見，《歡樂時光──契訶夫傳奇》在放大某些小說裡的歡樂氛圍時，同時也重詮了像〈第六病房〉這樣的小說，原著的荒謬感被營造在荒蕪裡，但《歡樂時光──契訶夫傳奇》卻以「舞會」來架構這種「正常與否」的荒謬。

　　只是，這樣的「重詮」過程或許可以不依循契訶夫的意旨，但一以貫之的「歡樂」是否掩蓋掉了小說背後那層「諷諭」跟「深沉」呢？而這些可能才是契訶夫的書寫目的──對於現實生活的重省與撼動。像是當代傳奇劇場或許爲了戲劇效果的呈現，而將〈變色龍〉裡的首飾匠塑造成一個娘娘腔。但契訶夫小說裡的他，僅有被描述是「身穿漿過的花布襯衫和解開鈕扣的背心的人」〔註318〕，或許因爲他的工作是「金匠」（首飾匠），於是被以既定觀念的相關職業從業人員的形象加以塑造，也就是比較陰柔。只是，這個故事所強調的本就不是首飾匠的性格如何，核心是在於隱藏在社會背後的假公平與假正義，看似公正的道理卻是包藏著權力。這樣的詮釋，看似較有戲劇性，卻也落入了一種對於性別的歧視觀點，同樣落入了性別權力的陷阱裡。而〈小蘋果〉亦是如此，在戲劇性爲優先的情形下，強化了僕人血腥龍的表演，誇張的詮釋法讓觀眾感受到噁心感。或許，其所要強調的是一種狐假虎威的荒謬與噁心，但劇中更被感受到的是血腥龍亂咬、亂噴蘋果渣的行爲。這樣的詮釋，或許能對照出男孩與女孩後來的無奈與衝擊，但核心卻也偏離。

　　不過，不可否認的是某些寂寥感，是被穿插在這些誇張的劇情與演繹裡，特別是裡頭的「歌詞」。像是〈牡蠣〉一則，眞正淒涼的是父親所說的這句話：

〔註316〕安東‧契訶夫（A.P. Chekhov）著，李輝譯：〈第六病室〉，《契訶夫文集》，頁1。此譯本將〈第六病房〉譯爲〈第六病室〉。
〔註317〕同前註，頁40。
〔註318〕安東‧契訶夫（A.P. Chekhov）著，李輝譯：〈變色龍〉，《契訶夫文集》，頁59。

「腦袋裡有一種說不清的感覺……好像裡面有個人……或許是因為我今天沒有……那個……沒有吃過東西……我這人，真的，是有點古怪，糊塗……我明明看到那些先生為牡蠣付了十盧布，幹嘛我沒有走過去，向他們討幾個……借幾個錢呢？他們多半會給的。」〔註319〕《歡樂時光——契訶夫傳奇》雖缺乏這種可笑的荒謬感，但卻也將父親的哀傷表現出來：

> 為什麼我會讓你受苦？
> 孩子——也許我該相信，
> 天上會掉下一點幸福？
> 為什麼我會讓你痛哭？
> 孩子——也許我該相信，
> 人們會施捨一點幫助？

或許，契訶夫原意被改動，但卻仍重新詮釋了一種無以言說的哀愁。〈牡蠣〉裡的小孩雖在吞嚥牡蠣時的表演極為誇張，但後續的情感表訴也達到了一種平衡。因此，我們雖可認為《歡樂時光——契訶夫傳奇》是同時在處理這兩種不同氛圍，但卻也要注意到此作從小說到劇本，再到最後的呈現，其實是有所轉換的。也就是，《歡樂時光——契訶夫傳奇》的「歌詞」本身實將契訶夫小說的氛圍掌握得貼切，只是「表演」使用誇張的詮釋法。

因此，我認為本劇雖將張大春定位為編劇（改編），但其實整個故事的架構都是由吳興國所構思出來的，包含如何選擇這十四篇小說、以及整部劇作的編排。於是，在吳興國與張大春討論時，吳興國已擬出一個分場的大要（這種方式顯然地和曾與電影導演徐克合作《暴風雨》有關，縱使在訪談中，張大春曾提及：「所以當時我建議要先把分場弄出來是有道理的。」〔註320〕但吳興國能夠加以擬定，可能源自與徐克的合作經驗），以及一個舞台場景的模型。或許，就如報導裡所描述的：「由吳興國編劇，兩小時要演出 14 篇故事、66 個人物，歌曲自然無法一一交代情節，張大春於是一遍遍細讀契訶夫、再用歌詞重點式傳達根本訊息。」〔註321〕張大春主要的工作是劇中的歌詞表達，於是他的詞相較於劇情架構，反而更貼近於契訶夫，導致兩人在解讀角度上

---

〔註319〕安東・契訶夫（A.P. Chekhov）著，李輝譯：〈牡蠣〉，《契訶夫文集》，頁 107。
〔註320〕李伊晴記錄整理：〈小說的切片，戲劇的張力：張大春 VS.吳興國談契訶夫〉，頁 55。
〔註321〕何定照：〈25 首，濃縮小說精髓：契訶夫傳奇 張大春寫歌〉，《聯合報》2010年 7 月 29 日，B2 版。

實質有所差異。如〈紳士朋友〉中的歌女所唱的〈失去了甚麼〉：

> 失去了昨天，一定還剩下今天。
>
> 失去了今天，一定還剩下明天。
>
> 失去了一點，一定還剩下一點。〔註322〕

歌詞反覆地替換了「幸福」、「青春」、「愛情」、「天眞」、「希望」等詞彙，四段的歌詞有兩段都是前述所引的內容。在看似單調的歌詞中，其實深沉地透露歌女的無奈，在看似樂觀的背後，其實是生命的無可違背與不斷反覆。同樣地，在〈小蘋果〉接續到〈套中人〉的〈返祖歌之一〉：

> 每一個生命的消逝，都是我的一點損失。
>
> 每一個情節的編織，都是我的一點解釋。
>
> 每一次經歷了你，都只能退回我的殼裡。
>
> 是一頭蝸牛、一個寄居蟹、一隻牡蠣。〔註323〕

都在簡單的語句結構裡，體現人在「單向度」〔註324〕的生活裡，無法面對自己的無奈，以及諷刺。而在〈變色龍〉裡，我雖認爲《歡樂時光——契訶夫傳奇》在表達上有所偏離，但張大春在劇情最後所寫的戲謔之詞：

> 狗兒的眼神多麼銳利，
>
> 狗兒的鼻子多麼靈敏，
>
> 狗兒的性情捉摸不定，
>
> 可是狗兒不會咬錯人！

就深刻地在歡樂的氛圍裡緊捉住一種「諷刺」的色彩與語言。就誠如呂正惠所解讀的契訶夫小說：

> 描寫這種主題的契訶夫，可以想像得到，他的故事不可能以情節取
> 勝。他最擅長的是，尋找一個或幾個場景，選擇一些具有相當一致
> 性的細節，仔細加以描繪，釀造出一種特殊的氣氛（常常是黯淡的），

---

〔註322〕張大春：〈《歡樂時光——契訶夫傳奇》歌詞〉，《印刻文學生活誌》第 86 期（2010年 10 月），頁 43。

〔註323〕同前註。

〔註324〕「單向度」一詞取自馬庫塞（Herbert Marcuse）著作《單向度的人：發達工業社會意識形態研究》。該書指陳，單向度的人即是喪失否定、批判和超越能力的人，這樣人不僅不再擁有能力追求，甚至也不再有能力去想像與現實生活不同的另一種生活，這正是現代工業社會的集權主義特徵。詳見馬庫塞（Herbert Marcuse）著，劉繼譯：《單向度的人：發達工業社會意識形態研究》（新北：桂冠，1990 年）。

然後在其中突顯出人的（常常是孤獨的）命運。〔註325〕

這是一種在平凡的氛圍裡，所被醞釀而成的黯淡，卻在彼此的生命裡看到這種孤獨感。故，張大春認為自己在歌詞裡沿用了契訶夫的精神：「我們對卑微人物，常會表現無庸置疑的憐憫，但契訶夫從不掉入過左或過右的陷阱，他照樣諷刺。」〔註326〕讓悲鳴與諷刺交織於其中。

因此，《歡樂時光——契訶夫傳奇》到底該歡樂，還是深沉；是要顛覆契訶夫，還是挖掘契訶夫？吳興國與張大春的配合，或許掌握住一個平衡，但在整個劇情架構都緊捉住「歡樂」不放之時，張大春的詞能發揮多少效用呢？

《歡樂時光——契訶夫傳奇》在不透過「在地化」的轉譯過程之下，誠然是直接以中文演繹契訶夫，文辭上的修編用以符合演唱的架構與意境的營造。於是，這樣的作法是要忠實反映契訶夫的原意嗎？當代傳奇劇場的前作中，《慾望城國》、《王子復仇記》等作由於「在地化」、「京劇化」的過程，被認為移轉了莎劇的原意；而《奧瑞斯提亞》雖忠於原著語境，卻從原著的隙縫裡加以顛覆。因此，這樣的轉譯手法，不只是為了省略掉複雜的文化移轉過程，同時也看似放寬了改編對於原著的處理態度。只是《歡樂時光——契訶夫傳奇》卻在顛覆原著與忠實反映之間搖擺，而無法在略過文化轉譯的層面上達到真正的優勢。

### （三）文化與對話的相望：《康熙大帝與太陽王路易十四》的詮釋架構

關於《康熙大帝與太陽王路易十四》這部劇作，其實與《歡樂時光——契訶夫傳奇》的合作方式極為類似，根據林秀偉的說法，乃是「導演興國爭取時效，在研讀康熙與路易相關數十本傳史後，列出劇情場次大綱，央請大春立即動筆。」〔註327〕此外，其原初設定亦為「歌舞劇」，林秀偉指出：

導演確定全劇的曲數共 26 首，以及每首曲子的長度。因為當代傳奇劇場的有去年歌舞劇《歡樂時光——契訶夫傳奇》的經驗，再加上

---

〔註325〕呂正惠：〈灰暗的抒情小說家——契訶夫〉，收錄於安東・契訶夫（A.P. Chekhov）著，汝龍譯：《契訶夫小說選》（台北：桂冠，1995 年），頁 xvi。

〔註326〕何定照：〈25 首，濃縮小說精髓：契訶夫傳奇 張大春寫歌〉，《聯合報》2010 年 7 月 29 日，B2 版。

〔註327〕林秀偉：〈製作人日記：歌劇的誕生〉，見故宮博物院「康熙大帝與太陽王路易十四」特展網頁，網址：http://www.twclt.com.tw/web/page_02_6_ch.htm。

曾參與譚盾在紐約大都會歌劇院演出的《秦始皇》，對於歌劇的運作
還算能掌握。經過討論過後，確定音樂將佔全劇百分之九十，對白
極少且涵蓋崑曲、京劇、巴洛克音樂和義大利歌劇等多元素材，因
此經過故宮同意，將原名「歌舞劇」，正名爲「歌劇」。〔註328〕

因此，從「歌舞劇」到「歌劇」的過程，實是在《歡樂時光——契訶夫傳奇》
與《秦始皇》之間找到創作的架構，並往《秦始皇》的創作模式靠攏。除在
表演型態上與《秦始皇》同爲歌劇外，若《秦始皇》的弔詭之處在於「說英
文的秦始皇」，那麼《康熙大帝與太陽王路易十四》就透過了康熙大帝與路易
十四各自的故事加以串聯，在中國的部分以中文，法國則以法文；同樣是兩
種語言的交雜，《康熙大帝與太陽王路易十四》的處理顯然地合理。因此，本
段的討論以「劇情」作爲核心，輔以「表演」，將其分爲「切割」與「結合」
兩個部分，加以討論《康熙大帝與太陽王路易十四》的基本架構與「跨文化」
樣貌。

### 1、「切割式」架構：中國與法國的遙遙相望

簡而言之，《康熙大帝與太陽王路易十四》是將中國與法國兩端的劇情與
表演各自展述，並以傳教士白晉的出使中國作爲銜接處。故，本段將從《康
熙大帝與太陽王路易十四》「切割式」的架構討論起。

《康熙大帝與太陽王路易十四》雖爲新編之作，但由於取材自史實存在
的人物，因此在故事編寫上必須參照歷史的記載加以編劇。故，其以替中西
兩位君王搭起橋樑的傳教士白晉進紫禁城的 1688 年作爲啓幕的時間，劇情
一開始便以在風雨中飄洋渡海的船，緩緩地駛入中國的商港，而傳教士白晉下
船之後，如何看到中國的場景，以及迎接他的明珠大臣，乃至於見到康熙大
帝。在之後的劇情發展中，編劇運用了不少的史實，例如：傳教士白晉撰寫
了《中國皇帝康熙傳》，引入天文、曆書、數學和科學儀器；1693 年，康熙患
瘧疾，就服用了白晉、張誠兩位神父獻上的金雞丸（奎寧）得以痊癒。這些
劇情，基本上都是符合史實的。

不過，康熙與路易十四的年齡相差十四歲左右，兩人其實並沒有真正相
遇。這部劇作的結合，除了是運用傳教士白晉入中國的事件，吳興國並指出
兩人的許多共同的特點：「幼年喪父，分別在祖母、母親的扶養輔政下，建立

---

〔註328〕林秀偉：〈製作人日記：歌劇的誕生〉，見故宮博物院「康熙大帝與太陽王路
易十四」特展網頁，網址：http://www.twclt.com.tw/web/page_02_6_ch.htm。

興盛的王朝。」〔註329〕而這些共同點，成為劇中對照演出的劇情。

《康熙大帝與太陽王路易十四》的七個場景主要可以被切割成兩個部分：第一、二、四、六場在中國，包含港口、紫禁城、暢春園與南書房，第三、五場在法國，場景是凡爾賽宮與鏡廳，最後的第七場則藉由天空的意象讓兩邊交會。於是，為了強調兩位君王之間的連結性，而不只是兩國故事的各自展演，劇情都是以「對照」的方式加以處理。從第四場與第五場，可見其運用康熙大帝與路易十四在祖母、母親的輔政之下，因而感情深厚的故事，但康熙的祖母孝莊太皇太后仍健在，而路易十四的母親安皇后卻已逝世，形成強烈的對比。第四場的劇情安排的是康熙替太皇太后舉辦壽宴，喧鬧的場景、眾臣的慶賀，台上搬演著京戲《安天會》，猴王領著一群小猴子混入王母娘娘的桃林，摘了顆壽桃獻給太皇太后，而又再上演崑曲《長生殿》，讓康熙憶起早逝的愛妻孝誠仁皇后，於是太皇太后安慰他，並憶起往事，最後是滿漢全席與祝壽。此場劇情結合了崑曲與京戲的元素，以「戲中戲」的方式，讓《安天會》的熱鬧與《長生殿》的情深並存，體現祖孫兩人的孺慕之情。但第五場的處理方式就形成對照組，既無第四場壽宴的喜氣，亦無第三場假面舞會的爭奇鬥艷，只剩下凡爾賽宮鏡廳裡的路易十四獨自舉杯。當母親安皇后的身影出現在鏡中，兩人流亡國外、顛沛流離的記憶又再次浮現，最後是母親力挽狂瀾、班師回朝，並輔佐路易十四。此時，母親過往的諄諄教誨、告誡之言猶如在耳。兩個場景，雖都與輔佐、情深的對象有關，但此劇運用了喧鬧和靜謐兩種處理手法，讓康熙與路易十四兩人的同中有異，亦讓劇情更為豐沛。而從中可見除康熙與路易十四為對照之外，孝莊太皇太后與安皇后亦是。而在其他橋段則可見，中國的明珠大臣與法國的喜劇家莫里哀，在兩位帝王面前的地位，也產生了另一組的對照。因此，《康熙大帝與太陽王路易十四》這部劇作乃是運用劇情、人物等的對照，讓兩段萬里之遠的故事、兩位統領不同盛世的君王，因為一位傳教士的出現，而達到抽象的生命經驗在象徵意義上相互呼應。

此外，兩人在政績上的宣揚，亦是從兩人各自的演唱相互映對。康熙在第二場時，便唱道：

　　卻怎料，龍心澹定

---

〔註329〕吳興國：〈創作構思〉，當代傳奇劇場《康熙大帝與太陽王路易十四》節目冊，頁20。

> 談笑鋤奸
>
> 鎮三藩，秉智謀
>
> 平定叛亂
>
> 通四夷，開文治
>
> 訪異求賢

對照著路易十四唱的：

> 你們不必謳歌，只須仰望。
>
> 他看見了，太陽。
>
> 凱旋門前沒有投石黨。
>
> 每一個舞步，踏出一片疆場。
>
> ……

皆顯露出兩人對於自己的政績有極大的信心。同樣地，四周的眾人也不斷地謳歌自己君王的偉大。如皇太后便也將康熙的豐功偉業唱出：

> 擒鰲拜少年
>
> 逞豪俊
>
> 挽強弓騎射冠群臣

此段雖是在感嘆康熙的身世，卻同時也在唱詞裡夾雜了對於康熙的稱讚與頌揚。而在第三場的群唱裡，則烘托出路易十四為「太陽王」的禮讚：

> 從清晨的露水，到黃昏的霞光。
>
> 自劍尖處滴落，在花朵間開張。
>
> 無比的晶瑩，無比的熱烈；
>
> 無比的鮮豔，無比的光芒。
>
> 路易，我的太陽！

這些唱詞都相互地對映、彼此烘托。《康熙大帝與太陽王路易十四》基本上是一種正面的營造，因此兩人對於彼此的功業，都是「英雄惜英雄」的狀態。如在第四場的最後，康熙便舉杯，說道：「太陽王，康熙敬你啦。」而後的一段唱詞裡，亦表述了他對太陽王一種「想像式」的景仰：

> 路易王，學兼術，與孤分享
>
> 有道君，展雄圖
>
> 號稱太陽
>
> 據亂世，致昇平

> 天威浩蕩
>
> 孤敬你，常安康
>
> 兩國情永世綿長

不過，這種景仰並不是對路易十四的佩服，而是認為兩人都是一樣威名遠播，於是，稱讚路易十四其實也是康熙對自己的嘉許。此時的劇情，運用在壽宴裡表演的猴王，偷將康熙手上的酒杯取走，在路易十四走上場時，將他手上的卷軸換成酒杯。猴王變成是一個抽象意義的角色，可以穿梭在兩個不同場景之間，以「戲中戲」的角色自由穿越了場景。而路易十四的唱詞，更是一種「對照」。唱詞的主要內容在講述他與康熙的相似之處，包含都是年幼當政、長輩輔政，同時也說明了兩人的喜好不同，這也是在第二、三場所演繹出的對照，就是康熙愛打獵，路易十四愛跳舞，以及身處異地的不同文化背景。唱詞中不斷反覆的是「和你有多麼（不）相像，那遙遠的國王。」成為兩人對於彼此的想像，有一種相知相惜的互訴。

　　這些安排，都立足在兩人的相似之處，但同樣也解決康熙與路易十四根本沒有任何實際的交集，於是必須使用這種「想像」的方式安排劇情，也是給予觀眾想像的空間——假使兩人真能相遇，會發生什麼情形。這些巧合式的安排，都只為推演出最後的第七場「宇宙即心」，而這也是整部《康熙大帝與太陽王路易十四》藉由想像以讓兩人交會的核心。雖然康熙、路易十四與眾臣們都站上了舞台，但這個舞台是透過了想像，藉由相連的兩國「天空」，讓他們能夠彼此的仰望，並非劇情發展上讓他們真實相遇。除了康熙與路易十四兩人的對唱外，孝莊泰皇太后與安皇后、白晉與明珠皆有唱和，足見《康熙大帝與太陽王路易十四》的基本架構明顯就是在「分割式」的處理後，彼此作映對，並在最後一幕以「抽象」的時空交錯堆疊而成。

　　只是，這樣的劇情架構與表演方式，被處理成中國方面以「京劇」、法國方面以法文演唱「歌劇」、壽宴的表演是「崑曲」、歌者以「巴洛克」唱腔，如此被並置，再加上劇情場景的被切割，中法兩方變成是各自表述。雖然康熙與路易十四有所應和，但那是在深究劇情之後才能得到的訊息，在觀看的當下，所感受到的不過是中國與法國兩造的故事。或許，這部劇作在處理上比《秦始皇》更為合理的是在於「語言」，符合了兩國各自的國情；卻也讓表演上更加地壁壘分明。就如林芳宜所質疑的「戲在哪裡？」，她認為：

> 全劇在路易十四／康熙大帝回憶兒時、想念母親／皇后、遙望東／

西方、揣測對方是什麼樣的君王、把玩東／西方進貢的珍品中度過，中間拼貼東方的京劇、西方的宮廷舞曲，除此之外，完全沒有交集與衝突，康熙想完了換路易、路易說完輪到康熙，兩人的視線永遠在星空中錯身而過，期待漫長的鋪陳後，可以四目交接，來個英雄惜英雄的場面，卻終究是一場空，只落得鶯鶯燕燕們如服裝秀般的舞會一場。〔註330〕

《康熙大帝與太陽王路易十四》顯然過於倚仗史料上的交集，反而無法透過這樣的例證加以詮釋，這部作品在表達的核心意義顯然地不夠明瞭。或許，這是在「分割式」的結構之下，所造成中國與法國的兩兩相望，大可以被切割成兩部劇作，而無需被強硬的連結。

### 2、「誤解」與「融合」：跨文化的直接展演

　　《康熙大帝與太陽王路易十四》將劇情與表演呈現皆以「分割」的方式處理，有其巧妙之處，畢竟這個題材是為了配合故宮「康熙大帝與太陽王路易十四特展」所預設的主題，若不更動史實，當代傳奇劇場這樣的處理的確是最合宜的。不過，這部劇作更核心的問題其實是在「跨文化」，在「跨文化新歌劇」〔註331〕的名稱下，勢必得面對此一議題的檢視。不過，劇作的處理其實是將兩種文化直接在舞台上展演，將這之中的問題展露出來；與其說《康熙大帝與太陽王路易十四》是所謂的「跨文化新歌劇」，毋寧說它本身就在如實搬演文化的跨越。

　　在整部劇作的開場，也就是白晉初入中國，與明珠大臣會面時，白晉脫口而出的「碰珠」，到底是「明珠」的誤稱，還是法文的「早安」（Bonjour）呢？這個部分，編劇就已先替不同文化、國族的人們，設下了一個中、法文之間的「誤解」。第一場的設計，就是在於這層「誤解」裡，加以創造出白晉與明珠的對話。像白晉所唱的：

　　在黃土地裡生長
　　鼻子擠得很扁
　　用繪畫表達語言，住在瓷器裡面

---

〔註330〕林芳宜：〈皇室版之盲目約會《康熙大帝與太陽王路易十四》〉，見「表演藝術評論台」，網址：http://pareviews.ncafroc.org.tw/?p=862（2011.10.19）。

〔註331〕陳郁秀：〈跨文化新歌劇〉，當代傳奇劇場《康熙大帝與太陽王路易十四》節目冊，頁10。

> 男子結著髮辮
>
> 身上裹著窗簾
>
> 吃飯夾緊木棍
>
> 睡覺躺上火床
>
> 從不認識上帝
>
> 隨時膜拜祖先

就是一個外國人對於中國人的印象。同樣地，明珠所唱的就是他對於白晉這個外國人的形象，不懂對方語言的「嘰哩咕嚕作聲響」、外型的「金髮碧眼」、純然誤解的「興許要攝人心魄，顛倒陰陽」與「綠女紅男茹毛飲血」，以及飲食習慣的「吃飯動刀光」，亦是充滿了語言、距離、文化的隔閡，不被互相理解的兩個國家的氛圍。於是，《康熙大帝與太陽王路易十四》在之後的劇情與表演安排，都是以白晉作為連結點，加以串聯中法兩邊的劇情。

因此，所謂的「跨文化」的直接展演，就在於這樣「分割」與「誤解」的現象。不過，這並不代表這部劇作沒有表現出「融合」；雖然在劇情上的交疊並不多，但其主要表現在於吳興國的唱腔、音樂與舞台設計。

吳興國曾指出：

> 整體美學及表演也有三重性：東方——西方——新古典，戲曲的無聲不歌，無動不舞。歌劇演員與合唱團，以靜制動的表演方式，和突破兩者規則與形式，混搭出第三者方法，導演須一一進行調整、改造。〔註332〕

《康熙大帝與太陽王路易十四》之所以定名為「歌劇」，其實也依附在中國的「京劇」或「崑曲」亦是一種以歌唱為主的戲劇呈現，因此能夠相互的唱映。不過，整齣戲裡歌劇與京劇對唱的橋段並不多，除了白晉以中文演唱部分曲目，而與康熙、明珠等人對話，其他都集中在最後的第七場「宇宙即心」。在第七場裡，中、法文夾雜，更巧妙地運用兩個語言在某些字詞上的發音，使得中、法文得以合唱。也就是，康熙與路易兩人合唱，以及最後全體群唱的：

> 日光普照之地，萬物祝禱和平。
>
> 從君王的夢境，到人們的歌聲。

這樣的方式就體現了《康熙大帝與太陽王路易十四》的「融合」，不同的語言

---

〔註332〕吳興國：〈創作構思〉，當代傳奇劇場《康熙大帝與太陽王路易十四》節目冊，頁20。

以及不同的唱腔，卻能夠在一樣的音樂結構裡同時展現。

但，可以注意到的是吳興國的「唱腔」，並不是以「京劇」爲唯一模式。他在整部劇作裡，展現出唱腔的多元風貌。以第七場而言，他的唱與飾演明珠大臣的劉琢瑜，就對比出偌大的差異。劉琢瑜主要仍在京劇的唱段範圍，其音樂也是以京劇的文武場爲主。而吳興國的唱詞：「治一國，齊一家，修一身；據亂世，昇平治，太平人。」語句精簡且規律，看似符合京劇的唱段。但，其編曲卻是以西方樂器作爲基礎，並沒有鑼鼓點。因此，吳興國於此的唱其實近似於「中文歌劇」，而非戲曲。其實，吳興國的唱腔在整部劇作裡，是交雜著京劇與歌劇的。其部分唱段仍以「京劇」爲主，但卻有更多體現出「歌劇」美感的唱段。像是康熙在遙望路易十四時，所唱的：

> 一杯酒，血色濃，
>
> 十年醞釀。
>
> 萬里情，海樣深，
>
> 兩地堂皇。

實也是屬於「中文歌劇」的範疇。於是，透過吳興國的「唱」本身就是一種「跨界」，同時也運用了中西方不同的演唱技巧，甚至是融合。〔註333〕

此外，由於《康熙大帝與太陽王路易十四》是以「歌劇」作爲元素，故音樂成爲這部劇作最重要的一環。吳興國在此劇的〈創作構思〉將其視爲三重面向的第一重，亦是首要創作的部分。〔註334〕於是，《康熙大帝與太陽王路易十四》最後呈現出二十六首曲子，中國部分有十八首，法方部分有七首，中法部分共有一首。透過曾旅法多年的上海音樂學院院長許舒亞〔註335〕之手，以歌劇的思維，拆解並再按造戲曲編腔的李門老師編的唱腔，試圖將其融於管弦樂團和西方歌劇旋律。最後所呈現的音樂風貌，就如同節目冊上所撰寫的「崑曲・京劇・巴洛克・歌劇」這些音樂元素交雜於整部劇作。中國部分以「京劇」作爲演繹方式，而「崑曲」是康熙喜愛的音樂；法國部分係

〔註333〕吳興國的唱腔，我認爲是從《慾望城國》以來，在不斷的實驗過程裡，透過京劇、崑曲、歌劇等中西的演唱方式，而逐漸形成一種介於這些元素之間，卻又不屬於任何一項的「跨界」式演唱。

〔註334〕見吳興國：〈創作構思〉，當代傳奇劇場《康熙大帝與太陽王路易十四》節目冊，頁14。另外兩重爲前段提及的劇本，以及下段將論述的表演舞台。

〔註335〕許舒亞同樣也是高行健《八月雪》的音樂設計，而吳興國在該劇亦有參與演出，可見《康熙大帝與太陽王路易十四》的製作，同樣也汲取了《八月雪》的經驗。

以「歌劇」演出，並讓路易十四朝夕不離的「巴洛克」音樂持續環繞。如此
的呈現，除了是在表演、劇情上的跨界與跨文化，其實更讓音樂的多元性表
現出來，而在整體的音樂詮釋上，並不顯得衝突。林芳宜在此劇的劇評中，
極為稱許其音樂表現，她認為：

> 從音樂的角度來看，這齣作品包含了管弦樂原創樂段、京劇戲中戲（長
> 生殿、蟠桃會）、西洋古典音樂風格樂段（舞曲）等不同的樂種，演
> 員當然也包括了以路易十四為首的西方歌劇演員及以康熙為首的京
> 劇演員，看似素材繁多並且相異性極大，但整體來看，各種元素各司
> 其職，井然有序。幾個管絃樂與京劇文武場的重疊兼具功能與巧
> 思，……大抵說來，管絃樂的部份都能與其描繪的劇中人物相呼應，
> 縝密且深具戲劇效能的管絃樂配器是這部歌劇最成功的地方。〔註336〕

可見，此劇的文化跨越與融合，實在音樂方面有明顯的成果，同時也與吳興
國在此劇中的唱腔詮釋方式達到共鳴。

而在《康熙大帝與太陽王路易十四》的舞台設計與劇場架構，再次融涉
《奧瑞斯提亞》的「環境劇場」理念。此劇演出的地點分別為台北故宮廣場
與苗栗巨蛋體育館，一為室外，一為室內，最符合「環境劇場」理論的是台
北場（於故宮前廣場）的演出。其運用故宮的建築作為背景，同時蘊含了文
化、歷史，以及實景作為條件，讓中國傳統宮廷（紫禁城）的意象得以重現。
在第四場於暢春園的壽宴，台上的演員將酒分與台下的觀眾，彷彿觀眾也是
此壽宴的座上嘉賓，或是文武大臣。於是，在「環境劇場」的設計下，得以
與觀眾互動，同時也製造出滿朝的文武百官都參與壽宴的效果。而在此場最
後，康熙領著全場與皇太后祝壽，並祈佑國泰民安的場景調度，其實也把觀
眾作為戲裡的一部分，讓畫面滿溢出舞台之外。

由於表演場地的寬敞（不管是故宮前廣場或是苗栗巨蛋，都遠比一般劇
場大許多），林克華所設計的舞台分為上、中、下三層，並在中央拉出一條如
伸展台的走道〔註337〕，吳興國認為，這條中軸線是屬於帝王的，世界的中心
線，東西方皆同。〔註338〕這樣的舞台設計，將表演的場域打開，而比一般劇

---

〔註336〕林芳宜：〈皇室版之盲目約會《康熙大帝與太陽王路易十四》〉，見「表演藝術
　　　　評論台」，網址：http://pareviews.ncafroc.org.tw/?p=862（2011.10.19）。
〔註337〕這個伸展台走道的構思，不免讓人聯想到當代傳奇劇場的《水滸 108》系列
　　　　亦有這樣的舞台設計。
〔註338〕見吳興國：〈創作構思〉，當代傳奇劇場《康熙大帝與太陽王路易十四》節目

場的舞台更具立體感，演員的移動也不局限於平面，較近於三度空間的位移，這樣的視覺效果與《歡樂時光——契訶夫傳奇》所使用的移動的樓房有類似的效果。以第七場的表演設計來說，康熙與路易十四等人都在最上層先出現，演唱完一支曲子之後，才邊唱邊從兩旁的階梯往下走，到中央的舞台與伸展台，繼續後來的演唱；再配合背景的故宮，實則製造出兩人都從宮殿裡走到廣場的感覺。雖然林芳宜對於這樣的舞台頗有意見，她指出：「但是遠離主舞臺、完全偏向單側且高度超過舞台許多的樂池，有如時尚服裝秀伸展台般的主舞台將觀眾席切成兩邊，斜向舞台的觀眾席高度比舞台低，導致觀看時不僅身體要側向舞台還要拉長脖子微仰抬頭……這些設計湊在一起成了尚未演出就令人膽顫心驚的觀賞環境。」〔註339〕但，我認為這樣的設計反而促使觀眾的目光可以跟隨著演員的步伐，並且從中找到自己欲觀賞的角度，畢竟，就算是平面的舞台也會因為觀眾座位問題而產生死角。故，這種觀看時的移動與抬頭，或許也是舞台的一種巧思。

在舞台設計上，最為凸顯不同文化的交融之處，在於其為配合兩國的不同景緻，而必須在同一舞台搭造出不同的美學與造景。在舞台的背景投影上，我認為是這幾年劇場作品中極為成功與精緻的代表。或許是因與故宮合作，在傳教士白晉初入中國時，背景的投影從海上的風雨換上中國古代街道的景象，其投影取自於《清明上河圖》，質感與立體度，再加上演員配合，彷彿真實站在街道上。而當劇情轉移到法國時，投影亦置換到法國宮殿的景緻。至於，擺設放置的部分，關鍵在於舞台中央的西洋式噴水池，成為了中西場景可以並置的樞紐。作為西式建物，在法國的劇情進行時當然無庸置疑；而在大清之際，由於國與國之間的交流，有西洋庭園的設計亦不足為奇；本劇使用一個中西交流的故事作為背景設計的劇情，康熙的宮廷裡出現西洋的庭園並不意外。於是，這個噴水池同時存在於康熙與路易十四的宮殿裡，也無須因場景置換而更動。之所以稱它為樞紐，在於其作為空間轉移過程中的要件。在第四場的最後，從康熙的暢春園要換到路易十四的鏡廳時，除藉由猴王將酒杯偷換的手法外，當猴王繞過噴水池時，也代表了場景已經橫越了中、法兩國，亦從第四場跨越到第五場。於是，這個噴水池變成是富含意義的，它

冊，頁20。

〔註339〕林芳宜：〈皇室版之盲目約會《康熙大帝與太陽王路易十四》〉，見「表演藝術評論台」，網址：http://pareviews.ncafroc.org.tw/?p=862（2011.10.19）。

並存於中法兩國，在第四場與第五場的接續裡，更代表了一種「穿越」的意義。故，這樣的舞台整體設計，嘗試將不同文化、國族融涉其中，不僅代表了不同國家所孕育而成的不同產物，同時也蘊含了在交流過程裡的「融合」可能，可謂是一種「跨文化」的直接表現。

《康熙大帝與太陽王路易十四》所表現的，是一種在「誤解」與「映照」的過程裡，看到「融合」的契機。不過，其所追求的並不像是在第七場所唱的：「東與西，無疆界，四海同心。」如此的共融／榮境界。反而，更接近於第五場時，莫里哀所演唱的：

> 他是一個怎樣的王
> 你是一個怎樣的王
> 他是一個怎樣的王
> 你是一個怎樣的王
> 是他在反映著看不見的你
> 還是你在反映那陌生的王

康熙與路易十四的相會，是一場無期（沒有預期，也沒有日期）的交集，縱然有再多的共同點，但那也只是他們各自的映照，於是所預想的彼此不過只是一個「想像的共同體」，或許都不是彼此，而只是個幻影罷了。透過莫里哀的這段話，不只是在指陳康熙與路易十四所映照而成的「王」的樣貌，更是在於文化、語境之間所彼此對映而生的現象，不管是「對立」的、「融合」的或是「誤解」的。故，《康熙大帝與太陽王路易十四》所表現的非「跨文化」最後的產物或型態，更是直接詮釋「跨文化」之實體，以一個跨國家的故事，以一個非傳統體系的表演方式。

## 二、不再姓「京」？──挪用或遺棄的問題

> 我們共同在這時代裡生存，都會有一個使命感，就是堅強的傳統。文學和藝術要跨到現代領域來的時候，好像無形中有一個很奇怪的責任。這個責任是因為我們愛這個東西，所以我們想要把它轉到現代來。〔註340〕
>
> ──吳興國

---

〔註340〕同前註，頁45。

吳興國在製作《歡樂時光——契訶夫傳奇》時，與編劇張大春的對談中，提到了這樣的一句話。「傳統」的問題，一直是當代傳奇劇場在「當代」不斷面對與處理的。從創團之作《慾望城國》開始，吳興國不停地對於自己的「傳統」——京劇——做各種層面上的改造以及思索，乃至於有《樓蘭女》、《暴風雨》等作的誕生。但，在進入《歡樂時光——契訶夫傳奇》與《康熙大帝與太陽王路易十四》這兩部作品時，其一撇過往不去定義的「劇種」、「劇型」問題，而以「歌舞劇」與「歌劇」名之。於是，其所萌生的問題不只是這兩部劇作到底成功與否，而是當它們置入當代傳奇劇場的整體發展時，是不是已「不再姓『京』」了呢？

其實，不管《歡樂時光——契訶夫傳奇》或《康熙大帝與太陽王路易十四》要以怎樣的型態加以演繹，都不是問題的核心，畢竟以「歌舞劇」詮釋《歡樂時光——契訶夫傳奇》的「歡樂」氛圍，以「歌劇」提煉《康熙大帝與太陽王路易十四》的「沉靜」相望，都是合宜的。只是，當表演團體爲當代傳奇劇場時，我們總要多一點思量是，爲什麼要用京劇演員演出？還有，在這樣的詮釋裡，對於「京劇」的態度爲何？

基本上，《歡樂時光——契訶夫傳奇》是解消掉「京劇」較爲明顯的劇作。不管從原著取材，或是整體的呈現方式，《歡樂時光——契訶夫傳奇》都遠離了「京劇」這個本體所能展現的樣貌。由於其未將原著強制地「在地化」，再加上其選用的時空環境都屬於「現代」、「異國」，包含了火車、閣樓、服裝等，都非傳統京劇會出現的物件，亦無先例可以演繹。故，在這本有的條件之下，《歡樂時光——契訶夫傳奇》其實就不是以「京劇」作爲核心加以表達。因此，「歌舞劇」實質是這樣的題材較爲符合的表演型態。在寫實的表演裡頭，穿插入脫離現實基礎的歌舞，讓整個故事能夠在虛實之間表達其內涵。不過，我們還是可以在這樣的表演裡頭，看到京劇在裡頭穿梭而欲拒還迎的窘境。

在《歡樂時光——契訶夫傳奇》的第三個段落〈小蘋果〉，其劇情是一對熱戀中的少男少女，在蘋果園裡約會，因偷吃蘋果，而被地主及其僕人血腥龍戲弄惡整，最後導致兩人互相的猜忌，從此不再見面。吳興國在這個橋段試圖將契訶夫所描寫的那些有錢有勢的人私底下的變型放進來，而這個變型讓吳興國感覺當下好像很可笑，但實際上真的滿殘忍的。〔註341〕於是，在角色的處理上，其放大了血腥龍的表演方式，包含拼命地用鞭子甩地、聞女孩

〔註341〕同前註。

的髮香、亂咬蘋果跟亂噴口水等，近乎是變態的模樣來加以詮釋。若如吳興國所言：「為什麼契訶夫說從今以後這兩個年輕人一個往左一個往右，再也沒沒相見。只有這一句話，可是帶給我多深刻的印象，這是一輩子的影響。」〔註342〕其所要體現的也就是契訶夫所要傳達的這句話的感覺。但，過度的表演方式似乎讓這種寧靜而憂鬱的焦點被血腥龍這個角色所掩蓋，不管是注目於他，或者是因為感受到噁心而排拒這個橋段。之所以提出血腥龍這個角色，不只是我認為他在劇情與表演的詮釋有所過度，另一層面是他在演繹上所挪用的「京劇」程式。飾演血腥龍的林朝緒，是文、武丑出身，也是當代傳奇劇場新一代的丑角，而在詮釋血腥龍這個角色，勢必運用其本有的丑角基礎，同時在一些身段上融入西方小丑的表演，以及喜劇演員的詮釋方式。但為了表現出如此誇張的動作，他顯然必須在其本有的丑角詮釋上有所取捨，不過也因此使其表演方式異於原來的「京劇身體」，而顯得極不自然。於此，可得而思索的是，假使《歡樂時光——契訶夫傳奇》並不在傳統戲曲的範疇，欲以「歌舞劇」表現，那在其中置入大量的京劇演員究竟是又為何呢？這些演員包含馬寶山、戴立吾、林朝緒、劉珈后、錢宇珊等人，他們所演繹的角色都不需要（或者可以說無法）運用京劇的表演程式，那麼以舞台劇或音樂劇演員似乎也無不可？

我雖於此提出這樣的質疑，但吳興國之所以採用京劇演員來演繹這樣的作品，基本上與當代傳奇劇場處理《慾望城國》、《樓蘭女》、《奧瑞斯提亞》等作的企圖類似，也就是如何釋放演員的身體，以開展出傳統戲曲程式以外的表演。而《歡樂時光——契訶夫傳奇》的處理態度，更顯然想以一個跳脫戲曲本有的歌舞型態的歌舞劇，來做另一種層面上的突破。

當代傳奇劇場能夠演繹出《歡樂時光——契訶夫傳奇》與其他歌舞劇的不同，或許就在於「京劇演員本身的美感」。只是，從吳興國的詮釋，與其他演員的表現作比較，其實就可以明顯地感受到這個企圖與突破的「成」與「未盡」。吳興國在經歷了當代傳奇劇場一連串對於劇場、對於京劇的實驗，再加上 2006 年參與譚盾歌劇《秦始皇》的演出，受到歌劇的訓練，他在《歡樂時光——契訶夫傳奇》裡的唱腔與詮釋有種渾然天成的美感。有別於其他演員在詮釋上的尷尬，吳興國不論是運用傳統戲曲的身體，或是西方歌舞劇的詮

---

〔註342〕李伊晴記錄整理：〈小說的切片，戲劇的張力：張大春 VS.吳興國談契訶夫〉，頁 45。

釋，已有一套屬於他自己的表演功法。而這種美感，就如我在前一節論述《樓蘭女》時，認為魏海敏之所以能夠詮釋好樓蘭公主，乃自於她能夠從自己本有的根基提煉出獨有的美感，而吳興國的狀態亦是如此。像是他在飾演〈憂傷有誰知〉的車伕，所吟唱的唱詞：

> 生命是一椿小事，原本很小很小；
> 一個人的喜怒哀樂，好像微不足道。
> 有時吃了頓飽飯，有時摔了一大跤。
> 有時錯過了宿頭，有時撿了張小鈔。
> 每天，每天，都得經過這些：
> 一忽兒高興，一忽兒傷心，
> 一忽兒生氣，一忽兒煩惱。
> 路在腳底下，風景往後跑，來去不回頭，鞭聲催人老。

這些詞，除了在語彙上不適合京劇，也缺乏京劇唱詞本有的節奏，但又與流行歌詞的架構不大相同。於是，如何演唱這樣的唱詞，演員勢必得在本有的基礎裡開發出自己的演唱方式，卻又不能因襲任何一套程式。但重點是在吳興國的聲音裡頭可以感受到的情感，或許這就是他從本已僵化的程式規範跳脫，最顯著的證據。或許，這樣的唱詞必須經過歲月與經驗的累積，才能夠詮釋其中的韻味，這也是除吳興國之外的其他演員所缺乏的部分。

　　同樣地，在《康熙大帝與太陽王路易十四》裡的吳興國，又再次挪用了在《歡樂時光——契訶夫傳奇》的演唱方式，於此我們可以更明確稱其為一種「中國新歌劇」，畢竟這的確是一部歌劇。不過，「京劇」元素存在於《康熙大帝與太陽王路易十四》的現象，顯然地較簡單易見。我認為，《康熙大帝與太陽王路易十四》存在著三個演唱系統：傳統戲曲（包含京劇與崑曲）、法文歌劇（白晉雖也有用中文演唱，但基本上仍屬於這個系統）以及吳興國所演唱的介於兩者間的「中國新歌劇」。《康熙大帝與太陽王路易十四》在整部劇作的處理上，可以很明顯地區隔出中國與法國兩個部分，中國的部分用京劇表演，而法國的部分用歌劇。於是，從演員名單上就很清晰可見，吳興國飾演康熙大帝、趙復芬為孝莊太皇太后、劉琢瑜為明珠大臣、戴立吾飾演胤礽與美猴王，皆為傳統戲曲的演員。在這部劇作中，並沒有太多跨界的現象足以探討，因為這幾位演員的表演方式，基本上都是符合京劇本有的身體程式（但可能為求動作上的自然感，某些京劇身段是比較鬆懈的）。所以，《康

熙大帝與太陽王路易十四》的結合方式，僅能說是將歌劇與京劇並置，其雖被定名為「歌劇」，不如認為戲曲也是「無聲不歌、無動不舞」的表演型態，而音樂也是其中非常重要的核心，故「戲曲＝歌劇」。不過，這是就「分割」的大致情況上來看，吳興國還是開發出了一套「融合」的演唱系統，以符合所謂的「歌劇」。而這套演唱技巧不只出現在吳興國，劉琢瑜所飾演的明珠大臣也有以這種不完全屬於京劇的演唱方式詮釋。在第一場與白晉的對唱，以及第七場的群體合唱，劉琢瑜的唱法都不完全是京劇。只是，他與吳興國的差異卻很明顯，在於是否有鑼鼓點。就如本文前述所提及的，吳興國的編曲其實是以西洋樂器為主，並未有文武場。這或許也呼應到吳興國在《秦始皇》裡的演唱方式，實質介於歌劇與京劇之間。但，劉琢瑜的主要表演方式還是以京劇為主，只是在這兩段唱裡運用了比較不同的方式，仍編入京劇的文武場裡。於是，不可否認的是吳興國看似運用了不同的演唱方式，但從劉琢瑜較為粗糙的詮釋法裡，更可看出這種演唱法其實源於戲曲的美感。

而《歡樂時光——契訶夫傳奇》有個明顯的京劇鑿痕，甚至就是直接將京戲搬上舞台，就是在於中場過後的〈文官之死〉一開始所演出的京劇橋段。雖說這個橋段設計的巧妙在於，傳統京劇的鑼鼓點與熱鬧氛圍，可以讓原本在四周休息的觀眾回到座位上，而同時觀眾就變成戲裡的觀眾，與將軍一同觀賞這齣《薛平貴與王寶釧》。先不論契訶夫原著〈文官之死〉是如何表達，但這樣的表現方式，相較於劇情上的試圖合理化與流暢化，這種文化上的跨越，編劇反而保留了一種文化異質的縫隙與拼湊痕跡，讓中西文化是被「拼貼」的。《歡樂時光——契訶夫傳奇》這部作品並無刻意強調故事展演的場域，但從人物的裝扮、場景的佈置等，都顯然不是在中國，因此突然出現京劇，這種衝突性必然被產生。縱使觀眾可以認為是京劇傳入異地，並在國外表演，但在整個戲劇的呈現上確實顯得突兀，不免讓人質疑其刻意地置入京劇，以強調自己仍是一個與京劇有關的團體。不過，這樣反而透露出吳興國對於京劇的一種欲拒還迎。同樣地，《康熙大帝與太陽王路易十四》的直接將京劇置入，雖在場域上是符合京劇的中國，但以整部劇作的表演元素上而言，都不強調兩者的融合，而是直接放入。或許，在《康熙大帝與太陽王路易十四》的劇本設計上，就已預設了這樣的表演方式，才會從劇本到表演都以切割的手法加以表達與詮釋。

吳興國在《康熙大帝與太陽王路易十四》的〈創作構思〉中提到：

> 而在這個急促洶湧的浪潮中，正如十八世紀初，西方列強挾科學進
> 入亞洲古老國度一班，傳統的文明如何招架並不致潰散衰微？戲曲
> 如此、歌劇如此、文物如此、藝術亦如此，何以在 21 世紀活出另一
> 番燦爛？〔註343〕

或許，吳興國在製作這部作品時，其實存在著對於「傳統」的思索。之所以稱爲「歌劇」，除前述所提及的可能外，亦有不管歌劇或戲曲其實都是中西兩方的一種「傳統」，而他所面對的，是如何將「傳統」重現在新的世紀與世界。《歡樂時光——契訶夫傳奇》的舞台設計張忘，從吳興國與林秀偉選擇最不像京劇的舞台設計圖這件事情，提出他的看法：「現在我必須說吳興國的心已跨躍了京劇領域，更灑脫了傳統框架。」〔註344〕吳興國所跨越的不是京劇這個載體的問題，而是這個「傳統」所承載的自我框限，也就是爲什麼「傳統」一定得這樣演繹。因此，不管《歡樂時光——契訶夫傳奇》與《康熙大帝與太陽王路易十四》姓或不姓「京」，更重要的是傳統戲曲該如何再現，同樣地，這些戲曲演員又如何達到新的詮釋方式，無論是挪用或是遺棄。更重要的是，如何透過這個基底，重新創造屬於自己的美學。

行政院文化建設委員會於 2012 年 1 月 18 日公佈 101 年度「演藝團隊分級獎助計畫」的補助名單，當代傳奇劇場在「傳統戲曲組」以發展級三年核定團隊獲得四百萬元的補助。就當代傳奇劇場未以「現代戲劇組」的名義申請補助，可見，就算《歡樂時光——契訶夫傳奇》與《康熙大帝與太陽王路易十四》這兩部劇作在製作上有偏離京劇的現象，但吳興國仍以「如何將傳統京劇搬上現代舞台」加以思索，其雖在當代傳奇劇場踏出另一個走向，但卻也讓「跨界」擁有另一個可能，可視爲實驗的一部分。

## 三、表演以「外」的幾個關鍵字

有別於當代傳奇劇場其他的劇作，甚至是大多數的劇場作品，《歡樂時光——契訶夫傳奇》與《康熙大帝與太陽王路易十四》其實不只是純粹的劇場表演，兩部劇作都結合了許多「表演以外」的產物。

《歡樂時光——契訶夫傳奇》被稱之爲「文創古早味歌舞劇」，於非傳

---

〔註343〕吳興國：〈創作構思〉，當代傳奇劇場《康熙大帝與太陽王路易十四》節目冊，頁 14。
〔註344〕張忘：〈當代創意家〉，當代傳奇劇場《歡樂時光——契訶夫傳奇》節目冊。

統表演舞台的華山1914創意文化園區的東2四連棟首演。而在這個空間裡，以古早味作為號召，放置小吃攤（牛肉麵店、柑仔店等）、茶坊、童玩等，加上昏黃的燈光，打造出舊時光的風味，以及一種邊玩邊吃邊看戲的特點。最特殊的是，有別於過往劇作首演於同一定點頂多四至五場，《歡樂時光——契訶夫傳奇》並無巡演的場次，卻配合整個活動，從2010年10月9日至31日將近一個月的時間，共演出二十六場。這樣的表演形式，完全突破一般觀眾對於劇場表演的認知，亦成為此劇為配合表演以外的產物而生的特殊模式。

　　至於，《康熙大帝與太陽王路易十四》的整個製作，其實是配合故宮博物院「康熙大帝與太陽王路易十四——中法藝術文化的交會」特展，該展的展出時間為2011年10月3日至2012年1月4日，而《康熙大帝與太陽王路易十四》一劇分為五個場次，分別在兩個場地演出：2011月10月15日與10月16日在國立故宮博物院、2011年10月21、22、23日苗栗縣巨蛋體育館。這個演出並無另外售票，除苗栗場應是苗栗縣政府特別邀演外，從台北場的索票方式〔註345〕即可見該劇與特展密不可分的關係。故，《康熙大帝與太陽王路易十四》雖為當代傳奇劇場的一部作品，卻也是專為此特展所設計的，如故宮院長所言：「配合特展精心籌劃《康熙大帝與太陽王路易十四》歌劇藝術饗宴，透過生動戲劇表演，重現西元十七與十八世紀間中西輝煌歷史文明與文化交流。」〔註346〕

　　於是，本段的討論將以幾個有關於《歡樂時光——契訶夫傳奇》與《康熙大帝與太陽王路易十四》戲劇呈現以外的關鍵字，探討其如何影響兩部劇作的呈現，與其他產生的問題。

---

〔註345〕台北場索票方式：2011年9月6日至10月2日至7－11統一便利超商i-bon
　　　　售票系統，獨享購買《康熙大帝與太陽王路易十四特展》雙人套票2組，即
　　　　有機會獲贈乙張 10／16「康熙大帝與太陽王路易十四」歌劇門票，（索票請
　　　　於10／3～10／16，9：00～16：30期間，持兩張ibon雙人套票憑證至本特
　　　　展票口取票，依優先順序出票，送完為止）限量1200張，索完為止。未取得
　　　　歌劇門票觀眾，可於10／15及10／16二日至故宮正面廣場轉播區觀賞歌劇，
　　　　轉播區採自由入場，不設座位。詳見故宮博物院「康熙大帝與太陽王路易十
　　　　四」特展網頁，網址：http://www.npm.edu.tw/exh100/kangxi_twclt/page_01_
　　　　ch.htm。
〔註346〕周功鑫：〈從君王的藝術典藏，到舞台的嘹亮歌聲〉，當代傳奇劇場《康熙大
　　　　帝與太陽王路易十四》節目冊，頁4。

## （一）「文創」、「古早味」

「文創」，或稱之爲「文化創意產業」（Cultural and Creative Industry）是現今極爲「流行」的詞彙也好、產業也好，此中文詞彙最早由行政院於 2002年 5 月依照〈挑戰 2008：國家發展計畫〉內的「發展文化創意產業計畫」所確定。因此，如何定義「文創」，係以根據行政院文化建設委員會「文化創意產業推動服務網」所公佈的「定義」：「源自創意或文化積累，透過智慧財產的形成與運用，具有創造財富與就業機會潛力，並促進整體生活環境提升的行業。」而依「文化創意產業發展法」第三條的文創產業分類，《歡樂時光——契訶夫傳奇》的作法應爲第二項「音樂及表演藝術產業」與第三項「文化資產應用及展演設施產業」的結合運用。〔註347〕

吳興國在製作《歡樂時光——契訶夫傳奇》時，曾如此說：「這次弄了個複合式的劇場，也是受到現在文化創意產業的影響。」〔註348〕因此，爲了體現「文化創意產業」的定義，此劇不僅掛上了「文創」，更以「古早味」作爲展現「文創」的架構，讓商機與文化創意得以結合。於是，舞台設計者張忘決定以一種「玩瘋了」的心態，「打破舞台侷限大膽的創造一個時空錯置的城鎮。讓這個荒謬的世界在其間跳舞……。」〔註349〕他所設計的舞台，不只是戲劇表演的場地，更包含整個空間裡的商店、佈置，而這種時空的錯置不但有從外頭的現代到裡頭的台灣古早味，同時也有中西文明上的交錯，誠如吳興國所言：「我們希望能把台灣古早味，和上海那時候所謂外國人占領的文明區，甚至歐洲的，把它們放在一起。都是比較古典的。裡頭有咖啡廳、髮型屋，還有一些那時候西方的時尚。這邊東方古早的，就有一些柑仔店、伴手禮、茶坊，或者眷村麵攤。」〔註350〕這樣並置、交雜的作法，就如同劇中〈文官之死〉的劇情，讓將軍觀看京劇《薛平貴與王寶釧》，具有十足的衝突性。

這樣的設計，從吳興國與張忘的說法來看，看似理論充分，而且頗具巧

---

〔註347〕有關「文化創意產業」可參行政院文化建設委員會文化創意產業推動服務網，網址：http://cci.culture.tw/cci/cci/index.php。

〔註348〕李伊晴記錄整理：〈小說的切片，戲劇的張力：張大春 VS.吳興國談契訶夫〉，頁 50。

〔註349〕張忘：〈當代創意家〉，當代傳奇劇場《歡樂時光——契訶夫傳奇》節目冊。

〔註350〕李伊晴記錄整理：〈小說的切片，戲劇的張力：張大春 VS.吳興國談契訶夫〉，頁 51。

思。但，所謂的「台灣古早味」，究竟與契訶夫有怎樣的關係呢？兩者之間的關連，或許都是過往的時光重現，但俄國與台灣相差甚遠，又如何同而化之。雖然，在設計上運用了「荒謬」、「衝突」等思考，讓這些異質的元素得以共存。但，從劇本到整個園區設計都被「拼貼」，究竟能替這部劇作帶來什麼？因此，所謂的「文創」、「古早味」彷彿變成觀光園區內的攤販，創造了無限的商機，但對於文化、對於藝術，是否被這樣的架構給稀釋了呢？就誠如我曾在劇評中所提及的：「『文創』就僅存為一個「口號」，周邊打著古早味的名義，至於劇作則是為了契訶夫的 150 年誕辰，兩件看似偉大而有意義的初衷與設定，難道也成為一種拼貼了嗎？也許，這樣的設計與用心，讓很多人感受到了「歡樂時光」的歡樂，但歡樂這件事情又豈僅是如此而已。」〔註351〕

　　張忘曾言之：

　　　因為未來是文創的時代，從古老的文化推新，以未來的想像出新。
　　　這位劇場界的老頑童，大夥罵歸罵，最後還是會支持他的，在以變
　　　與不變之間他的拿捏總能貼近時代。在舊與新之間他的取捨總令人
　　　出乎意外。而藝術的精神不就是如此嗎？〔註352〕

我們無法否認《歡樂時光——契訶夫傳奇》整體的用心與突破，這也是吳興國在當代傳奇劇場一路創作下來，得以運用的特色與長才。而這部劇作乃至於行銷都產生非常卓越的成績，故有學位論文以《藝文團體的顧客經營與活動規劃之研究——以當代傳奇劇場《歡樂時光——契訶夫傳奇》為例》〔註353〕為題研究劇作呈現之外的問題。但，「文創」這個概念看似兼顧藝術文化與商業運作的可能，其執行仍是有待商榷的。縱使我們都期待文化與商業機會可以達到平衡與共存，但這樣會否是流於「商業劇場」呢？張大春在與吳興國對談最後提到：「因為這是一個全方位的創作，文學、音樂、戲劇、設計的創作，不只是一個文學作品。透過對於契訶夫的致敬，完成對全方位創作的示範，顯然對每一個創作領域都應該有號召力，要怎麼把這個概念傳遞出去很

---

〔註351〕吳岳霖：〈如此歡樂，歡樂如此？：當代傳奇劇場《歡樂時光——契訶夫傳奇》
　　　　　的問題所在〉，收錄於財團法人國家文化藝術基金會編：《藝評台 2011 專輯》
　　　　　（台北，財團法人國家文化藝術基金會，2012 年），頁 82～83。
〔註352〕張忘：〈當代創意家〉，當代傳奇劇場《歡樂時光——契訶夫傳奇》節目冊。
〔註353〕吳俊揆：《藝文團體的顧客經營與活動規劃之研究——以當代傳奇劇場《歡樂時
　　　　　光——契訶夫傳奇》為例》（台北：銘傳大學傳播管理學系碩士論文，2011 年）。

重要。」〔註354〕這是一個真實存在的遠大目標，而這也是在「文創」的背後，
該去追求的戲劇核心。

### （二）「定目劇」

另一個與「文創劇場」攪和在一起的名詞是所謂的「定目劇」，這也是台
灣劇場界這一兩年來被狂熱地使用的名詞。但究竟如何定義這個詞彙，若以
行政院文化建設委員會所公告的「補助民間推動文化觀光定目劇作業要點」，
其必須符合以下幾點：

> （一）專為促進文化觀光量身特製（含創新製作、改編重製及舊作
> 　　　重演）之「售票」表演，並以本土創作劇碼為原則，如有特
> 　　　殊情況，得以國外創作劇碼為例外。
>
> （二）為固定時間、固定地點、固定型式之表演。
>
> （三）每週至少表演五天，每場次至少四十五分鐘。
>
> （四）至少以三個月（一季）為一個檔期。
>
> （五）為計畫能付諸執行，不論自辦或合辦，申請單位應於申請前
> 　　　與相關單位談定場地使用事宜，並出具場地使用或租用同意
> 　　　書影本。
>
> （六）為達成文化觀光效益，申請單位應於申請前與旅遊業者談定
> 　　　合作事宜，並出具雙方合作意向書。〔註355〕

不過，目前被稱之為「定目劇」的作品並不完全符合此要點。例如：屏風表
演班與原舞者合作，替 2010 台北花卉博覽會製作的「花博定目劇場」《百合
戀》，其雖在同一場館（舞蝶館）演出，但演出時間為 2010 年 11 月 6 日到 2011
年 1 月 4 日，時程雖長但卻不符合第四點的「至少以三個月（一季）為一個
檔期」。同樣地，當代傳奇劇場的《歡樂時光——契訶夫傳奇》被製作人林秀
偉稱之為「文創台灣印象 定目劇的新概念」〔註356〕，亦以「定目劇」作為號
召，但演出時間僅不到一個月，也不符合要點裡的檔期時間。於是，「定目劇」

---

〔註354〕李伊晴記錄整理：〈小說的切片，戲劇的張力：張大春 VS.吳興國談契訶夫〉，
　　　　頁 57。
〔註355〕參見行政院文化建設委員會網頁，網址：http://www.cca.gov.tw/law.do?
　　　　method=find&id=282。
〔註356〕參見林秀偉：〈文創台灣印象 定目劇的新概念〉，當代傳奇劇場《歡樂時光——
　　　　——契訶夫傳奇》節目冊。

到底是什麼？是爲了申請到文化建設委員會的補助而設計的劇場？還是具有另一番定義呢？

針對這個定義混亂的「定目劇」，白斐嵐指出：

> 對於這些名詞，大家各自有各自的想像：「政府所謂的定目劇應該就是文建會所推動的『文化觀光定目劇』，文創劇場大概也是類似的概念，像是百老匯或是中國的印象系列，反而和國外所熟知的「Repertoire」概念不太一樣」。〔註357〕

可見，並非「定目劇」本身定義不清，而是在挪移到台灣成爲「台式定目劇」後，政府自行所創發的另一套定義。誠如鴻鴻所言：「其實『定目劇』原文爲『repertoire』，原指任一藝術團體、劇院能不斷輪迴演出的所有劇目、曲目。然而到了台灣，或許因爲翻譯名詞『定目』的聯想，完全變樣。」〔註358〕同樣地，李國修亦表示：「就美國戲劇界慣用定義，定目劇應指非營利劇場在商業劇場機制成熟的大環境裡，爲凸顯自己特色，所推出的可不斷輪迴演出的招牌劇碼。台灣最愛當作定目劇指標的百老匯音樂劇、張藝謀印象系列，『其實都是商業劇場，根本不是定目劇。』」〔註359〕因此，在這種政府單位完全誤解其內涵而設的準則之下，劇團如要以「定目劇」製作，勢必另要發展一套屬於自己的公式，就如同2011年由表演藝術聯盟所承辦的華山藝術生活節的「文創劇場」，就是試圖來爲「定目劇」試水溫。〔註360〕

於是，當代傳奇劇場套用「文創」，乃至於「定目劇」的概念，的確帶來某種層面的商業以及觀光的效應。觀眾可以被這齣劇吸引，同樣地也可能因爲華山周邊，以及當代傳奇劇場《歡樂時光——契訶夫傳奇》所設計的配套所吸引，而形成一種相互的引力，同時促進劇場與觀光兩個面向的發展。因此，當代傳奇劇場在《歡樂時光——契訶夫傳奇》中，其實逐漸發展成一套所謂的「台式定目劇」，也就是林秀偉所言之「定目劇的新概念」。但，就如我在前一段探討「文創」這個關鍵字時，質疑戲劇表演所眞要傳達的到底是什麼。我亦曾在劇評的最後拋出一段話：「但，對於一個看戲的人，走進劇場，

---

〔註357〕白斐嵐：〈台式「定目劇」出現了嗎？——定義紛擾難清「官」的想像與「民」的掙扎〉，《表演藝術》第229期（2012年1月），頁52。

〔註358〕何定照：〈理想定目劇 官方藝術界想像是否一致？〉，《聯合報》2011年4月10日，D2版。

〔註359〕同前註。

〔註360〕〈打造定目劇 文創劇場試水溫〉，《中時電子報》2011年2月7日。

要的到底是一部有意義、好看的劇作，還是在劇場四周吃吃喝喝呢？這可能才是問題所在吧！」〔註361〕可見，當代傳奇劇場藉由「台式定目劇」達到某些層面上的功能，但有更多戲劇本身的問題是不可偏廢的。

　　因此，鴻鴻曾語重心長地指出：

　　真心話說在前頭：劇場不是文創產業。

　　政府把劇場看成文創產業，準備把注大筆推展預算，照理說應該感恩戴德才對。可是我不得不說，這個誤會可大了。〔註362〕

他又更仔細地提出：「台灣的「文創產業」遠景看似誘引企業投資的胡蘿蔔，實際上和各縣市政府熱中的嘉年華，思維如出一轍，就是要吸引人潮。官辦活動向來重量不重質，只要人潮湧入，媒體曝光，就算成功。至於節目內容，根本無人深究。眾多演藝團體爲了花博、爲了建國百年的丁點經費，勉強端出良莠不齊的節目，絲毫無助於創作品質的提升。」〔註363〕「文創」是什麼？而「定目劇」又是什麼？劇團發展的確倚仗某些政府的補助，以及觀眾的購票，當然其本質仍是藝術層面，更是應當顧及的。但，對於一個劇場表演眞能融涉這兩者嗎？誠如白斐嵐在其文末所提出的：「『定目劇』名詞上的紛義，更再一次顯現了立場上的差距——政府要的是『文化產業』，但劇場人奮鬥的是『文化事業』。」〔註364〕當代傳奇劇場挪用了這個概念，或許符合其在創團時所欲達成的目標：「讓新的觀眾進入劇場」，但這並不只是票房問題，理應還有更多該追求的戲劇本體的改進。

### （三）「建國百年」、「特展」

　　這兩個關鍵字：「建國百年」、「特展」，雖是爲《康熙大帝與太陽王路易十四》所設，但其所產生的問題是從「文創劇場」、「定目劇」本有的質疑所延伸而來的，這些探討其實都一脈相成。

　　「建國百年」一詞帶有政治敏感，在由賴聲川編劇及作詞、丁乃箏與呂

---

〔註361〕吳岳霖：〈如此歡樂，歡樂如此？：當代傳奇劇場《歡樂時光——契訶夫傳奇》的問題所在〉，頁83。

〔註362〕鴻鴻：〈劇場不是文創產業〉，見鴻鴻個人部落格「你的黑眼睛」，網址：http://blog.chinatimes.com/hhung/archive/2011/04/11/646179.html。該文原載於《聯合報》2011年4月10日。

〔註363〕同前註。

〔註364〕白斐嵐：〈台式「定目劇」出現了嗎？——定義紛擾難清「官」的想像與「民」的掙扎〉，頁53。

柏伸導演的《夢想家》搖滾音樂劇被爆出花費過高的抨擊後，許多劇場界人士也提出對於該劇配合「中華民國建國一百年國慶晚會」所矇蔽的藝術問題，當然這些負面的評價也夾藏了政黨在 2012 年總統大選的政治權謀。鴻鴻是最早對《夢想家》提出質疑的劇場人士（2011 年 10 月 13 日），他在「表演藝術評論台」發表〈【夢想，何以爲家？】有政治沒藝術，有中華民國沒台灣《夢想家》〉一文，認爲此劇「將革命與藝術追求一視同仁地理解爲夢想，並將夢想與現實的對比簡化爲白與黑」，並因「錯亂的史觀，劇情與意象編排得多麼荒誕」，直接點明其內容政治性大於藝術性，鴻鴻最後語重心長的表示：「藝術不是不能碰政治，也不是不能表達清楚的立場，只是不宜自我矮化成爲政治的粉飾。……這齣戲竟也跟建國百年的眾多燒錢大製作一樣，淪陷得如此難堪。我只希望民國 100 年趕快過去，慶典趕快結束，讓藝術的歸藝術，政治的歸政治。這樣藝術家才有機會做出有尊嚴的作品，給政治家學習。」〔註365〕同樣地，林采韻在鴻鴻發表的同日，亦在劇評中指出：「在歡慶百年的此刻，政府透過表演藝術，展現台灣軟實力，同時表達對文化的重視，令人『可歌』，但形式上的突破，若只是一種攀附時髦的包裝，而忽略藝術本質，呈現的結果，很容易形成『空洞』。」〔註366〕乃至於台灣大學戲劇系教授紀蔚然在《中國時報》發表評論，指出：「在網路拜讀鴻鴻與林采韻對於建國百年大型歌舞劇《夢想家》的批評，個人深感同意，藉此呼應。無論從任何角度（秀場、政治宣傳或藝術）檢視，耗資兩億的《夢想家》著實不堪卒睹，若不是爲了研究國家機器之於表演藝術的汙染，及表演藝術團隊自甘墮落的程度，我還眞找不到看下去的理由。」〔註367〕此篇投書的刊登，促使文建會以誤解紀蔚然的內容回函發表公開聲明稿〔註368〕，卻造成反效果。對於此劇加以評論與投書的藝文人士，還包含台灣歌劇藝術家曾道雄、台灣戲曲學院教授陳正熙等人，足見這部劇作在與「建國百年」掛勾後所產生的龐大效應。雖然，

〔註365〕鴻鴻：〈【夢想，何以爲家？】有政治沒藝術，有中華民國沒台灣《夢想家》〉，《表演藝術評論台》，網址：http://pareviews.ncafroc.org.tw/?p=776（2011.10.13）。

〔註366〕林采韻：〈【夢想，何以爲家？】形式空洞，夢想如何實踐《夢想家》〉，《表演藝術評論台》，網址：http://pareviews.ncafroc.org.tw/?p=716（2011.10.13）。

〔註367〕紀蔚然：〈「夢想」幻滅的國「家」〉，《中國時報》2011 年 10 月 17 日。

〔註368〕聲明稿內容詳見，行政院文化建設委員會：〈針對媒體「夢想幻滅的國家」乙文 文建會回應〉，網址：http://www2.cna.com.tw/postwrite/cvpread.aspx?ID=92308。

當代傳奇劇場的《康熙大帝與太陽王路易十四》並未被捲入這場政治、藝術問題交織而成的漩渦中，但這些被提出的問題是足以被審視與思索的。

《康熙大帝與太陽王路易十四》歌劇，係因故宮博物院「康熙大帝與太陽王路易十四——中法藝術文化的交會」特展而合力製作的，此特展被規劃於中華民國建國一百年系列活動「部會旗艦活動」的一項。就此特展被掛上「建國百年」的名義，本來就令人匪夷所思了。究竟康熙大帝、法王路易十四與中華民國之間的關聯何在？兩位專制王朝的帝王，又如何與以民主建國的中華民國連上關係？更諷刺的是，康熙所屬的清朝更是被中華民國國父孫中山所推翻的，與其說這之間有所關聯，倒不如認為是兩個相衝突、相對抗的對象。如是以康熙與路易十四所創建的盛世來指涉中華民國的太平，未免又太過於阿諛諂媚，（用專制王朝比擬民主國家）卻又不倫不類。但，就誠如故宮博物院周功鑫所言：「此次『康熙大帝與太陽王路易十四——中法藝術文化的交會』特展因涉及中、法交流史，所需投入研究的時間較多，自 2008 年功鑫回任故宮時即開始與同仁著手規劃，前後歷時三年多，適逢安排於本年推出，實為中華民國建國一百年最佳藝術獻禮。」〔註 369〕故，此特展可能並非專替「建國百年」所設，亦可純粹以藝術視之。但在如此敏感的政治議題操作下，這樣的掛名實必令人猜疑，其中更夾雜了太多經費補助上的問題與現實。

因此，當代傳奇劇場在製作《康熙大帝與太陽王路易十四》這部歌劇時，必然意識到這個問題。當代傳奇劇場製作人林秀偉曾指出：「故宮為了慶祝百年，特別強調國家格局，然而，若歌頌過多的豐功偉業，定無戲劇張力可言。」〔註 370〕這部劇作的創作題材因與政治、黨派、家國等問題較無牽涉，故不容易流於執政者的操作，或是在野黨的杯葛。但，這樣被「委託」製作的作品，必然與補助款的名義無法擺脫關係。因此，當代傳奇劇場雖避開了《夢想家》被抨擊的史觀扭曲、諂媚黨國之嫌，但其實仍與紀蔚然所質疑《夢想家》的「國家機器之於表演藝術的汙染」脫不了關係，其所攻擊的並非專指《夢想家》，更可套用到所有台灣劇團所面臨到的問題。就像前述提及的有關「文創

〔註 369〕周功鑫：〈從君王的藝術典藏，到舞台的嘹亮歌聲〉，當代傳奇劇場《康熙大帝與太陽王路易十四》節目冊，頁 4。

〔註 370〕林秀偉：〈製作人日記：歌劇的誕生〉，見故宮博物院「康熙大帝與太陽王路易十四」特展網頁，網址：http://www.twclt.com.tw/web/page_02_6_ch.htm。

劇場」與「定目劇」的質疑，劇團的營運若被迫仰賴補助，那麼他們的劇作
會否流於去符合補助項目，而非其所欲詮釋與表達的，再加上為配合申請時
程，會否製作出過多粗劣的作品。如《康熙大帝與太陽王路易十四》歌劇因
是被委託製作的作品，雖在編導過程中，吳興國、張大春等人仍致力於去處
理每一個細節，並運用當代傳奇劇場過往的經驗，創造不同於以往的呈現方
式，但僅有九個月的時間〔註371〕，外加有別於過往作品皆經歷一段時間的沉
澱才得以編導演出，我們不免質疑最後所呈現的「分割」式的劇情處理，乃
是為了簡化創作而採取的方式。

於是，這些因素雖都在表演以「外」，卻深深影響到劇作最後呈現的方式，
以及整體製作的準則。故，這兩部劇作最大的問題反而是在於表演以外，所
產生的文化、社會現象。當《歡樂時光──契訶夫傳奇》與《康熙大帝與太
陽王路易十四》，扣上了「文創」、「定目劇」、「建國百年」等名稱，劇作被創
作、被評論就不再只是純藝術的角度，更包含了太多「受迫性」與「非受迫
性」的因素。於是，這兩部作品不只是反應當代傳奇劇場的創作脈絡，更成
為當代劇場的共同現象與反思。

---

〔註371〕根據林秀偉的製作人日記，內容提及籌備期僅有九個月（從 2011 年 1 月開始，
至故宮首演的 10 月 15 日）。詳見林秀偉：〈製作人日記：歌劇的誕生〉，見故
宮博物院「康熙大帝與太陽王路易十四」特展網頁，網址：http://www.twclt.com.
tw/web/page_02_6_ch.htm。

# 第三章　新創與回歸：從《李爾在此》與《等待果陀》「再論」當代傳奇劇場

　　我要說的是，我始終抱持的態度是，

　　我們有這麼好的表演形式，

　　怎麼可能創造不出屬於這個時代的「當代傳奇」。

　　我先是困惑、接著憤怒、然後很傷心。

　　但是，我不要迷迷糊糊過下去。

　　所以，我決定找到志同道合的人，

　　一起創造「當代傳奇」。〔註1〕

——吳興國

2002 年，吳興國於北京的「中國京劇院」座談時，說了這麼一段話。而這段話直至目前，其實仍可在當代傳奇劇場的劇作中反映，因為這是吳興國不斷自我檢視的初衷。

　　當代傳奇劇場在創團之作《慾望城國》後，開啓了一場以「西方混血」為基礎的跨界實驗，這也是過往的傳統戲曲團體所未嘗試的做法。當代傳奇劇場在「傳統」與「現代」之間展開一種拉扯，試圖在碰撞、衝突間找到新

<hr>

〔註 1〕 引自李立亨：〈吳興國的憤怒與眼淚〉，《表演藝術》第 144 期（2004 年 12 月），頁 28。

的劇場、新的劇種型態。這樣的實驗態度與方式，不論成功與否，卻影響深遠，特別是對於過往的傳統戲曲團體，也開始透過類似的「混血」思考去改變本有的載體與體系。同樣地，非傳統戲曲團體亦嘗試「傳統」與「現代」劇場的某些可能，如：由劉亮延所編導的李清照私人劇團感傷動作派作品《作淫愁（上）初飛花瑪莉訓子》與《作淫愁（下）猶自羞駝男盜令》〔註2〕，取材自京劇老戲《三娘教子》、《四郎探母》，與日本戰後前衛劇場大師寺山修司經典名作《毛皮瑪莉》、《青森縣的駝子》結合。但，從本文前一章節的論述中，可見當代傳奇劇場雖在創新的過程中思索「如何脫離京劇的體系與框架」，卻不斷地透露對於傳統京劇的欲拒還迎，及不可割捨。而這種態度其實就反映出，我於開頭所引吳興國的說法：「我們有這麼好的表演形式，怎麼可能創造不出屬於這個時代的『當代傳奇』。」於是，我們所要檢視的，不只是吳興國如何去創新，反而是在不斷衝撞京劇表演體系與架構的背後，那個直指傳統本質的核心。

吳興國曾言：「我在當代傳奇創做了四齣莎翁劇本，其中三齣《慾望城國》（Macbeth）、《王子復仇記》（Hamlet）、《李爾在此》（King Lear）的主角都被命運逼到盡頭，唯有《暴風雨》（The Tempest）中的魔法師中於大徹大悟，寬恕了別人，同時也饒了自己，才把悲劇轉爲喜劇，……」〔註3〕這種隱藏在劇中角色背後的，其實是吳興國自己生命的互動與關懷，從社會到自身，再由自身轉發到外界的體悟。他所詮釋的這些角色，不斷地與吳興國的自我生命呼應，從《慾望城國》的衝動、《李爾在此》的傾吐、《暴風雨》的和解，到《等待果陀》的空無，不只是一種戲劇與藝術的呈現，更凸顯吳興國的生命歷程。〔註4〕這也是本章節所欲探討的一個出發點，就是如何透過吳興國的自我意識從新審視這些劇作，特別是《李爾在此》與《等待果陀》這兩部作品。當劇場型態被簡化或是集中到演員自身時，這種詮釋空間更是直接地被演員

〔註2〕 《作淫愁（上）初飛花瑪莉訓子》於2011年5月首演，而《作淫愁（下）猶自羞駝男盜令》則於同年10月首演。

〔註3〕 吳興國：〈傳主序：我演悲劇人物〉，收錄於盧健英：《絕境萌芽：吳興國的當代傳奇》，頁74。

〔註4〕 李傳認爲：「我們看到，吳興國「當代傳奇劇場」的幾次產生重大影響的經典改編──《慾望城國》、《李爾在此》、《等待果陀》，幾乎都有藝術家的個人生命體驗在內，而非純粹爲改編而改編。」見李傳：〈西體中用：論吳興國「當代傳奇劇場」的跨文化戲劇實驗〉，《戲劇藝術》2011年第4期（2011年），頁67。

所彰顯。因此，若這些劇作在在與吳興國共鳴，那麼他對於傳統的關懷亦是於此清晰可見。

　　故，本章節將以《李爾在此》與《等待果陀》作爲核心，透過吳興國創作這兩部劇作的元素與呈現方式，何以傳達他對於個人生命的態度與動能，並從中截取其對於傳統戲曲的思考，以及如何透過傳統劇場開啓其前衛性〔註5〕。這層思考亦是提供如何「再論」當代傳奇劇場的可能，也就是吳興國如在「新創」的過程中，置入「回歸」傳統劇場的意識。之所以特別重視這兩部劇作的意義，更在於其是否接近於吳興國所欲追求的「劇種新型態」，而這也顯然地提供了能夠「再論」當代傳奇劇場的契機。

# 第一節　重新發聲與自我對話：《李爾在此》的「新型態」詮釋

　　《李爾在此》於 2001 年首演，是當代傳奇劇場第三部改編自莎士比亞劇作的作品，其取材自悲劇《李爾王》。之所以獨立討論這部劇作，在於《李爾在此》爲當代傳奇劇場的「復團之作」。

　　在《奧瑞斯提亞》首演的 1995 年，兩岸關係緊張與台灣本土化的呼聲高漲，「兩國論」的主張引爆海峽危機，台灣內部的國家認同發生分歧，本土意識與中原意識型態的對立漸漸成形，而隨國民政府來台的「京劇」漸淪爲意識形態下的原罪，一向受到保護、提供政府官員娛樂的三軍劇隊的預算被逐年刪減，因此三軍劇隊終於整併爲國光劇團，並試圖在本土化浪潮中找到新的出路。在貢敏出任國光劇團藝術總監，所謂的「台灣三部曲」——《媽祖》（1998）、《鄭成功》（1999）和《廖添丁》（1999）——於焉誕生。而國光劇團只要一有任務，當代傳奇劇場就借不到人。於是，當代傳奇劇場最大的問題，就是雖然演出邀約不斷，但沒有固定演出的演員，最後形如空轉。〔註6〕

〔註 5〕　故，鄭傑文將其碩士論文論述《李爾在此》與《等待果陀》的章節命名爲「發現傳統劇場的前衛性」。見鄭傑文：《慾望現代與混血表演：1986～2006 當代傳奇劇場作品初探》，頁 151。

〔註 6〕　此處內容參考盧健英：《絕境萌芽——吳興國的當代傳奇》，頁 202～203。有關「京劇本土化」問題，可參考王安祈：〈京劇理論在當代台灣的開展與局限〉，頁 203～212。王安祈：《臺灣京劇五十年》，頁 126～133。王安祈：《當代戲曲》，頁 87～94。林鶴宜：《臺灣戲劇史》，頁 245～246。

此外，在 1998 年《慾望城國》結束亞維儂藝術節邀演歸國，吳興國遞送《等待果陀》演出方案〔註7〕卻被台北市戲劇節退件。在這種煎熬之下，吳興國於1998 年 12 月 21 日下午，以一句話與一個鞠躬，宣告當代傳奇劇場暫停運作。〔註8〕吳興國這樣說：「這三年裡，我一齣戲也做不了。」〔註9〕直至 2000 年，吳興國受陽光劇團藝術總監亞莉安·莫虛金邀請至法國授課，並排演了二十五分鐘改編自《李爾王》的獨角戲。於是，在亞莉安·莫虛金的「恐嚇」〔註10〕與支持之下，重回台灣舞台，並於 2001 年發表新作《李爾在此》。

《李爾在此》一劇，有別於當代傳奇劇場自《慾望城國》到《奧瑞斯提亞》的「大」製作，其延續了被退件的《等待果陀》演出方案的小型劇場型態，某個層面回應了鴻鴻在《奧瑞斯提亞》演出後所提出的建議〔註11〕。其主要脫胎自吳興國於法國所表演的二十五分鐘獨角戲，將其延展為九十分鐘，同樣由吳興國一人分飾十角。《李爾在此》雖為改編作品，但由於已大量拆解了莎劇《李爾王》的劇情架構，並將原先龐雜的人物分配加以刪減，更添入了「吳興國」自己作為一個角色，成為一個與原著連繫度極低而近於新編的作品。也由於「吳興國」成為其中一個角色，整部劇作亦帶有濃厚的「自我意識」。

故，本節的論述將從吳興國如何從《李爾王》出發，與自己的生命歷程呼應，並將原著的角色重新定位與發聲，而透過這樣的改編，藉由表演達到與自我的對話。由於這樣特殊的改編方式，對原著劇情的大量解構、吳興國

---

〔註7〕此演出方案根據吳興國傳記記載，是由金士傑演流浪漢哭哭、吳興國演流浪漢啼啼、李立群演暴發戶破梭的黃金陣容，試圖來一場京劇與舞台劇的激盪。而這個計畫被退件，實成為壓垮吳興國的最後一根稻草，其努力雖獲國際肯定，卻在台灣得不到同等的回應。見盧健英：《絕境萌芽——吳興國的當代傳奇》，頁 206。

〔註8〕據吳興國的說法，該場記者會，他只講了一句話，鞠了一個躬，起身便走，只留下好友、戲劇學者鍾明德向記者說明那一段難以說明的事實。見吳興國：〈形塑新中國戲曲〉，頁 92。

〔註9〕盧健英：《絕境萌芽——吳興國的當代傳奇》，頁 205。

〔註10〕亞莉安·莫虛金在看完吳興國的表演後，走到他面前，堅定地「恐嚇」他：「如果你不重回舞台，我就殺了你。」同前註，頁 207。

〔註11〕閻鴻亞（鴻鴻）於報導中針對當代傳奇劇場指出，京劇現代化的實驗可以從小作品做起，不要每次搞這麼大的戲，砸這麼多錢，很不環保。見紀慧玲：〈謝喜納版 奧瑞斯提亞 見仁見智 觀感 短兵相接〉，《民生報》1995 年 11 月 12 日，14 版。

演員個人能力的發揮，是否與當代傳奇劇場所追求的「劇種新型態」以及鍾明德所言的「第三類接觸」最爲靠近？本節的最後，試圖將《李爾在此》的問題置入其創團之目標以及對於傳統劇場的思考，開啓對於當代傳奇劇場「再論」的可能性。

## 一、李爾在哪？──「自傳式」改編

　　*Wu Hsing-Kuo Meets Shakespeare*（吳興國遇見莎士比亞）

《李爾在此》節目單上的英文副標題這樣寫著，而這也是當代傳奇劇場自第一部劇作《慾望城國》以來一直在處理的「遇見」。就如黃承元所說：「這樣的標題強調此劇是一個演員（吳興國）直接面對劇作家（莎士比亞）和劇中人物時的種種思考。」〔註 12〕而這也是對於「莎劇改編」的思索，以及對於莎劇意涵的重塑。林璄南認爲：

> 對於「莎士比亞」的學者來說，一旦擺脫開了傳統論述所汲汲於探尋的「作者原意」，以及「作品」的「終極意義」，怎麼重新探討「作品」、「文本」與「作者」三者所衍生或引發的種種閱讀與詮釋上的問題，不僅祇意味著契機，同時也是挑戰。……但事實上，「作者」「身後」的身影，卻不是輕易可以甩脫得掉的。再者，詮釋者在詮釋時如何拿捏得宜，選擇適切的詮釋策略，對「作品」、「文本」與「作者」，乃至其他相關的社會文化現象，提出具有說服力的詮釋，
> 依舊是莫大的挑戰，有待詮釋者予以正視並重新加以探討。〔註 13〕

所謂「詮釋」除了是研究者的論述之外，亦可推導至表演者的改編與演繹。而陳芳曾轉引莎士比亞研究學者 Dennis Kennedy 所言：「現在是一個『文化旅行』的時代，亞洲劇場跨文化表演莎劇作品，已經更加『反映自我』、『意識自我』。」認爲：「由此看來，跨文化改編與演繹的重點，並不在於是否貼近原著；而在於改編與演繹後的作品，究竟在立足自身文化傳統中時，展現了什麼樣的構思和創意。」〔註 14〕這樣的說法其實呼應了當代傳奇劇場對於「西

---

〔註 12〕黃承元：〈二十一世紀莎劇演出新貌：論吳興國的《李爾在此》〉，頁 116。

〔註 13〕林璄南：〈戲劇寫作與作者身分──以「莎士比亞」爲例〉，收錄於彭鏡禧主編：《發現莎士比亞：台灣莎學論述選集》（台北：貓頭鷹出版，2004 年再版），頁 371。

〔註 14〕見陳芳：〈戲曲易容術與演藝主體性〉，收錄於陳芳主編：《「劇場事」8：戲曲易容術專題》，頁 5。不過，陳芳雖於此提出「不需貼近原著」的看法，但在

方混血」的作法：處理原著的態度，雖附著於原著劇情的骨幹，但在詮釋意義以及態度皆有所跳脫，相較於其他劇團的西方改編而離原著較遠，這個現象也在謝喜納所執導的《奧瑞斯提亞》達到巔峰。但，《李爾在此》卻不再依循前作對於原著劇情的依附，更將其劇情骨幹打散，近乎只保留了《李爾王》的主要人物與部分敘事。於是，吳興國透過自編自導自演的獨角戲，投以他的「自傳性」色彩。在否決了劇場的龐大敘事後，問題將回歸到吳興國自身。因此，《李爾在此》其實並不是搬演李爾王，而是搬演吳興國。〔註15〕

　　不過，既然《李爾在此》與吳興國之間形成一種緊密的聯繫，究竟《李爾在此》所要搬演的是李爾王，還是吳興國？如以盧健英為吳興國所寫的傳記中所說，其實為搬演吳興國，又黃承元所指涉出的「《李爾在此》可以說是吳興國的自傳」〔註16〕，那麼何以要用《李爾王》作為其自傳式改編的底本呢？

　　由此疑問出發，針對《李爾在此》一劇可以被思索的是：「李爾在哪？」。在《李爾在此》裡，吳興國所分飾的十角中的確有李爾王這個角色，但在一個名為「李爾」的劇作中，李爾王的重要性究竟何在呢？而《李爾在此》之所以有別於當代傳奇劇場其他莎劇改編，又有何特殊意義呢？如果我們先做一個假設是，吳興國藉由自己情感去演繹李爾王，試圖與其產生共鳴，因此，無論是吳興國，還是李爾王，其實都在一個同樣的詮釋脈絡與意境之中。如吳興國自己所說的：

> 我的個性與李爾王十分相近：固執、任性、強勢而暴躁。我可以不顧他人眼光地隨心所欲。〔註17〕

兩人的聯繫在於這種情感上的相似性，拉開了吳興國與李爾王之間的詮釋空間，而產生更多的對話與討論。就如傅裕惠在所說：「台上的『李爾』將對著一盞皓月，反映他的苦悶與怨悔；台下的吳興國將透過扮演，穿越那造阻隔現實與幻想的牆，對著期待他的觀眾，訴說出什麼樣的心事？」〔註18〕吳興

---

其與彭鏡禧合力改編的「豫莎劇」《約／束》卻是以「貼近原著精義」為原則。可見，理論的提出與實際的改編仍是有其距離的，更可知當代傳奇劇場在此領域上之地位與成就。

〔註15〕盧健英：《絕境萌芽：吳興國的當代傳奇》，頁208。此處指出「事實上，《李爾在此》並不搬演李爾王，而是搬演吳興國，……」。

〔註16〕黃承元：〈二十一世紀莎劇演出新貌：論吳興國的《李爾在此》〉，頁116。

〔註17〕吳興國：〈李爾在此Q&A〉，當代傳奇劇場《李爾在此》2008台積心築藝術季節目冊。

〔註18〕傅裕惠：〈管它風吹、雨打還是雷擊——吳興國單挑《李爾王》〉，《表演藝術》

國選擇《李爾王》作爲改編之對象，並由自己一人演出，同時也是將自己創作歷程的「孤獨」以及「狂傲」釋放，傅裕惠指出：「選擇一個孤妄無助的老人角色，作爲重新累積的創作，吳興國認爲不僅僅是偶然，也是他長期執導的感想。」〔註19〕這種思考更源自於他在法國所表演的二十五分鐘版的《李爾在此》裡，混雜了他對「背叛」的思索，他自己人生的獨白。〔註20〕選擇以「獨角戲」呈現，不只是現實因素的考量，更是在以「自傳式改編」爲前提之下，拋出吳興國自己的個性：「只有一個人也要創作！」〔註21〕，一種對於藝術追求的無止盡衝勁，當然這種「衝勁」也夾藏了他的「孤獨」、「狂傲」，甚至是透過李爾王得以詮釋的些許「自負」。〔註22〕

　　雖說不是偶然的選擇，但以《李爾王》爲底本，實可追溯到吳興國 2000年在法國巴黎的演出功課，而帶有些玄虛的色彩。吳興國說：

> 我腦中聽見《李爾王》（King Lear）的召喚。在夢中，我看見師父周正榮拿劍要殺我，我想起葛羅斯特和愛德佳，這一對相愛卻不相認的父子。劇中這對父子終於團聚而相依爲命，但，在夢中，我奪劍殺死師父。而我的師父沒給我懺悔的機會，回台後不久就接到他的死訊。〔註23〕

對於《李爾王》的原初情緒，並不是從吳興國所言的「與自己個性相仿的李爾王」，反而是葛羅斯特父子。由此可見，這樣的出發點，不只呈現「自傳式」改編的型態，更是他對師／父的投射與追憶。特別的是，吳興國在《李爾在

---

第 103 期（2001 年 7 月），頁 53。

〔註19〕傅裕惠：〈管它風吹、雨打還是雷擊——吳興國單挑《李爾王》〉，《表演藝術》第 103 期（2001 年 7 月），頁 53。

〔註20〕見盧健英：《絕境萌芽：吳興國的當代傳奇》，頁 207。

〔註21〕同前註。

〔註22〕在首演版的《李爾在此》裡，吳興國在第一幕結束前，曾大喊了幾位劇場界人士的名字，並以「你在哪裡」等語彙，描繪出自己在戲曲創作路途的「孤獨」，甚至有種「只有吳興國自己在面對傳統戲曲衰微」的意涵，但我們可以思索吳興國在當代傳奇劇場的一路走來，其實受惠於許多的演員、導演、編劇或藝文界人士，雖不可否認他的苦心與慘澹經營，但一度地否決了其他人的貢獻，會否並不是「孤獨」，更夾藏了「狂傲」呢？此外，他所呼喊的這些人，包含了李小平等人，其實都在當代戲曲藝術的創作與推廣佔有一席之地，甚至創作量無數，因此吳興國的吶喊實質不夠厚道。故，在後來的版本裡，這段劇情都被刪除。

〔註23〕吳興國：〈形塑新中國戲曲〉，頁 92。

此》首演的節目單上將其「自傳」收入，簡述自己從小沒有父親，把老師當作是父親，以及自己後來如何與恩師周正榮破裂。特意地將「自傳」放入節目單，可見吳興國是有意識地進行這樣的自傳式改編，並透過他個人與李爾王等角色的呼應，將自己的生命經驗重述，甚至達到自我的檢視，同時也是一種救贖。

故，黃承元藉由「自傳式改編」的手法，認為：「這種新的改編形式強調在地和個人的閱讀角度，經常反映出改編者或演員本身關注或需要解決的問題甚至身分認同危機。」〔註24〕並以此角度解讀《李爾在此》，他指出：

> 《李爾在此》以夢境和回憶的方式呈現《李爾王》的重要片段，全劇環繞《李爾王》中一個重要的問題——「我是誰？」——來剖析演員的現實人生經驗與他所扮演的虛擬角色之間的關係，並探討李爾王和吳興國的身分認同的危機。〔註25〕

因此，雖說「自傳式改編」是《李爾在此》的詮釋手法與出發點，但真正核心的意義則是透過表演傳達出另一層的意涵。這樣的方式，讓《李爾在此》與原著脫離，甚至是切割，而《李爾王》原所要傳達的符指可能亦非《李爾在此》所表現的，但這才是吳興國欲透過《李爾在此》所拉開的「我是誰」的本質性問題，以及他對傳統劇場的態度與反思。

## 二、怒吼？低鳴？還是沉默？：《李爾王》的重新發聲

至於，吳興國是如何進行「自傳式改編」，第一個層面就是從「如何替劇中角色發聲」開始。而這個「發聲」過程，吳興國雖將《李爾王》整個劇情結構拆碎，卻同時也將原著裡的某些對話巧妙地鑲進《李爾在此》。

《李爾在此》共有三幕，分別為〈戲〉、〈弄〉、〈人〉。如純以李爾王的角度來看整部作品的時序，第一幕是李爾王被逐出國門之後，發狂地在荒野中奔走，而第二幕則是弄人將睡夢中的李爾王叫醒，之後開始倒敘李爾王之前分國土的事件，說明為何會被趕出自己的國家。第二幕亦穿插老臣葛羅斯特與其二子的故事作為支線劇情，視為李爾王主線的對照。最後一幕與其說是演李爾王，不如說是吳興國在講述李爾王。在這樣的劇情架構之下，吳興國是以李爾王作為一個「再詮釋」的對象，原先李爾王複雜的劇情已被解構，

---

〔註24〕黃承元：〈二十一世紀莎劇演出新貌：論吳興國的《李爾在此》〉，頁115。
〔註25〕同前註，頁116。

導向一個「由吳興國說李爾王」的脈絡，因而才會有幾近與莎士比亞原作無關的第三幕產生。

　　在莎士比亞的原著《李爾王》中，是以順序法的形式演繹，但《李爾在此》卻選擇了原著中間的切入點作爲整部作品的開頭，也就是李爾王被趕出國門後，在暴風雨裡的荒野瘋狂。這一幕之所以重要，方平認爲：

> 對李爾王說來，這場挾著閃電和霹靂而來的暴風雨是一次精神上的
> 洗禮，是一劑醫治重病的烈藥。他瘋了，但他的發瘋卻正是他開始
> 清醒地重新認識現實世界，清醒地重新認識自己的起點；他的發瘋
> 正是他頭腦清醒的開始。〔註26〕

那場暴風雨、那被迫離國、那被自己女兒拋棄的痛苦，一夕之間襲擊了李爾王。當李爾王從高高在上的地位跌落到了谷底，「瘋」與「醒」竟然同時並存。原以爲位高權重之時，才是人生最輝煌、最燦爛的時刻，但卻也是最執迷的。發了瘋，反而讓李爾王在精神上醒覺過來，不是活在欺騙、讒言之中。而，《李爾在此》雖不按照原著的鋪陳脈絡，卻掌握住原著的精神：「我們總在表象裡迷失，現實與眞相卻是在磨難的背後」，並展開其質問。〔註27〕因此，《李爾在此》不以李爾王最輝煌的時刻作爲開始，由於是一齣「悲劇」，因而從一個受苦的場景切入。對於《李爾王》來說，這是一個情節上的逆轉，不只是對故事情節來說，更是對李爾王而言。如《詩學》第十一章中所說：

> 突轉和發現是情節的兩個成分，第三個成分是苦難。在這些成分中，
> 我們已討論過突轉和發現。苦難是指毀滅性的或包含痛苦的行動，
> 如人物在眾目睽睽之下的死亡、遭受痛苦、受傷以及諸如此類的情
> 況。〔註28〕

所以，這個橋段對於原著的悲劇架構而言，是一個極大的轉折與核心要素，卻被置於《李爾在此》的開端，實是饒富深意。此時的李爾王，已非「王」，

---

〔註26〕方平：〈前言〉，收錄於威廉・莎士比亞（William Shakespeare）著，方平譯：《李爾王》（新北：木馬文化，2001年），頁12。

〔註27〕李傳同樣也認爲：「它（《李爾在此》）雖然脫胎於《李爾王》，但完全沒有遵循原本的戲劇結構，並重新組織戲劇情節，主題從莎劇原本對「人性往往迷失於表象，發現眞相往往需要經歷一番磨難」的揭示發展到對人的本質的追問。」見李傳：〈西體中用：論吳興國「當代傳奇劇場」的跨文化戲劇實驗〉，頁68。

〔註28〕亞里斯多德（Aristotle）著，陳中梅譯：《詩學》（台北：台灣商務印書館，2001年），頁89～90。

而只是個叫「李爾」的瘋漢，何嘗不呼應標題的「李爾」在此（「王」已不存在）。在一開場，便以電光、雷鳴作為此劇的引子，吳興國晃著老生的鬍鬚，拖著沉重的步伐，以李爾王的身分開始一段泣訴女兒不孝的唱詞：

> 人老無用子不要
> 終有富貴也徒勞
> 人道鞠勞三世報
> 偏偏女兒都不肖
> 蒼天睜眼來觀瞧
> 蒼天呀

瞬間將此劇的情緒拉到一個高點。這樣的作法，就如吳興國當年在劇隊時，所編之競賽戲《屈原》，一開場就來個激動的大段反二黃，一吐個人傷懷。〔註29〕李爾王那種被女兒背叛、無所依歸的情緒在傾刻間高漲，這樣的手法也許不符合傳統京劇之呈現，但卻能直接刺激現代觀眾。或許，這也借鏡了現代劇場的編劇手法，以一種「現代」的方式詮釋這樣古老的劇目。這段半瘋半醒、半傾訴半怒罵的獨白，以京劇「老生」的形式演繹，將這種中西方共有的悲情與憤怒顯露出來。

　　而李爾王的悲哀，不僅在於吳興國詮釋他之上，亦在第二幕的弄臣口中，透漏了出來：

> 咱們家李爾王一直認為
> 自己是唯一的真理
> 如今
> 真理都躲在狗洞裡了！
> 我聽說這種真理的公狗
> 就怕沒理的母狗
> 在他洞口，灑泡尿
> 放把火，一薰
> 嘿……他呀，就乖乖出來了

真理何在？原來得勢的、高位的才是所謂的真理，離開那張王座，真理蕩然無存。當然，這個真理是李爾王自己成就，甚至是捏造出來的。他自以為是這個世界的真理，以為可以分配自己的國土，而後安享天年，誰知兩個諂媚

---

〔註29〕詳見盧健英：《絕境萌芽：吳興國的當代傳奇》，頁224。

的女兒根本不把他當成真理，甚至連父親都不是。這段唱詞，不過是《李爾王》裡傻子的一小段戲弄的話：「『真理』是條只好躲在狗窩裡的狗；家主母的獵狗在烤火，發臭味兒；它卻給一頓鞭子抽了出去。」〔註30〕吳興國則透過「丑」的表演方式，讓這段詞更顯諷刺與愚弄。而弄臣又以一段丑角式的唱詞，再次重演李爾王的慘劇：

> 台灣有個怪現象
> 老爸分產給三家
> 一人一棟透天厝（台語）
> 說好輪流撫養他
> 誰想隔天不認帳
> 氣得老爸眼巴巴
> 半夜租個大怪手
> 一家一家給他挖
> 嘻嘻嘻！哈哈哈！
> 他傻瓜，變聰明
> 你聰明，變傻瓜

這段唱詞看似逗趣，但卻充斥著諷刺。在一個「優諫」的傳統之下，弄臣用諷諭的手法點醒李爾王。如鄭傑文所說：

> 他既插科打諢卻直言道破了現狀，身分卑下胡言亂語而無所忌諱，
> 直似優孟。正好對照的是李爾，李爾在位時候位高權重，尊榮無比，
> 發瘋之後，癡人說話一如弄人。〔註31〕

但此時的李爾王其實根本無須點醒，不管是他到底能不能回到王座，或是他已從大夢中醒覺，都已無濟於事。故，弄臣所表現的，或許僅是對曾操弄自己生死的李爾王進行一種嘲笑罷了。

　　在《李爾在此》中，吳興國抓住李爾王發瘋之後那反覆無常的情緒波折，以極豐富、誇張的動作演繹。有抓狂似的怒吼，反覆大喊著自己的名字，只因無人搭理；有在荒野中盲目地奔跑，然後拿著鞋子當作自己的孩子〔註32〕；

---

〔註30〕威廉・莎士比亞（William Shakespeare）著，方平譯：《李爾王》，頁55。
〔註31〕鄭傑文：《慾望現代與混血表演：1986～2006當代傳奇劇場作品初探》，頁165。
〔註32〕鞋子與孩子的關係，除了是《李爾王》原著即有的橋段，挪用到「京劇」裡，甚至可以認為韻白的「鞋子」與「孩子」發音是相近的，更富有喻意。

有在怒吼之後，想起唯一孝順的三女兒，那如泣般的低鳴，叫著「麗雅！麗雅」。但就如李爾自己所言：「這是我自作自受怎自饒。」實質也呼應到《李爾王》原著裡的「我是個／犯不了多大罪，卻受盡了罪孽的人。」〔註33〕於是，在這些撕裂般的告白之後，李爾王這樣唱道：

> 上天一聲雷
> 驚醒懵懂人
> 女兒不孝順
> 天怒人怨恨
> 我……彎弓放一箭……（咻）
> 正中自心靈〔註34〕

然後他直挺挺地倒下。砰的一聲。沉默，籠罩住了李爾王。而在整個舞台偏暗與極簡的設計，亦讓這種較為意識型態的沉默加以具象化。

　　而老臣葛羅斯特，亦成為翻版的李爾王。李爾王聽不進三女兒誠懇的話語，只相信大女兒和二女兒的甜言蜜語，卻被背叛。葛羅斯特亦然，他中了自己私生子愛德蒙的詭計，追殺忠厚老實的愛德佳，最後反被愛德蒙刺瞎雙眼，流落荒野。兩人的遭遇，似同一場悲劇被反覆展演。葛羅斯特的那段唱詞：

> 作孽啊！
> 本以為我最寵愛
> 最信任的私生子愛德蒙
> 卻原來是最憎恨我的仇敵
> 他他他……
> 他竟然害我瞎了雙眼哪
> 愛德佳！我那苦命的孩兒！
> 你今在何方？
> 為父我……我錯怪你了……

---

〔註33〕威廉‧莎士比亞（William Shakespeare）著，方平譯：《李爾王》，頁111。

〔註34〕這一箭亦是飛自於原著，不過吳興國挪用的情節並不是在李爾王也被放逐後，僅是在李爾王分封完國土，坎特對他的勸阻，認為李爾瘋了，並且是非不分。此時的李爾王說：「弓已經拉開、拉滿，快躲開箭頭吧！」只是，到了《李爾在此》，這一箭變成是射向了李爾王，而這也隱喻了他當初自己種下的「因」，自負地以為可以主宰他人，卻反而害慘了自己。詳見前註，頁30～31。

> 上天哪！
>
> 爲何非要等到瞎了雙眼才看清一切呀……
>
> 這到底是爲了什麼啊……
>
> 這到底是爲了什麼啊……

不也是李爾王的寫照嗎？如果葛羅斯特要等瞎了眼才看清一切，李爾王何嘗不也是在瘋了之後，才眞正從讒言中清醒過來。原來自己不是眞理，原來過往的他都是沉睡著的。因此，縱使這是《李爾王》（《李爾在此》）的一條支線，但何嘗不與主線劇情的李爾王有相同的情緒脈絡嗎？

　　由於《李爾在此》是一齣獨角戲，不論是李爾王、弄臣，還是葛羅斯特，甚至是那些背叛者、被害者，都是由吳興國一人詮釋。所以，在這樣的演繹之下，他們所投射出來的除了是各自角色的心境與話語，顯然地更直指李爾王本身。李爾王的無力與無言，在於他早已無法對未來有任何期待，只能面對著過去自己的妄爲，怒吼、低鳴，抓狂之後，剩下了沉默。吳興國藉由李爾王自己的傾訴，以及四周眾人之口，將李爾王的生命一一告解，試圖達到對於《李爾王》的一種「重新發聲」。但，在發聲之後，更重要的是帶出「吳興國」自己這個角色。假使吳興國之所以詮釋《李爾王》，在於他找到自己與李爾王的相似之處，那麼在替李爾王重新發聲的同時，是不是也等同於吐露出自己的心聲呢？如第一幕中的這段情節，彷彿吳興國與李爾王之間已產生混淆：

> 我才是李爾
>
> 我每一吋肌膚都是李爾
>
> 我從小是李爾
>
> 我命中是李爾
>
> 我回來了！
>
> 戲馬上就要開演了
>
> 來人哪！來人哪！
>
> 來人哪！我的士兵們呢？
>
> 麗娥、麗甘、麗雅
>
> 我的女兒呢？
>
> 我的忠臣葛羅斯特
>
> 愛德蒙、愛德佳

> 我一百名護衛呢？
>
> 我的士兵們呢？
>
> 來人哪！
>
> 我浩瀚的國土呢？
>
> 我輝煌的宮殿呢？
>
> 我擁有的一切呢？
>
> 他們都到那兒去了？
>
> 來人哪！
>
> 難道
>
> 難道只剩下我了嗎？

在舞台上抹去妝／裝的吳興國，應當已回復自己的角色，但卻在一種李爾王似的瘋狂中，身分開始相互交雜，遺忘了自己。但，這種混淆是必然的。畢竟在重新發聲之後，不論是傳達出李爾王的怒吼、低鳴，還是沉默，吳興國所找到的是，李爾王與自己生命上可能的共鳴與意義，而這或許才是其所欲展演的。

## 三、自我對話，成爲表演型態

吳興國在《李爾在此》中試圖以一種重新發聲的姿態，將《李爾王》中的眾生用他自己的方式加以詮釋，因而形成一種「後設」〔註35〕性的答問。何謂後設性的答問？在於吳興國將《李爾王》解構之後，於重構的過程之中，將自己化爲一個角色添入於劇情之中，因而產生吳興國與劇中人、與觀眾之間對話的可能。

由於演員只有吳興國一人，看似最簡單的組合，卻因分飾多角而導致劇中人物相互混淆的微妙結合，特別是「李爾」和「我」。如前一段所論述的，在第一幕中，「我」與「李爾」之間的相互連結，促使兩人產生難以切割的局面。那段詞：「吳興國，我回來了！這個決定比出家還要難。」意圖宣告此時的角色已更換成吳興國這個「我」。當「我」在一連串的追問中，抹去臉上的

---

〔註35〕有關「後設劇場」（metatheatre），最早提出者爲亞伯（Abel，Lionel）在《後設劇場：戲劇形式的新看法》裡告訴我們伊莉莎白時代的戲劇作品開始出現「自我意識」（self-consciousness），其利用劇中人物的自覺或是突顯自身劇場表演性質的安排等，以探討劇場表演本身的相關問題。本段論述轉引自鄭傑文：《慾望現代與混血表演：1986～2006當代傳奇劇場作品初探》，頁163。

妝，以及卸下身上的裝，向觀眾宣告：

> 我回來了！
>
> 我還是從前的我
>
> 現在的我和以後的我
>
> 我回到我的本質
>
> 這個突破比出家還珍貴

但卻在這樣的告白之後，用嘻笑的方式說：

> 我又回來了
>
> 剛才……剛才是李爾在作夢吧！
>
> 那我……我是……
>
> 我是李爾的鬼魂？
>
> 李爾的影子？李爾的分身？
>
> 李爾的代言者？
>
> 不不不
>
> 李爾的說書人
>
> 為什麼是李爾？
>
> 誰是李爾？

此時，就會產生一種困惑，到底現在在台上的人是李爾王，還是吳興國，甚至不是他們兩個，而是由另一個「我」在發言呢？

因此，這樣的「疏離」與「進入」角色的手法，成為《李爾在此》如何詮釋《李爾王》的方式。不過，這個「後設」過程也立足在《李爾王》的劇情安排裡，李爾王瘋癲與迷亂，以及對於自己是誰的疑惑，替吳興國開啓這樣的詮釋空間。原著裡的李爾王：

> 這兒有哪一個認識我嗎？這個人
>
> 不是李爾。李爾是這樣走路的嗎？
>
> 這樣說話的嗎？他的眼睛在哪兒呀？
>
> 如果不是他那個腦子糊塗了
>
> 知覺麻木了，那就——哈！醒著嗎？
>
> 沒有的事！誰能告訴我，我是誰？〔註36〕

而這段詞與傻子接下來所說的：「是李爾的影子。」〔註37〕，也被挪用到《李

---

〔註36〕威廉・莎士比亞（William Shakespeare）著，方平譯：《李爾王》，頁60。

爾在此》之中。吳興國藉由延伸這種對於自身的質疑，以「戲中戲」的「後設」效果重新詮釋。當吳興國可以抹去妝扮、飾演自己的同時，同時也在告訴觀眾「這是一齣戲，台上的這位是個演員」。甚至連吳興國自己，亦成為一個角色，因此他也是被飾演的部分。所以，在這樣的架構裡，第一幕的混淆其實僅是吳興國「以一趕多」的一個環節。

這樣的後設手法，其實指涉出吳興國對於自我的問題，從「戲」到「真實人生」的角色扮演與相互交涉。〔註38〕而在戲中、在真實生活中，到底是什麼在相互參照呢？在吳興國與李爾王這兩個角色穿插的縫隙中，「我」吐露出了一段話：

> 有誰能告訴我？
>
> 我是誰？
>
> 我要弄明白我是誰

是李爾王？還是吳興國？在這樣的叩問之中，吳興國所欲追問的其實是他自己的內心，到底自己是誰？因此，黃承元在「我是誰？」這個命題中，針對了吳興國的從藝歷程，以及與師父周正榮之間的關係，和《李爾在此》做一個相互的對照，試圖找到兩者之間的相互呼應與投射。〔註39〕而這個「我是誰」的探問，同樣也是挪用《李爾王》本有的情節與台詞，重新發聲後的再詮釋。吳興國認為：

> 對我而言，李爾王象徵了父親形象，對於一個失怙的人。它反映了
> 我與師父們的關係，以及傳統的繼承與毀壞。他也象徵了近年台灣
> 政治與文化的分裂，而使人有身分認同的挫折感。〔註40〕

但再多的問題，面對自己的生命，最後都將回歸到自我身上，也就是如何對自我坦白、對自己提問。因此，在丟出「我是誰」這問題的同時，其實就是一個「我回到我的本質」的根本性問題。此外，這段說法也透露出吳興國對

〔註37〕同前註。

〔註38〕如鄭傑文所說：「後設手法在全劇交雜運用，既有以全劇為單位，由戲而弄復歸真實人生的自我參照，更深入到表演當中的對生活的指涉與多重層次的扮演。」見鄭傑文：《慾望現代與混血表演：1986～2006 當代傳奇劇場作品初探》，頁 165。

〔註39〕詳見黃承元：〈二十一世紀莎劇演出新貌：論吳興國的《李爾在此》〉，頁 119～120。

〔註40〕吳興國：〈李爾在此 Q&A〉，當代傳奇劇場《李爾在此》2008 年台積心築藝術季節目冊。

於 1998 年當代傳奇劇場之所以暫停演出，那層國家政治、意識形態與文化之間的衝突，一種不可言喻的挫敗。這也是不能以意識化約的藝術、文化，被權力走向的政治型態所制約時，所觸發的無奈感。

因此，不論是吳興國抽離此劇而吐露出來的評語，如第二幕的最後，吳興國所說：

> 這是《李爾王》劇中最溫馨的一刻吧！
>
> 但李爾仍是個瘋子
>
> 頭戴枝環，四處遊蕩

但在這段話的前頭，卻似乎又是以愛德佳的身分，對於與父親葛羅斯特相逢加以告解：「我父親給了我一次殺他的機會，但我並沒有殺他，經過這次重逢，父子又得到重生，……」或者是，吳興國顯然以愛德佳的身分發言：

> 一步一趨一恩情
>
> 一聲一喚一驚心
>
> 父子相逢不敢認
>
> 蒼天作弄無辜人
>
> 世道崎嶇多陷阱
>
> 霎時路盡渺無聲

何嘗不也是吳興國自己生命本身的問題呢？在在指涉了他與師父周正榮之間的關係。在現實中，吳興國無法與師父在決裂之後告解，對於那把已斬下的劍，他再也不能對師父懺悔，縱使這並沒有對與錯的問題。而《李爾在此》則是透過戲劇，重新面對這層遺憾，除了是傾吐，更是生命最真誠的告白。

可見，除了吳興國與李爾王之間的緊密連繫，其實《李爾在此》整部劇作都是，吳興國正在「自我對話」的過程。而前兩幕與劇中角色的緊密繫連，實質是為了發展出第三幕——只存在「吳興國」一個角色時的「自我對話」。

第三幕的詮釋空間在於，假使吳興國是一個「說書人」，他如何在故事的最後，下一個註腳或者是評語。但，《李爾在此》之所以有意義，更在於這些都直指了吳興國自己生命裡的問題，甚至是全人類共有的自我問題。第三幕的命名——「人」——透露出了這一幕的意圖，我們要將問題回歸到「人」本身，不僅是李爾、葛羅斯特等《李爾王》中的角色，更包含了現實中活著的吳興國，以及台下、外頭所有的人。

第三幕的開場，以一種蒼茫與孤寂的音樂醞釀出了一個情境，如黃承元

所說：「值得注意的是《李爾在此》點出孤獨和面對自我的挑戰。」〔註41〕如果孤獨和面對自我是相互呼應的話，那麼第三幕則是先點出了寂寞的場景，而帶出吳興國如何面對自我的對話過程。因此，吳興國一開口，就立即點出了第一幕就出現的「我是誰」的問題，但，經過了第一幕和第二幕的詮釋，真的能夠找到答案嗎？吳興國這樣唱著：

> 我是誰，我是我
> 我在找我！我想我
> 我看我，我知道我！
> 我問我，我恨我
> 我也愛我！我他媽的我！
> 我殺了我！我忘了我！
> 我又夢見我！我看不見我
> 我看透我，我要我！
> 我不該是我，我討厭我！
> 我還是我！我會不會是我！
> 我要面對我，我想找到我

整段唱詞充斥了一個「我」的思索，但在一直探尋著「我」的時候，其實問題仍是不斷被開展的，而這顯然是一個難以找到答案的提問。但，重點真的是要找到一個確切的答案嗎？似乎不然。真正重要的應是一個「面對自我」的歷程，如同這段唱詞最後一句所說：「我要面對我，我想找到我」，在面對之後，才會有一個找到自我的可能。因此，前兩幕的複雜劇情與對話，何嘗不都是劇中人在找尋自我、面對自我的一個醒覺，而吳興國也在這之中達到與自我對話的情境。縱使他反覆地質問蒼天，何必如此折磨著李爾王，而這個折磨何嘗不就等同於在酷刑著吳興國自己，但，他後頭的這個叩問彷彿替他找到了答案：

> 李爾　李爾　李爾　李爾
> 為什麼你是李爾
> 為什麼你叫李爾
> 為什麼偏偏你是李爾王

因為他是李爾，因為他是吳興國，因為他是……，所以，每個人有自己必須

---

〔註41〕黃承元：〈二十一世紀莎劇演出新貌：論吳興國的《李爾在此》〉，頁116。

面對的命運與自我，這也是「我」選擇在《李爾在此》中去面對的一切。

此外，此劇的結尾看似悲劇。那段吳興國上吊，然後緩緩上升的場景，多麼讓人心傷。那段唸白：

　　是勝　是敗　是愛　是恨
　　是喜　是悲
　　是宮廷　是蔽野
　　是繁華　是凋零
　　無非囚牢與四壁
　　孤寂無聲、冷眼看月
　　冷眼看月、昇沉圓缺……

又透露出多少悽涼與寂寞，彷彿這一切在死後都將化為烏有一般的漠然。但，人終會死亡，如果活著的存在與死後的虛無之間是有意義的，那麼這個意義是不是由那個「我」所賦予的呢？而結尾的這個「死」，死的又是誰呢？是李爾？還是吳興國？但當這齣戲結束的同時，是不是又變成另一個「重生」的開始，當代傳奇劇場與吳興國又將回到台灣的舞台之上，那麼這個「死」是不是反而變成「生」的開端，就像劇中不斷反覆地說著：「我回來了！」，意義不在於「死」，而是回來的「生」。

因此，《李爾在此》運用了一個特殊的表演型態，就是如何以「自我對話」的方式去詮釋。縱使「自我對話」看似一個非常「形上」的問題，但吳興國卻以反串、變裝、卸妝等「形而下」的方式加以演繹，讓「自我對話」成為一種表演型態。這種表演型態，亦不只是一種表演型態，而是在演繹之後，達到一個自我追尋的歷程與叩問，就算我們不一定能夠找到答案。

## 四、「新型態」在此

　　吳興國，你就是李爾王。〔註42〕

　　　　　　　　　　　　　　　　　　　　　　　　　──蜷川幸雄

1993 年，蜷川劇團的蜷川幸雄於日本看過《慾望城國》的演出後，對著吳興國這樣說。但當時的吳興國認為自己太年輕，無法詮釋一個八十歲的老人。

---

〔註42〕轉引自吳興國：〈李爾在此 Q&A〉，當代傳奇劇場《李爾在此》2008 年台積心築藝術季節目冊。

而在生命經驗累積到一個程度，並遭到打擊之後，吳興國或許終於懂得如何演繹《李爾王》。於是，2001 年的復團之作《李爾在此》不只是一部劇作，更帶有深層的生命意涵與詮釋。因此，《李爾在此》藉由「重新發聲」與「自我對話」的詮釋方式，達到吳興國透過《李爾王》所要鏡射的自我意識。這樣的過程，不只讓《李爾在此》在劇場藝術上找到其「前衛性」，以及其回溯傳統劇場的演繹，而從這兩個角度試圖開啟劇種新型態的可能。

## （一）講故事的人：吳興國的「生命詮釋」開啟劇場「前衛性」

> 講故事者有回溯整個人生的稟賦。（順便提一句，還不僅包括自己經歷的人生，還包含不少他人的經驗，講故事者道聽塗說都據爲己有。）他的天資是能敘述他的一生，他的獨特之處是能鋪陳他的整個生命。講故事者是一個讓其生命之燈蕊由他的故事的柔和燭光徐徐燃盡的人。〔註43〕

——本雅明（Walter Benjamin）

《李爾在此》有別於當代傳奇劇場前幾部西方改編劇作，透過西方經典去挖掘中國戲曲缺乏的故事性，其全面拆解原著《李爾王》的劇情架構，並改變其敘事方式。透過〈戲〉、〈弄〉、〈人〉三幕的編排，《李爾在此》強調了「戲劇」與「人」之間的關係。吳興國除是這部戲的演員，同時也是自己人生的演繹者，而舞台上的「戲」與人生裡的「戲」是層層疊疊的，並無法一言以蔽之，或是明顯地區隔，就如《李爾在此》第一幕最後——「李爾」與「我」之間的混亂狀態。《李爾在此》所轉化的，是一種「戲中戲」的結構。所謂「戲中戲」，孫惠柱認爲，此戲中的敘事性故事自始自終受到一個明顯的劇場性的框架的制約，而且由於這個框架的存在而時時暴露出故事和人物的不確定性，而這個「戲中戲」與《哈姆雷特》的「戲中戲」並不同。〔註44〕其非在戲中再演一齣戲，而是透過「後設」手法的高度運用來揭示「演員」與「戲劇」的存在。

故，鄭傑文認爲《李爾在此》受到西方的「反敘事思潮」影響，並不以「演

---

〔註43〕 本雅明（Walter Benjamin）：〈講故事的人：論尼古拉·列斯克夫〉，漢娜·阿倫特（Hannah Arendt）編，張旭東、王斑譯：《啓迪：本雅明文選》（北京：三聯書店，2008 年），頁 118。

〔註44〕 見孫惠柱：《戲劇的結構與解構》，頁 143。

故事」作為全劇的主要架構，不過他也指出《李爾在此》的反敘事並不是完全放棄敘事，重要的是突出每個人物的形象與表演特色，並藉該組關係中的衝突來表演抒情。〔註45〕因此，我認為《李爾在此》的敘事架構並不是「不想說故事」，而是「說故事的必要」。〔註46〕在前述所提及的「重新發聲」與「自我對話」的過程中，雖然大量拆解掉《李爾王》的劇情，但其重構的過程仍是有故事在說的，並非全面地摒棄敘事架構。誠如紀蔚然所言：「人無法脫離敘述，需要藉由敘述來表達自我，也需要藉由敘述來了解過去的歷史與當今的世界。……敘述不只是藉由語言來客觀陳述一件事實，說話者的欲望、使用的語法或節奏，以及他述說的觀點，在在都使聽者對於說話主體的了解多過對事件主題的認識。」〔註47〕吳興國在《李爾在此》中雖揭示了「戲劇框架」的存在，但卻也將自己轉化成本雅明所言的「講故事的人」。其核心不再是「再現」莎劇本貌與原意，雖說「再現」本身也帶有詮釋者的色彩而非原創者的本意〔註48〕，但吳興國更在重述《李爾王》的過程中，投入自己的生命體驗，以期鋪陳自己的故事；於是，重點可能不是李爾王，而是吳興國。就如紀蔚然在論述「當代美國戲劇的後設敘事」時，以「說故事比賽」作為標題，其實也表達出《李爾在此》的戲劇架構，較近於在「反敘事思潮」之後重審敘事的重要性。於此，更可看出《李爾在此》在戲劇結構上的「前衛性」。

　　不過，《李爾在此》基本上雖不放棄「敘事」本身，但其解構原著《李爾王》的手法卻也讓原本的敘事模式被消解。因此，《李爾在此》的情節性與故事性是很稀薄的，不管是有沒有看過原著《李爾王》的觀眾，都較難對這樣的情節架構勾勒出形貌。雖然研究者可以透過整體的分析，以及節目冊裡的簡介，大概歸納出《李爾在此》的三幕各自所要處理的問題，但劇情本身卻還是斷裂的，不管是主線的李爾王及其三個女兒，或是支線的葛羅斯特與他兩個兒子，故事情節皆被分散於整部劇作中。亦由於全部的角色皆由吳興國一人詮釋，因此我們雖對吳興國個人的表演藝術表示激賞，卻也會質疑這樣

〔註45〕鄭傑文：《慾望現代與混血表演：1986～2006當代傳奇劇場作品初探》，頁162。

〔註46〕紀蔚然在從寫實劇場、荒謬劇場論述到當代美國戲劇的後設敘事時，指出他的論述是從先前的「故事該怎麼說」討論到「不想說故事」，現代要談的是「說故事的必要」。故，此段之說法取材於此。見紀蔚然：《現代戲劇敘事觀——建構與解構》（台北：書林，2008年再版二刷），頁148。

〔註47〕同前註，頁149。

〔註48〕紀蔚然甚至認為連「再現」本身也無法還原事實的真相，而且既然是再現，敘述於建構現實的過程與權力（power）脫不了干係。同前註。

「迫於現實」〔註49〕的獨角戲，更讓如何區隔劇情、人物顯得困難。

但，作為一前衛的表演型態，我們可以先將討論視角拉回到前一部作品《奧瑞斯提亞》。當吳興國與魏海敏以京劇的身段與唱腔演出，但又身穿沉重的希臘式戰袍，以及如日本歌舞妓般的服裝，出現在大安森林公園。段馨君曾下了一個評語：「這場和西方劇場融合的演出看起來是一套中國菜、日本壽司、希臘麵包、上面再淋上凱薩沙拉醬的古怪組合套餐。」〔註50〕如此傳神的形容，將《奧瑞斯提亞》這樣一部看似具有跨越性與時代性的跨文化劇場的尷尬表露無遺。她又說：「這場演出並未保持文化公平的信念——明顯地感受到一個文化竊用另一個文化。此劇只以西方戲劇的特色來包裝東方京劇的內容，但處理的並不妥當。」〔註51〕跨文化劇場之所以有演出上的難度，就在於我們並不是要往其中某一個文化靠攏，而是能夠在跨越的同時達到一個超越文化本質的可能。但，在當代傳奇劇場暫停演出、在《李爾在此》演出之前，這樣的跨文化改編真的帶來了什麼嗎？如王安祈所言：

> 新劇種的探索之途當然應該試闖，中國戲曲在崑、京之後該添新頁了，只是這項工作絕非一蹴可幾，也不是某一個劇團即能做到的。
> 〔註52〕

當代傳奇劇場的作法是否操之過急呢？《奧瑞斯提亞》的確看似一個全新的劇種型態，但何嘗不如段馨君所說，只是一種拼揍而成的怪異組合呢？亦誠如本文在前一章所論述的，當代傳奇劇場對於西方改編的態度，以及對文化未持平的問題，而對於文本無法有更深入的解讀。因此，就如陳芳英所指陳的：

> 「當代傳奇」成立時（1986），頓時閃現了新的希望，也乘載一代人的熱情期盼，但多年下來，在僅是少數人主持與孤獨奮戰的情況下，乍前乍卻，即使多方嘗試，卻因難捨炫新好奇之心，每每勉力拼湊，雖然每次演次都能掀起話題，但從作品本身觀之，總讓人歎惋其方向不清、腳步凌亂。〔註53〕

---

〔註49〕吳興國：〈序〉，當代傳奇劇場《李爾在此》節目冊。

〔註50〕段馨君：《跨文化劇場：改編與再現》，頁38。

〔註51〕同前註，頁42。

〔註52〕王安祈：《傳統戲曲的現代表現》，頁102。

〔註53〕陳芳英：〈絳唇珠袖之外——從幾部新編戲曲思考新典範的可能〉，《戲曲論集：抒情與敘事的對話》（台北：台北藝術大學，2009年），頁297。

這段話雖然直接，但何嘗不中肯地透露出當代傳奇劇場的窘境呢？

　　不過，在暫停演出之後所推出的復團之作《李爾在此》，彷彿吳興國經過了沉澱一般，因為這個「回來」背負著的是多少期待，包含了自己與身旁的眾人，如劇中所說：

　　　　我回來了！

　　　　這個決定比出家還要難

「出家」是脫離世俗的牽絆，而「回來」卻是再次被這個世界的一切纏繞，但這才是真正地去面對自己以及京劇的未來。吳興國的沉澱，似乎帶來了《李爾在此》的另一些可能性。如李立亨所指出吳興國的改變，他這樣說：「但過去，他的姿態裡說：『我一定會成功。』，二〇〇一年他整個人特別謙卑，他不把『成功』與否放在最前面，而是『感謝』，他覺得他要用『努力』去回饋他對環境裡人、事、物的感謝。」〔註54〕心境上的轉移，促使《李爾在此》不再是像《慾望城國》那樣抱持著「年輕的狂熱」〔註55〕，風風火火地高分貝疾呼，而是在沉靜之中緩緩吐露出生命與戲劇的意涵。就誠如吳興國自己在節目冊回應改編《李爾王》與《馬克白》的差異時所言：「當我創作《慾望城國》（馬克白）時，我才 30 歲，充滿能量和抱負。在劇中，我發展且創造了我的城邦國，我有 23 個演員和 16 個樂師，每一齣作品都有上百人圍繞著我工作，那是個美好的時光。在《李爾在此》中，里爾失去了他的王國，那是個完全相反的處境。他充滿悔恨、憤怒、孤獨和悲傷。……把李爾王的生命緊扣在各人的生命記憶中，那樣偉大的悲劇，轉換成一個生長在台灣的京劇演員生命史上，這點，引起很多國外媒體的討論。」〔註56〕縱使也可反向地解讀，認為《李爾在此》這樣的獨角戲蘊藏了吳興國認為自己可以獨力演出的「自負」態度，以及炫技的可能，只是這誠然也是吳興國生命的一部分——人的多面性。

　　於是，與《奧瑞斯提亞》同樣改變了原著說故事的方式，同樣是跨文化，《李爾在此》用了一種自我生命的探尋——「我是誰？」——作為連結點，讓跨文化不再只是拼貼，而是有更深層的意義。就如吳興國自己形容《李爾

---

〔註54〕盧健英：《絕境萌芽——吳興國的當代傳奇》，頁 211。
〔註55〕吳興國指出「當代傳奇劇場」是在當代青年共同的認知中，在年輕的狂熱中實現。詳見吳興國：〈從傳統走入莎翁世界〉，頁 50。
〔註56〕吳興國：〈李爾在此 Q&A〉，當代傳奇劇場《李爾在此》2008 年台積心築藝術季節目冊。

在此》：「這是以拼貼的前衛劇場演出戲曲；這是以個人的生命記憶演出莎劇：……」〔註57〕或許，《李爾在此》的處理手法仍是文化的拼貼，但由於焦點被集中於「講故事的人」——吳興國，就算《李爾王》的情節已被拆解到面目全非，卻因吳興國的自我詮釋與生命書寫而讓整部劇作的意義是被凝聚的。這個「我是誰？」不只是形上學的問題，也不只是針對李爾王來說，更是一個劇場持續對傳統進行再造的劇場工作者尋找新的美學觀念時所提出的問題。〔註58〕在這種美學與藝術的追求下，開啟《李爾在此》於當代傳奇劇場劇作的新／心風貌。

## （二）回溯「傳統」到「新型態」誕生

> 我們可以任意選擇。但必須要清楚我們選了什麼，以及為什麼。

> ——Jan Kott，*Shakespeare Our Contemporary*

吳興國在《李爾在此》裡，站在一個看似旁觀，卻又無時無刻不涉入其中的角度，自己詮釋著《李爾王》的角色，同時也演繹著自己，更抽出戲劇之外，彷彿在轉告什麼。如周慧玲所言：「《李爾在此》沿用當代過去的經驗，借西方經典演京劇，看來是有點張愛玲洋人看京劇的況味：不是不懂規矩，只是藉以疏離自己與傳統，再造登峰。」〔註59〕雖說這種疏離感來自於透過西方之眼，去重新觀看中國戲曲傳統。但，這樣的手法其實不只是西方後設戲劇手法的運用，更是中國傳統戲曲本有的抒情性以及疏離性的結合。誠如王安祈所列舉的中國傳統戲曲「抒情性」強過「敘事性」形成的特殊現象，包含回憶場面的經常出現、故事性薄弱、融入發言者的個人感慨等，〔註60〕皆出現在《李爾在此》的整體敘事架構，在在顯露其與中國傳統戲曲的關連。因此，《李爾在此》雖帶有強烈的「弒父」情結，而這個「父」也隱含了「傳統」在內，但看似與「傳統」決斷，卻在其中藏匿了對「傳統」的不可割捨，以及對（師）父不可言說的深深懺悔。就如同第二幕最後，愛德佳與葛羅斯特重逢的那段唱詞，其實刻劃的是吳興國與周正榮之間的關係。就如報導中曾記載吳興國與林秀偉兩人的創作過程：「前一陣子寫《李爾在此》戲詞，寫到『一恩一情一思念……』，他

---

〔註57〕吳興國：〈形塑中國新戲曲〉，頁93。
〔註58〕見黃承元：〈二十一世紀莎劇演出新貌：論吳興國的《李爾在此》〉，頁119。
〔註59〕周慧玲：〈為何蒼茫？為何孤獨？〉，《民生報》2001年7月11日，A11版。
〔註60〕王安祈：〈中國傳統戲曲的藝術精神〉，《傳統戲曲的現代表現》，頁185～198。

唸著，太太林秀偉幫他記，林秀偉說，吳興國是哭著唸完的，一字一字擠出來，不知寫了多久才記完這段唱詞。」〔註61〕而吳興國的「悔」，被烙印在愛德佳沒有殺了他父親的雙手，這也「圓」吳興國於夢中殺死師父的缺憾。但，夢裡吳興國手上的那把劍，並不代表他要與傳統完全切割，反而是逆轉的意象，他說：「夢中他拔掉老師的劍，那姿勢，不就是當時他擋住老師棍子的那個手！他擋掉了棍子，也殺死了老師，這一切冥冥中暗示著，吳興國你逃不掉的，你終究要唱戲、演戲，為老師交下的棒子負責。」〔註62〕於是，就如同《李爾在此》所傳達的，前衛性裡蘊含傳統劇場的思考，看似拿劍與傳統決裂，卻是真正接下了「傳統」的棒子。〔註63〕

　　於是，我們可以在《李爾在此》看出與其他跨文化劇場的不同著墨點。如果說跨文化劇場的作用是截長補短，以當代傳奇劇場的作法，就是試圖去補足傳統京劇所缺乏的劇情性以及思考性。〔註64〕假使這是當代傳奇劇場的改編立場，那麼《李爾在此》更在這層架構之上，試圖再次運用京劇的「表演傳統」。《李爾在此》在擷取西方劇場所擅長的思想性之後，反而拆解了《李爾王》的劇情，嘗試以「演員劇場」〔註65〕的形態，運用唱、唸、做、打表現出演員的情感，將整部

〔註61〕　紀慧玲：〈李爾在此　今晚且看吳興國獨腳戲〉，《民生報》2001 年 7 月 6 日，A6 版。

〔註62〕　同前註。

〔註63〕　此論述的推測憑藉《李爾在此》劇情本身的隱喻性，以及與吳興國訪談時，他對於「傳統京劇」的不斷重述，並強調其重要性，縱使我們可以質疑吳興國這樣的說法是否真正是在面對「傳統京劇」，或者僅是透過「傳統京劇」加以回應劇場發展的市場機制，但卻也可以看出吳興國在整個當代傳奇劇場的劇作發展上的轉折。

〔註64〕　中西劇場之差異，此處參考馬森於〈中西劇場的發展與交融〉一文中的說法：「中西劇場的最大區別是：前者以娛樂為導向，以歌舞做為主要表現的形式，形成以演員技藝為中心的劇場；後者以處理嚴肅的人生處境為導向，以對話作為主要的表現形式，形成以劇作家為中心的文學性劇場。」見馬森：〈中西劇場的發展與交融〉，《當代戲劇》，頁 63。因此，戲曲的跨文化改編就如王安祈所說：「取材自西方，主要的目的即是以下兩層：一是借重西方經典以補強傳統中國戲曲中一向深度的「思想性」，此外，更想藉由陌生西化的題材以刺激轉換現有的表演體系。」王安祈：《傳統戲曲的現代表現》，頁 100。

〔註65〕　馬森曾提出「演員劇場」以及「作家劇場」這個論點，藉此論點對於傳統中西方劇場差別作為說明，而所謂的「演員劇場」乃指中國傳統戲曲，「作家劇場」則為西方戲劇。此處論點請詳見馬森：〈演員劇場與作家劇場〉，《當代戲劇》，頁 74～103。亦可參考郭澤寬：〈作家劇場──戲曲現代化的指標〉，收錄於龔鵬程編：《閱讀馬森：馬森作品學術研討會論文集》（台北：聯合文學，2003 年），

劇作的核心放置到吳興國身上。《李爾在此》雖在「反敘事」的架構下，展現另一種「說故事的方式」，但其呈現係以「演員的表演藝術」作爲核心。特別是第二幕的〈弄〉，吳興國一人切換李爾、弄臣、肯特（狗）〔註66〕、麗娥、麗甘、麗雅、葛羅斯特、愛德佳、愛德蒙，透過行當的轉換與運用，以及服裝的快速移置或更換，以區分這些人物。吳興國以一趕多，反串、兼扮、代角運用自如，成爲個人表演藝術的展現。但，如此倚重技巧，甚至是炫技式的「跨行當」表演，除了在「角」與「角」之間的接合處並無法緊密相連，更難以兼顧每一角色皆達到藝術上的盡善盡美，僅能勉力地區隔與劃分。例如：三個女兒的表演方式取材是「旦」（包含小旦、花旦），但吳興國的身段顯然不適合演繹，只是嘗試將唱腔與動作模擬出來，唱得並不精采；三人的區分亦是透過頭飾、衣著的變換，並無明顯區隔。可見，這樣「一趕多」的詮釋，其實更存在於概念上，而在舞台上卻難以完美。不過，周慧玲還是認爲：「『弄』段果然是全劇最好的，再次鞏固創作者不守規矩的合法性，以丑扮旦更進一步把原本的悲劇情境大大調侃一番，一步從含蓄正經跨入世故多疑的後設情境。」〔註67〕吳興國看似透過行當加以詮釋，但其實也在這之中運用某些不符合傳統規範的方式演繹，畢竟〈弄〉的表演手法本就不完全符合傳統戲曲的準則，不過，由此概念來看，其實透露出吳興國在往前探索新劇種的同時，亦開始找到中國傳統京劇的本質。直至 2010 年，國光劇團的京劇歌唱劇《孟小冬》亦使用了這樣的詮釋與表演，飾演孟小冬的魏海敏於劇中獨唱〈坐宮〉一折，以一人之力分飾鐵鏡公主（梅蘭芳）與楊四郎（孟小冬），同樣是精湛地展現她個人的表演藝術，亦如《李爾在此》有其自我對話的空間。〔註68〕因此，擺在《李爾在此》演出的時間點（2001 年），更顯得可貴。

---

　　頁 83～87。不過這樣的論點實是有再議空間的，可見林境南：〈劇場史識與「作家劇場」主張的再商榷〉，《戲劇學刊》第 13 期（2011 年 1 月），頁 195～216。

〔註66〕根據節目冊記載，「一趕十」的角色裡包含肯特，但在發行的 DVD 裡，卻不見肯特這個角色，而在第二場的開場介紹，亦換爲狗。這個現象，或許也得以說明，「一趕十」到底重不重要？如果裡頭的角色都可以抽換，是否代表那個角色並非重點呢？會否只是爲了湊齊這十個角色？

〔註67〕周慧玲：〈爲何蒼茫？爲何孤獨？〉，《民生報》2001 年 7 月 11 日，A11 版。

〔註68〕有關京劇歌唱劇《孟小冬》的論述，可參見王安祈：〈「回眸」與「追尋」——關於京劇歌唱劇《孟小冬》〉，《表演藝術》第 207 期（2010 年 3 月），頁 26～28。汪詩珮：〈孤獨，是一種境界：《孟小冬》觀後之零零落落〉，《戲劇學刊》第 12 期（2010 年 7 月），頁 245～250。陳芳英：〈深雪初融：論新世紀新編京劇的女性書寫〉，《戲劇學刊》第 13 期（2011 年 1 月），頁 35～64。吳岳霖：〈三種聲音，三段傾訴——京劇歌唱劇《孟小冬》的生命詮釋與戲劇完

但，這樣的表演方式是否能夠被認定為「回歸傳統的演員劇場」呢？王安祈曾指出，中國傳統戲曲的特殊現象之一的「演員表演藝術的發揮逐漸成為戲劇的重心」，並認為：「『演員』的重要性，逐漸凌駕了『劇本』；『演員』比『編劇』更能操縱一齣戲的成敗。」〔註69〕《李爾在此》這部劇作雖說「成」於吳興國的演繹，但此劇的劇本仍保有其豐沛的隱喻性，也因為這層與演員生命之間的共鳴，促使觀眾能夠去感受吳興國與傳統劇場之間的連繫。只是，綜觀《李爾在此》裡看似最符合「演員劇場」的「一趕十」，大多是蜻蜓點水似的表演，在不符合吳興國本工的前提之下，並無法發揮他作為演員的特質。因此，《李爾在此》雖是為吳興國所量身打造，卻顯然有別於齊如山等人根據梅蘭芳的個人表演藝術氣質而編劇，所創造的「演員劇場」得以與演員本身結合，《李爾在此》結合的可能不是表演氣質，是為了符合劇情、劇場效果而去發揮這些行當的跨越。故，《李爾在此》其實可以被質疑是否為傳統的「演員劇場」。〔註70〕

於是，我之所以用「回溯傳統」來看待《李爾在此》，在於其「意義性」，而非真實呈現的闕如。也就是，當代傳奇劇場看似大舉旗幟的破壞傳統，但是不是仍試圖在這之中找到傳統的可貴呢？從《李爾在此》具前衛性的編、導、演手法中，所看到的其實是吳興國如何活用中國傳統戲曲的詮釋方式，而在正視傳統劇場的藝術價值時，自己作為一個京劇演員的「使命感」與「藝術生命」亦由此而生。就如李怡瑾所言：「即使是舞台上只有一個演員，透過演員對戲曲『程式化』的善加運用，亦可做出像《李爾在此》這樣一人分飾全劇十個角色的戲。這正是戲曲表演『傳統』以新的面貌呈現給今人的藝術樣像，亦是完全依賴『演員功課』才能在劇場裡支撐起的獨特魅力。」〔註71〕吳興國的「演員功課」實是從傳統戲曲的訓練一脈而來。因此，在2009年開始，當代傳奇劇場開始演出老戲，將《梨園傳奇》作為一整個傳承的系列，

　　成〉，《2011研究生學術論文發表會論文集》（台北：中國文化大學戲劇學系，2012年），頁43～66。
〔註69〕王安祈：〈中國傳統戲曲的藝術精神〉，《傳統戲曲的現代表現》，頁193～194。
〔註70〕本段論述受惠於王安祈老師與王璦玲老師的提點，故重新界定「傳統劇場」與「演員劇場」的意涵，有關於此論述的重整，以及與梅蘭芳之間的對照，亦受惠於林芷瑩老師的意見。故，根據幾位老師的建議，重新整理為此段論述，如有理解錯誤，文責由我自行負責。
〔註71〕李怡瑾：〈現代戲曲「實驗」中的「傳統」表現——以台灣「當代傳奇劇場」為探討依據〉，《文藝研究》2010年第3期（2011年3月），頁90～91。

分別演出了《霸王別姬》、《打棍出箱》、《四郎探母》、《貴妃醉酒》等經典老戲，何嘗不透露出吳興國並不是在悖離傳統，反而是在試圖復興傳統呢？特別是針對台灣戲曲學院校長鄭榮興事件，痛心疾首地談論起戲曲教育的未來。〔註72〕這些後續的動作，或許我們都可以在《李爾在此》的演出之中看出端倪。吳興國轉化了李爾王的狂傲，用「捨我其誰」的態度，看待著陪自己成長、最愛的傳統戲曲。〔註73〕因此，《李爾在此》不只是對於自我的一種叩問，甚至拉開到了一整個戲曲未來的探討。

吳興國自己也說：「《李爾在此》上演了一場《王子復仇記》，不僅『解放了吳興國』，也『解放了京劇』。」〔註74〕這種解放，是《李爾在此》在重新正視傳統劇場的同時，同時開啓的「劇場可能性」。就如本段開頭所引的伊恩‧咖特的說法「莎士比亞可以是我們當代人」，此說於 1965 年提出，並成爲現當代重新詮釋莎士比亞劇作的依據。當然，就當代傳奇劇場創團的《慾望城國》而言，也是在於這樣的思考之下，故能以「京劇」加以演繹。但，我認爲吳興國眞正能在劇作裡不刻意去追求什麼，而是清楚「選了什麼」以及「爲什麼」，卻是在《李爾在此》裡正視「傳統劇場」開始，並重新替莎劇與京劇賦予新的可能性。而，這個「劇場可能性」也可以再次審視當代傳奇劇場所追求的劇種「新型態」。

於此，我將重新審視本文於前段所舉的陳芳英之說法：「但多年下來，在僅是少數人主持與孤獨奮戰的情況下，乍前乍卻，即使多方嘗試，卻因難捨炫新好奇之心，每每勉力拼湊，雖然每次演次都能掀起話題，但從作品本身觀之，總讓人歎惋其方向不清、腳步凌亂。」〔註75〕該文最初是發表於 2008 年由台灣大學戲劇學系舉辦的「探索新景觀：2008 劇場學術研討會」，故，此段論述對於當代傳奇劇場的討論範圍可能亦包含《李爾在此》。但，從本節中可見，《李爾在此》相較於前章所論述的《樓蘭女》、《奧瑞斯提亞》等劇作，在對於劇本詮釋、表演方式，以及其所延伸的「對於傳統京劇的思考」，都有

---

〔註72〕對於該事件之詳情除可見新聞報導之外，亦可從吳興國、魏海敏、王安祈、李寶春、林鶴宜、林秀偉、紀慧玲等人召開之座談會略知一二。見唐健哲、廖俊逞記錄整理：〈許傳統戲曲教育一個未來：戲曲教育的困境與發展〉，《表演藝術》第 211 期（2010 年 7 月），頁 100～105。

〔註73〕見吳興國：〈捨我其誰〉，吳興國、林秀偉：《英雄不卸甲：出發！慾望城國的傳奇旅程》，頁 39。

〔註74〕吳興國：〈形塑中國新戲曲〉，頁 92。

〔註75〕陳芳英：〈絳唇珠袖之外——從幾部新編戲曲思考新典範的可能〉，頁 297。

所不同。《李爾在此》雖繼承了當代傳奇劇場對於劇場藝術創作的前衛性以及
西化，但其對於傳統劇場的依附與認同，都明顯地與前作有極大的區隔。就
如李怡瑾所言之，當代傳奇劇場對《李爾王》的創編，讓我們重新發現了京
劇「行當」在表演藝術程式化裡所提供的特色，甚至這一特色表現出吳興國
在表演藝術上對京劇「行當」價值的認同。〔註 76〕而，這種「認同」絕對源
自於吳興國自身的思索。於是，《李爾在此》這樣的作品與題材，真的有那麼
地討好觀眾嗎？這部作品的意圖又真是如此嗎？當吳興國試圖挖掘自己的內
心，與自我對話，那這部作品的意義性就更在於他個人的自我完成，而非為
了表現、表演什麼。這不只是他復團的一個作品，更是對於當代傳奇劇場的
一個分水嶺。我們並不能夠臆測在這之前的吳興國是否對於傳統戲曲有這麼
深的思考與回歸，但在這之後，從劇中而來的他或許開始有另外一種思考，
而這種思考亦帶來對於當代傳奇劇場有「再論」的可能性。

　　Alexander C.Y. Huang（黃承元）在「*Chinese Shakespeares：Two Centuries
of Cultural Exchange*」總結《李爾在此》的創發，認為：

> 《李爾在此》有意識地去運用文化的差異性，並非以國家政治為主
> 題，而是去調和個人的生命認同危機。它在面對重寫莎士比亞這樣
> 的全球性文本上，從尋求演出的原貌轉為強調藝術的主體性，並成
> 為亞洲傳統莎劇改編演出的典範的轉移。〔註77〕

看似較為「小我」的敘事主題，卻因回歸到藝術本質與自我詮釋，而跳脫純粹
在劇場形式上的拼湊與炫奇，也因劇本關照的範圍較小而使敘事架構得以集
中。故，黃承元將《李爾在此》視為典範轉移之說法，可見，若能正視不同文
化間的問題，而找到融合的契機，並於其中注意到屬於自身的「主體性」，《李
爾在此》是離所謂的「新型態」較近的。也許我們可以質疑當代傳奇劇場到底
能不能夠達到這樣的崇高目標，但在《李爾在此》之中，我們卻看到中西劇場

---

〔註76〕 李怡瑾：〈現代戲曲「實驗」中的「傳統」表現——以台灣「當代傳奇劇場」
　　　　為探討依據〉，頁 91。

〔註77〕 Alexander C.Y. Huang．*Chinese Shakespeares：Two Centuries of Cultural Exchange*．
　　　　New York：Columbia University Press，2009．P.226．黃承元在另一篇論文〈二
　　　　十一世紀莎劇演出新貌：論吳興國的《李爾在此》〉中亦提到：「《李爾在此》
　　　　不同於大部分的跨文化莎劇改編，遠離政治，刻意運用文化差異和現實與虛
　　　　擬人物的反差來探討演出者本身的身分認同危機。類似這樣的獨腳戲的出
　　　　現，顯示了一種莎劇演出模式的典範的轉移（paradigm shift）。」見黃承元：
　　　　〈二十一世紀莎劇演出新貌：論吳興國的《李爾在此》〉，頁 120。

的微妙結合。相較於前期作品《慾望城國》、《王子復仇記》較近於以京劇演繹西方劇作，或如《樓蘭女》、《奧瑞斯提亞》較近於西方現代劇場的表演型態，這種不自覺地往某一方向靠攏的現象，《李爾在此》是不存在的。從本節的論述上看來，它似乎變成了一個近乎獨立的作品，不能用《李爾王》這個原著來框限它，其雖運用了傳統戲曲的表演體系，但卻也具備現代劇場的前衛性，因此，亦與鍾明德所言的「『不是東方的，也不是西方的，但同時是東方的，也是西方的；不是傳統的，也不是現代的，但同時是傳統的，也是現代的』當代台北之表演藝術」〔註78〕是契合的，而這或許就是所謂的劇種「新型態」。

　　本節的最後，我想引日本跨文化劇場大師鈴木忠志的一段說法：

> 我現在努力所作的，就是在劇場的脈絡下恢復完整的人類身體，不僅是要回到傳統劇場的形式，如能劇、歌舞伎，而且還要利用傳統的優點，來創作優於現代劇場的實踐。〔註79〕

吳興國在《李爾在此》所演繹的，雖是從「自我」出發而較「小我」的詮釋脈絡，但由於他置身於「傳統戲曲」發展的位置，因此在實踐生命、表演自我的同時，其對於「傳統戲曲」的關懷也隨之產生。這就與鈴木忠志透過「文化就是身體」所傳達的將「曾經被『肢解』的身體功能重組回來，恢復它的感知能力、表現力以及蘊藏在人類身體的力量」〔註80〕相呼應，《李爾在此》所做的也是回歸到吳興國的身體，同樣是對於「傳統」的回溯。因此，《李爾在此》所帶來的「新型態」的意義，其實是當吳興國真正去正視「傳統價值」時，並不代表就會將劇場的前衛性與現代性抹殺，反而是原先一直無法完善結合的中西方文化與劇場間的問題，因此找到共融點。

## 第二節　既已「在此」，何需「等待」？：《等待果陀》的多重實驗

　　當代傳奇劇場於 2004 年改編莎劇的大型製作《暴風雨》，並不如預想的成功。在 2001 年的復團之作《李爾在此》大獲好評之後，好不容易能再次走進國家戲劇院，又與知名電影導演徐克合作，於是吳興國風風火火地試圖在

---

〔註78〕鍾明德：《在後現代主義的雜音中》，頁 221。
〔註79〕鈴木忠志著，林于竝、劉守曜譯：〈文化就是身體──足的文法〉，《文化就是身體》，頁 9。
〔註80〕同前註。

各方面達到跨界，製作了這部結合京劇、莎劇、原住民舞蹈、崑曲等元素的幻象歌舞劇，但不僅讓吳興國自己跌入人員調度、行政、創作各方面的焦慮與麻煩，演出後的成果亦無法達到其急欲「立」的「經典」之作。而《暴風雨》的演出效應也帶來不只在演出當下的問題，就如其傳記所言：「事實證明，《暴風雨》後來的負面評語，絕對不是十場長紅的票房所彌補的回來。」〔註81〕更是影響了當代傳奇劇場的整體運作及評價。

　　於是，吳興國再次「複製」〔註82〕《李爾在此》的成功經驗──小型劇場的表演型態，並且「再訪貝克特」〔註83〕。2005年的10月，這部從《奧瑞斯提亞》演出後就開始構思，卻於1998年被台北市藝術節退稿而成為壓垮當代傳奇劇場的最後一根稻草的劇作──改編自荒謬主義大師山繆‧貝克特（Samuel Beckett）的同名劇作《等待果陀》（En Attendant Godot）──正式於台北城市舞台首演。這部劇作，是當代傳奇劇場首度從西方古典作品（莎劇、希臘悲劇），跨足至現代主義作品。林谷芳認為當代傳奇劇場演出悲劇已有自己的切入方式，但演《等待果陀》這樣的荒謬劇，在面對丑劇與荒謬本質的不同，以及如何在程式中表現沒有程式可循的荒謬世界，其挑戰還比演莎翁作品還大。〔註84〕而有別於吳興國於1998年所提出的表演方案，試圖與現代劇場的演員──金士傑、李立群──合作，經過這麼長的一段時間，除在劇團成員中新加入了盛鑑、林朝緒等年輕一輩的京劇演員，另一部分是「吳興國對於傳統劇場的思考」，究竟是否要如此大動作地做這種形式上的突破，抑或可以在傳統劇場裡找到新元素。這層思考，我相信是從《李爾在此》的演繹而來。

　　本文將《李爾在此》與《等待果陀》並列於此章，在於認同這兩部劇作為當代傳奇劇場截至目前為止最成功的作品。不過，就如傳記中所記載的：「持平而論，台北戲劇界對《等待果陀》的戲劇成就，討論實在太少，

---

〔註81〕盧健英：《絕境萌芽：吳興國的當代傳奇》，頁215。

〔註82〕但這個「複製」顯然地與《王子復仇記》複製《慾望城國》的經驗有所差異，因為《等待果陀》的創作構想早在1997年就開始，只是過程曲曲折折，直至2005年才成功演出。

〔註83〕「再訪貝克特」一詞出自於吳興國傳記裡的小標題。見盧健英：《絕境萌芽：吳興國的當代傳奇》，頁212。

〔註84〕林谷芳：〈不只是移植而已──文化意義下的當代傳奇〉，當代傳奇劇場《等待果陀》特刊，頁14。

這和前一年《暴風雨》的落差印象不無影響。」〔註 85〕相較於當代傳奇劇場掀起波瀾的幾部大作，《等待果陀》是相對地沉默。縱使我們不能將問題全部怪罪於《暴風雨》一劇的失敗，但綜觀《等待果陀》這部劇作不管是呈現方式，或是對於傳統劇場的再思考，都在《李爾在此》的基礎上而有更進一步實驗意義，勢必有其討論之價值。因此，本節試圖從當代傳奇劇場在文本上如何「改編」與「演繹」貝克特的荒謬劇場出發，進而重新思索「荒謬」的意義與價值，並透過當代傳奇劇場的詮釋方式，架構其對於傳統戲曲演員的表演啟發與養成。最後，本節試圖將《等待果陀》與《李爾在此》做一對話的可能，也就是這兩部作品擺置於當代傳奇劇場的眾多劇作中，到底存在著怎樣的意義？既然《李爾在此》已達到「新型態」的詮釋，那麼《等待果陀》的實驗意義又何在？並試圖替《等待果陀》未得到的廣大迴響，作一平反。

## 一、劇本重塑：以「荒謬」成就「荒謬」

Nothing to be done・〔註 86〕

——貝克特《等待果陀》

貝克特的《等待果陀》裡的第一句話便這樣說，而此句話在劇中又一再地出現。廖玉如將此句譯為「什麼都做不了」，她認為其同時存在「不必做」或「沒事做」的意思。〔註 87〕而，這也是《等待果陀》整部劇作的氛圍。兩個主角在劇中看似在做些什麼，但卻又好像什麼都沒做。所謂的「果陀」先生在哪裡？他們的「等待」又會等到什麼？這些看似問題的問題，卻是不會有答案的。因為全劇「難以形容，什麼都不像，什麼也沒有，只有一棵樹。」〔註 88〕但，這就反應出貝克特對於生命、對於存在的看法，廖玉如指出：「貝克特的其他劇本和小說，也共同分享了這個主題——自我追尋和自我閃躲。此兩者互相追逐的同時也互相抵消，因此貝克特的人物永遠困在一個無底洞的深淵而進退維谷。他們唯一能做的事，就是不斷重複同樣的事以等待時間的流逝，

---

〔註 85〕 盧健英：《絕境萌芽：吳興國的當代傳奇》，頁 215。

〔註 86〕 此為《等待果陀》首句台詞的英文。

〔註 87〕 見山繆・貝克特（Samuel Beckett）著，廖玉如譯注：《等待果陀・終局》（台北：聯經，2008 年），頁 5。

〔註 88〕 同前註，頁 114。

直至生命終了。」〔註89〕我們透過貝克特的戲劇，看到的雖是劇中人物被困在舞台的這個空間，但何嘗不也反映出所有人皆被綑綁在這個無稽的世界，以重複的事情來面對時間的流逝，直至生命終局。就像迪迪與果果的等待，看似有所意義，但卻是在一連串無意義的行為裡直至幕落。

　　英國學者 Martin Esslin 是首位提出「荒謬劇場」的概念，用以形容貝克特、尤涅斯柯、惹內和品特等劇作家的作品。他所提出的「荒謬劇場」特色，適切地形容貝克特的劇場：沒有故事情節，缺乏栩栩如生的角色，無開端也無結尾，對話不連貫，似乎只有夢境和噩夢的反映。〔註90〕不過，這樣看似缺乏敘述結構、荒誕的表達方式，卻是貝克特透過戲劇所欲告解的「人與世界之間的關係」。孫惠柱以「詩式結構」來融涉貝克特等被歸於「荒謬劇場」的作家的劇作，他指出：「不講究人物和故事邏輯的因果聯繫，自由組接一系列連貫性少而跳躍性大的符號，這實際上是文學體裁中詩的特徵。」〔註91〕貝克特的《等待果陀》雖不使用音樂，文句上也是散文式的語言，但由於對話之間缺乏完整的敘述性與連貫感，因此更帶有「詩」的朦朧。不過，這種「什麼都做不了」的敘事脈絡，卻不代表其什麼都沒有在講，它實是透過這樣荒謬的詮釋架構，去指陳這個世界本質性的荒謬，劇情看似瑣碎而無邏輯，但人的生活不就都是如此。因此，「荒謬劇場」所呈現的是現代人對此非理性世界最深層的恐懼和無奈〔註92〕。而貝克特的深度不是在表面的劇場型態上，他用得極簡，甚至是單調，但就是透過這種單純的形式，展現其背後複雜的深度與所指，就如賴聲川所言：「在外表上，他的劇本不如布雷希特的犀利、富政治敏感度及社會批判性，也趕不上七〇年代美國前衛劇場外表的視覺性及意象融通性，但深入貝克特劇場藝術的本質後，會發現他的犀利來自他對人類處境探險的深度，以及這內在深度所顯現在外的單純形式，而這些其實極為複雜的形式，也正給與『前衛』一個最直接的定義。」〔註93〕

　　但，這樣的表演型態與敘事結構如何搬上舞台，更重要的是當代傳奇劇

〔註89〕廖玉如：〈緒論〉，收錄於山繆・貝克特（Samuel Beckett）著，廖玉如譯注：《等待果陀・終局》，頁15。

〔註90〕同前註，頁19。

〔註91〕孫惠柱：《戲劇的結構與解構》，頁45。

〔註92〕廖玉如：〈緒論〉，收錄於山繆・貝克特（Samuel Beckett）著，廖玉如譯注：《等待果陀・終局》，頁19。

〔註93〕賴聲川：〈「剩下所能說的不多」——貝克特極短劇三齣〉，《聯合報》1990年02月10日，27版。

場如何透過傳統的「京劇」演繹這種現代人的生命困境。因此，本段試從兩個角度做切入，其一是當代傳奇劇場如何跨越文化的縫隙去改寫《等待果陀》、去詮釋「荒謬」，另一則為透過當代傳奇劇場的改編，是否能夠對於《等待果陀》所詮釋的「荒謬」有其他的意義與核心。

### （一）當代傳奇劇場的「荒謬」演繹

貝克特的《等待果陀》雖是兩幕戲，但第一幕與第二幕的劇情近乎一樣，呈現一種環狀的結構，看似情節不斷衍生，但卻可能是曾出現過的劇情，甚至是破碎、瑣碎的故事內容。〔註94〕於是，在並無高潮的對話當中，吳興國所需處理的第一項功課是「怎麼改編才能讓《等待果陀》不無聊」〔註95〕，更困難的是，貝克特對於著作的嚴格限制，因此，有別於當代傳奇劇場對待其它經典劇作可以全面地拆解，《等待果陀》是無法如此的。高維泓曾針對當代傳奇劇場要以「京劇」改編《等待果陀》，提出其面臨的挑戰至少有五：

> 第一，演員如何在沒有京胡、鑼鼓的伴奏下，不失去音準，而能以清唱恰當引出西皮二黃或崑腔的旋律；第二，如何將原作以詩化的韻白、京白的方式呈現，如何處理劇中關鍵時刻的沉默，及看似無意義的反覆語句；第三，生、旦、淨、丑等角色如何割捨；第四，如何呈現具有中國風味的荒謬劇舞台；第五，原作中「上帝已死」的概念，如何用京劇呈現而不突兀。這些挑戰無異顛覆原本習於歷史傳奇故事、鑼鼓喧天、形式繁複的傳統京劇，而「演員得扛下所有的責任」。〔註96〕

因此，此段我將針對吳興國如何從劇本上改造貝克特的原著，以及如何建構足以乘載《等待果陀》的環境，有關「表演」的部分將於下一段再作論述。

---

〔註94〕 廖玉如認為，貝克特的小說三部曲《莫洛伊》、《馬龍之死》和《不名者》已預示貝克特後來作品的主題和寫作風格——小說裡環形封閉的結構，情節不斷衍生卻又馬上被消解，人物喋喋不休述說個人的故事，故事看似瑣碎，內容卻啟人疑竇。讀者隨著敘事內容進入人物的內心世界，最後卻發現那是個無底黑洞，不由自主地旋轉再旋轉，永遠觸摸不到底部。見廖玉如：〈緒論〉，收錄於山繆・貝克特（Samuel Beckett）著，廖玉如譯注：《等待果陀・終局》，頁23。

〔註95〕 李立群在看過吳興國與盛鑑演過第一幕的粗胚，說：「興國呀，千萬別讓觀眾睡著了！」見盧健英：《絕境萌芽：吳興國的當代傳奇》，頁214。

〔註96〕 高維泓：〈貝克特在台灣：當代劇場裡之跨文化演繹〉，《台灣社會研究季刊》第69期（2008年3月），頁168～169。

### 1、文本轉換與文化縫隙

曾經兩度在台灣詮釋貝克特劇本的賴聲川〔註97〕，在 2001 年重新詮釋自己的博士學位的畢業製作爲《等待狗頭》時，曾這樣說：

> 事實上，我認爲詮釋《狗頭》的唯一方法就是：詮釋它。這一句廢話的意思是，請仔細詮釋作者的原意，不要一不小心加上自己的主觀。……
>
> 於是《狗頭》到處似乎提供很大的誘惑，讓我們認爲劇中有許多模糊難解的地帶，誤導我們去認爲我們有許多詮釋上的自由。事實上，我認爲貝克特的劇本有標準答案，如果你去自由發揮就會掉入陷阱之中。
>
> 有人認爲「自由發揮」才是藝術創作的眞諦，也是藝術家與一般凡人最不同之處，但是貝克特教我們很嚴厲的一課：規規矩矩去尋找標準答案，比任何自由發揮還要難。……
>
> 所以說，如果《狗頭》一劇之中有五百道題目，詮釋者（導演）要將這五百題全部都做對，戲就會對。只要一題做錯，其他都會被牽連，導致重大的詮釋錯誤與演出扭曲。明確與模糊之間，只要我們能「明確」的做出正確的詮釋，才會有「模糊」的可能。我們要的是明確的模糊，不是模糊的模糊。〔註98〕

有別於過往「改編經典」的態度，被區分爲「遵循原著意旨」、「顚覆原著」或是「賦予現代意義」，賴聲川對於《等待狗頭》（《等待果陀》）的態度顯然不同。由於《等待果陀》所觀照的實爲現代世界與人之間的關係以及存在與否的問題，本身帶有的「現代意義」，因此無須以伊恩‧咖特於 1965 年提出「莎士比亞可以是我們當代人」的觀點，對於經典重新賦予現代意義。〔註99〕

---

〔註97〕 賴聲川分別在 1988 年於中影文化城執導《落腳聲——古厝中的貝克特》，此劇特殊之處在並非於傳統「鏡框式」舞台演出，而是分散在中影文化城的四合院聚落，觀眾是在導遊帶領下依序觀賞六個不同廂房、佈局的戲。另一則爲 2001 年賴聲川重新於台灣執導自己於 1982 年攻讀美國加州大學柏克萊分校戲劇博士學位時的畢業製作《等待果陀》，該作當時（1982）被譽爲「經典」（definitive）之作，賴聲川並不滿足於原封不動重新演出，2001 年的版本更將兩位主角換成女性，並將劇名譯爲《等待狗頭》。

〔註98〕 賴聲川：〈《等待》指南（上）〉，《聯合報》2001 年 10 月 6 日，37 版。

〔註99〕 詳見 Kott，Jan. Shakespeare，our contemporary. New York：W.W. Norton &

但，賴聲川的詮釋也絕非根本地依循著原著，而是嘗試正確地去理解原著，光從他將譯名改為「等待狗頭」，就可知賴聲川對於原著有其另一番思考。故，高維泓便認為：「導演所翻轉的不只是英文「g－o－d」一字（成為「d－o－g」），同時翻轉了背後的戲劇傳統及文化符碼，使《等待狗頭》從陰沈的悲喜劇成為娛樂性高的「喜」悲劇；從批判西方傳統的沈痾，到戲擬（dramatize）東方觀眾能理解的共同經驗；從對基督教的質疑，到比擬同樣背負沈重意識形態包袱的本地觀眾。」〔註 100〕吳興國所採用的是當時台灣唯一被授權的賴聲川譯本〔註 101〕，我認為，當代傳奇劇場的《等待果陀》必然受到其影響。故，吳興國將其《等待果陀》定位為所謂的「東方丑丑荒謬劇」，勢必想透過「丑」來詮釋高維泓所言的「『喜』悲劇」。

其實，以近二十幾年台灣改編《等待果陀》的經驗，主要被討論的幾部：陸愛玲帶領「密獵者」劇團於 1996 年演出的《等待果陀》、朱靜美指導台大戲劇系學生於 1997 年推出的《等待果陀》以及前述提及賴聲川的表演工作坊《等待狗頭》。其實陸愛玲與朱靜美的版本，都相當地接近於原作，主要是在形式上突破與結合。而以京劇（傳統戲曲）詮釋《等待果陀》亦非當代傳奇劇場創發，陸愛玲版的《等待果陀》結合京劇、舞蹈、歌仔戲、相聲、舞台劇底子的演員，運用聲音重詮《等待果陀》，透過異質傳統的融和以彼此鬆動各自的戲劇架構，亦達到《等待果陀》「反戲劇」的意義。〔註 102〕因此，在這些前作的先行之下，基本上當代傳奇劇場的《等待果陀》在整個劇情脈絡（或說根本沒有所有的劇情）亦是相當遵照貝克特原著的，而這也在於貝克特版權中心的嚴格限制。〔註 103〕

於是，作為當代傳奇劇場版《等待果陀》編、導、演的吳興國，主要的

---

Company，1974.

〔註 100〕高維泓：〈貝克特在台灣：當代劇場裡之跨文化演繹〉，頁 165。

〔註 101〕吳興國說：「要得到貝克特版權中心的授權並不容易，目前，台灣唯一獲得承認的只有賴聲川的譯本。我向賴聲川求助，他慨然伸出溫暖的手，幫我快速克服法國授權的問題，……」見吳興國：〈《等待果陀》導演密碼：殘缺與慈悲的笑容〉，《聯合報》2005 年 10 月 4 日，E7 版。

〔註 102〕高維泓針對陸愛玲版的《等待果陀》，認為：「就表演策略而言，不同劇種的混雜（hybridize），使不同文化間的表演形式戶融，鬆動了彼此異質的傳統，並間接呼應『反劇』的訴求。」見高維泓：〈貝克特在台灣：當代劇場裡之跨文化演繹〉，頁 159。

〔註 103〕吳興國在取得法國的授權時，該版權中心要求絕對忠於原著。見吳興國：〈《等待果陀》導演密碼：殘缺與慈悲的笑容〉，《聯合報》2005 年 10 月 4 日，E7 版。

工作是將部分涉及西方文化的情節與設定，轉換爲足以讓京劇詮釋的中國文化語境。由於《等待果陀》並無明顯的時間、地點等基本設定，故有別於當代傳奇劇場前作必須做這層的轉移，而容易招致強行移植的批評，《等待果陀》相對地較無此問題。同樣地，在角色的名字上亦是直接以啼啼（Vladimir）、哭哭（Estragon）、破梭（Pozzo）、垃圾（Lucky）命名。不過，由於《等待果陀》是以「無情節」作爲戲劇的基本架構，因此當代傳奇劇場仍只需遵循著原本的結構處理即可。不過，吳興國主要得處理的是《等待果陀》裡對於宗教的指涉，包含了聖經裡兩個盜賊的故事以及他們是否能受到救贖的討論，果陀身旁的小男孩兄弟一人看山羊一人看綿羊，抑是聖經的意象，垃圾的「思考」或啼啼的回答中亦夾藏不少基督教的意涵與指涉。這除了是歐美社會被深植的基督教文化現象外，其實也是透過這種失去意義的荒謬感，加以檢視因科學發展而逐漸瓦解的基督教的整體價值體系，〔註104〕就如鍾明德所言：「現代人失落了，感覺自己的存在是種荒謬的事。」〔註105〕

　　基本上，吳興國初步的做法是將原著中的基督教意象轉換爲佛教，就如吳興國自己所言：

> 存在主義有著反基督的精神，原著中提到福音、懺悔、懲罰、得救、死海、聖地，這一切經過轉化而爲東方的信仰，如何把「上帝已死」的概念變成對「立地成佛」的質疑？這場西方最經典的等待是場無法解脫的噩夢，能轉化爲禪悟的虛空嗎？〔註106〕

而《等待果陀》與佛教思想之間的連繫，亦曾有論者以比較文學的觀點，透過佛老思想的觀點去闡述其語言、苦難與虛無。〔註107〕故，吳興國也提出一

---

〔註104〕鍾明德曾舉荒謬劇作家尤涅斯科所言：「荒謬就是沒有目的的存在……人一旦跟他宗教的、形上學的、和先驗的根源切斷關係，他就失落了；他所有的行動變得無意義、荒謬、無用。」鍾明德於是認爲：「這種失去意義的荒謬感是現代社會『世俗化』過程中的副產品。西方社會建立在基督教義之上的整套價值體系，隨著近代科學發展逐漸瓦解，同時，由於殖民地的反抗，西方中新的神話日益式微。二十世紀的兩次『世界大戰』，其殘酷的利益爭奪和無理性的集體大屠殺，使得基督價值體系和其替代品──理性、進步、全人類的解放等『大敘事』（grand narratives）──全告崩潰。」見鍾明德：《現代戲劇講座：從寫實主意到後現代主義》（台北：書林，1995年），頁164。

〔註105〕同前註。

〔註106〕吳興國：〈《等待果陀》導演密碼：殘缺與慈悲的笑容〉，《聯合報》2005年10月4日，E7版。

〔註107〕見簡孟凌：《塞謬爾・貝克特的《等待果陀》與《結局》：試以佛老思想的觀點

個很有意思的思考：「《等待果陀》的兩位流浪漢在遊戲的話題無聊中建立永恆，並不斷否決自己的語言和行爲，這是六祖慧能的「無生無滅」之說嗎？而劇中人經常在喧鬧之後的靜止畫面，又能點出「法本無動與不動」嗎？」〔註108〕我認爲，雖可以基督與佛教信仰之間的關聯來加以改造，但《等待果陀》所供給的是現代人對於存在意義的反思與抵抗，又是對宗教本意的質疑（而宗教的本意可能又都是相似的），假使這是全人類所共有的，那麼是否要在用字上加以轉換並無太核心的意義。

於是，吳興國顯然並無意對於這樣的連結有過度的詮釋與結合。揆諸實情，吳興國在《等待果陀》中的轉換並不完全，他雖將閱讀聖經以及提及聖經中地圖的段落，改爲佛經以及「鹿野苑佛祖講經」的場面，卻同時也將救世主及小偷的故事偷渡到了佛祖身上。這種手法，或許對於大多數的觀眾都不會察覺這層的基督教義轉換與典故，而這也是當代傳奇劇場過往對於其劇作在典故、文化移轉的處理方式。但可見到的是，以當代傳奇劇場過往劇作的觀眾也包含許多劇場的專業人士，而這也是吳興國透過改編西方經典所必然會吸引到的族群，因此《等待果陀》這樣的處理方式，究竟是無法對於這些經典與教義有更好的轉換，還是有其特殊的不中不西的結合方式呢？其實，最明顯的例子出現在垃圾的「思考」：

> 在彭祖與阿難的著作中，闡述一個人的上帝呱呱呱呱有很白很白的鬍子呱呱呱呱，超越時間，漫漫無際高高在上，以神聖冷漠，神聖自若，神聖木訥，垂憐著我們，除少數例外原因不詳，不過時間會說明一切切切切切切切莫忘記他們受桎梏身刑虐之中投身火焰熊熊，熊熊火焰如果一直延燒下去，誰敢說不會焚燒到天堂堂堂堂堂堂而皇之，皇而堂之，換言之，不得而知換句話說，摧毀地獄，連天堂如此蔚藍沉寂寧靜，……1.618，1123581321，119，911，921，1911 神秘儀式，碑文密碼星象符號學學院院院院院院院表張斷定關於人類論述，……色即是空，空即是色一絲不掛只穿長襪然而時間會說明一切，……

其中交錯夾雜了聖經與佛經，上帝的白鬍子也被保留，於是上帝與佛祖並肩

闡述其語言、苦難與虛無》(台南：國立成功大學外國文學系碩士論文，2005 年)。

〔註108〕吳興國：〈《等待果陀》導演密碼：殘缺與慈悲的笑容〉，《聯合報》2005 年 10 月 4 日，E7 版。

同行，甚至還有現代社會的數字、科學等符碼，足以展現多元文化的混雜。而在這之中更交雜了許多無意義的疊字與符號，以及生活用品，更顯露出對於人存在意義的呢喃以及荒謬。此外，整部劇作直接觸及到「佛」的段落也並不多，甚至多帶有「不中不西」的意想，如哭哭言道：

> （白）哦……（唱）我記得聖地的圖象。青翠幽靜，須彌無邊。一片雲海看了教人智開慧湧，飄飄欲仙。我常說道，我們應該去那兒打坐修行，成佛正道，羽化成仙，一定逍遙又快樂。

而啼啼的回答是：「你早該成個詩人啦。」將宗教的所指解消掉，留下的大多是種詩意，不被中西宗教的不同教義所制約。可見，吳興國並無意針對所有符指都加以轉換，僅是局部性的，讓基督信仰與佛陀精義試圖能並存於其中，而不顯衝突（甚至是在平淡中製造某種衝突感）。或許，這也是中國宗教哲學的共性——雜揉與共生，並不如西方的新、舊教有其獨一性與權威性。

　　針對吳興國置換宗教符碼的手法，紀慧玲認為：「論詮釋，上半場硬生生將所有關於基督信仰全改為佛陀經義，移花接木，讓人宛如丈二金剛，……」〔註109〕但，從本節所舉的例子來看，吳興國並無全面的轉換，紀慧玲的評述是值得質疑的。當代傳奇劇場改編《等待果陀》的作法，實是一種「不中不西」的「不完全」轉譯。因此，紀蔚然就駁斥了紀慧玲的說法，除指出當代傳奇劇場僅有局部性的轉換外，更針對「移花接木」這個評斷，指出：「她沒有解釋為何『移花接木』在美學上會『讓人宛如丈二金剛』。我們只消反問：若表演方式、說對白的方式、服裝等等都可『移花接木』——換言之，都可被『京劇／中國符號化』——為何原著基督教的符號不可被『佛教化』？為何很多元素可被『改頭換面』，唯獨文本不行？於此，紀慧玲無意識地表露了『文本不可侵犯』的保守態度。」〔註110〕同樣地，這層文化轉譯的問題也被王墨林提出質疑：「因此原著中不斷被提起的重覆話語，既為語言表現抽象詩句的韻味調性，更是虛無哲學的情境鋪設，然而翻轉為京白時，當哭哭問：現在我們做什麼？而啼啼回答：等待果陀！倒令人感受到的是，另一種合成文化的荒謬感！」〔註111〕紀蔚然亦提出對王墨林的反面意見：

---

〔註109〕紀慧玲：〈既在當代，何必等待？〉，《表演藝術》第 155 期（2005 年 11 月），頁 52。

〔註110〕紀蔚然：〈跨文化之正解與誤讀：台灣劇場改編西方正典之實驗精神〉，頁 64～65。

〔註111〕王墨林：〈戲劇本質是形式？還是文本？京劇能等到果陀嗎？〉，《民生報》2005

> 若我們像王墨林秉持著「融合」（fusion）的概念，它自然是美學上
> 的缺失，但如果我們認定「傾軋」（friction）是兩種文化交會必然的
> 現象，則它反而改編者最能發揮實驗精神的面向。〔註112〕

於此，我認同紀蔚然的論點。我認為，吳興國這樣的改編方式並不是他無法
全面性地處理這種轉譯問題，而是試圖透過一種文化的雜揉與對立，產生文
化與文化之間的隙縫，進而對於《等待果陀》「再」詮釋。〔註113〕同樣地，如
果《等待果陀》能夠反應現代社會，亦可見現代台灣社會存在著各種文化雜
融的現象，除廟宇與教堂的比鄰而居，台南市於 1963 年所建造的天主教教堂
「天主堂」，就融合中國儒家、道教及西方建築風格。可見，純粹的文化現象
可能已不存在，特別是在台灣，不論宗教、文化等都因殖民環境、歷史背景
與人民性格，而被融合或共生。那麼，趁著這種文化的隙縫，或許才是對於
貝克特的概念有更合宜的「荒謬」詮釋——「荒謬」係人生與社會的忠實反
應。

### 2、沉默與靜置：配樂與舞台空間的問題

　　當代傳奇劇場版《等待果陀》處理得最好的部分，我認為是整體意境與
美學的營造。而，這也是在貝克特的限制之下所達成的。

　　在與賴聲川處理完《等待果陀》的授權問題時，除前述提到的忠於原著
之外，更在同意書上看到對於當代傳奇劇場而言更嚴苛的限制：「嚴禁任何型
式的配樂」〔註114〕在這樣的限制之下，到底要如何以京劇的形態演繹《等待

---

〔註112〕　年 10 月 12 日，A10 版。
〔註112〕　紀蔚然：〈跨文化之正解與誤讀：台灣劇場改編西方正典之實驗精神〉，頁 66。
　　　　紀蔚然在〈刺探台灣劇場的改編：以當代傳奇之《等待果陀》為例〉中同樣
　　　　認為：「『裂縫』是兩種文化交會必然產生的現象，則它未嘗不是改編藝術裡
　　　　最能表現美感經驗的所在。」見紀蔚然：〈刺探台灣劇場的改編：以當代傳奇
　　　　之《等待果陀》為例〉，國立台灣大學戲劇學系主編：《2006 台灣現代劇場研
　　　　討會會議論文集》（台北：國立台灣大學戲劇學系，2006 年），頁 35～42。
〔註113〕　同樣地，鄭傑文亦認同紀蔚然的觀點，他認為：「改編的作品本來無法全株移
　　　　植，搬演《等待果陀》，所有的觀眾在入場前都已經預期是『西方經典』，且
　　　　既然演員已經是台灣人，長相、身材、膚色、比例、語言種種都不是原樣，
　　　　裂縫當然存在。」鄭傑文：《慾望現代與混血表演：1986～2006 當代傳奇劇
　　　　場作品初探》，頁 189。
〔註114〕　吳興國：〈《等待果陀》導演密碼：殘缺與慈悲的笑容〉，《聯合報》2005 年 10
　　　　月 4 日，E7 版。不過根據賴聲川重新解讀法國版權的回應：「經研究，有合
　　　　理的空間認為文件中所指的是『現場音樂伴奏』而非所有配樂。我方可以寫
　　　　信請他們澄清，但這有風險。也可就這樣，相信只要沒有現場樂師出現來伴

果陀》呢？就如吳興國自己所說：

> 京劇有「四功五法」：唱、作、唸、打和手、眼、身、步、法，「嚴
> 禁任何形式的配樂！」難不成要把戲曲的「曲」廢去？果眞如此，
> 當代傳奇的特質又與一般舞台劇有何差異？〔註115〕

其實，吳興國的說法裡有著當代傳奇劇場從創團以來始終存在的思考，也就是到底要如何看待「京劇」這個載體，不管其創新的步伐走到何處，或如《樓蘭女》拋棄京劇符碼，或如《奧瑞斯提亞》打開中西文化拼貼的極致，或如《歡樂時光──契訶夫傳奇》以歌舞劇另闢蹊徑。但，若其以「當代傳奇劇場」爲名，不可偏廢的問題始終都是「京劇」。對於如何從京劇找到新劇種的契機，或許就是吳興國所等待的「果陀」。因此，就算是如《等待果陀》這樣的荒謬劇，也不能處理得像一般舞台劇。不過，雖說演出《等待果陀》最大的基本問題就在於，如果沒有文武場的配樂陪襯，那麼如何唱出京劇呢？但，吳興國「雖困惑，仍不放棄寫下可唱的詩韻」〔註116〕。於是，在吳興國的哼哼唱唱間，《等待果陀》的唱詞與念白卻也自然而然地形成。之所以能夠「自然而然地形成」，在於吳興國自身的演員本質（這部分由於涉及表演的部分，置於下段詳述），另一則爲《等待果陀》原著在限制之外所提供的詩化語言。

　　前述曾提及孫惠柱對於梅特林克、貝克特與尤涅斯科等人的劇作，將其歸類爲「詩式結構」，認爲在梅特林克等人的劇中，詩的因素已滲入到全劇的結構中，劇中雖無歌隊，人物也只是說著散文式的語言，卻仍然給人一種朦朦朧朧的詩的感覺。〔註117〕在原著中，人物與人物之間的對話是破碎的，雖看似有連貫性，卻是「有一搭沒一搭」的。就算有較長的語句，但語意本身卻也是被切割的狀態。就誠如鄭傑文所言：「《等》劇的語言因爲簡短且富有歧異性，所以能夠留給表演者在台詞中間找到言外之意，而語言的模糊與歧異之可能，正好是『詩』的一大特質。」〔註118〕因此，從原著到當代傳奇劇

---

奏，頭尾加配樂是可以說得過去。」見〈製作史記〉，當代傳奇劇場《等待果陀》特刊，頁67。因此，當代傳奇劇場版的《等待果陀》並非完全沒有音樂，但以京劇或者是劇場而言，其音樂量極少。

〔註115〕吳興國：〈《等待果陀》導演密碼：殘缺與慈悲的笑容〉，《聯合報》2005年10月4日，E7版。

〔註116〕同前註。

〔註117〕孫惠柱：《戲劇的結構與解構》，頁45。

〔註118〕鄭傑文：《慾望現代與混血表演：1986～2006 當代傳奇劇場作品初探》，頁191。

場演出的版本，在語句的使用上其實仍保留了原貌。以啼啼與哭哭第一次見到垃圾時的對話：

哭哭：（唱）他長得實在難看樣

啼啼：（唱）那還有些兒娘娘腔

哭哭：（唱）那奴才病態慘慘恐難擋

啼啼：（唱）噓喘喘疲憊不堪面色蒼

哭哭：（唱）為何他不把那箱兒放？

啼啼：（唱）問一問便知其詳

哭哭：（唱）哎呀呀，恐怖景象──

啼啼：（唱）滿脖是血直流膿湯

哭哭：（唱）是繩結磨出破綻悽慘狀

啼啼：（唱）可不是疙瘩一串舊疤傷

哭哭：（唱）你看他口沫沿肚垂地上

啼啼：（唱）許是那癡呆愚殘沒爹娘

（二人合唱）看起來奄奄一息沒指望

骨瘦如柴眼凸胸前好淒涼　好淒涼

其實當代傳奇劇場的改編並無將句型有太大的更動，基本上仍是「散文式」，亦是保留了「是繩結勒的」、「流口水」、「他可能是個笨蛋」、「他在喘」、「奄奄一息」〔註 119〕等內容，也如貝克特版權中心所限制的，並無配樂以及任何的鑼鼓點，完全倚仗語句本有的與演員自身的節奏感，而以「吟唱」的方式呈現，或是以自己的聲音製造出鑼鼓點。因此，在這樣的限制之下，反而激發出演員如何掌握這種節奏感，或者是從自己的演員身體裡打出這種節奏，就如吳興國所言：「《等待果陀》的唱腔，當語言論及形而上的層次時，我運用崑曲為創作元素，當對白情緒高漲時運用了西皮二黃為創作元素，而即使是京白韻白也夾有吟頌或鑼鼓經的節奏暗藏其中。」〔註 120〕

在對話之間，當代傳奇劇場亦掌握住貝克特在劇本裡的留白處。林璟南指出：「在這樣對話的過程中，因貝克特的劇作裡形同留白之處甚多，對話的

〔註 119〕山繆‧貝克特（Samuel Beckett）著，廖玉如譯注：《等待果陀‧終局》，頁29〜30。

〔註 120〕吳興國：〈《等待果陀》導演密碼：殘缺與慈悲的笑容〉，《聯合報》2005 年 10月 4 日，E7 版。

過程遂提供給劇場創作者（乃至看戲的觀眾）在想像力上相當開闊的空間，……」〔註121〕因此，吳興國在改編上亦認為：「原文中有許多關鍵時刻的沉默，像中國水墨畫的留白，也像禪思頓悟，置入詩句可供為語言之間承先啟後，有定場或煞尾的作用，也有助突顯原著內在的語言意義。」〔註122〕於是，在這種留白的沉默中，吳興國與盛鑑雖透過他們的半唸半唱去填補，但因為缺乏音樂的旁襯，不僅讓語句本身的「詩味」十足，同時也將貝克特所透露的荒謬與抽象在靜謐的情境中生成，唯一的音樂僅有些許的古琴，反而得以襯托舞台上的空無，並充滿一種不確定感。

　　這種沉默的境界同樣也透過《等待果陀》的舞台設計傳達。在原著豐富的舞台指示中，便已將舞台的佈置表達得很清楚，也就是「鄉村小路。一棵樹」〔註123〕。於是，《等待果陀》堪稱是當代傳奇劇場最簡單的一個舞台，僅有一棵樹和一個小土坡，沒有其他的佈景。鄉村小路是一個極模糊的空間，因為是一條路，故有無限延伸的可能。但，那一棵樹卻是兩個流浪漢不斷往返的指標，不管他們走多遠，終會回到這個地方。因此，這個空間是對立的，雖無限延展，但卻會被唯一的景物——樹——所限縮，這也體現了兩個流浪漢生命的局限性。同樣地，針對實際的舞台而言，他們的確也是被困在這個舞台之上。因此，透過佈景所製造的靜置空間，其實也是一種對於戲劇舞台的「再解構」。其將焦點集中在演員身上，佈景的呈現不過是一種意象化。就如舞台設計林克華所言：「這個舞台的美學精神，基本上是極簡的。從這個思考點出發，我不禁聯想到中國現代水墨畫，畫家並不是畫真正的山水，僅以大塊面的墨色就能夠表現其蒼涼情境，以及人在俗世與精神世界之間的拉扯，傳達人類試圖掙脫羈索、尋求性靈救贖的渴望。」〔註124〕很有意思的是，此舞台雖符合了貝克特所設下的限制，但林克華卻將其與中國山水畫的意象傳達方式相連結。於是，在如何傳達意象這件事情上，《等待果陀》其實找到過往處理跨文化劇場時被希冀尋求的接合點，而在不分中西文化的人類共感中，這種虛無飄渺的心境，既無分中西，亦不受限於古今。這樣「不中不西」〔註125〕的設計，其實也呼應到吳興國針對

〔註121〕林璟南：〈貝克特的《等待果陀》〉，當代傳奇劇場《等待果陀》特刊，頁16。
〔註122〕吳興國：〈《等待果陀》導演密碼：殘缺與慈悲的笑容〉，《聯合報》2005年10月4日，E7版。
〔註123〕山繆·貝克特（Samuel Beckett）著，廖玉如譯注：《等待果陀·終局》，頁5。
〔註124〕林克華：〈創作手記〉，當代傳奇劇場《等待果陀》特刊，頁42。
〔註125〕林克華自己也認為：「當代傳奇劇場《等待果陀》設計的整體概念，應該是既

《等待果陀》文本，對於中西文化隙縫的處理，讓這種異質並存，可能相融，也可能碰撞。

林克華認為：「讓舞台回歸極簡，回到純粹的『表演者的舞台』（performers' theatre），讓觀眾關注的焦點回到表演本身，……」〔註126〕當代傳奇劇場的前一部作品《暴風雨》在舞台、聲光等方面達到戲曲表演於現代舞台的極度精緻化，但卻在處理文本，以及整體的詮釋與演繹，失去其焦點。而《等待果陀》則由於貝克特所設下的限制，讓當代傳奇劇場「被迫」捨棄複雜的呈現方式，回歸到「極簡」，因此能夠聚焦在台上的演員。同時，在這種沉默與靜置中，打破戲曲是否能夠演繹《等待果陀》這種荒謬劇的質疑。

## （二）荒謬與「不」荒謬？

當代傳奇劇場在詮釋《等待果陀》上，大量承襲原著的架構，改變的是其演繹的方式，也就是「京劇」。而原著本有的「荒謬」演繹，透過當代傳奇劇場在文化間縫中的運行，以及空間與音樂的配合，原著劇本的「荒謬」劇情是以「意境」式的呈現。而，讓傳統的「京劇」在現代舞台展現存在主義這件事情，可能本來就存在著衝突與荒謬，故，係以「荒謬」演繹「荒謬」。

於是，可以思索的是，論者評斷貝克特的《等待果陀》，由於將其歸類於「荒謬劇場」，鍾明德遂指出：「在荒謬劇中，人物被簡單化成一些類型，行為缺乏邏輯性的動機。整齣戲沒有敘事性的起、承、轉、合情節發展：人被擺在一個荒瘠的情境中，沒有『行動』（action）的可能。」〔註127〕，他並以「文學性劇場的終點站到了，大家下車！」〔註128〕作為描述荒謬劇場的標題，足見其脫離原本劇場的敘事性，從透過劇場說一個故事，到不說任何一個故事。不過，當這個觀點與中國的傳統戲曲相對照之時，可以注意到的是，中國傳統戲曲雖透過「擬真」的虛擬動作去演繹，但基本上其劇情性是薄弱的，大部分的情節故事是簡單，或者是不合理的。如全本的《四郎探母》，目前常見的折子是〈坐宮〉，但在楊四郎來到佘太君營中時，有三段近乎內容一樣的折子：〈見弟〉、〈見娘〉與〈見妻〉，僅是將楊四郎見的對象作更換，而以大

古又今，既中又西，完全把時空模糊掉。」見〈製作史記〉，當代傳奇劇場《等待果陀》特刊，頁67。
〔註126〕林克華：〈創作手記〉，當代傳奇劇場《等待果陀》特刊，頁42。
〔註127〕鍾明德：《現代戲劇講座：從寫實主意到後現代主義》，頁164。
〔註128〕同前註，頁161～171。

量的哭戲爲主軸。此段劇情顯然地不是以「敘事性」爲核心，其演出價値在於如何透過演員的唱腔與演繹，傳達其「抒情性」。王安祈認爲：「傳統戲曲的高潮，必有悠揚動聽的曲調，或是優美繁複的身段（當然，載歌載舞的表演，其最終目的是在揭示人物內在情感、刻畫人物心理變化），而其中的故事性往往十分薄弱，非但不必一定是衝突矛盾的關鍵所在，甚至毫無劇情可言者也可能成爲高潮。」〔註129〕《等待果陀》雖連曲調也一併捨去，但卻與傳統戲曲的現象相符。而如《四郎探母》這種循環式的表達方式，似乎也與「荒謬劇場」重複的劇情架構有所呼應，《等待果陀》的兩幕劇情亦幾乎相同。「荒謬劇場」透過情節的支解與重複，來詮釋人生與社會的抽象，同樣地，中國傳統戲曲所重視的「抒情性」，感情的詮釋基本上也是一種抽象的表達。而陳世驤認爲：「中國所有的文學傳統統統是抒情詩的傳統。」〔註130〕其廣指中國所有文學，必然包含戲曲，此說也與孫惠柱指陳貝克特戲劇的「詩式結構」有所相應。或許就因這些共通性，故金士傑認爲：「因此我知道那些存在我心裡的經典句子，是可以透過美麗的京白、韻白，美麗的鑼鼓點，美麗的身段來表演，因爲它們同樣屬於『詩』的範疇，京劇飛常有能力傳達這麼個充滿詩意企圖的戲，……沒想到他們隨便一個身段，一甩袖、一扭頭、甩髮，隨便幾個唱段，就把那些詩句輕鬆地完成了。」〔註131〕傳統戲曲的表現方式，對於現代舞台而言本就有「荒謬」的表徵，故透過「戲曲」詮釋《等待果陀》，其實是以「荒謬」詮釋「荒謬」的意涵〔註132〕，焦點都在於演員如何演繹。

　　但，以當代傳奇劇場所詮釋的《等待果陀》而言，其眞的完全放棄了「敘事」（說故事）的可能嗎？透過演員的詮釋，其實故事本身仍是被述說的，只是這個故事讓情節被剝落了。這樣的架構與《李爾在此》有異曲同工之處，它們的確都解構了劇情，只不過《李爾在此》是吳興國去拆解《李爾王》，而《等待果陀》是原著本身早被貝克特自行解構。因此，從《李爾在此》到《等待果陀》，實是由自我對話到與他者對話的過程，進而對整個生命達到叩問。吳興國在創

〔註129〕王安祈：〈中國傳統戲曲的藝術精神〉，《傳統戲曲的現代表現》，頁190。
〔註130〕陳世驤：《陳世驤文存》（台北：志文，1972年），頁37。
〔註131〕金士傑：〈等待果陀與等待當代之間〉，當代傳奇劇場《等待果陀》特刊，頁37。
〔註132〕此處的說法，並不是認爲「傳統京劇是荒謬的」，而是以現代觀眾（重點在於不看傳統戲曲的觀眾）與外國觀眾而言，這些程式化的動作可能都不符合生活常規，因此被認爲是荒謬的。

作《等待果陀》的過程，不斷被提醒的就是「千萬別讓觀眾睡著」，但真正會讓觀眾睡著的，其實不是沒有劇情，而是演員的情感無法與觀眾達到共鳴，這也是當代傳奇劇場版的《等待果陀》所達到的境界。於此，我們可以透過「敘事」反過來思考中國戲曲：如果「敘事」才是真正吸引觀眾的部分，那麼中國傳統戲劇以「抒情」為核心的吸引力到底又何在？縱使當代傳奇劇場的創設是為了回應傳統劇場的式微並試圖改造，但在吳興國不斷嘗試脫離京劇的同時，卻也不斷接收到評論者對此作法所發出的可惜，可見京劇的藝術美感及魅力才是當代傳奇劇場在進行西方經典改編時真正須著重之處。於是，貝克特的《等待果陀》透過「反情節」、「語言的荒謬性」，得以反映現實人生處境時，這種「對過往寫實戲劇的反動」，在當代傳奇劇場的詮釋下，改以「抒情」、「非情節」作為核心的「京劇」為表演架構，反而產生意外的契合與呼應，同時也讓當代傳奇劇場在「前衛性」裡回應了傳統劇場的價值。

　　不過，難道我們得因兩者的共鳴，而去定義傳統劇場也是荒謬的嗎？就如紀蔚然對於荒謬劇場的重新評價，他針對「荒謬」指出：「『荒謬』一詞意指荒誕不經，拖離常態與正軌，它本身就暗示了『正常』的存在。沒有對『正常』的認定，便無『荒謬』之說。當評家學者將貝克特或伊爾涅斯柯的作品形容為『荒謬』時，他們顯然認定了傳統的戲劇形式才是『正常』的。」〔註133〕由於現實所存在的現象反而不如寫實劇場所呈現的規矩、一致，其實是如荒謬劇場一般支離破碎，無稽而無定律，於是，紀蔚然的結論反而認為：「《等待果陀》的對白貼近人生，比寫實戲劇還要『寫實』。」〔註134〕此論述解構了「荒謬劇」與「荒謬」的論述與評析。因此，或許現代觀眾在接觸大量寫實戲劇後，會認為京劇有其不合理之處，但中國觀眾其實並不會認為「京劇」是與「荒謬劇」畫上等號的，乃是在一個歷史的發展基礎下，我們都可以接受它作為中國表演藝術的一個環節，於是傳統劇場早已被定位為「正常」。倘若京劇與荒謬劇有相像之處，但卻在不同認知裡有不同的解讀，這弔詭位置實是當代傳奇劇場透過「京劇」來重新詮釋所謂的「荒謬劇」，也是將紀蔚然對於「荒謬劇」與《等待果陀》的看法加以詮釋。同樣地，當代傳奇劇場一直以來試圖透過西方戲劇強化中國傳統劇場的「思想性」，亦在《等待果陀》達到對於人生與存在的探討，甚至對「劇場」提出反思與再探。

---

〔註133〕紀蔚然：《現代戲劇敘事觀──建構與解構》，頁107。

〔註134〕同前註，頁115。

## 二、演員的二重功課

　　京劇能否等到果陀？這要看是誰的提問了！答案經常是因人而異。
〔註135〕

——吳興國

　　就如當代傳奇劇場的其他作品，多得到兩極的評價，《等待果陀》亦然。但，透過貝克特，吳興國所等到的果陀到底是什麼？我認為，是在回歸與重省傳統劇場價值時，被再次檢驗的「演員功課」。

　　就如賴聲川所言：「《等待狗頭》對一個導演所帶來的考驗是空前的。它讓我們重新思考什麼是戲，什麼是人生，而這兩種思考必須同時進行，才會有答案。要接近它，首先我們要拆掉所有的標籤，什麼是悲劇，什麼是喜劇，什麼是戲劇動作，什麼是角色，什麼是對話……然後才可能發現在許多矛盾、衝突與模糊之中，是有明確的可能性。」〔註136〕由於在所謂的「貝克特限制」之下，除要符合貝克特無情節式的劇情架構，更不得使用任何形式的配樂，以及極簡的舞台，於是在吳興國的自編、自導、自唱中，他似乎找到了一種演出上的本質，就是如何回到演員本身，如何將自身的唱、唸、作、打和《等待果陀》的內涵相互連結。貝克特所設下的雖是嚴格的限制，但卻也因無法在這些層面上出奇，而須在矛盾與衝突之間重新思考，同時拆解掉我們對於劇場的既有想像，至於吳興國所做的則是回到自己演員的身法與訓練。因為觀眾不會被整部劇作的聲光效果所吸引，而其劇情又顯得無趣，故焦點是被集中於演員身上的。所以，如何讓這部劇作不顯得沉悶，實是完全倚仗吳興國、盛鑑等人的演繹。這些思考與作法雖是因《等待果陀》而生的，但卻也是從創新回到傳統劇場的「演員功課」。

　　於此，本段所要論述的是，演員在《等待果陀》裡所必須進行的「功課」，其主要可分為兩個層面：一是如何在創新裡找到對於傳統劇場的演員身體，另一則為演員與傳統戲曲的傳承。故，論述將從吳興國等人如何透過《等待果陀》的改編，由貝克特對於劇本的限制性，開啟演員自身的表演空間與解放身體。吳興國又如何在創新中找到一種對於傳統劇場的回歸，並在此劇中拉拔為主角的盛鑑又如何在傳統與創新中承接一種傳承的角色。因此，本段

---

〔註135〕吳興國：〈形塑中國新戲曲〉，頁94。
〔註136〕賴聲川：《等待》指南（下）〉，《聯合報》2001年10月7日，37版。

的「演員功課」除是在於吳興國自身在本劇的開發之外，更在於他如何將這種經驗傳承給下一代的表演者。

### （一）《等待果陀》開啟的表演空間

在錯過 1998 年可能與現代劇場演員金士傑與李立群合作《等待果陀》的機會後，2005 年「再訪」貝克特時，除在劇團已有新演員的加入外，在透過《李爾在此》的詮釋經驗後，吳興國重新定位「京劇」在現代舞台的位置而加以在「表演方法」上「再探索」。就如他自己所說：「如果八年前做《等待果陀》，我會不斷地想如何在形式上突破，如何創新，但八年後，我把它當作是一個演員功課，慢慢磨，和團員們一句句地在這些看似無意義的語言裡，找到表演方法。」〔註137〕於是，就如本節所論述之，當代傳奇劇場版的《等待果陀》並無改動太多原著的文本，形式上也大致保留極簡的原貌，其主要的創發仍在於如何透過京劇演員程式化的身體而組織《等待果陀》看似無意義的表演。

就如本節在前述中曾提到，《等待果陀》的唱詞與唸白是吳興國在「自然而然」的情況下生成的，而這種所謂的「自然而然」就在於吳興國千錘百鍊後的「京劇」演員的身體與本能。就如其傳記中所提到的：「這就是傳統戲曲演員的本能，小時候的苦練把自己錘鍊成一座唱念作打的資料庫，裡面藏得越豐富，組合運用就可以越靈活。」〔註138〕於是吳興國說：「等劇本寫完了，唱腔也完成了。」〔註139〕而我曾在第二章第三節提到，《歡樂時光——契訶夫傳奇》中吳興國與劇中其他演員的差異在於他如何拆解與跳脫本已僵化的程式規範，自由跨越在京劇、歌劇與舞台劇之間，其實這也在於吳興國的「本能」與「身體」因傳統劇場的嚴格訓練之下，而在吸收新元素後，吐出有別於現代演員的獨有美感。這也是魏海敏在當代傳奇劇場與國光劇團等新編戲曲中，一直被稱許之處。也由於吳興國的本能，以及對於傳統劇場的開放性思考，從其對於唱腔的設計：「當語言論及形而上的層次時，我運用崑曲為創作元素，當對白情緒高漲時運用了西皮二黃為創作元素，而即使是京白韻白也夾有吟頌或鑼鼓經的節奏暗藏其中。」〔註140〕活用各種傳統戲曲（包含崑

---

〔註137〕盧健英：《絕境萌芽：吳興國的當代傳奇》，頁213。
〔註138〕同前註。
〔註139〕同前註。
〔註140〕吳興國：〈《等待果陀》導演密碼：殘缺與慈悲的笑容〉，《聯合報》2005年10月4日，E7版。

曲與京劇）的特色，可見一斑。

於是，在如此現代的劇場上，吳興國所運用的卻是他自己經過萃煉的「演員身體」，更微妙的還是「傳統劇場」所給予的，或許這也是一種傳統與現代並存的「荒謬」。李怡瑾曾透過吳興國在《李爾在此》的改編，重構京劇「行當」的價值，她認為：

> 對於京劇在藝術形式上的創發，無論它是在何種意義上，都應該回歸到演員要面對的「演員功課」——也即是京劇表演藝術中演員的「演」與「技」——的方面，才能夠有足夠的理由與資格被認定為京劇這門表演藝術嚴屬的「傳統」。而台灣的京劇表演藝術家吳興國在這方面的因襲，也恰恰能夠基於京劇這方面的「傳統」來進行創發，因此他的「當代傳奇劇場」在近來創發的「新編戲曲」，或許也能夠算得上是一種「新傳統」的轉型範例。〔註141〕

此說雖以《李爾在此》為論述基礎，但卻仍適用於吳興國於《等待果陀》的呈現。可見，從吳興國的創作中，其創新步伐仍與他本身的傳統底蘊有密切相關。就誠如李怡瑾在另一篇文章中提及《等待果陀》時，亦曾指出：「也正因為戲曲『程式化』為演員提供了比較成熟的表演美學作為依據，在西方現代主義戲劇潮流的衝擊下，吳興國的『演員功課』倒也顯出了『京』味十足的底氣。」〔註142〕故，從當代傳奇劇場在《等待果陀》裡的角色設定方式，就可見戲曲程式化的痕跡。

此劇的主要演員吳興國、盛鑑、馬寶山、林朝緒等人，皆由京劇科班出身。吳興國與盛鑑所演繹的啼啼與哭哭，由於兩人本工都是老生，因此兩個角色的處理上係以老生的聲腔為主，再添加了「丑」（包含京劇的丑角與西方小丑）的表演方式。而由馬寶山飾演的破梭，則是透過花臉的嗓音來詮釋。不過，這些演繹的手法都不受限於演員本有的行當與本工，而這也是吳興國在當代傳奇劇場所開展的一貫作風——不脫行當的演繹卻不被其所規範。鄭傑文故以「自由運用聲音的不同表情」〔註143〕作為吳興國等人在《等待果陀》

---

〔註141〕李怡瑾：〈「跨文化」探索的現代戲曲——以吳興國的「當代傳奇劇場」創作為依據〉，收錄於杜長勝主編：《京劇與現代中國社會：第三屆京劇學國際學術研討會論文集》，頁346。

〔註142〕李怡瑾：〈現代戲曲「實驗」中的「傳統」表現——以台灣「當代傳奇劇場」為探討依據〉，頁91。

〔註143〕鄭傑文：《慾望現代與混血表演：1986～2006 當代傳奇劇場作品初探》，頁

裡的表演基礎。這些演員雖以傳統戲曲行當爲出發，但很多表演方式都不在傳統戲曲的範疇與規範內。如：哭哭與啼啼的演繹方式，雖在唱腔上以老生爲核心，但不論從服裝穿著的乞丐樣，到大動作的搖晃、走動，都有別於傳統老生的整體規範，甚至若不斟酌於唱腔的表現，觀眾根本無法認定吳興國與盛鑑實爲老生。同樣的，林朝緒雖以文、武丑出身，但他所飾演的垃圾卻是以白話國語爲主要表現方式，包含他的「思考」都較近於饒舌歌曲。故，就誠如王安祈所言：「任何一類藝術形式雖然都有自身的特質，但沒有任何一類藝術是必須永遠自我封閉的。」〔註144〕這也是吳興國不斷致力所在，特別在《李爾在此》之後到《等待果陀》，他所做的不是與「傳統」的斷然切割〔註145〕，而是在不同的劇場之間有一種流動與開放的可能，就如他在《等待果陀》裡對於行當、對聲音使用的方式。

高行健曾說：

> 可這我不是我的方向，我找尋一種現代戲劇的時候，並不走向反戲劇，先鋒戲劇或廣義的觀念的戲劇。相反，我回歸戲劇的本源，從演員當眾扮演去找尋現代戲劇的生命力。我以爲一切新鮮的形式和觀念都會過時，唯有演員面對觀眾活生生的表演才給戲劇這門藝術經久不衰的魅力。我所以特別欣賞東方傳統戲劇的表演，也因爲戲劇的魅力我從這種表演中看得尤爲清楚。〔註146〕

不過，貝克特的《等待果陀》作爲一「反戲劇」的代表，卻因拆解掉西方所謂寫實戲劇的架構後，在當代傳奇劇場的東方演繹之下，反而直指了東方戲劇較不寫實的戲曲藝術，讓戲劇回歸到「演員」。當然，就如前述所提及，中國傳統戲曲與荒謬劇場仍是有極大的差異。但，就因劇場結構的被拆除，而讓演員的表演被「裸露」在舞台之上，這也是《等待果陀》在限制的背後所給予的開放性。因爲這個弔詭現象，讓當代傳奇劇場看到傳統劇場在「荒謬劇」裡的適性，成爲相輔相成的可能。

---

193。

〔註144〕王安祈：《傳統戲曲的現代表現》，頁94。

〔註145〕誠如李怡瑾所言：「筆者倒是以爲，其實京劇的創新發展並不一定就得割斷「傳統」的臍帶不可。在現今世界戲劇的許多不同流派中，沒有任何一種戲劇是不需要演員的表演藝術的。」見李怡瑾：〈「跨文化」探索的現代戲曲——以吳興國的「當代傳奇劇場」創作爲依據〉，頁346。

〔註146〕高行健：〈我的戲劇和我的鑰匙〉，《沒有主義》（台北：聯經，2001年），頁265。

　　原著的劇情與對話雖取自於生活，卻因人生的荒謬與無聊，而在劇場表演上顯得沉悶與無趣。於是，當代傳奇劇場係透過演員精采的聲音變化以及動作（身段）的大幅度演繹來填補這種無聊，就如報導中所說：「他們的目標是『不讓觀眾在劇中人孤寂漫長的等待中睡著』。」〔註147〕而演員的身段亦是在傳統戲曲的規範之間游走，並在這種縫隙中找到專屬於那個角色的演繹方式，以東方的身體與表演去詮釋被西方所描繪的現代；於是，現代與傳統、東方與西方，是呈現雜揉的現象。基本上，吳興國等人是將自己的動作誇張化，不管是以老生或是花臉爲本工者，都兼容了「丑」的表演元素。舉例來說，啼啼在唱：

> 一隻狗兒進廚房
> 偷了一個肉包嚐（過門）
> 師傅舉起杓子打
> 空！啊空！啊空的一聲歸天堂！（過門）

開頭卻因起音太高，又再次清一下喉嚨重唱。此作法就增添了逗趣與生活化的語彙。而在「狗兄狗弟齊來訪」一句，亦以「啊嗚啊嗚」的「吹狗螺」作尾，配合吳興國豐富的表情與動作，開展了這段台詞的張力。於是，這段台詞雖然不斷地反覆，甚至是無意義，並且讓啼啼大聲地抱怨無聊，但對於觀眾而言卻因不在規範內的表演程式，而不失趣味。可以注意到的是，由於貝克特禁止配樂，故鑼鼓點並不是由樂隊處理，是透過演員自己用嘴巴來發聲，同樣也讓觀眾可以會心一笑。此外，如破梭與垃圾出場時，從鞭子的聲響，到破梭拉動繩子促使垃圾又跌又摔的大動作，都讓畫面呈現出「馬戲團」的熱鬧與喜感。而垃圾在表演「思考」時，雖是一連串無意義的語言，但透過林朝緒扭曲的表情與豐富的身體表演，讓觀眾所體驗到的不只是語言的機巧，更帶有眼光可投射的目標。這種表演方式，也成爲林朝緒一貫的演繹手法，如他在《歡樂時光——契訶夫傳奇》中所飾演的血腥龍亦近於這樣的表演。旁邊的破梭、哭哭與啼啼也會配合垃圾的「思考」，一起扭動表現出其焦慮。特別是哭哭與啼啼，在大多數的劇情裡，他們皆以同樣的動作，或左右移位，或手勢上的變化，來傳達一種人與人之間的互動與制式化，他們略駝的身形，基本上也與京劇的本工所呈現的不同。不過，同時我們也得思考的是，這樣過於精彩的表演會否瓦解掉原著本有的荒謬性呢？或許這個平衡點是難以掌握的，就如《歡樂時光——契

---

〔註147〕李玉玲：〈當代傳奇演果陀　丑丑的〉，《聯合報》2005年8月9日，C6版。

訶夫傳奇》看似承襲了《等待果陀》的詮釋方式，卻也在「歡樂」與「沉默」裡失衡而扭曲了契訶夫的原味。

　　相較於原著未對角色有比較細膩的刻劃，人物設定也較為簡略，當代傳奇劇場版的《等待果陀》就顯得印象鮮明許多。由於其以「京劇」為主要演繹方式，故在聲音表情上有更明顯地區隔，特別是吳興國與盛鑑兩人，雖同以老生為本工，但盛鑑的聲音就顯得薄些，並且分別使用韻白與京白。鄭傑文則認為：「在表演上，也讓哭哭顯得比較矜持，啼啼則不但記性差、脾氣壞、膽子小，卻很真切，他搶蘿蔔、搶雞骨頭都毫不客氣『我就是不要臉』。」〔註148〕但，我認為其劇情與原著差距並不大，單用一句話來說明兩個人物的個性，此解讀與例證是比較單薄的。而金士傑的解讀顯然也與鄭傑文略有差異，他以法國某劇團的老師以中國陰陽五行為劃分來說明角色屬性，認為：

> 在我看來，吳興國（飾演的流浪漢廢低迷）屬金，他有落魄中的一種陽光性，在灰塵當中堅持自己站立的姿態，只是這個「過氣的貴族」，因年紀老邁而掩飾不住他的躁鬱和歇斯底里。盛鑑（飾演的流浪漢愛抬槓）屬木，這個角色根本就「糊」了，老在出笨點子，記憶力奇爛無比，又膽小又臭脾氣，他簡直就是塊爛抹布，但爛抹布的好處是柔軟，他接受自己是該被人嘲笑的，有時被人罵得拂袖而去，但接著又主動跑去向人示好。〔註149〕

由於金士傑為本劇的戲劇指導，故因以此設定作為依據。因此，之所以會認為當代傳奇劇場版的《等待果陀》有較鮮明的刻劃，主要還是在於語言與動作的使用，包含兩人透過京劇的聲音與身段，去強化人物在對應上的磨合，並投以生活化的言語。就如吳興國自己所說：「寫實寫意，活潑自由運作，重複的脫鞋、玩帽、擁抱、等待、拉扯、顫抖、吃食、睡覺皆得同時具生活想像和表演的象徵性。」〔註150〕也就是在於投以生活想像，而讓觀眾在程式化的戲曲身段之餘，得以去想像兩個人物的個性。

　　於此，也必須思考金士傑對於當代傳奇劇場版《等待果陀》的重要性。

---

〔註148〕鄭傑文：《慾望現代與混血表演：1986〜2006 當代傳奇劇場作品初探》，頁195。

〔註149〕金士傑口述，陳怡君整理：〈等待果陀與等待當代之間〉，當代傳奇劇場《等待果陀》特刊，頁38。

〔註150〕吳興國：〈導演密碼：殘缺與慈悲的笑容〉，當代傳奇劇場《等待果陀》特刊，頁25。

在當代傳奇劇場歷年來的創作中，獨《等待果陀》有「戲劇指導」，這是耐人尋味的。不可否認，《等待果陀》同樣又是一部吳興國自編自導自演的作品，而表演基礎亦是從京劇出發。不過，當我們回顧金士傑一路的戲劇創作，卻可看出端倪。他雖著力在舞台劇，但他於 1980 年所創作的《荷珠新配》，改編自京劇《荷珠配》，透過傳統題材的創發，卻同時開啓了台灣小劇場的新頁。於是，所謂「傳統與創新的交融」，金士傑遠比吳興國更早一步進入這個領域。《荷珠新配》這部劇作更同樣是以「丑戲」作爲基調的。因此，金士傑的創作經驗，在在能夠於《等待果陀》裡發揮，甚至我們綜觀《等待果陀》的表現方式，或許更像是金士傑的作品。特別是金士傑的劇場作品，多以豐富的表情與情感，以及肢體語言，去刻劃現實生命裡的漠然與荒唐，這何嘗不也是當代傳奇劇場在《等待果陀》裡所演繹的層次嗎？因此，此劇能夠拉高當代傳奇劇場過往對於文本刻劃的深度，並且掌握住表演節奏的強弱拿捏，金士傑實是功不可沒。〔註 151〕

　　吳興國將《等待果陀》定位爲所謂的「東方丑丑荒謬劇」，勢必強調了「丑」的重要性。從前述提及到的唱詞、唸白與大幅度的動作，都很明顯地在人物塑造上使用了「丑角」，甚至是西方小丑的表演，但他並不是刻意地要去做一種嬉鬧的表演，而是透過「丑」去反應人生的無奈與悲苦。就如金士傑所言：「我以爲，丑活兒有個重要特徵，就是觀眾看不出來這個角色在用力。」〔註 152〕因此，這些「丑」不是生活裡的特異分子，反而是稀鬆平常的存在。這種表演方式的核心在於喜劇人物的意義，朱鴻洲對荒謬劇裡的喜感人物有如此解讀：「這些稱謂的共同處在突顯這些人物空洞、單面向、無自主性與無具體性存在的特質。他們既無思考能力亦無心理矛盾，他們代表互可取代、沒有個人性的象徵人物。……他們的心理表現非／反傳統戲劇人物的激情，而是面對死亡、孤獨、肉體衰敗等生存問題下，透過各種無意識言行來呈現。」〔註 153〕因此，這些人物雖具有喜感，亦是吸引觀眾的關鍵之一，但卻是一種對於荒蕪感的對照，更體現熱鬧之後的空寂。

---

〔註151〕此處係透過與李小平導演的對談中，他不斷強調金士傑對於《等待果陀》的重要性，因而重新檢視這部作品的表現方式，所提出之論述。
〔註152〕金士傑口述，陳怡君整理：〈等待果陀與等待當代之間〉，當代傳奇劇場《等待果陀》特刊，頁 38。
〔註153〕朱鴻洲：〈荒謬劇喜感人物的幾種潛在閱讀〉，《戲劇研究》第 9 期（2012 年 1 月），頁 99。

　　而演繹丑角這件事對吳興國而言，已非第一次。1996 年吳興國替復興劇團主演《阿 Q 正傳》裡的阿 Q，就已有類似經驗。我認為，阿 Q 這個角色與《等待果陀》裡的啼啼有許多異曲同工之處，他們雖都笑鬧、愚蠢，但卻也都無奈、荒涼；表演方式雖具喜感，但核心都藏在其背後的沉默。不過，以「當代傳奇劇場的劇作」為核心來看時，啼啼卻是吳興國第一個卑微、平凡的喜劇人物。不管是《慾望城國》的敖叔征、《王子復仇記》的公孫宇、《樓蘭女》的擷生、《奧瑞斯提亞》的阿卡曼儂與奧瑞斯提亞，都是身分尊貴的王親貴族，且都是「悲劇人物」或是「英雄」。就如吳興國在傳記裡的序言以「我演悲劇人物」〔註154〕為題，可知他與「悲劇人物」的生命經驗的共鳴。而喜劇人物與悲劇人物的演繹方式與詮釋手法，自然有莫大的差異。〔註155〕知名法國喜劇作家莫里哀（Molière）甚至認為悲劇人物的創造是較容易的，他透過其筆下人物多杭特（Dorante）之口提出比較，指出：「塑造一位英雄，創造者可以馳騁想像，而不用拘泥於其與真實的相似性，他只要循著想像即可施展、這是為了捕捉驚奇而忽忽真實、但是若要刻劃真實人物，就得依據人性來描寫。……簡言之，對於一齣嚴肅的劇作，作者只要做到不被指責，循著情理與優美文自來創作即可。而要讓正值的人發笑是件相當不容易的差事。」〔註156〕但，由於他是喜劇作家，持此觀點並不意外。不過，從吳興國的當代傳奇劇場「實驗」之路來看，他對於悲劇人物的掌握度是較高的，也較常處理悲劇文本，或許這與過往西方戲劇較重視悲劇為主，特以亞里斯多德的《詩學》作為基礎。同樣地，吳興國所演繹的阿 Q，也曾有論者認為被「英雄化」了〔註157〕。因此，又可再次反映出《等待果陀》能夠在這方面有所突破，金士傑是對吳興國有所影響的。於是，在《等待果陀》之後的《歡樂時光——契訶夫傳奇》，吳興國所飾演的雖非喜劇人物，但已不是所謂的「英雄人物」而僅是契訶夫筆下的「平凡人」、「小人物」，足見《等待果陀》替吳興國開啟的另一個表演路線。

---

〔註154〕見吳興國：〈傳主序：我演悲劇人物〉，收錄於盧健英：《絕境萌芽：吳興國的當代傳奇》，頁 73～75。

〔註155〕有關兩者的差異，可見朱鴻洲：〈荒謬劇喜感人物的幾種潛在閱讀〉，頁 70～71。

〔註156〕Molière，la critique de L'Ecole des femmes（Paris：Hachette，1994），p47～48. 譯文轉引自朱鴻洲：〈荒謬劇喜感人物的幾種潛在閱讀〉，頁 70。

〔註157〕詳見胡惠禎記錄整理：〈新編國劇《阿 Q 正傳》評論座談會〉，《復興劇藝學刊》第 17 期（1998 年 7 月），頁 61～70。

因此，透過《等待果陀》的種種限制，反而開啓演員如何面對自己在「傳統戲曲」訓練裡的基本功，去詮釋「現在感」十足的人物。這樣的演繹手法，也影響到這些演員在未來的劇作中的表演。

### （二）傳統的傳承：從《等待果陀》裡的哭哭到「傳奇二十」裡的「新」敖叔征

傅謹在〈文人與藝人：誰有權改革京劇？〉一文中，認爲：

> 戲劇表演是一項世代傳承的事業，藝術傳統得以代代傳遞，唯一可
> 以依賴的就是一代又一代演員的身體。而每個人身體的差異是一種
> 無可超越的現實，即使收徒授藝時經過嚴格挑選，世界上也找不到
> 兩個完全相同的肉身，依賴於身體傳授的表演藝術……〔註158〕

透過《等待果陀》所開啓演員的第二重功課，我想先從這段論述開始。戲劇表演的傳承，異於學術上的傳道，可經由書籍或是口語的相傳，其「身教」是最重要，甚至是唯一的方式，因此它是「依賴於身體傳授的表演藝術」。於是，回觀吳興國創立當代傳奇劇場的契機，乃是「除了嘆息平劇日漸衰弱的命運外，更激起大家爲劇運努力的決心。除了爲老戲的流傳而盡心外，更希望能讓國劇從古老的時空中走出來，在新的劇場、與新觀眾溝通，透過現代演員不同的思考、運用，以新生的面貌復甦。」〔註159〕倘若這個吳興國的目標是要讓京劇不斷在新劇場演出，並延續其新的生命，那麼，如何讓京劇繼續「活」在新的劇場，還有一件事情很重要，就是「演員的傳承」，而吳興國也勢必意識到。

在當代傳奇劇場過往的作品中，雖陸陸續續有新演員的加入，如：《奧瑞斯提亞》裡的李小平、王耀星；《暴風雨》的朱安麗、劉珈后等人〔註160〕，但主角總是由吳興國、魏海敏所飾演，而這也是當代傳奇劇場吸引觀眾的要

---

〔註158〕傅謹：〈文人與藝人：誰有權改革京劇？〉，《薪火相傳：非物質文化遺產的理論與實踐》（北京：中國社會科學出版社，2008 年），頁 259。

〔註159〕吳興國：〈從傳統走入莎翁世界〉，頁 50。

〔註160〕這些人皆非傳統戲曲的新手，稱之爲「新」，乃是針對當代傳奇劇場而言。同樣地，也是對於戲曲創新而言，他們因出自於戲曲科班，受到傳統戲曲的訓練，像當代傳奇劇場這樣有別於傳統戲曲團體的表演藝術，實也是他們的「新」體驗。而這些人未來也逐漸成爲當代戲曲界的要角，不管是演員，或者是成爲了導演，如李小平就成爲新編戲曲非常重要的導演，並於 2011 年獲得第十五屆國家文藝獎的殊榮。

訣〔註161〕。盛鑑則是第一位被拉拔到主角地位的演員。他雖屬年輕一輩的演員（與吳興國、魏海敏相比），但早非梨園新手，而他也曾在當代傳奇劇場的舊作（《奧瑞斯提亞》、《暴風雨》）演出過。在《等待果陀》裡，盛鑑成為魏海敏之外，少數能與吳興國搭檔的演員，並且詮釋了主角之一的哭哭。

在針對《等待果陀》的評論中，不管是紀慧玲、王墨林或是紀蔚然，多將視角集中在文化合成與轉譯的問題，直至李怡瑾、鄭傑文等人才著眼到「表演」層面的問題。文化問題雖重要，但《等待果陀》透過表演所要傳達的，其實更遠超乎這層「跨文化」的改編問題。於是，當觀眾注意到吳興國的表演並投以評價時，對一同演出這部作品的盛鑑而言，是極冒險的嘗試。本文前述曾提及吳興國的創作與演繹過程，乃是透過他千錘百鍊的積累，才得以有如此「自然而然」的唱腔與身段。但，在演藝年齡有所差距的盛鑑身上是否能夠得到一樣的效應，才是《等待果陀》裡可以被注視的部分。就《等待果陀》最後的呈現來看，我認為雖在兩人身上看到經驗的差距，但卻可注意到盛鑑如何從吳興國的詮釋當中找到自己的方法。盛鑑「絕非」吳興國的「複製」，就如鄭傑文可以觀察到哭哭與啼啼在形象塑造上的差異，其實可以注意到的是，兩人除聲口上的差異，他們各自也對自己所詮釋的角色有不同的解讀，因而顯露出兩個人物不同的個性。從當代傳奇劇場對於《等待果陀》的演出，可注意到的是哭哭常依附在啼啼的意見之下，這現象巧合地與兩人師徒的身分有所對照。只不過，在現實上，盛鑑可能透過這種依附，找到屬於自己的詮釋邏輯。

盛鑑在《等待果陀》的特刊上這樣說：「跟老師一起工作，更真實、更深刻地感受到老師對藝術的執著與熱情，我更確信自己在藝術道路上不孤單，更堅定自己的選擇，也更有信心！」〔註162〕這樣的態度，就呼應到傅謹所言之，一種依賴身體去傳授的表演藝術。吳興國的方式，就是讓自己的弟子與自己同台，演出兩個看似相近的角色，並讓盛鑑在亦步亦趨的學習中，找到如何辨識、如何創生屬於自己的表演程式，就如高行健所言：「對戲曲演員來說，他們絕不忌諱展示表演技巧，手式、步態、身段、眼神、聲音唱腔的運

---

〔註161〕此部分也呼應到「當代傳奇劇場」雖為創新團體，卻仍是以「傳統戲曲」的「演員」作為核心，故吳興國與魏海敏都成為當代傳奇劇場的招牌，而吸引觀眾前來觀賞的，並不完全是新穎的劇本，可能更是兩位演員的演繹。
〔註162〕見當代傳奇劇場《等待果陀》特刊，頁46。

用，乃至種種程式的含意，一一可以做給人看，可是從不涉及他們表演時的心理過程，這表演藝術越過技巧的門檻之後便成了一種禁忌，大抵也因為世世代代技藝相傳，師父也只教到這裡為止，弟子能否成就為好演員全在於日後通過長年的舞台經驗自己去領悟，除非認定可以支撐門戶的高徒，輕易不肯點破。」〔註163〕更重要的是，這種學習不只是在技藝上，更帶有生命態度、經驗與使命感的傳承，也就是一種「流派」的人文意涵，如周正榮之於吳興國〔註164〕、余叔岩之於孟小冬〔註165〕。

　　之所以是盛鑑擔綱起這個「吳興國接班人」角色，可以關注到的是他與吳興國極盡相似的演藝之路。盛鑑是傳統戲曲演員，專攻文武老生，除搬演老戲之外，他也是近幾年國光劇團新編京劇最重要的核心演員，包含：《王有道休妻》（2004）、《李世民與魏徵》（2004 年巡迴場）、《閻羅夢》（2008 年版）、《三個人兒兩盞燈》（2005）、《狐仙故事》（2009）、《孟小冬》（2010）、《百年戲樓》（2011）與《艷后與他的小丑們》（2012）等作，皆擔綱男主角或是重要角色，亦成為這幾部劇作宣傳的焦點。他更跨足現代劇場，演出林奕華執導的《非常林奕華之水滸傳》（2006）、莫比斯圓環創作公社《螞蟻洞中的原型記號》（2009）、莎妹劇團《麥可傑克森》（2010）等作，以及舞蹈跨界作品《再現東風》（2008）。此外，更演出電視劇《那一年鳳凰花開時》（2010）與電影《龍門飛甲》（2011）。巧合地，與吳興國的演繹經驗近乎相同，甚至跨界與實驗的幅度亦不亞於吳興國。王安祈曾稱譽盛鑑：「盛鑑各方各面的條件都好，他的好扮相還使他能突破老生行當，在舞台演出上能變換出很多可能性。」〔註 166〕而這個可能性，也是吳興國在他的劇場實驗中不斷地開創與生成的。於是，有別於其他的傳統戲曲演員，盛鑑的身體是不被傳統戲曲的程式所限制的，反而得以自由地透過傳統戲曲的工法，以活用自己的身體，成就他的演員功課。此外，盛鑑對於傳統戲曲的堅持，亦與吳興國相近，他曾說：「這過程就像是男女交往，要走過才能體會，有些走一

---

〔註163〕高行健：〈我的戲劇和我的鑰匙〉，《沒有主義》，頁 266～267。
〔註164〕有關周正榮，可參王安祈、李元皓：《寂寞沙洲冷：周正榮京劇藝術》（宜蘭：傳統藝術中心，2003 年）。
〔註165〕有關孟小冬與余叔岩之間的流派意涵可參王安祈：〈生命風格的複製——以余叔岩、孟小冬師徒關係為例論京劇流派的人文意涵〉，《戲劇研究》第 4 期（2009年 7 月），頁 15～44。
〔註166〕汪宜儒：〈百變盛鑑　吳興國的接班人〉，《中國時報》2010 年 1 月 22 日，A16版。

走緣分會盡，有些只是過客，但傳統京劇，是我想走一輩子的。」而這可能也是他之所以被譽爲「吳興國接班人」的原因。

因此，在《等待果陀》首演後，當代傳奇劇場於 2006 年底推出創團二十週年的「傳奇二十」公演，重新演出《慾望城國》、《李爾在此》與《暴風雨》三部劇作。當然，重演這三部劇作必然有其意義，同時也可看出在這二十年間，當代傳奇劇場對於台灣京劇發展的貢獻，特別是《慾望城國》。就如前一章節所論述的，《慾望城國》當初所開啓的創新，其實早已被後來的新編戲曲所接受，甚至帶有其「範本」的意義。不過，2006 年的再次演出，不只帶有「經典重現」的意涵，更核心的意義是推出了傳承意味濃厚的盛鑑、朱安麗版《慾望城國》。盛鑑連續在當代傳奇劇場兩部劇作——《等待果陀》與《慾望城國》——裡，擔綱男主角，特別是《慾望城國》這部奠定當代傳奇劇場歷史地位與創作基礎的作品，更是吳興國有意地將這份對於傳統戲曲的重責大任，傳承於盛鑑。而盛鑑在《等待果陀》的被啓用，勢必也是替之後的「傳奇二十」奠定基礎與位置。

於是，可以注意到的是，盛鑑開始大量地接觸新編戲曲，以及跨界到不同領域，多在 2006 年之後。〔註167〕此雖涉及到當代戲曲的發展，但卻可推測當代傳奇劇場與吳興國對他的影響，讓他能夠在傳統戲曲的身體裡，找到足以乘載不同藝術元素的可能。除此之外，盛鑑在 2004 年演出《李世民與魏徵》裡的李世民一角，在該劇的首演版是由吳興國所飾演，而盛鑑則是擔綱巡迴場，亦可看出兩人的接班意味可能更遠在 2004 年。我認爲，這也是吳興國在《李爾在此》中，意識到自己與師父之間的關係，而體認到「接棒」的可能，故將這個企圖在《等待果陀》裡實現，並將盛鑑從《等待果陀》裡的哭哭，推到《慾望城國》新一代的敖叔征。只是，盛鑑在 2007 年演出《水滸 108》的宋江後，就缺席了當代傳奇劇場近幾年的劇作；或許他在當代傳奇劇場所得到的養分，已讓他能夠有「自我創造」的可能，也許這種往更多場域開展的態度，亦是吳興國所給予的流派藝術吧？

因此，所謂的「演員功課」，對於盛鑑而言，是如何在自身的訓練裡，接收到吳興國的觀念以及實際的演練，乃至於對於傳統戲曲的「傳承」。而這份「傳承」的工作，也是吳興國在除了自我修練之外的「演員功課」。

---

〔註167〕2006 年前，盛鑑雖仍有演出新編戲曲，但就「跨界」到現代劇場、電影等不同表演藝術，主要仍在 2006 年之後。

## 三、也是「新型態」？：「空」所給予當代傳奇劇場的契機

陸愛玲在〈果陀在哪？他什麼時候來？：幾場《等待果陀》的法國演出〉一文中，指出：

> 以「空」爲基礎概念的超現實、超時空、多重意義感，正是貝克特戲劇作品中的重要特性與要求。〔註168〕

《等待果陀》彷彿是貝克特所施下的魔法，其雖設下重重限制，卻也藉此打開表演者的可能性。作爲此劇編、導、演的吳興國，在文本與表演上，所得到的「貝克特體驗」是最爲完整的。賴聲川曾將《等待果陀》視爲「一種前所未見的戲劇形式」，認爲：「《等待狗頭》對一個導演所帶來的考驗是空前的。它讓我們重新思考什麼是戲，什麼是人生，而這兩種思考必須同時進行，才會有答案。要接近它，首先我們要拆掉所有的標籤，什麼是悲劇，什麼是喜劇，什麼是戲劇動作，什麼是角色，什麼是對話……然後才可能發現在許多矛盾、衝突與模糊之中，是有明確的可能性。」〔註169〕在這些拆解之後，其所得到的就是陸愛玲所言的「空」。本文在前述過程中，認爲貝克特的《等待果陀》在劇本、舞台設計與音樂等方面的「空無」，而產生其戲劇演出的開展性，並直指人生命的「荒蕪」。就因其透過「空」而生的豐富指涉，本節於此所思考的是，吳興國與當代傳奇劇場透過《等待果陀》的「空」，何以生成在戲劇演出背後的意義。

當代傳奇劇場的《等待果陀》在首演當下，其實並無得到廣泛的討論與評價，直至 2006 年前往上海參加「貝克特誕辰一百周年」的相關紀念活動，這部作品才成爲轟動上海戲劇界的話題。當時，有位「貝克特達人」——從 1985 年就擔任貝克特助理導演的沃特・阿姆斯壯（Walter Asmus），在看過之後盛讚當代版的《等待果陀》：「許多改編者始終沒有體會詩與戲劇的結合是《等待果陀》的秘密，而當代傳奇劇場做到了，破解了貝克特密碼。」〔註170〕這種詩與戲劇之間的連繫，或許就是出自於吳興國以「京劇」作爲基礎創作的成果，這不僅回應到貝克特的《等待果陀》，同時也讓京劇得以發揮本有的藝術美學。於是，這部作品後來也成爲當代傳奇劇場除《慾望城國》與《李

---

〔註168〕陸愛玲：〈果陀在哪？他什麼時候來？：幾場《等待果陀》的法國演出〉，《表演藝術》第 37 期（1995 年 11 月），頁 37。

〔註169〕賴聲川：《《等待》指南（下）》，《聯合報》2001 年 10 月 7 日，37 版。

〔註170〕見盧健英：《絕境萌芽：吳興國的當代傳奇》，頁 215～216。

爾在此》外，最常在國外展演的劇作。不過，在當代版的《等待果陀》首演當下，仍是有不同的聲音，特別是王墨林。他除提出文化合成的荒謬外，亦從《等待果陀》嚴屬指陳當代傳奇劇場一路的改編策略：

> 挪借京劇的程式表演，做爲敘述《等待果陀》的文本基礎，於「當代傳奇」一貫操作的策略而言，大概有點輕忽了自《慾望城國》以來，從希臘悲劇到莎劇的古典經典，是不可與《等待果陀》做爲廿世紀戲劇最重要的結構性改變的當代經典等量對待。這裡就涉及到京劇與《等待果陀》的合成，是爲了在當代劇場裡提出一個果陀式的現代性問題，或在實驗劇場裡提出一個傳統的美學模式通過雜交而再生呢？〔註171〕

並言：「戲劇本質在於形式還是文本？「當代傳奇」版的《等待果陀》，不只提供了讓我們能夠爭論的一個實踐結果，更讓我們能夠進一步反思台灣戲劇如何進入當代劇場的論述裡。」〔註172〕前述曾引紀蔚然之言，提出對於王墨林「合成文化的荒謬」這段論述的相反意見，但紀蔚然卻也認同王墨林所提出的：「若以京劇改編西方經典爲例，即是在演出範式的轉移上，強調經典如何被功能化，卻非把題材的翻演拿來做爲一種敘述（discourse）的策略。《等待果陀》仍然是『當代傳奇』廿年來，因無法逾越這樣的策略而衍生出來的新作。」〔註173〕提出其意見：

> 京劇版的《等待果陀》的確將西方經典功能化了。在無視於文化上及意識型態上的差異，整個製作仍以「融合」的處理方式來抹平「傾軋」的軌跡，以單音（monologism）來掩蓋複調（polyphony）的現象。〔註174〕

在紀蔚然的論點中，他重思「爲何要從事實驗性的改編？」〔註175〕，他不認爲吳興國具有對於文化合成過程裡所涉及的美學及非美學的議題，並無法提出一個與經典對應的反論述（canonical counter-discourse）。〔註176〕這些透過

---

〔註171〕王墨林：〈戲劇本質是形式？還是文本？京劇能等到果陀嗎？〉，《民生報》2005年10月12日，A10版。

〔註172〕同前註。

〔註173〕同前註。

〔註174〕紀蔚然：〈跨文化之正解與誤讀：台灣劇場改編西方正典之實驗精神〉，頁66。

〔註175〕同前註。

〔註176〕同前註，頁66～67。

專業理論的角度，加以分析《等待果陀》的改編策略與呈現結果，我認爲並
沒有太大的問題，亦言之有理；但就如前述所論之，當代版的《等待果陀》
其實透過中西方不同的表演體系與脈絡，對作爲「反戲劇」的《等待果陀》
有不同的解讀空間，而這正可用以反駁王墨林與紀蔚然不斷質疑的「西方經
典提供的只是一個故事或某種戲劇性？」〔註177〕，特別是《等待果陀》這樣
的作品並難以提供太多的故事與戲劇性，這些元素反而都是回歸到當代傳奇
劇場的演繹才生成的。不可否認的是，當代傳奇劇場過往的劇作的確常有這
層面的問題：以京劇演繹某經典的故事。但《等待果陀》在刻意疏離了這兩
項戲劇基本要質（故事與戲劇性）時，吳興國與當代傳奇劇場則透過這層「空」
對其達到回饋，就如我前述所論之的「以荒謬成就荒謬」，並對「荒謬」有所
重新定義。因此，其部分「融合」部分「傾軋」的手法，難道就不能夠被視
爲對於經典的脫離與再詮嗎？是否一定得對於經典作「反」論述才可視爲對
經典有意義的改編呢？就如鍾明德所執的正面意見，認爲：「從後現代主義或
跨文化主義（intercul-turalism）角度來看，吳哥顯然闖越（tresspass）了西方
藝文界名爲『現代主義』的崇高究竟美學，肆意地拼貼、襲仿、混血、雜交，
以致所有的線性歷史感和深度意義（包含某種的『否定美學』），全部蕩然無
存⋯⋯」〔註178〕或許吳興國並不自覺，但卻仍在呈現上達到其美學意義。

　　於此，我要在表演形式的背後，重新詮釋紀蔚然曾提到的「自我意識」〔註
179〕。雖說紀蔚然所言的「自我意識」，多指的是美學與非美學的問題，但對
於非學術理論出身的吳興國，我認爲他的「自我意識」則是「對於自身意義
的反射」。而這也適時地回應了王安祈在《樓蘭女》演出後，對當代傳奇劇場
所提出的「千萬別陷入理論的迷思」〔註180〕這個觀點。吳興國曾於文章中，

〔註177〕王墨林：〈戲劇本質是形式？還是文本？京劇能等到果陀嗎？〉，《民生報》2005
　　　　年10月12日，A10版。紀蔚然在〈跨文化之正解與誤讀：台灣劇場改編西
　　　　方正典之實驗精神〉一文中亦重述此疑問，並認爲是問得好。見紀蔚然：〈跨
　　　　文化之正解與誤讀：台灣劇場改編西方正典之實驗精神〉，頁66。
〔註178〕鍾明德：〈見證：這是哪門子的京劇？什麼樣的《等待果陀》？〉，《戲劇學刊》
　　　　第3期（2006年1月），頁243。
〔註179〕紀蔚然指出：「有關當代傳奇的《等待果陀》最值得提出來討論的議題或許是：
　　　　自我意識。」見紀蔚然：〈跨文化之正解與誤讀：台灣劇場改編西方正典之實
　　　　驗精神〉，頁66。
〔註180〕王安祈指出：「當代傳奇對於戲劇的前景幾乎有著超限度的關懷，對於各類劇
　　　　場知識都努力接納汲取。然而，戲劇的演出有時是最直接的，理論或許更適
　　　　合交給劇評人，製作單位『單純』一些並無不可。⋯⋯希望當代傳奇千萬別

反駁王墨林的評斷，他認為：「如果，誠如王墨林所言，改編西方經典當作演出範式轉移的功能性，那未免污辱了我對貝克特的尊敬，也低估了我理解生命的刻度。」〔註181〕在當代傳奇劇場過往的作品中，其實常因對原著的敬意而有所失焦，但於此我想針對的問題是「生命的刻度」。吳興國認為自己不是搞學術理論出身的，所以他對於名著的理解不從書本而來，而是從他對戲劇的體會、觀察和直覺產生。〔註182〕吳興國在看過貝克特原著之後，認為：「他告訴我：貝克特的《等待果陀》是我母親的生命故事。」〔註183〕在 2006 年演出的慶功宴後，吳興國說：「這個戲做完的時候，我有一種很安慰的感覺，一種和母親更接近的感覺。我覺得這個戲是為母親而做。」〔註184〕他以一種「生命的蒼茫感」重新看待《等待果陀》，以及他母親的故事。吳興國舉戲裡的一段詞，是他為母親所唱：

傾聽死亡搧動翅膀／

如葉／

如沙／

如沙／

如葉／

它們輕聲細語／

它們生命渺茫／

唏唏／

唆唆／

呢呢／

喃喃／

不甘死去／

不甘白活／

陷入了理論的迷思，憑著他們的實力，若能站在自己的基礎上穩健地踏出每一步，相信必能築構出戲劇史下一頁的美麗藍圖。」見王安祈：〈「演」出戲劇史：從北京京劇團到當代傳奇〉，頁 103。不過，《等待果陀》演出後的反應，卻又顯露出，當代傳奇劇場就算「單純」地處理，劇評人仍會以「理論」論之而認為其沒在理論上有更多的琢磨。

〔註181〕吳興國：〈形塑中國新戲曲〉，頁 94。
〔註182〕詳見前註，頁 94～95。
〔註183〕同前註，頁 95。
〔註184〕盧健英：《絕境萌芽：吳興國的當代傳奇》，頁 216。

……
屍橫遍野曝日曬／
處處殘骸停屍間／
不忍見 心掛牽／
窮畢一生路途艱險／
義無反顧回歸自然／
我明瞭那不是最壞打算／
卻怎料期望越高越冰寒／〔註185〕

當吳興國投以生命的故事，而與貝克特的《等待果陀》共鳴的時候，敘述者的角度早已從「如何重述貝克特（的荒謬劇）」，到吳興國自身。這種詮釋方式，就是吳興國自《李爾在此》以來，透過對原著的重新發聲而到自我對話的可能。於是，所有「合成文化」或是「經典重現」的問題，在被放置於「人」作為思考的當下，都將呈現平衡的狀態，因為這種得以感人的元素是跳脫戲劇理論的。

不過，在《李爾在此》之後，若《等待果陀》又以同樣的型態進入文本，會否會流於《王子復仇記》複製的後果呢？我認為，《等待果陀》由於原著本身的「再解讀性」，讓吳興國得以置入更多層次的詮釋。就如前述提及的，問題被延伸到「戲曲傳承」，於是問題核心就不再只是吳興國自身，而不斷地被推開、被拉廣。吳興國在《等待果陀》所追憶的母親，其實也是每個人生命裡的「原鄉」，對生命源頭的追憶。我們當然不一定有吳興國的境遇，也無須知道吳興國的母親是誰，故無法「感同身受」；但之所以能夠受到劇中所感動，乃在於這種生命的原點，其實都是相同的。劇中的啼啼唱道：

（白）我再也不知道我能想些什麼了。別人在受苦的時候，我在睡覺嗎？我現在在睡覺嗎？明天醒來，或者我自以為醒來的時候，（唱）該怎麼提今天？說我跟我的朋友哭哭，在這個地方等待果陀等到天黑？還是說碰到破梭和他的挑夫經過，還與我們講過話吧？可能吧。不過在這一切浩瀚中，能有什麼真理？他什麼事都不會知道。……

---

〔註185〕吳興國：〈形塑中國新戲曲〉，頁95。此段唱詞與劇本精華唱段收錄的內容略有差異，為保留吳興國在文章中敘述的原意，故仍採取其於〈形塑中國新戲曲〉一文中的內容。

這種自我的叩問，投以對彼此的關懷，並被觀看到整個人生。對於生命意義的再次思索，其實並不被受限於中國的禪宗思想，或者是西方的存在主義，它所存在的是全人類所共有的，對於生命的不可言。當吳興國對《等待果陀》的詮釋已跳脫原著，並透過自己的觀點去賦予其意義，這層的「自我意識」，我認為就不應再以所謂的理論所侷限，而這也是透過《等待果陀》的「空」，去「充實」與「再詮」其意義性。

吳興國能夠在演繹《等待果陀》時，達到這種境界絕非偶然，而是在自我生命「空明」而「沉靜」的片刻，才足以承載這種力量，並去面對外界所給予的壓力，如在劇中啼啼所言的：「也有人看著我，也有人在談論我。」不過，鍾明德在看完《等待果陀》之後，於劇評中寫下這麼一段話：

> 首先，這是個了不起的成就——吳哥竟然完成了一個不可能的任
> 務：用京劇來演《等待果陀》——重點不只在於這個《等待果陀》
> 相當精采，更在於他領軍二十年的「當代傳奇」逃過了一次完全崩
> 盤的噩運！〔註186〕

如果演出《等待果陀》的成敗是決定當代傳奇劇場是否全面崩盤的賭局，其意義就如復團之作《李爾在此》一般。在《李爾在此》成功之後，吳興國又再次走進他的死胡同，急於做出的魔幻大戲《暴風雨》，負面評價足以重擊吳興國。但在這種壓力下，卻讓他又開始沉澱了下來。我們要思索的是，當代傳奇劇場該做的到底是什麼？是一齣又一齣拼貼而成的大戲，還是真正找到戲劇與演員自我的本質呢？因此，《等待果陀》背負著這沉重的命運與責任。鍾明德說：「就我所知，人所以能完成的最好的藝術創作，通常並不是在最清明的理性之光之下所能完成的。」〔註187〕不管是演出《等待果陀》這個劇本所受到的前置作業上的打擊，或者是《暴風雨》所帶來的負面影響，都成為吳興國必須靜止下來的再次深思，而這種深思也讓他再次回到了《李爾在此》所欲傳達的生命意境與叩問。如金士傑所說：

> 全世界任何一齣戲，對我來說，真理永遠是「動機為何」。〔註188〕

對當代傳奇劇場而言、對吳興國而言，詮釋《等待果陀》的動機在哪？何嘗

---

〔註186〕鍾明德：〈見證：這是哪門子的京劇？什麼樣的《等待果陀》？〉，頁 242～
243。
〔註187〕同前註，頁 243。
〔註188〕金士傑口述，陳宜君整理，〈等待果陀與等待當代之間〉，頁 40。

不就存在於那種與生命緊密相連的原動嗎？因此，在 2006 年上海演出之後，成功的聲浪襲捲而來，《等待果陀》也將前往柏林演出，但吳興國在慶功宴之後說：「我已經不像過去那麼介意外界的評價。」〔註 189〕或許，這種思考就已回應了金士傑的「動機」，而不是爲了改編經典的媚俗之作。

　　因此，將《等待果陀》視爲吳興國創作二十年的里程碑〔註 190〕，與復團之作《李爾在此》相提並論，是在於它們同樣地找到了一種回歸與繼承傳統的表演藝術，在不同的文化之間找到一個平衡，賦予一種新的生命。〔註 191〕金士傑這樣說：

> 當代傳奇劇場從《慾望城國》到現在，做過很多的戲曲實驗和革命，
> 當代已經站在一個經典的位置了，好像已經快要到位了，而《等待
> 果陀》是一個「過程」，……〔註 192〕

我認同金士傑的看法，或許《等待果陀》與《李爾在此》在我的論述中，因思索到當代傳奇劇場在「表演」上的本質，而在形式與思考上都達到高水準的表現。如視《李爾在此》已走進「新型態」的大門，那麼《等待果陀》亦是如此，已具備相當程度的達成。但，如何在「經典改編」之後找到另一層的可能，又或在表演型式上如何有更新的詮釋，或許這兩部劇作的確只能夠視爲「過程」，因爲這種前進的步伐是不會有盡頭的。

　　因此，本節所謂的「多重」實驗，不是指吳興國於《等待果陀》裡漫無目的地拼貼、嘗試，而是他透過一齣戲帶入自己的生命意義，並延展到與「傳統戲曲」之間的問題，讓其問題意識從《李爾在此》延伸到「傳承」。同時，呈現上亦是游走於前衛與古典之間。這也是《等待果陀》的「空」所替吳興國與當代傳奇劇場帶來的開展性。

---

〔註 189〕盧健英：《絕境萌芽：吳興國的當代傳奇》，頁 216。

〔註 190〕同前註，頁 215。

〔註 191〕鄭傑文在其碩士論文中認爲《李爾在此》善用傳統戲曲的表演傳統，以後設手法拆解莎劇《李爾王》，讓「表演」本身與個人生命的經驗交織，除了繼承傳統表演的功夫，也是對表演的思考；而《等待果陀》則是以語言棄絕語言，突出「表演」的劇場性，正好給予「做表」相當大的空間，是以當代傳奇的重新搬演可以從傳統表演出發，在兩個之間取得極佳的平衡。見鄭傑文：《慾望現代與混血表演：1986～2006 當代傳奇劇場作品初探》，頁 197～198。

〔註 192〕金士傑口述，陳宜君整理：〈等待果陀與等待當代之間〉，頁 41。

# 第四章　梨園夢：離不開的「東方意義」

　　當代傳奇劇場始終被關注的，是本論文第二、三章的焦點——「西方混血」之作〔註1〕。但，也在實驗的繁複交割中，看到吳興國體內無法割捨的「傳統劇場」（戲曲）。既然如此，當代傳奇劇場的「中國傳奇」（包含傳統老戲新編，以及從中國古典小說取材）又存在著何種意義呢？倘若，當代傳奇劇場的原點是「傳統戲曲」，那為何要不斷嘗試西方改編呢？而這又與其「中國改編」之作有何繫連呢？於是，雖說本文在前兩章的焦點在於「西方混血」，但問題最後仍須被回到這環繞著當代傳奇劇場、始終離不開的「東方意義」。

　　所謂的「東方意義」，是本章透過當代傳奇劇場幾部「中國改編」之作所試圖找到的「『傳統劇場』對於當代傳奇劇場的意義」，也就是本論文在緒論時所提出的「反向」的跨文化劇場，如何擷取其中的內涵，重新回頭審視被界定為傳統的題材，又如何重新展演與詮釋。誠如李立亨所言的：「你必須用『新』來重新定位自己的『舊』。」〔註2〕縱使「舊」與「新」這種二元的定義並不是那麼容易解釋，但當我們僅關注「西方混血」作品時，常被忽略的「中國改編」其實才是當代傳奇劇場試圖重新以「新」的觀點審視我們的「舊」，並去正視其所無法捨棄的「東方」的、「傳統」的劇場。我們都誤以為當代傳奇劇場始終著墨於「西方」，實質不然。吳興國指出：

---

〔註1〕包含《慾望城國》、《王子復仇記》、《樓蘭女》、《奧瑞斯提亞》、《李爾在此》、《暴風雨》、《等待果陀》、《歡樂時光——契訶夫傳奇》與《康熙大帝與太陽王路易十四》。後兩部作品由於較近期，目前尚未大量的討論。
〔註2〕李立亨：〈從「M型劇場」看《樓蘭女》〉，《表演藝術》第191期（2008年11月），頁35。

> 創作趨勢的兩端：原創與改編／經典或創新，我選擇改編經典。人
> 們問我，爲何用國外經典？難道在傳統京劇劇目或歷史傳奇小說中
> 找不到題材嗎？錯了！我可是改編了八齣京劇劇目呢？如不信，翻
> 開劇團的作品紀錄，和西方經典相比是八比七，由略勝一籌。〔註3〕

或許，吳興國一開始選擇以改編《馬克白》起家，的確帶有從國外尋求題材
的「出走」。不過，吳興國會有此一說，足見他在面對西方改編之下，對於中
國傳統戲曲的某種眷戀。同樣地，可能也是對於「西方混血」所帶來的評論
的解套。但，不管這是吳興國一開始就有的想法，或者是爲解決「反叛」京
劇後的反彈，都可見「京劇」與「東方」是當代傳奇劇場所無法偏廢的部分，
也是其回歸「傳統劇場」的另一表現。

故，本章的論述將轉向當代傳奇劇場以「中國」爲題材，並由吳興國主
演的作品。這些劇作主要可以分成三個主題〔註4〕：

一、老戲新編：《陰陽河》(1991)、《無限江山》(1992)、《金烏藏嬌》(2002)
與《夢蝶》(2007)。

二、搖滾京劇：取材自《水滸傳》的《水滸108》〔註5〕 (2007) 與《水
滸108II——忠義堂》(2011)。

三、傳統老戲：《梨園傳奇》(2009) 與《梨園傳奇2》(2010)。

從這幾部劇作的發表時間，可見吳興國並非持續地以「西方混血」作爲創作
模式，譬如在演出《樓蘭女》前，早已先推出《陰陽河》、《無限江山》兩部
作品。故，當代傳奇劇場仍是有一條對於中國經典的改編路線。於此，本章
試圖將問題集中在所謂的「東方意義」，也就是這樣的改編對於當代傳奇劇
場、對於傳統戲曲，相對於「西方混血」，到底存在著怎樣的觀點。

---

〔註3〕 吳興國：〈形塑中國新戲曲〉，頁95。

〔註4〕 於此的主題分類，其實與當代傳奇劇場自己對於劇作的分類有所不同，特別
是在於《夢蝶》與《梨園傳奇》系列。當代傳奇劇場將《夢蝶》獨立作爲「東
方歌劇系列」，而將《梨園傳奇》與《陰陽河》、《無限江山》、《金烏藏嬌》同
列爲「傳奇戲曲」。不過，本文之所以這樣分類，在於重視《梨園傳奇》對於
當代傳奇劇場的意義，故將其獨立，而《夢蝶》不管在題材或是表演形式上，
雖有所創發，但基本上延續了前三部「中國改編」的脈絡，因此不將它獨立，
並強調其延續的關係。這部分，詳細內容將在本章第一、二節的論述中說明。

〔註5〕 吳興國並未參與《水滸108》的演出，僅作爲此作的導演，但由於他在《水滸
108II——忠義堂》中主演了宋江一角，兩部作品又爲同一系列，並爲連續的
故事，在演出意義上亦有所關聯，因此仍將《水滸108》列入討論範疇中。

　　本章的討論方式並不細論每部劇作，而將問題集中成三個小節。第一節將以 2007 年首演的《夢蝶》作為核心，透過《夢蝶》在前幾部「中國改編」的基礎下，如何繼承或創新，並成為當代傳奇劇場透過「東方劇場」的召喚而形成的「中國傳奇」〔註6〕。第二節將以兩組近乎對立的劇場型態，也就是搖滾京劇《水滸108》系列與傳統老戲《梨園傳奇》系列，試圖解讀當代傳奇劇場啓用年輕的演員，以創新跨界、老戲傳演的兩種模式，「傳承」當代傳奇劇場一直念茲在茲的「傳統劇場」，及其背後的意義。最後，第三節則將問題聚焦當代傳奇劇場在台灣的戲曲發展上的時代意義。本章訂名爲「梨園夢」，雖取自《梨園傳奇》的「梨園」，以及《夢蝶》的「夢」，但同樣也是吳興國對於「梨園」這個從小就離不開的地方，永遠無法捨棄的「夢」與「現實」的交割，這也是本章背後所蘊含──離不開的「東方意義」。

# 第一節　召喚「東方劇場」：作為「中國傳奇」終章的《夢蝶》

　　當代傳奇劇場於 2007 年所首演的「崑曲風新歌劇」《夢蝶》，是其於同年內發表的第二部與中國題材有關的作品，前一部作品是 10 月於台北藝術節首演的《水滸108》。但，兩部作品在呈現方式上有偌大的差異：《夢蝶》是在傳統戲曲的表演系統上有所重整與創發，而《水滸108》則結合搖滾音樂與戲曲，已走向「非典型戲曲」〔註7〕。因此。若我們將當代傳奇劇場對於傳統題材的塑造分爲兩條光譜，《夢蝶》是明顯較《水滸108》靠近於戲曲的。

　　對於中國傳統題材的處理，是當代傳奇劇場自《陰陽河》、《無限江山》

---

〔註6〕　「東方劇場」、「中國改編」、「中國傳奇」這三個名詞是本章常會提及的，就筆者的定義上，「東方劇場」係指透過「跨文化劇場」的做法重新找回「傳統劇場」的意義，主要的核心價值在於那個意義面；「中國改編」是吳興國自己所提出，用以區隔「西方混血」，本章使用上主要是在其「取材」的角度；「中國傳奇」的意義則在於一個整體，包含題材、表演型態等，亦隱含其文化意涵，其實就在於當代傳奇劇場透過「中國改編」而找到的一種最終的樣貌。

〔註7〕　「非典型戲曲」出自 2012 年林乃文評論國光劇團的實驗京劇《艷后與他的小丑們》所撰之劇評〈典型冷疏離，非典型京／莎劇《艷后和她的小丑們》〉，《表演藝術評論台》，網址：http://pareviews.ncafroc.org.tw/?p=1986（2012.04.03）。但，我認爲要以「非典型」命名之，更適合《水滸108》這樣融會更多元素，而近乎不以戲曲作爲主軸的作品。

與《金烏藏嬌》一路而來的改編歷程，其展現出吳興國如何在表演型態、舞台、劇本編修等方面，吸納他從「西方混血」所得到的經驗與做法。2007年推出這部作品，足見他在 2005 年以「京劇」詮釋《等待果陀》這部西方經典後，再次尋回屬於「東方」的演繹，而成爲一個劇場表演型態的「總結」。之所以稱爲「總結」，除是其擷取「西方混血」與「中國改編」兩邊的經驗，亦是當代傳奇劇場自《陰陽河》一路以來的「中國改編」系統，直至《夢蝶》後就不再出現相似的作品（《水滸 108II——忠義堂》與《梨園傳奇》系列，基本上屬於不同的邏輯）。同樣地，在 2007 年之後，當代傳奇劇場在「西方混血」方面，亦跳脫《慾望城國》至《等待果陀》一路以「京劇」作爲基底思考的表演型態，推出《歡樂時光——契訶夫傳奇》與《康熙大帝與太陽王路易十四》。因此，如站在 2012 年的角度回頭檢視，《夢蝶》的演出其實某種程度終結了當代傳奇劇場兩條路線的改編。不過，在當代傳奇劇場對於作品的分類上，實是將《夢蝶》獨立列爲「東方歌劇系列」，本節的討論方式已改變了當代傳奇劇場本身所設定的架構。但，本節之所以如此，在於強調《夢蝶》與前作的「承襲關係」。不可否認的是，《夢蝶》以「崑曲風新歌劇」爲名，實是從崑曲出發而往「歌劇」的型態邁進。只是這個「創發」，我認爲更奠基在如何透過前作以及針對傳統題材的連繫與再創。故，本節的焦點實是集中在《夢蝶》如何成爲「東方歌劇」，也就是本章節所論述的「中國傳奇」。

倘若《夢蝶》在整個當代傳奇劇場的發展史裡有其時代性意義，我認爲可以從兩個環節加以探討：其一，是《夢蝶》如何對於原有的題材加以重詮。其基本上取材自「莊子試妻」、「莊周夢蝶」與「鼓盆歌」三個典故，而這歷來也多有戲曲的改編，於是，如何重新串聯是《夢蝶》一劇所需面對的。其二，是《夢蝶》在當代傳奇劇場前幾部「中國改編」的基礎上，如何有所承襲與創發。因此，不管是在整個戲曲改編的沿革，或是當代傳奇劇場本身，《夢蝶》皆存在著它的意義。故，本節將架構《夢蝶》的改編方式，以及表演型態，並從中推導出當代傳奇劇場如何重新召喚「東方劇場」。

## 一、傳統題材的二度創發：從崑劇《蝴蝶夢》到《夢蝶》

以「莊周故事」作爲題材的戲曲作品，歷來就有許多，並自成一個系列。沈惠如便指出：「就以宋元南戲、元明雜劇和明清傳奇等『體製劇種』來說，

即有如下表所列十一種之多。」〔註8〕她並以表格整理，一一列舉出來。其以傳奇雜劇作爲例證，將這些劇作分爲「傳道度人展現宗教風情」及「試妻成爲修道了悟的課題」兩類。〔註9〕若要追溯一個比較完整鋪排的莊周故事，應是明代馮夢龍的《警世通言》裡的〈莊子休鼓盆成大道〉。以此作爲基礎而鋪演而成的傳奇，最早的應是明代謝國所撰的《蝴蝶夢》，共有四十四齣，不過近代較常搬演的折子戲則是出自清代嚴鑄的本子。古兆申指出：「後世多搬演嚴本。嚴本人物性格鮮明，劇場效果突出，『莊子試妻』故事，由此而影響京劇及許多地方劇種。」〔註10〕而古兆申於 2005 年重新改編，並由上海崑劇團計鎭華、梁谷音與劉異龍等人主演的崑劇《蝴蝶夢》〔註11〕，我認爲是影響當代傳奇劇場在《夢蝶》最重要的一個底本。《夢蝶》的改編，編劇林秀偉雖有參閱多部莊周故事改編的可能，但與《蝴蝶夢》之間的關係，卻可從劇情的安排與表演的呈現上，觀察到兩者密不可分的關聯。

### （一）一場夢到另一場夢：劇情安排的同與異

替上海崑劇團重新改編全本《蝴蝶夢》的古兆申指出：

> 這次演出的《蝴蝶夢》，我是按《綴白裘》一書所收的摺子戲來改編的，這些摺子來自清代嚴鑄的本子。曲牌、音樂則以《集成曲譜》、《崑曲大全》等所傳工尺譜爲依據。舞臺上許多老蝴蝶和小蝴蝶的「插科打諢」，都是劉異龍老師的二度創作，都能啓到點題的作用，實在功不可沒。〔註12〕

全本的《蝴蝶夢》雖可追溯到明代，不過後來多被流傳的折子戲版本，是清代所刊印的《綴白裘》，亦是上海崑劇團所改編的底本，共有九折，並被視爲崑曲《蝴蝶夢》的舞台演出本。但，後來在崑曲舞臺上被傳承下來的，其實只有〈說親〉與〈回話〉兩折。於是，古兆申的重編則是將其分爲七齣，包

---

〔註8〕同前註，頁 47。

〔註9〕同前註，頁 49。

〔註10〕古兆申：〈每朵花都會夢見一隻蝴蝶——《蝴蝶夢》改編感言〉，收錄於雷競璇編：《崑劇蝴蝶夢——一部傳統戲的再現》（香港：牛津大學出版社，2005年），頁 29。

〔註11〕本節的《蝴蝶夢》係指上海崑劇團的版本，若爲傳統老戲的《蝴蝶夢》會另作標示。

〔註12〕陳春苗記錄整理：〈創作、演出人員座談記錄〉，收錄於雷競璇編：《崑劇蝴蝶夢——一部傳統戲的再現》，頁 64。

含〈歎骷〉、〈搧墳〉、〈毀扇〉、〈弔奠〉、〈說親〉、〈回話〉與〈劈棺〉。故事從莊周在荒野遇到骷髏與搧墳婦，到返家決定試驗妻子田氏，裝死後喬裝成王孫公子誘惑田氏，田氏投懷後，決定劈棺取莊周的腦醫治王孫公子，卻被莊周揭穿一切，田氏憤而自殺，最後結束在莊周醒來並悟道。而，當代傳奇劇場版的《夢蝶》在情節安排上，實與《蝴蝶夢》近乎相同。先不論細節上的更動，《夢蝶》的整體劇情架構，亦是從莊周遇到骷髏與搧墳女，到最後的醒悟。〈搧墳〉、〈毀扇〉與〈劈棺〉更為兩部劇作皆有的齣（場）名〔註13〕。因此，兩部劇作其實都嘗試透過這樣的劇情傳達對於生命、對於人生的體悟，導致部分劇情裡推動情節的要素，《夢蝶》近乎取用了《蝴蝶夢》原有的構思，包含：搧墳女的出現作為一個莊周為何試妻的原點，但這一切其實都是對莊周的試煉，不管田氏到底能不能抗拒王孫公子的誘惑。故，《夢蝶》可以說是以崑劇《蝴蝶夢》作為基礎來重新創作莊周故事。

不過，我想透過《夢蝶》與《蝴蝶夢》的齣（場）名的對照表，說明兩部劇作的同異：

## 《夢蝶》與《蝴蝶夢》齣（場）名對照表

|  | 《蝴蝶夢》 | 《夢蝶》 |
|---|---|---|
| 第一齣（場） | 嘆骷 | 日蝕 |
| 第二齣（場） | 搧墳 | 搧墳 |
| 第三齣（場） | 毀扇 | 毀扇 |
| 第四齣（場） | 弔奠 | 守靈 |
| 第五齣（場） | 說親 | 試妻 |
| 第六齣（場） | 回話 | 劈棺 |
| 第七齣（場） | 劈棺 | 夢蝶 |

如前述所言，〈搧墳〉、〈毀扇〉與〈劈棺〉是兩部劇作皆有的齣（場）名，《夢蝶》僅將〈試妻〉移至第六場。於是，《夢蝶》在劇情鋪排上較明顯異於《蝴蝶夢》的，是在於頭尾劇情的處理，以及將〈弔奠〉、〈說親〉、〈回話〉三齣重新鋪排而成的〈守靈〉與〈試妻〉——王孫公子來訪，並誘惑田氏的那七夜（不過，基本上《夢蝶》的〈守靈〉同於《蝴蝶夢》的〈弔奠〉，變化較大的是〈試妻〉）。

---

〔註13〕《夢蝶》用「場」分，而《蝴蝶夢》則以「齣」分。

《蝴蝶夢》開場的〈歎骷〉，是莊周與骷髏之間的對話，而《夢蝶》則以〈日蝕〉作為開場，除原有的「莊周與骷髏間的對話」，又添加一個新角色——老子。《夢蝶》在啓幕後，莊周多以《莊子》一書裡的散句作為念白與唱詞，如出自〈齊物論〉的「乘雲氣，騎日月」，或是骷髏所言的「無君於上，無臣於下」係出自〈至樂〉。而老子亦是如此，以《道德經》作為唱詞出場：

> 道可道　非常道
> 名可名　非常名

雖在《夢蝶》裡與莊周對話者仍為骷髏，但老子的加入，特是強調《夢蝶》一劇的哲學與文學思維。骷髏的言語亦直接透漏「拋妻棄子」，暗示了莊周與田氏的後果，這也是《夢蝶》比起《蝴蝶夢》更為直白地鋪陳與諭示。

而《夢蝶》的結尾並非與《蝴蝶夢》一樣收在〈劈棺〉，其又增加〈夢蝶〉一幕作為終結。《夢蝶》延展了崑劇《蝴蝶夢》尾聲的：

> 莊周夢已醒，孽緣以了清，憑指點了逃出迷人胖。〔註14〕

吳興國所飾演的莊周擊鼓，重新以大量的唱段與說白詮釋。將同樣出自於《莊子》內篇〈至樂〉裡，有關於莊周之妻死後，莊周對於生死的體悟加入劇中。莊周在妻死後，之所以鼓盆而歌，在於他已忘卻死亡之憂，以為生死只不過是一氣之聚散。重新編寫《蝴蝶夢》的結局，除將〈至樂〉有更完整的搬演外，實也在嘗試描繪莊周故事裡更深層的哲理，而非收尾在看似較有高潮的〈劈棺〉一折。於是，《夢蝶》在頭尾的改編，是當代傳奇劇場處理莊周故事時，嘗試讓文學性與哲學思維貫穿整部劇作。我認為，這樣的作法可能立基於當代傳奇劇場過往對於西方經典的改編，被認為稀釋了原典的文學性，故當其回到較近於本有生活體驗的中國題材時，反將這些哲理性的元素添入，而嘗試將它的深刻性搬演出來。不過，也可以反過來思考，這些哲學性的語句到底能不能被觀眾理解呢？倘若觀眾根本不知道語意，這層在文學性與哲理性的考量是否也被稀釋掉了呢？

另一個部分，則是在於《夢蝶》對於「七夜」（頭七）的設計，也就是第五場的〈試妻〉。相較於《蝴蝶夢》在處理王孫公子這段劇情時，田氏從矜持到投懷，並無特別標示出花費多長的時間。《夢蝶》在第五場的〈試妻〉則用了「第一夕到第七夕」這樣的安排，完整演繹了王孫公子從誘惑到可能誘惑

---

〔註14〕古兆申：〈【劇本】崑劇蝴蝶夢〉，收錄於雷競璇編：《崑劇蝴蝶夢——一部傳統戲的再現》，頁24。

不成的焦慮，田氏的矜持反應到最後身穿紅衣嬌媚地現出身影，〈試妻〉此場在演出時間上亦長達四十五分鐘左右。不管是《夢蝶》或是《蝴蝶夢》，兩部劇作的編劇都立足在「如何對莊周故事裡不符合現代思維的部分加以重寫」，而這也是多數重新編寫莊周故事的核心，同樣是當代新編戲曲的聚焦。就誠如林克歡所認為：「應該說，無論是《田姐與莊周》的編導者，還是《莊周試妻》的編導者，都試圖藉用一種古老的故事框架，對其進行創造性的改造，通過對莊周和田氏形象進行全新的闡釋，解構傳統的性別角色定型觀念。」〔註15〕於是，「對於女性聲音的挖掘」，我認為是這兩部劇作共同在處理的命題；特別是「試妻」這個橋段，是歷來的戲曲多所著墨之處〔註16〕，因此《蝴蝶夢》與《夢蝶》實也在這樣的框架裡嘗試突破。故，就如《蝴蝶夢》的編劇古兆申所言：「所以我改編時，就加多了夫妻關係這方面的探討，使故事更有現實的基礎。我加的不多，就是讓田氏有更多機會來說她的心底話。」〔註17〕而《夢蝶》則是在搧墳女與田氏兩個女子身上多加描寫，編劇林秀偉以自己作為女性的角度，試圖讓她們有更多的動作與對話，以表露古代女子未能於現實生活傾吐的真實情感。雖說《夢蝶》的主軸還是在莊周身上，卻仍從中插入些「女戲」所擁有的關懷。因此，接下來我想透過《夢蝶》所描繪莊周許多的細微動作，以傳達田氏之所以不貞，是事出有因的。

從《夢蝶》的劇情安排，莊周之所以會懷疑自己的妻子，某種程度是源自他與搧墳女的相遇。在搧墳女贈扇予莊周時，巧妙地點出了「回家去有情無情，搧個分明。」這段預言式的宣告，似乎激起莊周對於妻子田氏的懷疑。於是，之所以會試妻、之所以有那七夜，也就種下了因。當莊周回到家，將扇交予田氏用以搧灶時，看著她搧灶的模樣，莊周說：「看她搧灶的樣兒，好生熟悉……」，甚至就直接脫口而出地說：「啊！小娘子！（指搧墳女）」這裡安排的巧妙之處，更在於田氏乃是運用一人分飾二角的方式，與搧墳女皆由

---

〔註15〕 林克歡：〈《蝴蝶夢》與《莊子試妻》的當代詮釋〉，收錄於雷競璇編：《崑劇蝴蝶夢——一部傳統戲的再現》，頁163。

〔註16〕 有關「試妻」的戲曲沿革與討論，詳見林芷瑩：《試／戲妻戲曲的演出發展及其意涵研究——以京劇盛行年代為主要析論範圍》（新竹：國立清華大學中國文學系碩士論文，2002年）、張芬蘭：《當代「莊子試妻」故事之研究——以奚淞、魏子雲、吳兆芬、高行健的劇本為例》（屏東：國立屏東教育大學大學中國語文學系碩士論文，2007年）。

〔註17〕 陳春苗記錄整理：〈創作、演出人員座談記錄〉，收錄於雷競璇編：《崑劇蝴蝶夢——一部傳統戲的再現》，頁65。

錢熠演繹，故兩人搧扇的動作當然是一樣的。於是，莊周的疑心病已於此萌芽。當田氏說出：「願與先生白頭偕老，長相廝守……」莊周反而帶有疑惑地自問：「哦？白頭偕老？長相廝守？」甚至略帶怒意地將扇取走。而在此後的表現，不管莊周是真正清心寡慾，或是對其妻有所懷疑，都顯露出莊周的不解風情。兩相對照之下，田氏的情感是真誠而質樸的，她很直接地表露出她對於莊周的愛意與關懷，包含煮飯、暖被、鬆鞋、寬衣等。她並未保留過多的「潛台詞」，而是將夫妻之情直接透露出來，如：直接上床，那一句「但願與夫君相知相隨，生下一男半女，……」足見，她對於莊周的一種暗示。但，已修得大道的莊周根本不屑，甚至是惶恐的。只是，莊周與田氏批判搧墳女，甚至以裝死來試驗自己的妻子，卻早與修得大道的寬大胸懷偏離。因此，《夢蝶》所刻劃的其實並不是一個哲人，開場時的仙風道骨，到了此處已蕩然無存。這種看似矛盾的劇情安排，或許在於莊周如何通過「人道」以尋覓真正的哲理，於是開場的莊周不過只是誤以為自己得道罷了。

　　因此，莊周偽裝成王孫公子的七夜測試，也變成一場驗證莊周自己疑心病的實驗。在這七夜裡，其實都是王孫公子主動地調戲，而田氏亦都表現出她的不悅與貞節。甚至在第六夜時，王孫公子更主動地說：

　　師娘！自初見師娘驚為天人

　　想先生沉溺道法

　　為憐香惜玉

　　佳人青春虛度

　　學生意與師娘

　　同結連理

從偽裝成王孫公子的莊周口中說出這段話，其實充滿了衝突感與諷刺，既然莊周明白是自己冷落了田氏，又何苦以這樣的方式測驗呢？雖非直接描寫田氏的心聲，但透過莊周的矛盾反而凸顯田氏更應該去追求自己的情感。甚至在第七夜將近時，王孫公子還唱道：

　　七夕已迫近

　　織女卻無情

　　獨對孤月影

　　心碎來辭行

莊周是矛盾的，根本不懂他到底希望妻子忠貞或是不節。因此，在他初回到

家，田氏對他說：「不走了？」而後他所竊竊私語的「走不了。」更顯露出他好似被迫留在家中一般。於是，當田氏落入了這樣的情慾陷阱裡，而要去取莊周的腦髓時，莊周反而這樣唱道：

> 莊周呀！莊周！
> 可笑你痛苦自找
> 妒火中燒
> 明知天道自然
> 又何必設下圈套！
> 罷

可見，這一切都只是莊周看盡天道卻看不清人道的妒火。因此，相較於矛盾的莊周必須透過王孫公子才能將內心隱藏的情慾吐露；田氏在王孫公子的追求之下，雖是迷惑了，但她才是真正在追求自己的情感。在第七夜時，她身穿紅衣出現：

> 換素裹批紅綃
> 重梳妝再把眉描
> 感君不棄
> 情重義高
> 銀河渺渺架鵲橋
> 前世姻緣今生縈抱
> 願向同衾上九霄

這才是田氏真實表達心情的寫照。一切都不是「忠貞不忠貞」的問題，而是一個長年不在家又冷漠的丈夫，怎麼與一個熱情追求的男子相比呢？而且，這也是莊周自己將田氏推向自己所扮演的王孫公子。因此，相較於《蝴蝶夢》，《夢蝶》更採取了莊周／王孫公子與田氏的兩相對照，凸顯兩人情感認同上的差異，實質也替田氏之所以「外遇」找到理由。

最後，不管是《夢蝶》還是《蝴蝶夢》，它們的核心都在於「這一切都是一場夢」。因此，無論田氏與莊周／王孫公子之間到底發生了什麼，都只是一場夢而已，而這也是「莊周夢蝶」這個故事最終的一個指涉。不過，兩部劇作對於「夢」的處理是截然不同，也導致結局的相異。《蝴蝶夢》的最後，是莊周在田氏自殺後，遂從夢裡醒來，才恍然大悟一切都是一場夢，這也讓莊周體悟到生命的另一層意義，他唸道：

蝴蝶夢中事，似假亦是真。夫妻之情，男女之歡，也不過是一枕黃
梁。看渺茫天地，祥雲萬丈，彩蝶紛飛，好不灑樂人也。我不免拋
卻妻子，謝卻田園，邀遊四海，尋仙求道去者。〔註18〕

不過，倘若《蝴蝶夢》的改編是有意重審性別之間的關係，那麼莊周夢醒後
拋卻妻子的行為，是否真的適宜呢？於是，《蝴蝶夢》看似從替田氏發聲，但
卻在夢的氛圍裡讓田氏隱了身，她未曾真實出現在戲中。這樣的劇情安排，
或許也不過是度脫劇的老梗罷了。而，《夢蝶》裡的田氏是真實死去的。當代
傳奇劇場的改編，將「夢」的指涉直接放大，也就是不管是真是假，人生本
質上就是一場夢。所以莊周的「醒」並不是真的從睡眠到起床，而是對於生
命意義的醒悟，但這個覺醒卻是用自己妻子的「死」換來的。田氏在被莊周
告知真相後，《夢蝶》所要傳達的意旨反而是從她口中說出：

只是一場夢？
（唱）夢為鳥翱翔於天
夢為魚悠遊於淵
夢為蝶
羽化成仙
寧萬死碎綺翼
向空冥
到天邊
（用斧割喉）
千年一覺蝴蝶夢
覺來又隔幾千重

這樣的改動，不只將「夢」的意義籠罩成更大的指涉，對於田氏在劇中的重
要性，其實也同樣被放大。以《蝴蝶夢》而言，莊周的頓悟是在一開場就被
設計好的，於是這一場夢都不過是一個過程，田氏也變成一粒棋子，只為讓
莊周悟道。但，《夢蝶》的要旨卻是田氏點出來的。田氏是讓莊周能悟道的人，
她雖瘋了，也死了，但相較於《蝴蝶夢》裡的田氏僅存在於莊周夢中，《夢蝶》
的田氏卻是真實存在過，縱使人生本來就是一場夢。

---

〔註18〕古兆申：〈【劇本】崑劇蝴蝶夢〉，收錄於雷競璇編：《崑劇蝴蝶夢——一部傳
　　　統戲的再現》，頁24。

## （二）「傳統戲的再現」與「崑曲風新歌劇」：一種表演系統，兩種
呈現方式

之所以要將上海崑劇團的《蝴蝶夢》與當代傳奇劇場的《夢蝶》相提並論，其實更在於表演系統——崑劇——上。《夢蝶》是當代傳奇劇場首次完全以「崑劇」作爲基底而創作的作品。由於吳興國出身於京劇系統，故當代傳奇劇場歷來的作品中所謂的「傳統」係指的也是「京劇」，縱使在他的創作當中或多或少會融入部分的崑劇元素，但以一個完整的崑劇表演而言，卻首見於《夢蝶》。而《夢蝶》取用「崑劇」加以改造，也影響到當代傳奇劇場在 2011 年發表的歌劇作品《康熙大帝與太陽王路易十四》，挪用「崑曲」作爲其中一種表演藝術，以達到跨界與跨文化的創作。故，與其認爲《夢蝶》可能從其他莊周故事的戲曲改編取材，如：京劇《大劈棺》等，從表演系統論之，更顯現其與《蝴蝶夢》的聯繫。不過，我認爲這兩部劇作所顯示的是，當代傳奇劇場與上海崑劇團對待「崑劇」的不同「態度」以導致同一表演系統的不同「呈現」。

雷競璇替《蝴蝶夢》所編的專書，其書名的副標爲「一部傳統戲的再現」。從這樣的定名，大致可以意會到《蝴蝶夢》的定位，也就是其所追求的不是創新，而是怎麼把一部傳統戲「再現」到舞台之上。當然，《蝴蝶夢》並不是造本宣科，編劇古兆申也對劇本的內涵與劇情作了偌多的調整，以符合現代人的觀點。同樣地，在傳統戲裡不曾出現的「導演」制度也被引入，成爲這部劇作最終呈現的依據。不過，就誠如其所被點明的是傳統戲的再現，《蝴蝶夢》在經過編修之後，眞正的焦點是被集中在上海崑劇團這幾位演員身上，較近於傳統的「演員劇場」。導演沈斌指出：「古先生的《蝴蝶夢》是看準了上崑這批老藝術家才編寫的。」〔註 19〕於是，這部劇作在改編過程中早已鎖定好演員，也就是莊周／王孫公子由計鎮華、田氏與搧墳女皆由梁谷音這幾位一級演員演出。因此，編劇最主要的工作，是修正劇本本身不符合時代氛圍的部分，導演則是在整體的呈現作編排，將核心「導」回演員身上。

從導演的選擇來看，《夢蝶》其實是與《蝴蝶夢》相近的。兩位導演——吳興國與沈斌——都是戲曲演員出身，崑劇演員劉異龍指出：「也只有熟悉傳統戲曲，特別是演員出身的導演，才更清楚傳統的重要性。」〔註 20〕雖然我於後續

---

〔註 19〕 沈斌：〈崑曲的演與導〉，收於雷競璇編：《崑劇蝴蝶夢——一部傳統戲的再現》，頁 38。

〔註 20〕 陳春苗記錄整理：〈創作、演出人員座談記錄〉，收於雷競璇編：《崑劇蝴蝶夢

會提到兩部劇作在作法上的差異，但由演員出身的導演執導戲曲作品，實是近年較爲成功的戲曲作品的作法，如：甫得到國家文藝獎的李小平，亦是戲曲演員出身。另一方面，在演員的安排上，更可見兩部劇作的雷同，《夢蝶》裡的莊周（王孫公子）由吳興國飾演，而田氏與搧墳女亦是同一個演員——錢熠。此外，《蝴蝶夢》裡用以插科打諢的老蝴蝶與小蝴蝶，到了《夢蝶》雖換成兩個小童，但作用仍與《蝴蝶夢》相似，只是換成了比較現實生活中的人物，而非《蝴蝶夢》裡的虛幻物體。只是，他們的動作都帶有機械化的模式，加上素淨的穿著，其實更像是紙紮的童男童女，而這可能亦是一種虛幻物體。

　　從幾段針對《蝴蝶夢》的評述以及創作概念，其實可以察覺《蝴蝶夢》所要傳達的理念。鄭培凱認爲：「我們一直期待著崑曲的革新與發展，既能保存傳統又有創新風格，既能延續前人創造的獨特藝術形式，又能探索現代人的生命處境。新編《蝴蝶夢》正是循著這個脈絡改編的。」〔註 21〕或如導演沈斌所指出的：「我認爲崑劇的特點是將文學、音樂等其他藝術落實到表演上。它不是純粹理念性的東西，也不是去賣弄舞美、燈光，它是一種文學性的表演藝術，通過演員唱、唸、做、舞將所有的東西表現出來。」〔註 22〕他所鄙棄的是一些新編戲曲僅是一種「話劇加唱的新劇種」〔註 23〕同樣地，演出莊周的計鎮華亦認爲：「從古先生的劇本定位開始，走的就是一個傳統的路子，導演、演員、音樂也都是從體現崑劇原有的魅力出發。」〔註 24〕不管是評論者，或是創作者，多所著墨的都在於「怎麼延展崑曲的生命」，而這也是傳統劇場搬上現代舞台的核心問題。這樣的訴求，可能與當代傳奇劇場透過「西方混血」與「中國改編」嘗試將傳統劇場以嶄新姿態在現代舞台上的態度相仿。而吳興國一路的創作，雖走在一個「戲曲現代化」的路線，卻不斷地創造新的路線。因此，就《蝴蝶夢》與《夢蝶》最後的呈現而言，明顯地體現了「作法的不同」。

　　　　　——一部傳統戲的再現》，頁 71。
〔註 21〕鄭培凱：〈莊生曉夢迷蝴蝶——蝴蝶夢的文化想像〉，收於雷競璇編：《崑劇蝴蝶夢——一部傳統戲的再現》，頁 120。
〔註 22〕陳春苗記錄整理：〈創作、演出人員座談記錄〉，收於雷競璇編：《崑劇蝴蝶夢——一部傳統戲的再現》，頁 69。
〔註 23〕沈斌：〈崑曲的演與導〉，收於雷競璇編：《崑劇蝴蝶夢——一部傳統戲的再現》，頁 47。
〔註 24〕陳春苗記錄整理：〈創作、演出人員座談記錄〉，收於雷競璇編：《崑劇蝴蝶夢——一部傳統戲的再現》，頁 74。

　　就整體舞台架構而言，《蝴蝶夢》明顯地保留了傳統戲曲舞台的結構，將「一桌二椅」置中，近乎淨空的舞台設計，其實有別於當代戲曲在舞台設計的嘗試，上海崑劇團的作法是回歸到傳統、極簡的擺置。就如沈斌所言：

> 許多新創作的，導演在二度創作時，恰恰不重視在排練場上與演員們商討、研究、磨合，把大量的人力物力和精力放在劇場舞臺的包裝合成上，演出結果變成舞美、燈光、服裝等的創作，演員人物表演反而給吞沒掉了。〔註25〕

出身自傳統戲曲演員的沈斌，其所訴求的是演員如何體現表演的「演員劇場」。傳統戲曲裡著重演員表演而忽略劇情鋪排，《蝴蝶夢》所試圖修正的僅在於劇本的結構與情節，而編劇與導演所追求的仍是以演員作為核心的戲曲演繹。因此，《蝴蝶夢》基本上捨棄掉了現代的舞台技術，回歸到了傳統舞台的表現方式，其所呈現的仍是傳統戲的基本樣貌。但，同樣出身自傳統戲曲的吳興國，在經過長時間對於西方經典、現代舞等表演藝術的浸淫，其所執導的《夢蝶》就截然不同了。《夢蝶》的舞台設計，基本上延續了當代傳奇劇場在現代技術上的系統，已跳脫傳統劇場的舞台設計，更近於西方現代戲劇的舞台。而在演員的服裝方面，《夢蝶》雖仍保留部分傳統戲曲的裝束，但有別於《蝴蝶夢》依循著傳統崑劇的服飾，《夢蝶》聘請日本的服裝設計前田文子，可知其服裝無疑是非傳統路線。《夢蝶》裡的莊周，去除了頭飾，服裝也以大塊的白紗作為基調，體現其飄逸的型態。搧墳女的服飾亦是以扇狀而有摺痕的下襬，我認為暗示了她以扇搧墳的行為。田氏的穿著接近於電視古裝劇裡傳統女子服飾，同樣也除卻頭上較為複雜的頭飾。此外，《夢蝶》亦不使用戲曲妝，不帶有傳統劇場裡表達角色個性的意涵，更接近於現代的舞台妝，以凸顯五官樣貌為主。

　　在表演上，《夢蝶》有別於《蝴蝶夢》因循著傳統戲路，其所承襲的是當代傳奇劇場一路對於「跨界」的嘗試。這樣的表演，在「骷髏」上有極明顯的表徵。《蝴蝶夢》裡的骷髏，由傳統崑劇丑行演員侯哲飾演，他以「雜」的本工加以詮釋，透過「矮子功」來體現骷髏的身形，並身穿黑衣，只露出頭顱，以詮釋骷髏的形象。〔註26〕雖然這樣的扮相與表演亦非傳統崑劇可見之，

---

〔註25〕 沈斌：〈崑曲的演與導〉，收於雷競璇編：《崑劇蝴蝶夢——一部傳統戲的再現》，頁47。

〔註26〕 沈斌：〈崑曲的演與導〉，收於雷競璇編：《崑劇蝴蝶夢——一部傳統戲的再

但其表演的出發點仍以崑劇的本工作為思考。但，《夢蝶》裡的骷髏就與傳統劇場相距甚遠了。除服裝上以咖啡色作為基色，並將臉化為骸骨的樣貌，骷髏的表演亦以林秀偉所擅長的現代舞作為基礎，透過意象式的表現手法，運用身體、手勢，來與莊周對話。其取材自西方的手法，還有希臘悲劇的歌隊，有別於《蝴蝶夢》的「一個」骷髏，《夢蝶》裡則出現了「一群」，而他們的作用也介於戲中與戲外，並以一種介於歌劇與崑曲的唱腔，與莊周有一連串的唱段。最後，甚至交纏在莊周的身上，更接近於現代舞對於意象的處理手法。這種表現方式，就很清晰地展露出《夢蝶》與《蝴蝶夢》之間的差異。再加上透過舞台燈光的變換與聚焦，《蝴蝶夢》的導演沈斌所捨棄的「舞美」與「燈光」，其實都在《夢蝶》裡被使用。

　　這些差異，我認為是兩個劇團對於「傳統劇場」的不同態度。上海崑劇團在改編《蝴蝶夢》上，就誠如演員計鎮華所強調的「保護」〔註27〕，其核心意義被構築在怎麼讓傳統劇場「再現」。但吳興國所主導的當代傳奇劇場則不同，他更致力於如何讓傳統劇場以「創新」的樣貌展現。同樣作為戲曲演員出身的兩位導演——沈斌與吳興國，其實都懂得傳統劇場所著重的到底是什麼。不同的呈現，並不代表吳興國不尊重或是不重視「傳統劇場」，而是思考「如何讓傳統劇場走向現代舞台」的進路明顯得不同。除此之外，對於「崑劇」這個主體，上海崑劇團係以「崑劇」作為主要的表演體系，但吳興國則非。於是，從《夢蝶》所標榜的「崑曲風新歌劇」就可注意到，吳興國係以「崑劇」作為一個基本元素，進而欲生成的是後頭的「新歌劇」，某個程度上或許也是沈斌所鄙棄的「話劇加唱的新劇種」〔註28〕。故，我認為《蝴蝶夢》的作法是「重新再現傳統」，重點在「傳統」，而《夢蝶》的改編則近於「在傳統裡挖掘新意」，核心乃在於「創新」的可能，於是造成「一種表演系統，兩種呈現方式」。

## 二、作為當代的「中國傳奇」：總結前作的可能

　　延續上一段的論述，《夢蝶》雖透過《蝴蝶夢》加以改編莊周故事，但兩

---

現》，頁 39。

〔註27〕計鎮華認為：「崑劇真要做為世界文化遺產，首先應該講求『保護』。」計鎮華：〈崑劇寫意傳統的回歸〉收於雷競璇編：《崑劇蝴蝶夢——一部傳統戲的再現》，頁 56。

〔註28〕沈斌：〈崑曲的演與導〉，收於雷競璇編：《崑劇蝴蝶夢——一部傳統戲的再現》，頁 47。

者最大的差異就在於「從傳統重新挖掘出新意」，這個概念其實所沿襲的是當代傳奇劇場一路創作而來的經驗。

於此，我想先說明當代傳奇劇場的「西方混血」與「中國改編」兩條路線之間的繫連。也就是，當代傳奇劇場若以「混血西方」做爲開端，那麼到底「西方混血」帶給「中國改編」怎樣的影響？最基本的是目前新編戲曲帶入的導演制度〔註29〕，以及現代劇場技術。在整體架構與內涵上，實受到吳興國在「西方混血」上所做的實驗精神所影響。如：《陰陽河》雖是老戲，卻著墨於重新挖掘隱匿在其中的女性聲音，也就是老戲裡「爲何是妻子獨獨受罰？」，透過編劇習志淦的重詮，賦予其「其巧詭譎的情節布局、針鋒相對的機趣對白、變化快速的場景轉換、明白醒豁的通俗唱詞與辛辣嘲弄的主題。」〔註30〕；《金烏藏嬌》亦是將老戲重新編寫，把原先就已具顛覆性的劇情與構思，試圖「搭乘時尚列車接軌國際舞臺」〔註31〕。於是，除了在故事性與思想性上加以重寫與添加，重新打造一個炫目而讓現代觀眾爲之驚豔的服裝、舞台，成爲當代傳奇劇場如何重新架構「中國傳奇」的基本手法，而這也就產生當代傳奇劇場與其他傳統戲曲團體的差異：如何運用現代舞台，以改變傳統劇場本有的形式。可見，吳興國在重詮《馬克白》、《米蒂雅》與《暴風雨》等作的同時，其實不斷從不同編導，或是自己在不同劇作的不同嘗試裡，將其中的手法與思維滲透到他的「中國改編」中，試圖改變觀眾對於傳統戲曲的視角。

之所以稱爲「中國傳奇」，除是當代「傳奇」劇場的「中國」改編外，亦在於當代傳奇劇場如何透過「西方混血」尋覓到開創「傳奇」的可能，而重新回歸到「中國改編」上，同樣也是明代傳奇的某些意義傳承，誠如李漁所言：「古人呼劇本爲傳奇者，因其事甚奇特，未經人見而傳之，是以得名。可見非奇不傳。」〔註32〕不管是西方或是中國，對於如何「傳奇」，在互相滲入的同時，成爲彼此擷取養分的可能。於此，我將同樣由劇本與表演兩個角度重新檢視《夢蝶》與前作的關係，及其總結前作的意義何在。

---

〔註29〕 導演制度進入戲曲系統，雖始於「雅音小集」，但本文於此是試圖說明「西方混血」與「中國改編」之間的關聯，故也將這點放入其中。

〔註30〕 見王安祈：《當代戲曲》，頁146。

〔註31〕 詳見施如芳：〈搭乘時尚列車接軌國際舞台〉，《表演藝術》第 116 期（2002年8月），頁 61～62。

〔註32〕 李漁：《閒情偶寄》，《李漁全集》第三卷（杭州：浙江古籍，1992 年），頁 9。

## （一）翻案「不」翻案：傳統題材的改寫與同情

怎麼對於傳統題材有所創發？大概是改編老戲，或是從傳統取材的基本問題。在前段的論述中，我認為《夢蝶》的劇情架構及對於傳統題材的運用，雖受《蝴蝶夢》影響極大，但就其改編的核心意義上，主要仍承襲當代傳奇劇場之前中國戲曲改編的處理方式。

對於傳統老戲的創發，可以先從《陰陽河》這部作品觀察起。《陰陽河》是一個老戲的「翻修」，該戲又名為《賞中秋》、《地府尋妻》或《西川奇聞》，由習志淦重新改編。而其改編的核心，出自對此劇的質疑：做為丈夫的張茂深與妻子李桂蓮在月下交歡，為什麼妻子卻得獨自受罰在陰陽河界挑水並重配鬼役？這樣的性別意識，在現代人的觀點裡，顯得老舊而陳腐，甚至是可笑，這也是傳統老戲無法吸引現代觀眾進入劇場的原因之一。而吳興國創立當代傳奇劇場的初衷就是「希望能讓國劇從古老的時空中走出來，在新的劇場、與新觀眾溝通，透過現代演員不同的思考、運用，以新的面貌復甦。」〔註33〕如何將傳統老戲翻新，得以新的面貌復甦，是吳興國從《慾望城國》以來的主軸。於是，這個最古板、最迂腐的劇情，反而成為《陰陽河》劇中的反思。在小鬼戳破張茂深與李桂蓮假稱兄妹的謊言，而將二人送至閻羅殿，閻王卻只判李桂蓮刑罰，編劇於此添入了老戲未有的情節，讓張茂深大聲疾呼：

> 閻王爺且按下這無名怒火，張茂深辨是非為我的妻開脫。
> 論姦情這罪魁禍首本是我，我不該只圖賺錢久不歸，讓她空房受冷落。
> 妻本是一念之差人誘惑，我生來風流成性貪美色。
> 只為拈花又惹朵，一步跨入陰陽河。
> 本料想天報應自食惡果，戲人妻卻戲弄了自己老婆。
> 妻也曾聲嚴厲色斥責我，妻也曾苦口婆心相勸說。
> 贖前罪思舊情她知過改過，倒是我鼠肚雞腸弄巧成拙。
> 錯怨了倪木兄君子一個，更連累我的妻被披枷帶鎖二次見閻羅。
> 見閻羅，我要問閻羅，為什麼陰曹陽世不平的事兒一樣多？
> 做男子三妻四妾宿娼嫖院合理合法不為錯，
> 女人家偶一失足罪上加罪罰上加罰打入地獄若折磨。

---

〔註33〕吳興國：〈從傳統走入莎翁世界〉，頁50。

　　　　都是人生父母養，一尊一卑卻爲何？

這是張茂深對閻王的質疑，已滲入了現代人的性別平權觀點；也可視爲現代觀眾對老戲所投以的質疑與辯證，透過劇中人之口陳述出來。這樣的巧立情節，其實帶有「後設」的意涵，也就是在古代的場域之下，張茂深其實難以有這樣的思考，故如此發言更像是現代人藉張茂深的口以發聲。

　　倘若我們將視角放寬到台灣在 1979 年以後的當代戲曲界〔註34〕，這種透過現代人的「同情」以進行的「改編」，其實也是當代戲曲重新挖掘傳統題材與情感的方式，最著名的例子就是國光劇團的「女戲」系列。從唐玄宗後宮裡一個不留名的宮女作爲題材而新編的《三個人兒兩盞燈》，編劇之一的趙雪君用一句話：「我懂了她的孤寂。」〔註35〕道盡她之所以寫這個劇本的初衷。這部劇作的來源，不過是孟棨《本事詩》中記載的一則筆記小說〔註36〕，裡頭的宮女甚至根本沒有名字。於是，編劇趙雪君是在一個「得以同情」的過程中，賦予她們名字亦重述了故事。同樣地，像是改編自老戲《御碑亭》的《王有道休妻》，編劇王安祈特別安排了一個青衣、一個花旦的女主角孟月華，互爲表裡，實是藉由「重審」不合乎現代眼光的傳統觀點，再次替女人心底那幽微的聲音找到出口。我們可以注意到的是，這個「同情」的過程捨棄了帝王將相的忠義事蹟，也非英雄人物的大敘事，回到的是平凡人都可能碰觸到的生命問題，不只是編劇因同情而改（新）編，更嘗試讓觀者得以接觸古典人物的情感生命而不再因爲時空隔閡使人心意念顯得遙不可及。而，這早已是當代傳奇劇場演繹「中國傳奇」的主要核心。有別於《慾望城國》、《王子復仇記》與《奧瑞斯提亞》等西方改編之作，重詮英雄悲劇的大敘事；敖叔征、公孫宇等人皆是帝王將相，其所描述的也是他們生命歷程裡的輝煌與衰頹。《無限江山》裡的李後主雖是帝王，但其所詮釋的不是那個坐在王位上的李後主，而是著重在龍椅之後那靈魂的觀照，以及與大小周后之間的情感。同樣地，《金烏藏嬌》的宋江雖是梁山泊裡響噹噹的大人物，但整部劇作的核心卻不是他在梁山泊上揮舞大旗起義的英雄事蹟，而是藏在他屋裡那不可告人的房事。《陰陽河》中的張茂深就只是一介平民，《夢蝶》的莊周雖是

---

〔註34〕此處以「雅音小集」創團並演出《白蛇與許仙》的 1979 年作爲開端。
〔註35〕趙雪君：〈我懂得她的孤寂〉，收於王安祈：《絳唇珠袖兩寂寞》，頁 26。
〔註36〕小說內容詳見王夢鷗：《唐人小說研究三集——本事詩校補考釋》（台北：藝文印書館，1974 年），頁 35。

影響中國哲學的思想家，但其出身也是個平民罷了。於是，當代傳奇劇場透過「中國傳奇」想要傳達的內涵，就顯然地與「西方混血」走向不同，縱使當代傳奇劇場在後期的「西方混血」中也嘗試了如《等待果陀》的流浪漢、《歡樂時光——契訶夫傳奇》的市井小民，但以一個早期的「中國」與「西方」兩條路線而言，吳興國似乎在借用「西方混血」的理念與手法後，某種程度上也影響當代戲曲對於「傳統題材」的挖掘方式。

　　因此，《夢蝶》的詮釋其實也依循了這樣的一個對於「傳統」的「同情」與「重構」。以莊周故事作為題材的傳統戲曲，包含傳統老戲《大劈棺》、《蝴蝶夢》〔註37〕等，而這些老戲的共通點其實都著重於田氏的不貞；但若以現代的觀點來看，反而充滿了濃厚的沙文主義。故，近年來以莊周故事作為題材的改編亦多由此下手，例如：李寶春在 2006 年改編的「新老戲」《試妻大劈棺》，甚至讓田氏大舉「徵婚」的布條，試圖挑戰過往老戲的故事架構，以及思維模式。2008 年，「京探號」劇場推出的小劇場作品《暗詭——疑心病患CLUB》，透過對於《桑園會》、《莊周試妻》及《御碑亭》三部老戲的質疑，加以串聯，並添加「KUSOMAN」這樣一個戲中的戲外角色，直接對劇中男主角的行為諷刺與反駁〔註38〕。而，《夢蝶》的處理則是嘗試去挖掘劇中兩位女角色——搧墳女與田氏——的心理描繪與刻劃。本文曾於前述中提及到《夢蝶》裡對於田氏與莊周之間關係上的處理，透過田氏的大量獨白，以及她與莊周的互動等，明顯表露出她內在的心聲。而在莊周未為回到家前，《夢蝶》亦透過田氏孤寂的等待，與兩個小童的兩小無猜，對比出田氏無法從莊周身上索求到的愛情。於此，我再以搧墳女作為例證。在莊周譏笑她「無節無情，真不害羞」後，她這樣回答：

　　（唱）休道奴無節無情

　　都是亂彈琴

　　笑男兒道深意深

　　瞬間化灰塵

　　宮娥采女

〔註37〕此處係指傳統老戲的《蝴蝶夢》，而非上海崑劇團的新編《蝴蝶夢》。

〔註38〕「KUSOMAN」的安排，我認為或多或少取樣自國光劇團在 2004 年所推出的，由王安祈編劇、改編自《御碑亭》的《王有道休妻》，劇中將「亭子」擬人化，以丑角的身分飾演，與亭中的男女進行一種介於虛實之間的對話。

> 三妻四妾
>
> 風流快活享盡

這段唱詞，其實也呼應了當代傳奇劇場在《陰陽河》裡透過張文遠對閻羅的質疑，難道只有男子可以擁有三妻四妾，而女子只是為了改嫁就必須遭受質疑。在莊周一段道德教化下，搞墳女又這樣說：「小女子不會亂天下，只願結鸞儔。」表露搞墳女的真情實感。有別於男人為天下、為權謀，結黨私營，卻以「天下為公」作為私心的掩飾，她這個小女子反而更直白地追求情感。這樣對照之下，莊周的「試妻」不過只是一種「私心」的反應，又與他所鄙視的搞墳女的行為有何差異呢？

不過，《夢蝶》的改編並不是一種大幅度的翻案，例如：李寶春在《試妻大劈棺》的「徵婚」情節，揮舞起女性主義的旗幟，大大改變了原本莊周故事的情節。《夢蝶》裡的田氏，最後的命運並沒有被改變，還是以斧割喉而死。這也是當代傳奇劇場「中國改編」的基本型態，「同情」、「質疑」，但卻不巧立名目地大聲疾呼或是反轉。以《無限江山》來說，編劇陳亞先並不打算替李後主翻案，而是透過一種「李後主與自己靈魂的對話」，以死前的心靈回溯來演繹，因此這樣的李後主還是個懦弱的君王，他並不打算翻轉現代人對於李後主的形象，反而是將他無法為君的心境描寫出來。《陰陽河》亦是如此，鄭傑文便認為：「這是編劇世故之處，不讓老戲老演法醫定要為女性說話反轉性別意識，而陷入新思想必得翻案的窠臼，夢中鬼界的架構對於基進的女性主義論者雖然難免不夠先進，卻是在封建情境中合理的深度挖掘並且能夠引發觀眾的聯想。」〔註39〕於是，重點實是在於「挖掘」，而非「翻案」；雖有控訴，卻也將問題留給觀眾作為省思，並非替觀眾找到出口與答案。

此外，《夢蝶》在整體情節的安排上，也沒有更動太多傳統老戲原有的鋪陳與安排，主架構還是將幾折老戲串聯起來。這樣的手法，基本上也是沿用了《金烏藏嬌》的改編方式。該劇的編劇王安祈認為其原著《烏龍院》：

> 根本不用改寫新編，語言藝術針鋒相對，情緒起伏波瀾層疊，老戲的劇本原本就像現代劇場。呈現這齣戲的正確手段是「用盡一切辦法」（說是包裝也可以啦）打破戲曲和現代人的隔閡，只要把新新人類引進來就可以了，「顛覆、翻案」在此是不需要的，因為他本來就

---

〔註39〕鄭傑文：《慾望現代與混血表演：1986～2006當代傳奇劇場作品初探》，頁183～184。

　　夠顛覆了。〔註40〕

於是，《金烏藏嬌》的改編主要背著重在表演技法上的挪用，以及部分情節於
崑曲、京劇老戲的借用。〔註41〕而對照起《夢蝶》的改編手法，很明顯地有
借鏡於《金烏藏嬌》的可能。《夢蝶》並無改動我們所熟悉的莊周故事，也就
是莊周夢蝶、試妻、鼓盆歌等，編劇運用一種堆疊而成的層次感，拉出一條
主線，由莊周一人將整個故事串聯起來，最後導向「千年一覺蝴蝶夢，覺來
又隔幾千重」的人生如夢。由於其核心意義不在於「翻案」，也就是不在講述
一個女性覺醒的過程，因此編劇亦不打算讓田氏有別的結局可能。這個手法
與《陰陽河》有相似的作用，不代表投以新的思維就必須要翻案，這反而成
為另一種窠臼。這樣的結局雖然不夠激進，但卻足以令人在傳統的架構裡得
到深思。與《陰陽河》間的連結，還在於《夢蝶》的主旨——夢。《陰陽河》
中的張茂深與李桂蓮從地獄歸來後，才發現這一切都只是一場夢，而《夢蝶》
裡，田氏與王孫公子的情愛雖是一場夢，卻也是現實，其所指涉的變為整個
人生都是夢。

　　不過，這不代表《夢蝶》仍落入舊有的性別思維，除了對於田氏的刻劃
之外，其更增加的「反省」意識還來自於莊周內心的幽微變化與醒悟。有別
於老戲的教化作用，《夢蝶》強調了莊周於田氏死後的懊悔。莊周真正的醒悟
不是在他初出山領略大道時，而是在田氏死後，透過田氏死前的一席話、一
段唱，才真正讓他找到生與死之間的意義與問題。在領悟一切都跟夢一般時，
才是生命真正甦醒的片刻。他抱著田氏大哭：「我就是妳的公子啊！」但對田
氏而言，她要的真的不多，只是一個懂得疼惜她的先生，不管王孫公子跟莊
周是不是同一個人，王孫公子才是給予她關懷與愛意的，此時的田氏也才是
被追求的，而不是那個看似領略大道卻不解風情的莊周。故，如以結局論之，
《夢蝶》並沒有因女性意識的自覺而讓田氏高舉女性主義的旗幟，最終的她
還是死了，但《夢蝶》裡的死卻足以讓莊周以一整場的擊鼓宣洩與醒悟，可

---

〔註40〕 王安祈：〈戲曲繁華內蘊的顯像〉，《金烏藏嬌》節目冊，頁 8～11。

〔註41〕 王安祈指出，《金烏藏嬌》的做法除集中焦點在宋江、閻惜姣、張文遠的三角
　　　　關係，刪去劉唐、晁蓋的情節外，在劇本上只改動了一百多句的唱詞而已。
　　　　同前註。而，鄭傑文認為其主要更動有四，包含添加了〈序曲賣唱〉、本劇〈借
　　　　茶〉與傳統戲其實不同、新添加〈冥判〉一場與最後的索命唱段被改寫。詳
　　　　見鄭傑文：《慾望現代與混血表演：1986～2006 當代傳奇劇場作品初探》，頁
　　　　174～176。

見其強調的不是劇情上的翻案，而是內心情感上的反轉。田氏的聲音，也是被聽到的。核心意義被闡述不一定要改變整個故事結構，那可能只是現代人以現代的觀點而如上帝之手一般去攪亂傳統的世界，忽略掉戲裡的場域仍是傳統社會。於是，更重要的其實是「怎麼去聽到被隱藏住的聲音」，也就是王安祈在改編「女戲」系列時所言的：「改編的目的不僅是顛覆，『關懷古代女性心底的聲音』才是主要的創作意圖。」〔註42〕

　　因此，《夢蝶》在劇本編修上，其實明顯踏在當代傳奇劇場於《陰陽河》、《無限江山》與《金烏藏嬌》這一條改編道路之上。對於中國的傳統題材的運用與重詮上，嘗試去挖掘在傳統老戲裡不被聽到的聲音，以及不被表達的情感。倘若當代傳奇劇場早於 1991 年即以這樣的角度詮釋《陰陽河》，會否是其在追溯到「雅音小集」的開拓後的另一種改編與詮釋呢？而王安祈於 2002 年編完《金烏藏嬌》後，於 2004 年始編了第一部「女戲」——京劇小劇場《王有道休妻》，那麼替當代傳奇劇場重新編寫的《金烏藏嬌》是否提供了「女戲」的基礎呢？這或許也是當代傳奇劇場這一系列的「中國傳奇」所造成的自身與外界的影響。

## （二）傳統表演與現代舞台的活用

　　針對當代傳奇劇場在「中國改編」上，是否挪用了在「西方混血」過程中所孕育的成果與技法？於此，我想先從一段《金烏藏嬌》的劇評討論起，而這個問題牽涉到當代傳奇劇場自《慾望城國》以來，對於「行當跨越」的使用。陳昕在〈編導合一，有突破也有盲點〉中指出：

> 從演員對角色的詮釋方式來看，吳興國挾其多元的藝術領域的心得與成就，大膽拉開傳統戲曲「行當」的局限，以「演腳色不演行當」的獨特方式，同步詮釋老生行當的宋江，與方巾丑的張文遠，堪稱史無前例的大膽突破。〔註43〕

在陳昕的評述裡可以注意到，其所定義的「演腳色不演行當」，其實比較接近兼扮（一趕二），而非吳興國與魏海敏在《慾望城國》等作裡對於人物的塑造，透過行當的跨越以表達該角色較為複雜的情緒或個性。那麼，兼扮老生與丑的表演手法，其實更接近於《李爾在此》中吳興國一人分飾多角，忽而為老

---

〔註42〕王安祈：〈「京劇小劇場」的嘗試〉，收於王安祈：《絳唇珠袖兩寂寞》，頁 25。
〔註43〕陳昕：〈編導合一，有突破也有盲點〉，《表演藝術》第 118 期（2002 年 10 月），頁 23。

生、武生、花旦、青衣、丑的詮釋方式。甚至，我更贊同鄭傑文所指出的：「既然《金烏藏嬌》不像《李爾在此》的後設性質以暴露劇場扮演性為整體戲劇的一部分，那麼『兼扮』的目的即又突出了傳統戲以展現『表演藝術』的特質，……。」〔註44〕《金烏藏嬌》的表演功法的確更接近於傳統戲曲的「兼扮」，而非當代傳奇劇場透過「西方混血」所開創的「跨行當」。於是，在這種基本認知的錯誤後，陳昕的說法本身就存在著自相矛盾，他雖指出《金烏藏嬌》係以非傳統的「演腳色不演行當」，卻在後續的評論上以傳統戲曲的觀點來加以評斷，認為：「吳興國既然已經突破行當他的表演當然可以跨越行當的外在限制，但也不可避免地犧牲了行當的內在意義。從行當的意義來看，吳扮演的宋江，無法與正統老生嚴謹的水準等量齊觀，因為老生行當的概念的宋江，不能像吳興國當晚演出般火爆誇張；……」〔註45〕因此，為何宋江不能火爆？似乎又是囿限於行當規範之評。故，《金烏藏嬌》表面上是以「兼扮」作為原則，但在細部的宋江與張文遠的詮釋，其實並不局限於行當的規範，而以「非傳統」的方式「跨行當」地詮釋角色的複雜樣貌，於是宋江當然可以火爆。因此，這段評論仍代表以「正統行當規範」的眼光來審視《金烏藏嬌》，只將表層的「兼扮」誤解為「不演行當」，未能將「突破行當程式」納入考量。這也是探討當代傳奇劇場的「中國改編」所必須衡量的。

　　我認為，當代傳奇劇場的「中國改編」，常會因其為中國題材而不免以傳統的行當規範加以檢視，如陳昕的論點會置入宋江必須是怎樣，或是張文遠必須是怎樣。但在藝術概念上，吳興國早已跨出了這樣的思維，也就是如何揉合不同的元素以重新創造人物，這個人物的腳色也不再只是單一的行當。於是，要怎麼演繹莊周？要以老生，還是小生？或是要怎麼詮釋田氏與搧墳女？他本就無意以傳統戲曲的行當加以劃分。而《夢蝶》又因是從老戲取材，倘若進入一個行當的思維，是不是就容易落入原本老戲的處理架構？我認為，陳昕所被指出的問題，其實就在於中國題材的運用，容易落入必須以行當所做的區分與限制。不過，《夢蝶》在田氏的塑造上，其實是能將人的複雜面詮釋出來的。由於《夢蝶》在劇本編寫上強調一種內心的描寫與轉變，於是在整體的表演上就不能像同樣為女性發聲的魏明倫重編《潘金蓮》之法，著重外在的翻案。《夢蝶》裡的田氏在整體的表演詮釋上是較為內斂的，唯獨

〔註44〕鄭傑文：《慾望現代與混血表演：1986～2006當代傳奇劇場作品初探》，頁178。
〔註45〕陳昕：〈編導合一，有突破也有盲點〉，頁23。

－243－

顯得放肆而瘋狂的是在〈劈棺〉這一場。在傳統京劇老戲《大劈棺》中，田氏的表演方式，包含將頭髮含在嘴中、拿斧的大動作等，其實都有別於田氏在前頭比較婉約的形象，在身段上亦有別於青衣的表演程式。不過，錢熠的演繹雖仍在傳統戲曲的表演範圍內，但在表情的扭曲，以及傳達情緒的方式上，更接近於現代舞台劇的手法，更為誇大而戲劇性，她的動作亦有現代舞的身影，配合服裝，動作的開闊以及其肢體的運用，都有別於傳統老戲在《大劈棺》裡的表演功法，她雖是第一次參與當代傳奇劇場的演出，卻在在展現了「當代傳奇劇場」的風格。同樣地，若我們以「行當」來檢視莊周，他的詮釋方式近於老生，某些詮釋或許接近吳興國的《問樵鬧府、打棍出箱》，但他的身段就明顯地不若傳統戲曲那麼地嚴謹，多所運用服裝所給予的質地，較為生活化的解消掉戲曲的程式化。

　　除在行當上的運用外，對於如何重編傳統戲曲，當代傳奇劇場一直著力於如何運用現代舞台。以《金烏藏嬌》而言，它的舞台搭景是這部劇作宣傳的重點。吳興國指出：「《金烏藏嬌》特請名建築師登琨豔，在國家劇院舞台上，打造一座樓閣金屋。屋子——這個主題，將是此劇演出強調的重點。」〔註46〕透過這間屋子，吳興國所試圖傳達的是：「是誰的房子？住在房子內的男女？行走在房子外的人？或坐在台下無數雙窺探的眼睛？而宋江、閻惜姣與張文遠之間的三角不倫之戀，對照的是世間男女永恆不變愛恨情仇的鬥爭，這一座金玉其外的房子，裝不住情慾的高漲，終於炸開了人性最黑暗的缺口。」〔註47〕因此，王安祈的編劇也是依附在這個建築作為思考，她認為：「這回當代傳奇像是在繁華卻又雜亂的城市中間打造一座透明多角的屋宇，自身無須鋪瓦砌牆，而透過它每一面的折射，城市的繁華一一顯像——不止原樣顯影，更因彼此交疊、重新組合而構設出較原本更為璀璨的耀眼紛華。而城市蕪雜的一面，則在屋宇角度巧妙而精準的閃避之下，全面遁形隱去。傳統戲曲繁華內蘊的顯像載體，這就是當代傳奇的金屋華堂。」〔註48〕不過，這個過度華麗的舞台，卻被周慧玲批評，認為：「《金烏藏嬌》的創新企圖，不只擺在角色重新詮釋，更大一部分如編導所言，是在於『金烏』的重新堆砌。然而這個堆砌，似乎偏離了重點，反倒弄巧成拙地堆砌了一場意向並不明顯的繁

---

〔註46〕吳興國：〈房子內的情慾故事〉，《金烏藏嬌》節目冊。
〔註47〕同前註。
〔註48〕王安祈：〈戲曲繁華內蘊的顯像〉，《金烏藏嬌》節目冊。

瑣。」〔註49〕周慧玲指出了舞台的空間建構、燈光的切割、道具的裝飾堆積，不斷地給予觀眾大量的文化符碼，但它們的意義並沒有超越「填補空白」的心理焦慮。〔註50〕可見，這種東方符碼的重新建構，顯然地流於一種過度的符號展示，服裝、舞台技術等方面的追求，反而流失掉演員身體流動其中的可能。得以再多思索的是，當代傳奇劇場始終著力於現代舞台的建構，但這種外在形式上的華美，顯然地讓戲劇本身失去焦點。而過度地寫實，是否會破壞掉戲曲本質的寫意？難道現代舞台無法表達戲曲的寫意嗎？

　　我感覺，與其認為《夢蝶》在舞台處理上有被《金烏藏嬌》影響，其在舞台意境上的處理，實更接近《陰陽河》。《陰陽河》的舞台，基本上是空的，以配合整個時空流動，所謂的「陰陽河」是在天幕位置做出寶藍色蜿蜒的河水。這些處理方式，有別於直接搭建一個場域在舞台上，其實表現方式近於意象化。因此，《夢蝶》的舞台設計，雖也有實際的墳、灶、床、棺木等道具，但基本上像王孫公子勾引田氏的那七夜，靈堂的場景流動其實都比較接近於寫意，運用白色的布幔、紡紗，將當時的情境建構出來。而整部劇作的基本色調也接近黑與白，除了田氏後來穿的紅衣外，整部作品的色調都是素的。這樣的作法，符合了整部作品的核心，也就是一切都只是一場夢。去除了繽紛與華麗的色系，讓舞台雖略顯單調卻又建構出如夢的氛圍。可見，現代舞台技術的進步，不代表就必須抹煞掉寫意的可能，而寫意也不一定就要過度抽象，像《夢蝶》延續了《陰陽河》的處理方式，就是以意境的營造作為舞台的構思。《夢蝶》在場景上的處理，除前述提到較為流動式的布幔外，亦運用光影，透過燈光的變化，將舞台分割成亮區與暗區，於是一種虛實相映的效果就如此地呈現。因此，《夢蝶》的舞台其實帶有些中國水墨畫的處理效果，除了是寫意的外，亦以黑白作為主要色調，透過這樣的方式以詮釋一個帶有哲學思考的主題。這種在色調上的重視，我認為亦是當代傳奇劇場在《慾望城國》裡，注意到「血」與「暗」的意義與運用，而補進傳統戲曲裡比較不被重視的舞台構造裡。

　　揆諸實情，《夢蝶》最成功之處，其實是怎麼透過舞台佈景與演員的詮釋相融合。可以注意到的是，在現代舞台技術進入傳統戲曲領域後，「一桌二椅」這樣傳統的舞台架構已被打破，特以當代傳奇劇場「讓傳統戲曲走進現代舞

---

〔註49〕周慧玲：〈國際化的死角〉，《表演藝術》第118期（2002年10月），頁25。
〔註50〕同前註。

台」的訴求可知，更多仍著墨在舞台設計上。不過，誠如前述提及《金烏藏嬌》時，質疑這樣的舞台佈景並無法與演員的實際表現有所配合，因而流於一種華麗的噱頭。這也是當代傳奇劇場在面對現代技術引入時，最常被提出的質疑，也就是過度華麗、絢爛的設計，包含服裝、舞台、燈光等，導致表演的本質被掩蓋，忽略了「演員劇場」實質才是傳統戲曲的價值。這些舞台設計有成功，亦有失敗，但其實都符合當代傳奇劇場替劇作所設定的需求，例如：《暴風雨》的「魔幻」、《金烏藏嬌》的「屋子」等，於是，我認為這會否只是吳興國本身對於劇作認知的不明所導致的呢？因此，無須捨棄現代舞台所能給予的可能，而是如何清晰地表達舞台與演員之間的關係才是最重要的。《夢蝶》在舞台的處理方式與態度，就顯示出當代傳奇劇場在面對前作的批評，捨棄過度奢華的佈景，重新思索舞台與演員之間的合拍，以及色調配合劇情的運用，於是《夢蝶》就顯得比前作更具意象性的處理舞台佈景的問題。

　　《夢蝶》的舞台，縱使比起上海崑劇團的《蝴蝶夢》而言，更接近於現代舞台劇的舞台，而非傳統「極簡」的空台。但，我認為當代傳奇劇場所追求的，本就不只是一個老戲的重演與再現，其更著重的是讓傳統劇場走進「現代舞台」。而這個「現代舞台」所指的，包含了時間與空間；時間寓意著劇本的內容、時代意義、技術，甚至是整個表演系統經過時間的淘選；而空間則是現代人生活的場域、新的舞台等。於是，一切指涉都是不斷被拓展的，甚至是納入當代傳奇劇場自身的戲劇發展，而讓表演呈現一直往不同的方向推演。有別於「保護」傳統劇種，《夢蝶》的呈現其實延續了當代傳奇劇場的實驗精神，在「現代舞台」從「傳統劇種」找到「新劇型」的可能。故，先不論《夢蝶》的成果如何，其透過對於傳統題材的重新詮釋，並再次檢視當代傳奇劇場在「中國改編」與「西方混血」中所孕育的元素；此一過程，成為當代傳奇劇場在「中國傳奇」上的最後呈現。

## 三、「總結」還是「完結」？：反看《夢蝶》及其後續效應

　　本節在前述中，以上海崑劇團的《蝴蝶夢》與當代傳奇劇場自己的「中國改編」系列，成為論述《夢蝶》的兩個基礎，認為其堪稱中國題材重／新編的「總結」，論述基本上抱持一種「正面」的態度。不過，在本節的最後，我試圖從一個「反面」的角度檢視《夢蝶》所存在的問題，同時也是在探討

何以當代傳奇劇場於 2007 年後不再出現類似的劇作，而《夢蝶》是否成爲了一種「完結」。

　　前已提及，《夢蝶》與上崑的《蝴蝶夢》在劇本上的主要差異，在於頭尾的安排，以及王孫公子誘惑的七夜。這些橋段與劇情的安排，雖是《夢蝶》的特殊之處，同時卻也讓整場戲顯得冗長。以開場的〈日蝕〉而言，其在劇情上的意義近於《蝴蝶夢》的〈骷髏〉，主旨在點明整部劇作的旨意。基本上，〈日蝕〉可收在莊周最後所唱的唱段：

　　　　方生方死，方死方生

　　　　方其夢也，不知其夢也

　　　　大覺而後知大夢也

這段唱詞實已表達到這一幕的旨意，但《夢蝶》在這之後又加入了老子這個角色，騎著牛出場。在《蝴蝶夢》裡，骷髏是以近於丑與雜之間的行當加以演繹，而《夢蝶》的「丑」則是老子。在莊周與骷髏陸續退場後，老子以道德經作爲唱詞出場，而後又有群眾抬著棺木，以招魂的樣貌出場。最後收在老子止住他們，唱道：

　　　　止柩就道右

　　　　止哭以聽變

　　　　此景百年稀

　　　　蝕日傾刻間

於是，佈景上的太陽以日蝕的畫面，再加上抬棺眾人的一段唱段，同時也結束這一幕。這樣的安排，不免令人質疑，第一齣定名爲〈日蝕〉實是爲了服膺於這一段劇情，但其真正的內涵早在莊周離場時就已完成。或許這樣的安排，是爲了增加哲理之思，但老子以丑扮之，用詭異的唱腔唱著道德經，卻又顯得不三不四，反使哲理性被消解。並且，老子之後不再出現，成爲一個可有可無的角色。同樣過冗的設計，亦出現在《夢蝶》的結尾，也就是轉化〈鼓盆歌〉而成的第七場〈夢蝶〉。此段，莊周以擊鼓的方式述說自己內心的哀傷、自己的頓悟，並再次點出整部劇作的哲思：

　　　　千年一覺蝴蝶夢

　　　　覺來又隔幾千重

　　　　去彼昭昭　往冥冥兮

　　　　嗚呼哀哉　想魂靈兮

這段擊鼓的表演，顯然是從師父周正榮的拿手京劇好戲《擊鼓罵曹》而來，雖有其劇情內涵，卻是「炫技」高於實情。不過，這段劇情仍有可行之處，除推向高潮外，同時也在擊鼓聲結束時，帶往一種寧靜感，實可在此作結。不過，《夢蝶》又再度安排接近於現代舞的表演，讓兩位小童領著田氏與一群歌隊出場，並挪用第一幕〈日蝕〉裡的抬棺者使用過的唱詞，唱道：

> 方生方死　方死方生
>
> 方其夢也　不知其夢也
>
> 大覺而後知大夢也
>
> 千年一覺蝴蝶夢
>
> 覺來又隔幾千重

似乎是為了頭尾呼應。最後，在眾人下場之後，莊周再次點出「千年一覺蝴蝶夢」，而結局收在莊周唱道：

> 蝶兮蝶兮
>
> 悠悠何所歸

這樣的安排，彷彿讓莊周與田氏在夢裡再度牽手，卻又被重重阻隔，而一切都不是現實，達到「一切都是夢」的意象。這段劇情雖增加了整部劇作的哲思，以及意象的整體傳達，但其實對劇情本身的完整性毫無助益。田氏最後的出場，更像是要展現她身上的服裝，以及非以傳統戲曲身段為架構的跨界表演，反而只是拖長了整部劇作的節奏與長度。

　　《夢蝶》在頭尾的設計上，其實拓展了《蝴蝶夢》在劇本處理上的深度，更富有文學性與思想性，在表演上則不無跨越傳統的跨界手法。但，過度地添加新的元素與劇情，卻沒有修剪掉原有的情節線，讓《夢蝶》在整體呈現上顯得不知剪裁，而過於冗長。整部劇作的演出時間，長達兩小時又四十五分鐘，雖然並非當代傳奇劇場最長的一個劇作，但太多非關劇情的表演，當代傳奇劇場似乎耗費了太多時間去加以營造，把一個不長的故事鋪演得過長。

　　而這種冗長感，其實也構建在整部劇作的節奏感。以傳統崑曲而言，其節奏本來就較緩，唱段雖不長卻因演唱方式而被拉長，故整體的節奏就顯得慢。因此，上海崑劇團的《蝴蝶夢》在劇情安排上，每一齣都非常的短小，試圖在最精簡的時間內表達完所有的內涵與情感。但，《夢蝶》則為了營造整體的美學，以及強調莊周內心的變化與田氏的心聲，添入了大量的自白以及唱段。最明顯的影響是第五場的〈試妻〉。在《蝴蝶夢》的安排係以〈弔奠〉、

〈說親〉與〈回話〉完成莊周變裝爲王孫公子誘惑田氏的劇情，但《夢蝶》於此則強調了七個夜晚的完整性，其所著力的是田氏的一個心理變化。的確，《蝴蝶夢》在處理這段劇情上，田氏的轉變因有限的劇情安排而顯得過快；但，《夢蝶》耗費了七夜的光陰來詮釋，但田氏的心境轉換仍不明顯，她直到第六夜仍是拒絕王孫公子的。到了第七夜，田氏才直接身穿紅綃出場，表露出她對王孫公子的愛意。比起《蝴蝶夢》裡的田氏本就有意於王孫公子，《夢蝶》的處理反顯突兀。於是，這段七夜的劇情，既無法發揮作用，反而成爲拖慢整部劇作節奏的問題所在。

　　值得注意的是，《夢蝶》裡如〈劈棺〉等傳統折子戲的戲碼，反而是節奏最明快的橋段。因此，《夢蝶》的過冗並非傳統戲曲本有的拖沓，反而是在被添入的劇情，以及跨界的表演上。因此，當代傳奇劇場雖然嘗試在傳統劇場裡，以表演藝術的「混血」，召喚出新的劇場格局，但意圖過多的內容表現與表演手法，卻讓整部劇作失焦。在整體呈現上除了拖延與冗長外，反顯得東拼西湊，落入當代傳奇劇場在過往「西方混血」作品中的「拼貼」現象。《夢蝶》雖以一個頗具中國傳統文學色彩的題材加以詮釋「文學性」與「思想性」，但過多的文學性語言不僅解消了劇情的力度，同時也使整部劇作漫佈著說教的色彩。

　　倘若，我們將視角拉回到當代傳奇劇場的整個發展而言，我認爲《夢蝶》雖可見「傳統」亦可見「創新」，但兩者並沒有完整的相容，反而比較像是兩個元素在舞台上的碰撞。或許，「西方混血」裡可以著重於不同文化間的「傾軋」，但回到同一文化的「中國改編」，這種「傾軋」會否只是在「拼貼」過後的不協調感？此外，重詮一個西方經典，不管是以戲曲的方式，或是現代舞台劇，對於台灣觀眾而言，都存在著「創新」的意義。但，當以中國傳統題材作爲主題時，這種磨合的痕跡就格外地明顯。吳興國嘗試在「傳統劇場」裡找到「新」的意義，於是以「崑曲風新歌劇」作爲號召；之所以稱《夢蝶》爲「中國傳奇」，意義亦在於此，也就是其擁有兩種創作方式的結合。不過，這樣的結合卻也凸顯了當代傳奇劇場在創作上的盲點，也就是意義深遠，但呈現上卻稍嫌不足。

　　最後，針對《夢蝶》，我想省視的是「召喚東方劇場」到底存在著怎樣的意義？從本論文的論述看來，吳興國對於「傳統劇場」有其不可割捨的意義與情感，因此他雖不斷嘗試以「跨文化」、「跨界」、「混血」的手法去創作，

但卻可以在這些劇作中看到他對「傳統劇場」的再創與回歸。於是，他在這些劇場實驗所得到的經驗，必然影響他回到對於傳統題材的開創，而《夢蝶》則是在這些「中國改編」裡，跨界幅度最大也是最為完整的一個實驗。由於經驗上的差異，讓吳興國對於「傳統劇場」的態度，其實是有別於其他傳統劇團。在《夢蝶》這樣的作品中，我們可以看到「傳統」、「中國」這樣的元素，但「創新」其實也在裡頭孕育與展現。所以，我們所看到的不只是傳統戲曲，其實更多的樣貌是已經不可用戲曲的範疇來定義。當然，這樣的「回歸」始終是吳興國的一個實驗原點，也就是如何在創新中找到傳統，又從傳統裡看到創新，這不只是吳興國一種擺盪，其實也是他對於實驗的無法偏廢。因此，當他進行「中國改編」時，這層對於「東方劇場」的實驗意圖與意義是更必須被檢視的。

不過，在當代傳奇劇場的創作意圖上，總有一個「吸引新觀眾進入劇場」的思考，而這些觀眾可能是不懂或是不看傳統戲曲的。因此，那個「觀眾」導向的核心始終是存在的。於是，我們可以注意到，在《夢蝶》所發行的 DVD 後頭所收錄的後台紀錄，出現了始終支持當代傳奇劇場的法國陽光劇團的莫虛金，她說這部劇作讓她很感動。只是，當吳興國透過「反向」的跨文化劇場，嘗試重新思考「東方劇場」意義的同時，我認為是必須對「傳統戲曲」的本質有所審思。那麼，莫虛金的這種感動是否還困在原本對於「東方劇場」的誤解呢？《夢蝶》雖可讓新觀眾感到有趣，但過度拖拍的劇情，是否讓這些觀眾無法坐定下來？於是，這樣的創作，會否只是讓不懂傳統戲曲的觀眾，認為是太傳統的題材以及太拖沓的劇情；而傳統戲曲的觀眾又認為離傳統過遠，導致兩邊都無法討好？外國觀眾雖然讚譽這樣的傳統題材與表現手法，但是否對他們而言，這是一種「陌生化」而造成的「新鮮感」？吳興國重新召喚「東方劇場」，到底是為了傳統劇場的本質，還是另一種對於西方觀眾的招喚？倘若西方觀眾有其必要，在《夢蝶》並無國外巡演紀錄的情況之下，其所造成的後續效應，顯得無法立足與反響。

因此，《夢蝶》的作法雖嘗試總結了當代傳奇劇場的「中國改編」手法，成為一場唯美的「中國傳奇」，但當其嘗試將改編西方經典對於觀眾的新鮮感放置到傳統題材中時，這種新鮮感事實上是被消退的。因此，這樣的改編型態在《夢蝶》之後不再出現，或許也在於這層原因。《夢蝶》，可能已成為「中國傳奇」的「完結」。

## 第二節　兩種呈現，兩種傳承，一種意義：《水滸108》V.S.《梨園傳奇》

　　《水滸108》與《梨園傳奇》是當代傳奇劇場唯二以「系列」作爲延續性設計的劇作，有別於《慾望城國》、《王子復仇記》等幾部莎劇改編被歸類於「莎士比亞系列」，或《樓蘭女》與《奧瑞斯提亞》被稱爲「希臘悲劇系列」，乃以「改編對象」作爲分類依據；《水滸108》與《梨園傳奇》本身就是一個系列的主題，演出風格與型態也是統一的。換言之，電子搖滾戲曲《水滸108》是將施耐庵的章回小說《水滸傳》做切割，2007年演出的《水滸108》是改編自前二十七回，而2011年先於香港首演的《水滸108II——忠義堂》則是從第三十一回到七十一回；《梨園傳奇》則以「傳統戲曲的經典再現」作爲主軸，2009年的《梨園傳奇》演出了《寂寞沙洲冷》（《問樵鬧府、打棍出箱》）、《英雄美少年》（《時遷偷雞》、《石秀探莊》與《陸文龍》）與《傾國之戀》（《貴妃醉酒》與《霸王別姬》），而隔年在高雄演出的《梨園傳奇2》除二度演出《傾國之戀》，又加了《孺慕之情》（《四郎探母》）與《尖峰對決》（《三岔口》、《遊園》與《戰馬超》）。

　　當代傳奇劇場在這兩個系列的作法，明顯地將以「傳統戲曲／中國題材」作爲主軸的走向劃分出兩條路線，一條是「創新」的「結合」，另一條則是「傳統」的「重現」。《水滸108》系列以「電子搖滾京劇」爲主題，小說家張大春編劇，流行歌手周華健編曲，這樣的組合就體現出其並不遵循「傳統戲曲」的表演功法，運用多元的現代元素重新組合施耐庵的《水滸傳》。而《梨園傳奇》系列則是完全相反的路線，其演出的劇目皆爲傳統經典老戲，雖略經修編，但在表演型態上是遵循傳統戲曲的表演藝術。但，不管是《水滸108》或是《梨園傳奇》，都有一個同樣的現象，甚至可以說是一種訴求，也就是「大量使用新生代演員」。（吳興國甚至未參與《水滸108》的演出，而《水滸108II——忠義堂》並直接與上海戲劇學院附屬戲曲學校的學生合作。）這也是本節所欲詮釋的核心，在面對「傳統戲曲」的傳承與流傳責任之下，當代傳奇劇場如何以不同的角度與方式，繼續延展「傳統戲曲」的價值與存在。

　　故，本節將以《水滸108》與《梨園傳奇》兩個系列作爲探討對象，以一種對照的方式，加以觀看兩個分走不同形式的演出，如何給予「傳統戲曲」不一樣的生命。不過，本節的核心並非只在於當代傳奇劇場如何詮釋《水滸傳》與傳統老戲，而是在這樣的詮釋背後，那個直指「傳承」的意義，亦即

「為什麼」當代傳奇劇場要用兩種截然不同的表演型態，重新演繹中國題材，這又與《夢蝶》所終結掉的「中國傳奇」有何種意義上的差異。因此，本節以「兩種呈現，兩種傳承」作為主題，將「傳承」作為主要視角，重新檢視當代傳奇劇場在《水滸108》與《梨園傳奇》中的兩種「呈現」。

## 一、「傳統戲曲傳承」這檔事：《梨園傳奇》所體現的意義

> 孤寂原為創作的心靈狀態，而孤寂不也正是周正榮精神風貌的總體提煉以及吳興國「絕境萌芽」心境投射在舞台上的氣質？
>
> 吳興國藉由超越京劇傳統來維繫京劇傳統，讓京劇再生，並成為國際劇壇矚目的焦點，而他獲得國際劇壇高度肯定的此刻，重回古典，身影越發孤單。傳統距離觀眾已越來越遙遠，對於堅持執著的人來說，孤獨寂寞竟像是宿命。〔註51〕

——王安祈

2009 年的《梨園傳奇》，其所重演的第一部作品，就是吳興國最重要的師父周正榮的名劇——《問樵鬧府、打棍出箱》；而當代傳奇劇場將當天的演出另訂名為《寂寞沙洲冷》，此即由王安祈執筆周正榮傳記的書名。這場表演意指著什麼？我們可以從王安祈的一段話裡找到答案：「演戲是一場神聖的儀式，吳興國回歸到儀式的初衷本心。悟道的心事，託付在《問樵鬧府、打棍出箱》。」〔註52〕「紀念周正榮」是演出《問樵鬧府、打棍出箱》最顯而易見的意義，但是，這層意義更是回歸到吳興國自己的本心。對傳統京劇界而言，吳興國是個離經叛道的人，特別是他與周正榮斷絕師徒關係的那刻開始。只是，在2009 年揭開《梨園傳奇》的大幕時，吳興國又再次「回到」傳統戲曲。不過，這並不能認為是吳興國向傳統妥協，而是在演戲這件事情上，這始終是他不可迴避的初衷。以《問樵鬧府、打棍出箱》作為開幕，不只是為了紀念，也不只是吳興國回歸到自己的本質〔註53〕，其所意涵的是「吳興國必須將這樣的傳統意義、戲曲美學延續下去」。看似「回歸」，實質是「延續」。因此，《梨

---

〔註51〕王安祈：〈寂寞沙洲冷〉，《梨園傳奇》節目冊。

〔註52〕同前註。

〔註53〕就像吳興國在《李爾在此》的第一幕裡所言：「我回到我的本質，這個突破比出家還珍貴。」

園傳奇》所開啓的問題，不只是一個表演型態，而是隱含在背後的深意——「傳承」〔註54〕。

　　不過，這並非是吳興國在《梨園傳奇》才開啓的觀念與做法，其實早就隱含在當代傳奇劇場其他的作品之中。當吳興國以《慾望城國》揚起「戲曲轉型」的大旗時，多數的論者都將焦點集中在他如何以京劇演繹西方經典，或是他如何改變京劇這個載體。於是，所被關注的是他如何「解構」傳統戲曲。只是，誠如本章在開頭所指出，吳興國並不只是有一條「西方混血」的路線，亦有「中國改編」，甚至就如他所指出的，「中國改編」的作品還多於「西方混血」。不過，就算吳興國是希冀透過「西方混血」，以提供「傳統戲曲」與現代接軌的可能，無法被割捨的其實仍是「京劇」本身。因此，若綜觀當代傳奇劇場的劇作，不管是「西方混血」或「中國改編」，「京劇」皆現形於其中。只是，當代傳奇劇場被定位的仍是「創新」的部分，而非這個戲劇本體。倘若，《慾望城國》以降，當代傳奇劇場主要追求的是「改變」或「創新」，那麼真正觸碰到「傳統」這個原點的，我認爲是《李爾在此》。就如本文在前一章論述《李爾在此》時所指陳的，這是一部吳興國自我對話的劇作，而在這之中亦隱含了吳興國與師父周正榮之間無法被切割，卻也無法修復的關係。「戲曲傳承」的問題就在此悄然地點了出來，不只是生命的救贖與回溯，更與深植於體內的京劇共鳴。因此，本文在論述《等待果陀》時，亦點出其「傳承」的隱喻。從《李爾在此》到《等待果陀》所蘊含的意義，其實是吳興國如何重新看待自己的傳統功法，而更重要的是要怎麼再把它傳承下去。對於「京劇」、對於「傳統」，吳興國到底是破壞，還是延續，實該被重新定位了。《梨園傳奇》的演出，實是吳興國不再透過「改編」，試圖直接以演老戲的方式「正視」傳統，並將其傳承。

　　如以「演出人員」來看《梨園傳奇》系列，可以將這些老戲分爲兩個系統：一是由吳興國與魏海敏所主演的，包含《問樵鬧府、打棍出箱》、《陸文龍》、《貴妃醉酒》、《霸王別姬》以及《四郎探母》；另一則是由新生代的演員（戴立吾、林朝緒、劉迦后、蔣孟純等人）主演的《時遷偷雞》、《石秀探莊》、

─────────────

〔註54〕不過，根據王安祈與周正榮的對談，周正榮並未傳授《問樵鬧府、打棍出箱》予吳興國，因此吳興國選擇這個劇碼演出，或許也存在著藉由師父之名來強調這次演出的重要性，以及其宣傳意圖。故，此處的「傳承」主要在於意義上的，並非實質的表演傳授。

《三岔口》、《遊園》與《戰馬超》。這樣的架構，明顯地勾勒出《梨園傳奇》所隱含的意圖：由吳興國與魏海敏這兩位知名演員所主演的幾齣老戲，乃在於將傳統戲曲推廣給觀眾，包含老戲迷、或是因當代傳奇劇場的改編而吸引來的，將傳統戲曲「傳」給觀眾，同樣也讓這些戲碼被流傳；而由新生代演員演出的部分，雖也同樣可以吸引到觀眾，但我認為更重要的核心價值在於，透過前輩的示範，將這些傳統戲曲的經驗交付予新的演員，讓他們在戲曲舞台逐漸萎縮的當代，能夠表現他們的成果，並增加經驗。於是，《梨園傳奇》並不只是一場又一場的演出，更是將創生出吳興國與魏海敏的「京劇身體」，試圖賦予到新一輩的演員身上。

　　賦予這種濃烈的「傳承」意味，更在於其選擇的戲碼。吳興國與魏海敏在《梨園傳奇》各自的開場，分別是《問樵鬧府、打棍出箱》與《貴妃醉酒》。《問樵鬧府、打棍出箱》是周正榮的名劇，前已提及。而《貴妃醉酒》則是梅蘭芳的經典戲碼，足見魏海敏自 1991 年親赴北京拜梅蘭芳之子梅葆玖為師後，她對於追求傳統戲曲極致的實際表現，及作為梅派傳人的意義。以這兩部劇作代表吳興國與魏海敏兩人在「梨園」的意義，並不只在於他們兩人本身，更蘊含著「梨園」裡的師承脈絡；甚至對魏海敏而言，更可再遠推到梅蘭芳。演出《問樵鬧府、打棍出箱》與《貴妃醉酒》，第一個被聯想到的，絕非吳興國與魏海敏，而是周正榮（或許更要追溯到譚鑫培、余叔岩）與梅蘭芳，這不只是一種弟子承襲師父之名、之戲的意義，更是在生命風格與流派藝術上的傳承。對於戲曲的傳承，並不只是表演技巧，或是戲碼的流傳，更重要的是對於傳統裡的精神，以及對傳統的堅持，都將一輩又一輩的綿延下去，這才是真正存在於戲曲核心的架構，同時也是「傳統」為什麼要被親口、親身相授的原因。因為那不只是技藝問題，更存在著表演者自身的意念。於是，王安祈之所以撰寫〈生命風格的複製──以余叔岩、孟小冬師徒關係為例論京劇流派的人文意涵〉〔註55〕以說明孟小冬與余叔岩之間的關係，就是在於這層師父授予徒弟的生命意涵，而這也是戲曲之所以足以感動人卻又不為人知的真實內涵。同樣地，王安祈替《梨園傳奇》所撰寫的〈寂寞沙洲冷〉，文字間也蘊藏了這種生命意義傳承的感動，就如本段開頭所引的內容，周正榮與吳興國雖走在不同的道路上，對戲曲也存在著不同的態度，但當他們站上舞台時，那種姿態卻是在流派傳承之後，無法

<hr>

〔註55〕王安祈：〈生命風格的複製──以余叔岩、孟小冬師徒關係為例論京劇流派的人文意涵〉，《戲劇研究》第 4 期（2009 年 7 月），頁 15～44。

被抹殺的氣質，同時是繼承自師父，再也不能離開的宿命。就如吳興國在自己的傳記所寫的序，亦以「我演悲劇人物」〔註56〕為名，到底是不是悲劇，我們並不明瞭，但這種為了戲曲而堅持的孤獨身影，淒冷而獨立，何嘗不就是我們看到周正榮孑然一身的精神風貌呢？「寂寞」沙洲冷的「寂寞」，不只在說周正榮，當吳興國重新站上舞台，演出這個戲碼，同時傾吐了他的寂寞，卻也是他複製師父身影的再現。

不管是吳興國的《問樵鬧府、打棍出箱》，還是魏海敏的《貴妃醉酒》，其實都是傳統戲曲裡極標準的「演員劇場」。主要的表演與焦點都集中在吳興國所飾演的書生范仲禹，以及魏海敏所詮釋的楊貴妃。這兩部劇作有意思的巧合是，兩位主角都不是在一個「常態」下。范仲禹在不知自己考上狀元的情形下，面臨到妻子被擄走，自己被追殺的窘境，最後還被打到半死放進箱中丟棄，最後在差官打開箱子時跳出，瘋瘋癲癲地在山林裡滿口胡言，然後消失。而楊貴妃則是在唐明皇爽約之後，萬般仇悶，獨自飲酒，然後大醉。一個是如《儒林外史》裡的瘋書生，一個是喝醉酒的妃子，他們所體現的都不是那種英雄將相的英姿，反而是人生裡最平凡卻也最低落的時刻，那種神采黯然乃至於瘋癲的容貌。

《問樵鬧府、打棍出箱》雖有其劇情性，也看似懸疑與巧合，但從一開場的處理，便凸顯其劇情的荒謬性。在第一折〈問樵〉裡，是以范仲禹與樵夫反覆的問答與重覆動作作為開場，藉此表達人因內心恐懼到了極致，卻又找不到問題的答案時，反而嬉鬧起來的荒謬感。就如蔣勳將《問樵》與西方荒謬劇相提，認為：「《問樵》中的荒謬，不同於西方二次世界大戰後流行於文藝中的荒謬。前者恐怕更為荒苦蒼涼，是努力求活而仍然到了絕域的蒼苦。這一點，與西方荒謬中的『乏力感』十分不同。……但是，西方現代的荒謬到了中國舞台上，顯得有點太輕飄。少了生活的認真，少了做人的認真，少了對生命人世的敬重，那荒謬在我心上就覺得沒有分量。」〔註57〕不過，這樣的解釋存在著一種「後設」式的解讀，表演呈現其實是重覆而制式的，並且是兩人都用同樣的動作以一種「鏡像」的詮釋。明顯地，這段情節的劇情

---

〔註56〕吳興國：〈傳主序：我演悲劇人物〉，收錄於盧健英：《絕境萌芽：吳興國的當代傳奇》，頁73～75。

〔註57〕蔣勳：〈擁抱我們的鄉土：問樵〉，收錄於王安祈、李元皓著《寂寞沙洲冷》，頁241。當然，蔣勳的解讀存在著以中國人的眼光觀看的視角，故較為稱許《問樵》的呈現。

發展並非核心，雖可以「後設」的角度來詮釋爲人生的「荒謬感」，但其實更接近於一種「人保戲」的情況。這些看似無意義的動作，其實需要老生的艱深功底。不管是甩髮、甩鬚、水袖、繞腳、踢鞋等動作，並配合著唱、唸、作、打，其實不因劇中角色的瘋癲而可被簡化之，反而更因其運用老生的功底，卻又不完全符合一般老生的形象，更需要演員自身的詮釋。同樣地，醉酒的貴妃亦是如此。貴妃雖酩酊大醉，但在戲曲裡的「醉」更需要透過身段的美感加以襯托。《貴妃醉酒》這個戲碼，劇情上更無重點，不過就是貴妃在亭裡喝酒，並與宮女、太監等人瞎鬧。於是，「怎麼醉」才是考驗演員功底的關鍵。《貴妃醉酒》融匯了身段與步法，包含下腰、臥魚、聞花、扇舞、醉步與碎步等。我們可以注意到，由於劇情的單一性，反而必須在演員表演的細節裡追求極致，而《貴妃醉酒》就是其中的翹楚。於是，這兩部劇作所欲傳達的，其實是傳統戲曲以「演員劇場」作爲核心的價值與意義，作爲一種藝術型態，如何體現其獨有的美感。

至於，吳興國與魏海敏所共同演出的兩齣戲——《霸王別姬》與《四郎探母》，其實在演出紀錄上也別具意義。

在當代傳奇劇場的演出紀錄上，《霸王別姬》並非第一次演出的戲碼。1994年時，吳興國與魏海敏曾將這齣戲帶往法國巴黎的夏日藝術節演出。而在國內的演出紀錄上，當代傳奇劇場也曾將其與《貴妃醉酒》組合爲《王妃之夜》，在 2008 年時於新竹演出。這個現象，足以見證當代傳奇劇場並非一味地以「西方混血」作爲主導。當吳興國憑藉革新過後的戲曲，甚至不被認爲是戲曲的戲劇型態，打開表演藝術舞台的大門，在此之後的 1994 年，他就已將《霸王別姬》這樣一齣經典戲曲帶到法國的領土，而當初所激發的效應，成爲當代傳奇劇場在宣傳上不斷被提起的：「法國大報《世界報》第一句話就寫：『眞正的京劇，不在北京，在台灣。』」〔註58〕這段話雖出自於可能不夠理解京劇藝術的法國，但所蘊含的意義卻可以出現兩個解讀：其一是「當代傳奇劇場或是吳興國從未離開過京劇」，其二則是「這才是吳興國最希望得到的讚譽」。就如他在傳記裡提到的，這場演出他最得意的是「台灣的京劇團不必演美猴王，也不必用男扮女裝的反串來吸引獵奇的西方觀眾，在巴黎的夜空裡，演了一場眞正古典傳統的京劇。」〔註59〕雖然這樣的作法似乎涉及到台灣人某

---

〔註58〕盧健英：《絕境萌芽——吳興國的當代傳奇》，頁 199。
〔註59〕同前註，頁 200。

種自卑心理，原來必須透過西方觀眾的認同，才能重新建構自我認同的信心。不過，在國內舞台的限縮之下，恐也必須透過這樣的方式，打開國外的舞台後，重新以不一樣的面貌回到台灣；於是，也才會有後來的《王妃之夜》，以及後續這場別具傳承意味的《梨園傳奇》。基本上，《王妃之夜》與《梨園傳奇‧傾國之戀》是同樣的戲碼所組成的，主要角色的貴妃、虞姬與項羽，也都是由魏海敏與吳興國詮釋。之所以認為《梨園傳奇》有傳承意味，也就在其他演員的抽換。雖說《王妃之夜》與《梨園傳奇‧傾國之戀》都由林朝緒演出高力士，而《梨園傳奇》版的韓信由王逸蛟換為馬寶山，都是有一定演出經驗的演員，但，楚兵、宮女、太監等次要角色卻由劉珈后、蔣孟純、戴心怡等人演出，讓他們能夠與知名演員合作，增加經驗，而他們也成為近幾年國光劇團的新編京劇常出現的演出人員。

　　另一齣合演的《梨園傳奇2‧孺慕之情（四郎探母）》，當代傳奇劇場是少數將其全本演出的劇團。這樣的表演，應脫胎自 2009 年由幾位京劇名演員──吳興國、唐文華、李寶春、趙復芬、黃宇琳、魏海敏──為八八水災所作的義演，不過義演的版本是由多人合演一個角色，也就是由這六位演員合演楊延輝與鐵鏡公主，而當代傳奇劇場版則是由吳興國與魏海敏演完全本，甚至魏海敏還貼演楊六郎之子楊宗保，跨行當的演出足見其功力。這場演出的意義在於「全本戲的流傳」。近年來的傳統戲曲演出，多以折子戲為主，全本戲少見，特別是《四郎探母》，若非當代傳奇劇場與八八水災義演，近年並無演出紀錄。因此，當代傳奇劇場將其拿來作為《梨園傳奇》的其中一個戲碼，帶有其保存老戲的意味。此外，這樣一個全本，耗時將近兩百分鐘，三個多小時的時間不只磨練著演員，同時也考驗著觀眾的耐心，而《四郎探母》的部分劇情也稍嫌冗長且過時，並未經過刪改或修編，其實有別於當代傳奇劇場在演出上的前例。可見，演出《四郎探母》的主要意涵仍在於傳承這樣一齣傳統經典，而非整編。不過，光憑〈坐宮〉此經典折子，就可見證吳興國與魏海敏作為戲曲名角的功力。兩人在字句間的接合、唱和，情感的醞釀與拔高，都體現這個折子所欲傳達的技巧，更是在熟練技巧之後的厚實情感，才是足以支撐整個唱段的核心。於是，全本戲的搬演所透漏的其實是為何某些折子被流傳，而某些又被捨棄的問題。但，作為觀眾卻也可因某個折子而投以情感地將全本欣賞。〔註60〕

〔註60〕對於此場演出的評論與感動，可見我的劇評，本段的討論亦源於此。日雨（吳

　　相較於《霸王別姬》與《四郎探母》同時有較多演員在台上演出，當代傳奇劇場替新生代演員所選擇的戲碼，與《問樵鬧府、打棍出箱》、《貴妃醉酒》類似，乃屬易聚焦於主角本身的戲碼。如由林朝緒主演的《時遷偷雞》或是戴立吾的《石秀探莊》，台上的演員數量極少（《時遷偷雞》甚至只有四人），故主要的劇情推動都在林朝緒與戴立吾身上。而林朝緒以武丑演繹時遷，裡頭插科打諢的橋段不能少，如何掌控現場氣氛以及自己推動劇情是其面臨的考驗，更必須加上武打的身段，足見其演出的難度。這兩齣戲的難度，就如張大春所言：

> 無論是《時遷偷雞》中的武丑，或是《石秀探莊》中的武生，都牽涉到一個非常重要的共同點，亦即：在明亮的舞台上，演員都要扮演不知自己置身何處之感，宛如瞎子般的身體知覺，觀眾要欣賞京劇演員如何在舞台上突破夜、暗、黑，在漫長、重覆、曲折的過程中，單一的緊張被豐富化了。對比、虛實之間的掌握，是京劇藝術中，非常重要的神髓。〔註61〕

這不只是演員自身要突破這種在光亮舞台演出黑暗或是歧路的場域，更是在學習獨當一面。當觀眾將目光聚焦於演員身上，如何將自身的功法提煉爲演出的魅力，讓觀眾得以欣賞到傳統戲曲的美感。而《石秀探莊》這齣戲，是吳興國特邀幼年啓蒙老師郭鴻田指導戴立吾，足見吳興國特意以「傳承」作爲目標而在《梨園傳奇》裡放置了這幾齣由新生代演員演出的戲碼。此外，在《梨園傳奇 2》中演出的《三岔口》、《遊園》與《戰馬超》，同樣都是傳統戲曲裡的經典戲碼，除再次考驗戴立吾與林朝緒，亦出現了旦角——劉珈后、蔣孟純。這樣的安排，其實透露出當代傳奇劇場在《梨園傳奇》裡的多方嘗試，以及多重的傳承目標。〔註62〕

　　此外，必須與《梨園傳奇》一併提出，而同樣作爲傳統戲曲傳承意圖的，

---

岳霖）：〈獻給梨園戲神的禱詞：從《梨園傳奇2》之《四郎探母》反思傳統京劇在當代〉，《國藝會藝評台》，網址：http://artcriticism.ncafroc.org.tw/article.php?ItemType=browse&no=2404（2011.01.11）。

〔註61〕 張大春口述，陳宜君文字整理：〈英雄美少年〉，《梨園傳奇》節目冊。

〔註62〕 於本文書寫階段，並無法知曉是否有《梨園傳奇3》的演出，不過在2011年開始，當代傳奇劇場開啓了「定目劇」的計畫，以《傳奇風雅》作爲名稱，演出的戲碼包含傳統老戲，以及《兄妹串戲》這樣的創新戲，並於2012年演出《傳奇風雅2》，或許這是《梨園傳奇》的另一種延伸。其展演意義，亦在於老戲的傳承，與年輕演員的演出。

是當代傳奇劇場在 2010 年推出的「傳奇學堂」〔註63〕，這樣一個以表演與行政教學為主的營隊課程。〔註64〕倘若《梨園傳奇》是以提供新一代演員表演舞台，以及藉由在舞台上與前輩演員演出而得到學習的機會，仰賴演員自我的學習、成長。那麼「傳奇學堂」的「教學」意味則又更為濃厚，其所拉拔的是比這些已站上舞台的演員更為年輕一輩的戲曲科班演員。透過短期而密集的訓練，彷彿回到吳興國與魏海敏幼年被「關」在劇校裡的經驗，促使演員能夠有所成長。就誠如魏海敏所言：「戲曲與一般的藝術教育不一樣的是，它真的必須是從小紮實學起，不然功就退，……而且以演員來說，學了戲就需要實踐，透過實踐這個戲他能學透。」〔註65〕這段話係出自「台灣戲曲學院」的教學問題所引發的爭議，當時魏海敏、王安祈、吳興國、林鶴宜等人皆有所發言。不過，除指陳了戲曲教育所面臨到的問題，也凸顯當代傳奇劇場在這方面的努力，希望將年齡層更往下扎根，試圖將戲曲教育更為拓展。而當代傳奇劇場在「傳奇學堂」的課程結束時，推出「苗尖子成果劇展」，除提供學員得以表現的空間，也讓傳統戲曲能夠繼續在新的舞台與生命裡延續。「傳奇學堂」最為特別的是在於「行政人員的培育」，這也是大多數劇團所面臨到的問題：有演員，但卻不一定知曉怎麼管理。我認為，這也是當代傳奇劇場這樣一個小型、卻又必須應付國內外多場演出的劇團，自身所面臨到的窘境。當代傳奇劇場之所以讓「行政」與「表演」兩系列的課程並行，除在解決自身的難題外，同時提供整個戲劇環境得以有改良的機會，而在「傳奇學堂」裡所作的設計與創舉。

　　對於「戲曲傳承」這個問題，《梨園傳奇》替當代傳奇劇場在京劇史上找到不同定位。《慾望城國》的開始，是讓京劇轉型而踏上現代舞台，不管最後呈現的到底是怎樣的戲劇型態。那麼，《梨園傳奇》則是重新讓「傳統戲曲」返回舞台，得以流傳，而其背後所隱含的意義，則是透過知名演員與新一代演員同場的交流與互動，同時也讓傳統戲曲的藝術與美感傳承到新的演員身

〔註63〕「傳奇學堂」至今為止已舉辦過兩屆，分別在 2010 年與 2011 年。而於本文寫作的當下，第三屆的「傳奇學堂」已經開始舉辦。

〔註64〕有關「傳奇學堂」所引發的戲曲教育與傳承問題，筆者曾另以此為題發表。吳岳霖、陳俐婷：〈危境與開枝：從「當代傳奇劇場」到「傳奇學堂」談戲曲傳承與教育問題〉，「2011 戲劇教育、應用與研究的亞洲觀點」國際學術研討會，台南：國立台南大學戲劇創作與應用學系，2011 年 10 月 14～16 日。

〔註65〕唐健哲、廖俊逞記錄整理：〈許傳統戲曲教育一個未來：戲曲教育的困境與發展〉，頁 103。

上。「傳奇學堂」的出現，則是依循著《梨園傳奇》並直接把「教學」作爲目標。故，當代傳奇劇場在吳興國自身挖掘到傳統本質的同時，其實也開始透過《梨園傳奇》這樣的系統〔註66〕，將傳統戲曲從吳興國、從當代傳奇劇場，推展到觀眾群，以及新的演員身上。

## 二、「創新」概念的繼承：給青年們的《水滸108》

本段的焦點將放置於《水滸108》系列如何「創新」，並將其傳承。《水滸108》雖被命名爲「電子搖滾京劇」，但事實上它早已離「京劇」遠矣。本文在討論《樓蘭女》與《奧瑞斯提亞》兩部作品時，曾以改編的光譜作爲角度，認爲這兩部劇作更偏向於現代劇場，而比《慾望城國》遠離京劇，我認爲《水滸108》系列又比《樓蘭女》與《奧瑞斯提亞》更偏離京劇。在《水滸108》裡，「京劇」與「流行音樂」是被並置的，其更近於現代劇場取用「京劇」作爲其中一項創作元素，因此，以「戲曲」爲名或許在於演員出身戲曲。故，本段的論述架構將分爲兩個部分：一是當代傳奇劇場「怎麼」做？二是當代傳奇劇場「爲什麼」這樣做？而這又與「傳承」有何關聯。

### （一）當代傳奇劇場「怎麼」創造《水滸108》

《水滸108》是吳興國與小說家張大春合作的第一部作品。其看似源於京劇，卻又是離京劇最遠的定調，成爲兩人合作作品的共同樣貌。〔註67〕不過，《水滸108》系列更有意思的是，由於他被定調爲「電子搖滾京劇」，故其作曲並非傳統樂師，而是流行音樂歌手周華健，所以這也導致《水滸108》更不像是戲曲。於是，本段將從「劇本」、「音樂及歌詞」、「表演型態、舞台設計與服裝」〔註68〕以及「意象傳達」這四個方面，來探討當代傳奇劇場藉由吳興國導演、張大春編劇、周華健編曲這樣的組合，如何以「新」的概念創造出《水滸108》。

---

〔註66〕 我認爲《梨園傳奇》不只是一個戲曲表演系列，更結合了「傳奇學堂」成爲一個「系統」。

〔註67〕 包含後續的《歡樂時光——契訶夫傳奇》、《康熙大帝與太陽王路易十四》以及《水滸108》的第二部，都在表演型態或劇型上脫離京劇的呈現，因此，此處才會認爲這是兩人合作的一個定調。

〔註68〕 由於《水滸108》系列透過特殊的舞台設計，以及服裝，打造出華美的風格，並且與整體的表演型態環環相扣，並彼此牽涉，故本文將這表演型態、舞台設計與服裝一併做討論。

### 1、劇本的改編與重寫

《水滸108》系列將《水滸傳》依照回數分割成三個部分加以改編，目前已演出的兩部曲，第一部是前二十七回，第二部曲則是從三十一回到七十一回。從這樣的情形就可以注意到其已跳過了二十八到三十回〔註69〕，對原著的內容有所選取。

《水滸108》共有六場，分別為〈走妖魔〉、〈上梁山〉、〈生辰綱〉、〈及時雨〉、〈景陽崗〉與〈十字坡〉，主要是順著時序走。《水滸傳》的前三十回是一般觀眾多有所接觸的，包含戲曲亦常改編，例如當代傳奇劇場的《金烏藏嬌》及其原作《烏龍院》，就是出自第二十一回與二十二回的〈虔婆醉打唐牛兒　宋江怒殺閻婆惜〉、〈閻婆大鬧鄆城縣　朱仝義釋宋公明〉，而在《水滸108》中則改為〈及時雨〉一場，將焦點放置在宋江為何投梁山。因此，張大春在改編上，我認為無需使用太多筆墨，只需選取足以影響整體劇情發展的橋段。從場次的定名就可見，並非照本宣科，這幾場都是觀眾耳熟能詳的小說橋段，部分內容則以唱或是說書人的角度帶過；當然這也涉及到《水滸108》只用了五位演員來詮釋，必然無法有太多劇情。也就是說，第一部的劇本設計與改編，主要在於主線的描繪，捨棄了旁支的劇情發展，而以順序方式集中詮釋。於是，整個故事的開展像是一場嘉年華，裡頭或許藏匿了多少隱情，或許有多少不得已，卻都集合到了梁山泊。雖然結果或走向看似單一，但在上山的過程裡，卻是一個又一個人物的情節不停地交織，形成一種喧嘩的狀態。

不過，到了《水滸108II——忠義堂》時，就產生了與前一部截然不同的問題。張大春在《水滸108》第一部演出前，就指出：

> 《水滸》是一個殼子，前二十七回已被過去的戲曲發掘殆盡；可是到了二十八回之後，很多內容大家不見得熟悉。如果觀眾不熟悉，連原來是怎樣都不了解，就得解釋半天，很難作文章，所以是一種挑戰。〔註70〕

因此，《水滸108II——忠義堂》所必須改變的，其實是一種「說故事」的方式。要一次演足四十回左右的小說內容，勢必仍須像創作《水滸108》時拉出一條

---

〔註69〕 這三回的劇情大略是武松在替兄報仇後的逃亡過程，可能基於武松主要劇情已完備，割捨這部分並不影響整體故事發展，因而將其刪除。

〔註70〕 侯延卿記錄整理：〈酒後不打虎：張大春、吳興國的水滸經〉，《聯合報》2007年9月30日，E7版。

主線，但卻不能再憑藉著觀眾可能熟悉內容而加以編寫。於是，張大春將《水滸108II——忠義堂》的時序，改為倒敘。也就是說，《水滸108II——忠義堂》之所以訂名為「忠義堂」，就在於這一次的故事將從「忠義堂」說起，而這也是原著《水滸傳》第七十一回的內容。《水滸108II——忠義堂》是一個回溯式的劇情，一開場便是從宋江等一百零八條好漢受命於天，勒石注名，因此效法朝廷列等任官，並以「忠義堂」之名改頭換面，意圖爭取招安。不過，這就成為《水滸108II——忠義堂》之所以會開始回溯過往的開始，也是梁山泊內部不安定的開端。其源於梁山泊好漢的出身複雜，有源於官員，亦有綠林頭目或平民，彼此對於「替天行道」的定義有所不同，自然也對是否招安有所衝突。於是，就從這個紛爭開始，往前頭回溯，並分為八場：〈忠義堂〉、〈蜈蚣嶺〉、〈瓦礫場〉、〈潯陽樓〉、〈三打祝〉、〈大名府〉、〈羅天大醮〉與〈菊花會〉。也因為這樣的劇情安排，促使《水滸108II——忠義堂》有一條主線在運作，就是透過宋江的眼睛，以及回憶，怎麼重新思索忠義堂以及梁山泊的定位。看似在對於過往逝去的記憶加以追索，其實更是對未來的存亡反覆深思。這樣的劇情設計，拉出一條清晰的主架構，於是就能夠撇棄掉過度複雜的支線，如同說書一般展演這場戲，亦有別於第一部時特別安插說書人，《水滸108II——忠義堂》的說書人就是吳興國所飾演的宋江，而他也是唯一一個全部場次都出場的人物，足見其作為貫穿整部戲的核心地位。或許可以這樣說，《水滸108II——忠義堂》是宋江的懺情錄，愧疚同時也交織了不解，當每一幕以燈光投射到時遷、秦明、花榮、武松、石秀等人身上的同時，也是宋江在凝視著他們為何上梁山，梁山上的一切是不是自己所一手造成的。但到了最後，卻像是全部人都各懷鬼胎，叛逆了山下的俗世，也反叛了梁山。這可能也反射出宋江當初為何上梁山，有些逼不得已，卻又坐上了梁山的大位，一切都像是命運無可抵禦的安排。

　　《水滸108》的前兩部曲，呈現了一喜一悲的情緒。第一部如同舞會一般集結了梁山泊的眾好漢，第二部卻透露出生死、情義背後交織的複雜情緒。就像張大春替《水滸108》第一部的最後一幕所寫的詞，名為〈但凡世間無仁義，人人心中有梁山〉，表達出這些好漢看似出自不同地方，但都因凡世間的無仁義，而仁義等於他們心中的這座梁山，因此他們都被命運所聚集。吳興國在該段詞的第一句便唱道：「天下人，天下路，不在家，不在乎。」他們都捨棄了家，投奔了梁山，存在著一種心之嚮往。只是，張大春也在這段歌詞

的後頭藏了玄機，也就是接唱的〈身在梁山〉這首歌的第一段詞：「身在梁山
心在何處」，暴露了第二部曲裡，眾人分裂的暗示。也就是這個梁山、這個仁
義，會否只是一個說詞，包覆了眾好漢的眞實樣貌，看似心在梁山卻不知又
在何處。所以，第一部曲的「喜」實是襯托出第二部曲的「悲」。此外，在《水
滸傳》這個「陽盛陰衰」的故事題材裡，《水滸108》的兩個部曲都將結尾收
在孫二娘這個女人手上，不管結局是喜是悲，都強調了在這個以男人爲主導
的所在，其實眞正關鍵的反而是在女人手裡，這或許也隱喻了水滸好漢們一
直被忽略、隱於心中的隱性問題。同時，這個設計也讓兩部曲產生呼應。

　　《水滸108》兩部曲的劇本設計是嘗試將《水滸傳》加以解構，而透過一
個主線式的劇情架構，重新建構一個屬於《水滸108》的體系。看似新穎，同
時也回溯到章回小說作爲傳統說書模式的型態。張大春對於劇情的掌握，也
讓兩部曲呈現劇本時序的相對，以及隱喻性的呼應，在正反之間，實也凸顯
水滸英雄們在歸順與反叛的兩難。

### 2、流行音樂與「中國風」歌詞

　　作爲「電子搖滾京劇」的《水滸108》系列，最表層同樣也是最核心的呈
現，就是在於「音樂」。過往戲曲的音樂設計，主要依靠鑼鼓點，或是文武場，
並以中國傳統音樂出身的樂師譜曲。但，《水滸108I》系列則非。這也是爲何
《水滸108》系列能夠呈現出與傳統京劇，甚至是當代傳奇劇場過往的「戲曲
改編」（包含「西方混血」與「中國改編」）截然不同的感受。這其中的關鍵
就是：編曲是《水滸108》三個編導核心人物之一的流行歌手周華健。

　　其實，近幾年以「京劇」或是「戲曲」爲名所做的實驗性戲劇，已逐漸
開始針對「音樂」下手，不再使用傳統的音樂結構與呈現。比較知名的例子，
可舉國光劇團在2010年所首演的《孟小冬》。《孟小冬》被稱之爲「京劇歌唱
劇」，看似京劇，實質重點在於其後面的「歌唱劇」，也就是不依循傳統的京
劇體例製作。因此，我們可以注意到《孟小冬》的唱詞，或者該稱之爲歌詞，
基本上已經與京劇有偌大的差異。以孟小冬思念遠方的杜月笙所唱的：

　　　這聲音、隨風傳遞、千里吹送，

　　　你在那、天涯海角迎風立、傾耳聽、可曾聽見我歌聲？〔註71〕
就顯然地比較接近於流行音樂的歌詞。於是，就如《孟小冬》編劇王安祈所言：

---

〔註71〕王安祈：〈孟小冬〉劇本，頁208。

「本劇魏海敏的聲音有三層：一、孟小冬本人的心聲，藉由鍾耀光團長新編的歌曲呈現；二、孟小冬站上舞台時，由魏海敏唱京劇老生唱腔；三、孟小冬腦海中浮現的梅蘭芳聲音，也由魏海敏來唱，……」〔註72〕足見這樣的編曲與作詞已成為一種表現方式。而當代傳奇劇場在 2007 年時，就已開啟了這樣的音樂結構來創作《水滸 108》，其實又再度證實當代傳奇劇場在創作上的先舉。

甚至，我認為當代傳奇劇場在《水滸 108》的音樂製作，是比《孟小冬》更為成功的。而，這個關鍵就在於編曲者。其實，《孟小冬》的音樂是有所被質疑的，汪詩珮在劇評裡認為：「更令人感到缺憾的，是新編曲的『主旋律』在京劇唱段的對比下，顯得過於輕柔、重點不明、毫無特色。或許，『新編曲』可以向『京』靠攏，揉合傳統唱腔再加以『出格』；或許，再天馬行空些，『新編曲』可否請周杰倫作曲，以其擅長中國風的旋律另譜新聲？」〔註73〕其所提出的第二點建議，論者雖自認為天馬行空，但在 2007 年時，當代傳奇劇場早已如此製作《水滸 108》。《孟小冬》的作曲乃是出自於台北市立國樂團的鍾耀光，其強調一種與京劇之間的互動，但顯然這樣的設計卻與現代感較重的歌詞有所牴觸，特別是節奏感也一併被打亂，多數拍點都無法傳達主角魏海敏的情感。可見，傳統音樂的編曲系統與流行音樂的架構，是有偌大差異的，《孟小冬》的作法反而導致兩者的不相容。但，《水滸 108》的步伐卻跨得比三年後的《孟小冬》更大，直接以流行創作歌手擔任編曲，反而讓同樣以音樂作為主軸的《水滸 108》呈現出不同的樣貌。其實，我們可以注意到一個關鍵是，近幾年流行音樂的走向，常嘗試融入中國元素，因此這樣的塑造並不是不存在於流行樂壇的。以周華健而言，他早在 1989 年所發行的《最真的夢》專輯裡的〈寡婦村傳奇〉，編曲融入了中國笛等傳統樂器，以及中國的曲風與歌詞〔註74〕。同樣地，周華健在《水滸 108II——忠義堂》首演後，於同年所

---

〔註72〕王安祈：〈「回眸」與「追尋」——關於京劇歌唱劇《孟小冬》〉，頁 27。

〔註73〕汪詩珮：〈孤獨，是一種境界：《孟小冬》觀後之零零落落〉，頁 250。

〔註74〕〈寡婦村傳奇〉由周華健演唱及編曲，馮子瑛作詞。其歌詞為配合曲風，亦帶有濃厚的中國風味：「你說天黑以後要來 我等到夜上東山 月眉彎彎 清淚兩行也彎彎 我盼伊人望眼欲穿 你說天黑以後要來 我等到露濕窗台 晨霧淡淡 清淚兩行也淡淡 我盼伊人萬般心酸
你說天黑以後要來 我等到兩鬢霜白 髮絲斑斑 清淚也斑斑
你說天黑以後要來 我等到兩鬢霜白 髮絲斑斑 清淚兩行也斑斑 我盼伊人萬般心酸
你說天黑以後要來 我等到兩鬢霜白 髮絲斑斑 清淚兩行也斑斑 我盼為人轉

推出的專輯《花旦》，更直接以「旦」為名。而在專輯內所收錄的，改編自梅艷芳〈女人花〉的〈女人如花〉，更是與梅蘭芳第三代傳人胡文閣合唱，足見他在《水滸108》系列的製作前後，對於「中國風」的歌曲編製是相當有經驗與興趣的。相反地，出身自國樂團的鍾耀光，雖曾替《快雪時晴》製作過這種非傳統的戲曲音樂，但在音樂的創新度與流行性的掌控上，卻顯然遠不及周華健。於是，周華健替《水滸108》所譜的曲是將流行音樂裡放置中國元素，而鍾耀光則是以戲曲或國樂作為基底，故兩部劇作的音樂自然呈現截然不同的樣貌。

　　《水滸 108》在音樂配置上，其實並沒有一定的規範。像是〈走風塵〉一曲是由周華健所唱，雖然透過張大春的詞，仍保有詩詞的工整性，但實可當作流行歌曲看待。由於《水滸 108》仍保留文武場，因此這也成為歌曲的樂器配置的一部份。於是，〈但凡世間無仁義，人人心中有梁山〉是由吳興國、盛鑑、戴立吾、錢宇珊所唱，就是以京劇唱腔為主，再接上〈身在梁山〉這首流行歌曲。在銜接上，就明顯出現電子樂器和傳統唱詞的交疊。到了《水滸108II——忠義堂》，則又出現更具拼貼性的作法與突破，也就是搖滾樂團直接跳上舞台演唱。在「三打祝家莊」告捷時，拿著電吉他的樂手直接現身舞台前端 solo，凸顯了一種後現代的拼貼感。同樣地，這種拼貼感更出現在這群水滸英雄跳著不同於傳統身段的舞步。《水滸108II——忠義堂》開場時，宋江本來凝重地出場，卻在走到位時，音樂轉為流行且較為歡樂的曲風，而穿著厚重服飾的梁山泊好漢們於是開始跳起舞來，展現出一種現代與傳統之間的「衝突美感」。縱使這樣的處理手法看似無法化解新舊之間的隔閡，但卻也讓整部劇作呈現出熱鬧而多元的風貌，並不是固守在原本的框架之中。

　　而張大春替《水滸108》所寫的詞，亦是以中國風作為基調，來配合周華健融合搖滾與傳統的曲風。其實，周華健並無刻意地以「京劇」或「傳統戲曲」作為基底來譜曲，其主要展現的還是搖滾或流行音樂。因此，讓它能夠與表演融合的，在於張大春的詞。以《水滸108II——忠義堂》的主題曲〈百單八將〉的詞為例：

　　　而今天眼開蒼茫，石碣金書下棟樑。

---

　　　眼半百
　　　你說天黑以後要來 我等待等待伊人何在 與你的妻 你的小孩 我盼為人轉眼
　　　半百」

　　　　百單八將梁山泊，戰袍血洗意鏗鏘。

　　　　不擾身後名千古，且樂生錢酒一觴。

　　　　無奈神符注名姓，英雄此日會名堂。

　　　　指天地，爲父母；認星辰，作兄弟。

　　　　辨恩仇，見忠心；動江湖，憑義氣。

這段詞的前半部，其實有些傳統絕句的結構，整體仍算工整。只是在唱法上，並沒有按照原詞的規律，而以反複或是頭尾置換的方式，打亂原來的工整，如「戰袍血洗意鏗鏘」此句的唱法是「戰袍血洗血洗戰袍戰袍血洗血洗戰袍意鏗鏘」。至於，〈笑英雄〉這首的詞：

　　　　一片殘陽水上明，

　　　　百鳥爭囉噪，晴還雨、雨還晴。

　　　　山深多少兩三聲。

　　　　笑他怕近溫柔鄉，

　　　　笑他不是紅粉妝。

　　　　……

或是，第一部曲的〈酒意蒼茫〉：

　　　　山色茫，日色茫，笑傲春雲到秋霜，水色茫，月色茫，無邊快意趁
　　　　風涼。

其實接近於流行音樂的結構，但內容卻帶有濃厚的「中國風」，極似近年的中國風流行歌曲。透過詞彙裡的意境，勾勒出如水墨畫般的場景，抒情性十足。這就是周華健與張大春合作，在《水滸108》裡所展現的「流行音樂」與「中國風歌詞」的結合。〔註75〕

### 3、水滸「服裝秀」：非傳統的表演型態與舞台

　　有關《水滸108》兩部曲的「表演」，必須先從舞台與服裝的設計討論起。因爲，《水滸 108》的表演基本上是配合了服裝與舞台所設計，才會以非傳統的模式來體現非傳統的舞台與服裝。

　　《水滸 108》的舞台，是以一種「伸展台」（《水滸 108II——忠義堂》的舞台設計王孟超稱之爲「花道」）的架構加以設計的。《水滸 108》第一部將這

---

〔註75〕2013 年，周華健與張大春合作，推出《音樂本事——江湖》專輯。專輯內多
　　　　數歌曲由周華健作曲、張大春作詞，並以中國元素作爲主軸，更重新編曲數
　　　　首原爲《水滸 108》系列所創作之歌曲，例如：身在梁山、客夢等。

個「花道」設置在觀眾席，延展出一個空間，讓演員得以像時裝秀一般走向觀眾。而《水滸108II——忠義堂》由於在香港首演，場地無法如台北城市舞台一般搭建出第一部的設計，因此就將這個「花道」設計在樂池中，並且運用壓克力的材質，製造出光影，讓舞台場景倒映。〔註76〕「伸展台」的設計，讓《水滸108》系列的表演，除演戲外，更是爲了讓演員展現身上的服裝。而，這也是《水滸108》在表演上，與舞台、服裝相互牽制與協調的部分。於是，《水滸108》系列的表演型態，多數是爲了舞台與服裝所設計的。如：《水滸108II——忠義堂》裡，在樂池裡又加設了類似彈簧墊的設備，因此扮演時遷的林朝緒，結合了在《梨園傳奇・時遷偷雞》裡的傳統技法，再與這樣特殊的設備加以配合，在舞台之間彈躍，表現出有別於傳統戲曲的身段。

　　至於，透過「伸展台」所要展現的服裝，就誠如吳興國自己所言：「但是爲了配合服裝的風格，就一定要調整原來戲曲的肢體動作。傳統的戲曲服裝比較秀氣，從崑曲延伸過來，比較文人氣息。但這次服裝是有時尚感的，穿上以後，有些細緻的東西就看不見了，所以肢體要誇張，布袋戲掌中戲的元素也運用了進來。」〔註77〕這樣的設計，就導致原本的表演功法被破壞，或必須改變。而《水滸108》的服裝雖然富含東方元素，但其實所結合並非中國的服飾，反而是以日本浮世繪作爲基礎設計的。就如吳興國所言：

> 因爲一開始我對服裝的概念就是現代浮世繪。浮世繪原先受中國唐朝的影響，到了近代又與西方印象派交流，如果把經過印象派洗禮的浮世繪再改變爲趨向現代派甚至野獸派等更前衛的東西，就像上世紀末開始講的拼貼藝術。但是拼貼裡面還要有一個新觀念，就是「融入」，光是拼貼不行，我們還必須從現代的概念中去找到呼應與融入的機會，這次的戲就是這樣的實驗。我喜歡賴宣吾的服裝，很有趣味，像他曾經幫金枝演社設計服裝，什麼流行就拚命往裡面貼，很能製造「笑」果。但是現在再請賴宣吾來做服裝設計，他也有成長，又與從前不一樣了。〔註78〕

因此，《水滸108》的服裝其實帶有種「漫畫感」，頭飾、色彩、配件等都顯得

---

〔註76〕此段關於舞台設計的描述，可詳見《水滸108II——忠義堂》節目冊，舞台設計王孟超所描述。

〔註77〕侯延卿記錄整理：〈酒後不打虎：張大春、吳興國的水滸經〉，《聯合報》2007年9月30日，E7版。

〔註78〕同前註。

豐富且繽紛。像是阮小二頭上就帶著如圓盤狀的頭飾、吳用的頭飾以太陽狀作為設計、宋江高聳的髮飾與菊花的服飾等，或是大多數的角色都戴著大型的帽子，都顯露出與傳統戲曲服飾截然不同的樣貌。基本上，我認為服裝設計是想透過這些服飾去表達人物本身的性格，以及內心的情緒，故將這些內在得以成為表徵而外顯。服裝設計賴宣吾亦表示兩部作品的服裝差異在於「前者如北齋的富麗華美，後者偏向寫樂以簡單的人物輪廓造型，使觀者更能專注於五官觀看人物的內心世界。」〔註79〕至於，人物臉上的化妝，也明顯地不是傳統戲曲的臉譜，反而出現了一些比較斑斕的色彩。但大多數的妝都是以不遮掩臉上表情為主，應是為配合服裝設計所欲表達內心世界的思考。因此，透過「伸展台」的設計，演員在走進舞台與下場的時候都必須經過，而在走過的同時，不僅是多角度的展現身上的服裝，同樣運用在服裝與舞台限制下所必須轉換的身段加以表演，某種層面也是對於「戲曲文化」的宣傳，我認為這是吳興國透過這樣的舞台設計所欲傳達的概念與意圖。

　　《水滸108》系列在表演上的態度，我認為有將「戲曲身段」化為展示的意圖。特別在《水滸108II——忠義堂》，由於劇情是建構在宋江的回憶裡頭，於是每個人物的情節與出場，都透過一盞又一盞的燈光加以展演。因此，他們都像是櫥窗裡的模特兒，在燈光打到的一瞬間才開始進行動作的展示。而當眾人聚集之時，就變成一種「群舞」的狀態，也就是一群人用一致性的動作連動式的跳舞。雖然這些舞蹈動作融合了些許的京劇身段，但都純屬片段而非整體，好比雲手，或者我們只能說那是比較武俠的動作，像是劍指。這顯然就是吳興國在《水滸108》裡，拆解掉戲曲動作的方式。

　　此外，《水滸108》在表演設計上，顯然融會了傳統戲曲的「兼扮」概念。以《水滸108》第一部而言，演員其實只有盛鑑、戴立吾、林朝緒、楊敬明、錢宇珊五位，卻要以生、旦、淨、丑等不同行當，來詮釋宋江、林沖、武松、晁蓋、魯智深、西門慶、閻惜姣、潘金蓮、孫二娘等二十八名水滸人物。除了必須快速地換下這些複雜的服裝，更困難的還有在行當之間的穿梭與交融。到了第二部時，因與上海戲劇學院附屬戲曲學校合作，演員雖有所增加，但因表演需求而必須腳色互換的現象還是存在。如：時遷同時由林朝緒、李名揚共同飾演，在於林朝緒需表演的「時遷偷雞」橋段，以及在李名揚飾演時遷時，他必須演出阮小二。這部分的表演考量，就主要在於演員能否獨力

〔註79〕《水滸108II——忠義堂》節目冊。

表演，以及其專攻的橋段。於是，《水滸 108》在表演上的構成，其實也考量了演員的專長以及安排的橋段，如何運用有限的演員演足這一百零八條梁山泊好漢。而，這樣的狀況可能也源自於吳興國本欲製作的是「小劇場」型態的《水滸108》〔註80〕，因此在設計上顯得比較緊湊且小型，不過在轉換到比較大的舞台時，仍保留這樣的形態。

只是，這種「服裝、舞台與表演相互牽涉」的現象，就誠如張大春在與吳興國對談時所言：「所以現在是倒過來，服裝影響劇場。」〔註81〕因服裝與舞台而必須被遷就的表演型態，實是有些「本末倒置」。到底劇場本身是以表演作為核心？還是服裝與舞台設計呢？這或許是《水滸108》整體設計的偏向問題。但，不可否認的是，《水滸 108》在這層設計上，凸顯了戲曲不只有一種面貌得以展露。當代傳奇劇場在「中國改編」的基礎上，再次不依循原有的體例與架構，完全開發出了另一種表演，卻又可與傳統戲曲有所繫連，這或許是當代傳奇劇場之所以「非典型」的一條路線。

### 4、寫意的建構

有關《水滸 108》系列在意象上的表演與呈現，其實是出自舞台設計以及表演方式的運用。之所以獨立說明，在於《水滸108》系列最為獨特的地方是：「如何將中國傳統戲曲裡的寫意，以具象的方式傳達」。這其實也是當代傳奇劇場在前作裡不斷嘗試的作法，而《水滸 108》則透過創新的現代手法得以架構其美學。

不管是《水滸 108》或是《水滸 108II——忠義堂》，兩部劇作都在結尾的地方，表現出一種「盡在不言中」的意涵。《水滸108》的結尾是將一本《水滸傳》用鋼絲拉上舞台頂端，然後將散落的書頁滿台撒下來。吳興國與張大春在劇前的對談時，提到這個設計，異口同聲地說：「正是『但凡世間無仁義，人人心上有梁山』！」〔註82〕這樣的意象傳達，帶有種「滿紙荒唐言」的意念，同

---

〔註80〕吳興國指出：「我想做實驗性強的戲，最早是小劇場的概念，本來五個演員要自己兼說書解釋後續發展，但是後來卻演變出獨立的說書人，由曲藝王子林文彬形成另一個劇場，所以演員陣容就變成一個說書人、五個演員和三個負責撿場跑龍套的黑衣人。林文彬還兼演吳用和虔婆、王婆兩個老鴇。」見侯延卿記錄整理：〈酒後不打虎：張大春、吳興國的水滸經〉，《聯合報》2007年 9 月 30 日，E7 版。

〔註81〕同前註。

〔註82〕吳興國指出：「我想做實驗性強的戲，最早是小劇場的概念，本來五個演員要自己兼說書解釋後續發展，但是後來卻演變出獨立的說書人，由曲藝王子林

時也帶有這些人物是從《水滸傳》裡灑落出來一般，而在第一部終場之後，他們卻還隨著這些紙張留在人間，也暗喻了第二部的演出。至於，《水滸 108II——忠義堂》的結尾，收在第八場的〈菊花會〉。這場菊花大會雖然集結了梁山泊所有的好漢，但卻因晁蓋的死，讓整個梁山泊陷入一片哀傷氛圍。從第七場的〈羅天大醮〉中的祭晁蓋，一直到第八場〈菊花會〉裡的商討招安與否，當代傳奇劇場的處理手法都是以「蒙太奇」的電影式鏡頭剪輯小說精華片段。於是，這兩場的劇情性與寫實性都是被削減的，甚至已死的晁蓋還以魂體的方式復活在場上，其主要被連結的是一種情感，以及意象式的傳達。因此，所強調的是一種畫面上的哀戚，而不完全是透過對話與唱詞加以表達。透過色調的安排、佈景的搭置以及撒落的雪花等，讓整個舞台營造出一種靜置的感覺。最後的畫面，是全部的人都靜止在舞台上，一切都呈現定格的狀態。只有孫二娘一邊唱著，一邊在每個好漢胸口插上一朵菊花。《水滸 108II——忠義堂》雖以熱鬧作為開場，但結尾卻透過了舞台的配置，以及整體畫面的營造，進入一種「寫意」的效果，重點在於情感的流動，而不再是劇情的詮釋。

此外，在《水滸 108II——忠義堂》裡，透過舞台科技使「寫意」的畫面具體化之處，還有宋江在湖面上寫字的橋段。就如本節在舞台設計所描述的，其舞台設計運用壓克力的材質，製造出光影，讓舞台場景倒映。這個設計在此橋段發揮了功效，使吳興國所飾演的宋江彷彿站在湖面上書寫。宋江舞著像彩帶一般的道具，結合現代舞與京劇的身段，而背景的畫面除映出湖光山色，更將歌詞如字帖般印在這水墨畫般的畫面之上：

> 曾記樓頭一醉，還以為，
>
> 身是波間月一枚。
>
> 心事都寫在，江風上、槳聲中、人煙裡。
>
> 算少年情懷、壯年志氣、
>
> 還有些陳年餘味。
>
> 只這晌，人不憶。
>
> 縱使長天飛去，叫不回，

---

文彬　形成另一個劇場，所以演員陣容就變成一個說書人、五個演員和三個負責撿場跑龍套的黑衣人。林文彬還兼演吳用和虔婆、王婆兩個老鴇。」見侯延卿記錄整理：〈酒後不打虎：張大春、吳興國的水滸經〉，《聯合報》2007年9月30日，E7版。

幾許閒情該算誰。

……

同時也表現出宋江的心境，彷彿湖面是他的心，投映出他的身影，也反射出他難以平靜的心。這就是透過舞台科技，以及吳興國本身的藝術美感，所建構出來的「寫意」畫面。

另外一點是在「舞台設計」時未提及的，就是《水滸108II——忠義堂》的舞台隱喻。《水滸108II——忠義堂》在舞台上搭建了一座「忠義堂」，但這個屋子卻是可以透光的屋頂，也就是並沒有真實地遮蓋起來。〔註83〕在舞台上搭房子這件事情，當代傳奇劇場在《金烏藏嬌》、《梨園傳奇》就已開過先例。但，「忠義堂」似乎有所隱喻。梁山泊的忠旨是「替天行道」，於是他們並沒有被屋簷遮住，而是直接頂著天，是直接受命於天而制裁惡道。但，屋簷可能也是另一種形式的天，足見忠義堂本身是缺少「天」覆蓋的，除了暗指「無法無天」之外，更凸顯忠義堂並無法真正立足於天地之間，是搖晃的。不論如何，這兩層隱喻所呈現的是忠義堂自身的衝突性。所謂替天行道，真是行之有理？會否只是一種無法無天呢？而這種動搖，也暗喻了裡頭的這群英雄好漢內心本身的糾葛，最後才引發了這場無止盡的分裂。

### （二）當代傳奇劇場「為什麼」創造《水滸108》

《水滸108》系列在當代傳奇劇場替劇作所定的分類裡，列在「青年系列」，足見《水滸108》的設計本就作為「傳承」意圖。不過，《水滸108》並不是「青年系列」裡的第一部作品，其第一部作品《戲說三國》早在1997年首演。這部從《三國演義》改編而來的兒童篇，是以「兒童京劇」作為號召，帶有其教育意涵。不過，真正影響到《水滸108》的劇作，應是「青年系列」的第二部作品——嘻哈京劇《兄妹串戲》（2003）〔註84〕。

《兄妹串戲》這一部劇作，是當代傳奇劇場第一部將京劇涉入流行音樂的作品，其主軸與《水滸108》相似，都以「XX京劇」作為名稱。這部劇作之所以是《水滸108》的前身，在於：這是周華健第一部與吳興國合作的作品，並以流行音樂（嘻哈音樂）作為骨幹；其由林朝緒與錢宇珊演出，同為戲曲

---

〔註83〕此處靈感受惠於與李小平導演的訪談。
〔註84〕當代傳奇劇場並於2012年的《傳奇風雅2》裡推出《B.Box兄妹串戲II——那一年，我們都挨打》，演員同樣有《兄妹串戲》的錢宇珊，男演員則換為李彥龍。

的新生代演員。因此，我們可以注意到，《兄妹串戲》的設計雖以傳統老戲唱段加以串聯，包含《貴妃醉酒》、《小放牛》、《霸王別姬》等，但表演本身是運用嘻哈音樂結合，並讓兩人在一百分鐘內演完八齣戲的唱段，以及切換二十個角色。故，其重點並不是傳統戲曲的重演，而是藉由這種帶著流行色彩的演出，以吸引年輕一輩的觀眾走進劇場。而，這個企圖也帶出了「青年系列」以「青年」為名所蘊含的第一層意義。

於是，列入「青年系列」的《水滸108》與《水滸108II——忠義堂》，在於呈現方式與《兄妹串戲》有所繫連，其透過搖滾音樂的結合，實是用來吸引青年觀眾進入劇場。吳興國自己也指出：「《水滸》實際上是延續了我從《兄妹串戲》開始的路線，它是專門為年青一代製作的。」〔註85〕雖然，我認為當代傳奇劇場所追求的「傳統京劇」的傳衍，亦希望有更多觀眾欣賞京劇，不過純以演出「傳統戲曲」的票房與效應而言，是明顯不足的，更難吸引年輕觀眾進入。因此，《水滸108》系列就成為更好的一個方式，以別出心裁的「創新」手法來吸引年輕觀眾。此外，對於國外觀眾而言，傳統戲曲的表演方式，就算他們明白這是一種美學表現，但也不一定能夠真正體會而產生興趣，自然會產生距離。但，《水滸108》系列的表演形式就有所不同了，其擁有豐富的舞台科技、流行的搖滾音樂、華麗的服裝道具，甚至是與觀眾的互動性，都在在誘導不完全能被戲曲吸引的觀眾（包含年輕人、國外觀眾等）進入劇場。這顯然就是當代傳奇劇場為何要開創出有別於《梨園傳奇》的另一條「傳承」道路的原因：必須讓更多的、更新的觀眾走進劇場。

至於，《水滸108》系列作為「青年系列」的第二層意義，就在於「傳承給」青年們。我們可以注意到的是，《水滸108》兩部曲的演員，近乎都是年輕一輩的。從第一部的盛鑑、林朝緒、戴立吾、錢宇珊等人，到第二部，又加入了上海戲劇學院附屬戲曲學校的小演員們。吳興國在第一部時，完全沒有參與演出，只作為導演與穿插的演唱；第二部則是由於香港戲劇節的安排之下，才加入演出，亦因宋江的戲分過重，僅有吳興國才有份量詮釋。因此，這樣的安排，其實與《梨園傳奇》的意圖相似，也就是透過排戲，以及直接在舞台上的學習，讓年輕一輩的演員能夠與前輩演員互相砥礪。不過，「傳統戲曲」的技法的確可

---

〔註85〕 見顏亮、周遊：〈吳興國：京劇不問千秋〉，原刊於廣東《南方都市報》，後收於《水滸108II——忠義堂》節目冊。

以透過這樣的方式加以傳授，但像《水滸 108》這樣的作品，到底要「傳承」什麼給新一代呢？於此，我想先試圖定位《梨園傳奇》與《水滸 108》兩個系列，在「傳承」這個意圖上有何差異。《梨園傳奇》所欲傳承的是，吳興國自創團以來無法捨棄的「傳統戲曲」，而且是透過經典老戲的重演，去回歸到吳興國的藝術「本質」。而《水滸 108》所試圖交付於新生代演員的，則是吳興國經過一路的創作，促使當代傳奇劇場能夠發揚的「創新概念」。基本上，吳興國透過當代傳奇劇場所欲傳承，或是傳達的，是當代傳奇劇場為什麼創團，以及何以走到今天，主要就在於這兩個面向——「傳統本質」與「創新概念」，這亦是《梨園傳奇》與《水滸 108》所嘗試「傳承」下去的。

　　此外，吳興國雖致力於「傳統劇場」如何站上「現代舞台」，但從《慾望城國》以來，一直作為目標的「劇種新型態」，我認為仍是他所無法放棄的部分。因此，《水滸 108》透過「傳承」創新的概念，亦是將這樣的理念託付。讓年輕的演員透過演出《水滸 108》，亦是讓他們得以接觸到吳興國所試圖碰觸的「新型態」，而這也是當代傳奇劇場所要傳承的其中一個部分。

　　雖言之「傳承」，但我認為並非是將吳興國目前於當代傳奇劇場中所做的呈現，原原本本地複製下去，重點還是在於「本質」與「概念」。特別是《水滸 108》系列這樣的劇作，其實仍存在著不少問題。《水滸 108》系列雖嘗試結合流行音樂與戲曲，但其實「拼貼」的痕跡非常地明顯，比較像是兩種音樂元素在劇中穿插。張大春認為：「關於京劇的實驗與改良，過去五十年來，台灣做了很多，從劇團到舞台上的各種媒介，彷彿整體進行了一場革命。但是說革命又有一點霸道，我們的想法就是一點一點把所有可變的元素找出來，再融入原來的骨幹，不管是唱腔、念白或武打都沒變，也不可能真的革命，只是在這個劇種中擴充它的定義。」〔註 86〕其概念雖然有其可行性，但在《水滸 108》的實踐裡，卻沒有提煉出這樣的成效，反而更如本節在前述提到的，過度牽涉服裝與舞台的設計，更無法展現京劇本有的身體美學。張大春所改編的劇本，雖有其獨到的手法與見解，但《水滸傳》裡過多的人物流轉，以及複雜的劇情脈絡，都因戲劇長度與呈現而有所取捨。張大春縱使運用了主題線加以連結，但卻仍顯得破碎而凌亂。而《水滸 108》這樣的表演設計，加快了戲劇的節奏，讓原本拖沓的戲曲變得明快，同時也加入較多的技

---

〔註86〕侯延卿記錄整理：〈酒後不打虎：張大春、吳興國的水滸經〉，《聯合報》2007
　　　　年 9 月 30 日，E7 版。

法，雖可吸引到大量的國外觀眾或是年輕人，但被犧牲掉的其實是戲曲用以醞釀情緒的慢板唱詞，以及透過身體所傳達的美感。過多的雜技，如：時遷在舞台上的跳躍，以及大量的武打場景，會否讓觀眾曲解戲曲的本貌就是如此？成爲一種雜技的綜合表演。因此，《水滸 108》系列所傳達的，我認爲應該是一種概念，也就是戲曲並不一定要按照原本的格式或規範下去詮釋，就如張大春所言，可以在其中擴充其定義，但顯然在《水滸 108》系列裡是有些操之過急的。不過，《水滸 108》系列的作法實可視爲一個過程，而給予年輕一輩繼續創發下去。

故，我將本段的標題訂爲「給青年們的《水滸108》」。之所以如此稱之，在於《水滸108》這樣活潑且熱鬧的戲碼，是「獻給」青年們，同時也是要將這樣「創新」的概念「傳承給」青年們的。我認爲，這也是當代傳奇劇場爲何要創造《水滸108》的原因與意義。

## 三、「傳統」與「創新」的重新定義

最後，要將問題回到題目所訂的「一種意義」。

本節以《梨園傳奇》與《水滸108》兩個系列作爲討論對象，透過兩個系統迥異的戲劇演繹與脈絡，區隔成「傳統」與「創新」這兩條「呈現」及「傳承」的路線，也就是本節題目所訂之「兩種呈現，兩種傳承」。於此，我所試圖消解掉的是「V.S.」的問題。本節一開始以《梨園傳奇》與《水滸108》的對立面，同時亦是「傳統」與「創新」的衝突，作爲論述的架構。但，當我們將問題回到當代傳奇劇場，或是戲劇的層面上時，這樣的二元對立關係是否眞實存在呢？而我們是否又有必要區隔當代傳奇劇場到底屬於「創新」亦或「傳統」？顯然地，這些元素是並存的。於是，本節的討論將從「兩個」回到「一個」意義的角度，由當代傳奇劇場所搬演的經典老戲，去重新檢視新與舊的定義，並針對「創新」再次地探討。

### （一）誰言「傳統」不「創新」：一個二元問題的解構

在《梨園傳奇》的節目冊，收錄了一篇吳興國與魏海敏的對談，吳興國針對演出《霸王別姬》一事，說了這段話：

> 我在一九八六年創立當代傳奇劇場，推出創團劇作《慾望城國》時，
> 被形容成「國劇的叛逆者、祖師爺的孽子」，如果眞要用這樣的名號

　　批判我，那麼，率先叛逆的就算是舉世知名的乾旦青衣梅蘭芳，甚至
　　曾經與梅蘭芳同台演出《霸王別姬》楚霸王項羽的楊小樓，他們在二
　　十世紀初期，也都同樣超越傳統，同樣要背負著叛逆者之名。〔註87〕
最前面的那段話，本文於緒論時便提出，在吳興國透過《李爾在此》重審自身
與劇場，到《梨園傳奇》的出現，對於吳興國是否為戲曲的破壞者，應該要重
新審視，亦是本文在論述上的一個出發點。而吳興國在這段話的後頭所講述的，
不只替他創立當代傳奇劇場找到一個圓滿的解釋與答案，同時也替本文於此所
要論述的內涵起了頭。也就是，吳興國透過「西方混血」所作的劇場實驗，對
於京劇的創新達到大幅度的進展，而我們容易誤以為京劇的實驗是由此開始；
實情則是，對於現代觀眾而言，被歸於「老戲」的《霸王別姬》或是其他梅蘭
芳等人所知名的戲曲，才是更早對於京劇演繹方式的叛逆。這也是藝術型態必
須經過時代的推移，以及觀眾的選擇，才能夠展現新的樣貌，亦能存在。

　　不過，將「創新」的步伐往更早的時代推進的同時，所凸顯的問題其實
是：「創新」與「傳統」，只是在「時間」的挪移間被定義的，較早的會被認
定為「傳統」，而晚至的則被認為是「創新」。於是，在時間的長河裡，「創新」
總會在某一天變為「傳統」。這個二元的邏輯看似簡單且容易拆解，但在吳興
國演出《慾望城國》的 1986 年，那時所被攻擊的論點就可得知：在觀看的當
下，我們還是會被新與舊這樣的衝突所駕御，而無法將問題拉得長遠來看。

　　其實，就魏海敏講述梅蘭芳當時如何對於《貴妃醉酒》產生質疑，進而
改造的過程：

　　　　但是梅蘭芳學了這齣戲之後，他始終覺得這齣戲有問題，因為原戲
　　　　較著重於后妃三千粉黛和太監之間的曖昧情愫，內容也有一些不堪
　　　　的詞句，梅蘭芳始終覺得這個部分他很難以接受，所以他花了將近
　　　　十年的時間，字斟句酌，逐漸修掉一些不雅之詞，使《貴妃醉酒》
　　　　成為一齣如同歌舞劇的型態，很有品質的一齣戲；……〔註88〕
梅蘭芳這樣的思考，何嘗不與近年新編戲曲的做法相同。對於傳統題材的改
寫，將原本不合理的情感以及語彙，修改或賦予新意。而王安祈亦指出：

---

〔註87〕陳宜君文字整理：〈對談——「傾國之戀　吳興國、魏海敏」〉，《梨園傳奇》節
　　　　目冊。
〔註88〕陳宜君文字整理：〈對談——「傾國之戀　吳興國、魏海敏」〉，《梨園傳奇》節
　　　　目冊。

> 梅蘭芳在選定所扮飾的人物時，明顯是由自我的個性出發，演或不
> 演，不僅取決於行當分類、技藝分工，更主要考慮的是「性之近與
> 不近」，……〔註89〕

又，

> 對於《貴妃醉酒》演法的新詮乃至於劇本的改編，更可看出梅蘭芳
> 不僅對劇中人物身分的掌握有一定的堅持，同時也有意識的將自我
> 個性投射到劇中人物中。〔註90〕

於是，王安祈將梅蘭芳對於傳統戲的改造稱之為「自我個性的投射」〔註91〕。
這樣的改編方式，所表現的亦是一種對於傳統題材的「同情」，而透過劇中人
物投射自我個性，則深刻地呼應到吳興國在《慾望城國》、《李爾在此》、《等
待果陀》等作與所飾演的角色共鳴，以抒發自己內心的情感，甚至與自己的
人生產生對話。不可否認的是，梅蘭芳這樣的創舉在演出當下，亦被認為是
一種反動、一種叛逆，但在經過時間的檢視之下，梅蘭芳作為一個戲曲的改
編與實踐者，乃是將戲曲從娛樂提高到藝術層級。在經過時間的流動，梅蘭
芳的「新」戲也變成「舊」的、「傳統」的。就像《梨園傳奇》所展演的，雖
是「經典」，但也成為「傳統」。

　　甚至，我們可以把時間再往近代一點推，同樣在《梨園傳奇》裡展演的
《陸文龍》一劇，雖有傳統老戲的版本，但其實吳興國所演繹的是，王安祈
在 1985 年替陸光劇團、替朱陸豪、吳興國所改編的競賽戲《新陸文龍》〔註
92〕。而這齣戲，也讓兩人奪下最佳生角獎。當王安祈透過〈寂寞沙洲冷〉回
憶起周正榮時，亦提及了當年為創作《新陸文龍》，與周正榮之間的難以妥協，
是：「傳統京劇劇本強調的不是說故事的技法，有時一整本有頭有尾的戲，重
點只在幾段唱腔所抒發的情緒，『敘事』只是個外在架構，內裡的精神卻在唱
腔所抒發的情韻。周正榮秉持的就是這項原則，嚴格講求行腔、轉調、咬字、
收音、用氣、口勁等等『唱法』中所流露的韻味，他心目中的高潮和張力盡

---

〔註89〕 王安祈：〈京劇梅派藝術中梅蘭芳主體意識之體現〉，《為京劇表演體系發聲》，
　　　　頁 34。
〔註90〕 同前註，頁 36。
〔註91〕 詳見前註，頁 34～42。
〔註92〕 《新陸文龍》的改編重點有三：一、捨老戲共計十一場的「潞安州」而新編
　　　　一場序幕，以激烈的唱腔與武打表演陸登之殉國與托孤。二、以幕後合唱曲
　　　　配合演員默劇表演，交代十六年時空流轉。三、增加「陸保」一角，作為揭
　　　　露身世之針線人物。見王安祈：《國劇新編──王安祈劇集》，頁 13。

在於此。」〔註93〕於是，這一切不在於對與錯，而是周正榮有他的藝術原則，王安祈也對劇本有她的理想。只是，我並不認爲在劇本被強化劇情後，就會稀釋掉情緒，就誠如王安祈眼裡的吳興國：「他的叛逆不是無端叛逆，是經過他想過的，他去想過如何表現這個人物的內在情感。」〔註94〕由此可見，吳興國在掌控內在情感上，其實與梅蘭芳有異曲同工之妙。只是，《新陸文龍》雖只早於《慾望城國》一年，其所變革的部分，卻在《梨園傳奇》演出的當下，被歸類於「傳統戲」的經典再現。

最後要提到的是《梨園傳奇》裡，由林朝緒所主演的《時遷偷雞》這部水滸戲。《時遷偷雞》源於《水滸傳》及清宮廷戲《忠義璿圖》，《綴白裘》亦曾增補重編著錄。不過，當代傳奇劇場所演出的《時遷偷雞》其實是經過吳興國的重新改編，並加入了默劇的手法，重新編寫「偷」的橋段，再加上老戲的「吃火」絕活，來演繹時遷吃雞的過程。於是，這個版本的《時遷偷雞》是「傳統戲」嗎？似乎並不是那麼容易被定義。只是，其不管在表演型態、題材等方面，都仍屬於傳統的範疇，並以雜技作爲主要的表演手法，故事情節上沒有太顯著的重新編寫。於是，當代傳奇劇場的《時遷偷雞》實是「傳統戲」的「再現」，但在「再現」的過程裡有些非傳統的架構融入。我認爲，《時遷偷雞》的重演除是爲了傳統經典的展演，某種程度也是爲了《水滸108II——忠義堂》裡的橋段所做的預備。故，當代傳奇劇場在《時遷偷雞》所體現的是，就算是傳統戲，在演出的當下仍是可以有所權衡與新意。那麼，創新與傳統的問題本就不是那麼的絕對。

不可否認的是，當代傳奇劇場之所以演出《梨園傳奇》，有其「傳統」與「傳承」的意涵，但從裡頭所選演的戲碼，卻又同時看到「傳統」與「創新」彼此的消解。於是，這層二元關係本來就不是那麼的僵固。我認爲，這也是當代傳奇劇場在「傳統」與「創新」的擺盪過程中，所找到的一個答案：誰說「傳統」裡就沒有「創新」？

### （二）回到「創造」的真實意義

　　我們說是創造，實則只是考驗著自己有沒有繼承的能力。〔註95〕

——張大春

---

〔註93〕王安祈：〈寂寞沙洲冷〉，《聯合報》，2009 年 11 月 1 日，D3 版。
〔註94〕轉引自盧健英：《絕境萌芽——吳興國的當代傳奇》，頁 144。
〔註95〕《水滸 108II——忠義堂》節目冊。

《水滸108》與《梨園傳奇》兩個系列，由於以「傳承」作爲核心意義，因此有許多新生代的演員加入演出。在這樣的安排之下，其實形成了一種「對照」，也就是這些新的演員，與吳興國、魏海敏之間有怎樣的差異。本節的最後，試圖透過這個差異來針對「創造」的本意加以討論。

其實，從當代傳奇劇場過往的「西方混血」之作裡，就可以注意到，這些混合了西方或現代表演藝術，以及傳統戲曲的「跨界」表演型態中，常會見到演員身上產生兩種異質元素的無法融合。在無法化約掉傳統戲曲的制約，卻又強加進現代舞，或是西方戲劇的技法，讓演員連舉手投足都顯得戰戰兢兢。但，吳興國與魏海敏卻從第一部劇作《慾望城國》開始，逐漸熟捻了這樣的表演程式，包含行當的跨越、藝術型態的越界、聲腔的轉換等。這樣的現象，本文在前幾章節的論述中亦有提到。但，究竟是爲何？或許吳興國早有接觸到雲門舞集的現代舞訓練，以及文化大學的現代戲劇課程，那魏海敏呢？到底是什麼形成了兩人與其他演員之間的差異呢？其實，是在於「傳統根基」上的問題。

而這種「傳統根基」上的差異，其實在表演型態離京劇最遠的《水滸108》系列裡，最明顯地被顯露出來。

《水滸108》的前兩部曲，實質橫跨了三代的演員：最資深的吳興國，第二代的盛鑑、林朝緒、戴立吾、錢宇珊等人，以及最年輕一輩的上海戲劇學院附屬戲曲學校的小演員們。因此，對於傳統戲曲的提煉，他們呈現了三個等級上的落差。當然，我們不可否認的是，他們接受跨界藝術訓練，也是有同樣的時間差異。舉例來說，《水滸108II──忠義堂》在畫面營造上最爲精緻的是宋江的「潯陽客夢」。本節在前述中有提到其在舞台設計與科技運用上的得宜，但回到吳興國自身的表演呈現，從他身上可以看到不只一種藝術型態，包含現代舞、緞帶的舞動、京劇的身段等，更重要的是，吳興國將自己的情感雜揉到身體的舞動，而不只是一個制式化的動作。於是，我們無法定義吳興國使用的到底叫什麼名稱，因爲他已經開發出一種屬於他自己的表演藝術的美感。但，我認爲吳興國之所以能夠這樣詮釋，不在於他會多少樣表演方式，而是他擁有的傳統戲曲的訓練基礎，成爲他主要表意與表情的方式，其他表演藝術的涉入，只是讓吳興國的表達方式達到跨界並更加豐富。其實，以現今傳播媒體的發達，年輕的演員更能夠接觸到不同的、國外的藝術演繹，遠比吳興國接受藝術訓練時更爲豐富許多，譬如：盛鑑就已參

與過不少現代舞台劇的表演。因此，他們之間的差異反而不在怎麼創新，或是怎麼雜揉新的表演，而是對於傳統戲曲的訓練有多扎實。可以注意到的是，《水滸108》系列裡其實安排了不少獨秀京劇身段的情節，新演員（特別是戲曲學院的小演員們）常有動作不夠確實，或是拍點不在節奏上的情形發生。特別是《水滸108》系列的舞台設計，讓每個人都必須有如「服裝秀」一般的展演機會，雖然這些動作為配合服裝而不符合傳統京劇的身段，但其基本架構仍是出自於傳統功法，於是演員們在傳統功法並不純熟的情況之下，又得面對到轉換，自然呈現出綁手綁腳的情形。相較於他們，由於第二代的演員已有《水滸108》第一部的經驗，加上他們在傳統戲曲的根基相對深厚，對於舞台的掌控亦較純熟，如林朝緒飾演時遷時，如何與觀眾互動，透過武丑的工法，雜揉西方小丑的表演模式，而帶動現場氣氛；飾演石秀的戴立吾，我認為也比在《梨園傳奇》演出《石秀探莊》時更為精煉地取捨自己的動作，而不致於顯得散漫而冗長。當然，他們的肢體仍無法如吳興國那般自由，有時會過度誇大自己的動作，或是受限在京劇本有的慣性中。不過，《水滸108》系列就如此顯露出因傳統功法的根基深厚差異，反而在創新的當下，產生偌大的差異。

　　之所以如此強調「傳統戲曲訓練」對於演員的差異，在於連吳興國自身也因久未碰觸而產生失誤。就吳興國而言，其實長年浸淫在戲曲的創新裡頭，縱使或多或少有接觸到傳統戲曲，那仍有所疏離。因此，當他演出《梨園傳奇》裡的《陸文龍》時，最後一個橋段裡的耍槍，本是最為精采的橋段，卻連連失誤。當然，這涉及到不少現實的因素，主要在他同年於國外巡演《暴風雨》時手臂受傷，導致《梨園傳奇》的演出實也延後，另一因素則是吳興國自己所認為的「年齡」並不是在武生表演的最佳狀態〔註96〕（外加當年這部戲，乃是由朱陸豪演繹陸文龍，而非吳興國）。不過，無可厚非的是，吳興國在早年的確以武生起家，但早轉為老生的訓練。縱使他在《慾望城國》等作裡，仍有武打的動作，但純以武生為主軸的表演，近年其實只有《陸文龍》，足見在這樣的狀況下可能會產生的失誤。回到吳興國後學的老生行當的《問

---

〔註96〕吳興國指出：「沒有一個武生在我現在這個年齡還處在最精華的表演狀態，現在，並不是我唱舞聲的最佳狀態，我大膽在五十多歲的此時演出陸文龍，必須承受成敗。」見陳宜君文字整理：〈對談──「傾國之戀 吳興國、魏海敏」〉，《梨園傳奇》節目冊。

樵鬧府、打棍出箱》，其實也可以看出動作上並無法那麼地確實。從他與樵夫（林朝緒）的重複動作，雖可見吳興國凌駕於林朝緒的身段運用，以及眼神裡所傾瀉的茫然，但兩人的配合度卻是有所差池的。而在整體身段上的運用，如《鬧府》裡的「吊毛」，俐落感都不是那麼地確實，亦由於整齣戲的唱、唸、做繁複且相扣，常感受到吳興國的氣喘吁吁，不若師父周正榮的流暢。此外，從「傳統訓練」上來看，亦可注意到魏海敏與吳興國的差異。魏海敏在接觸到跨界、新編戲曲的同時，亦於 1991 年拜梅葆玖為師，對於傳統戲曲的訓練顯然比吳興國更深刻、更扎實。因此，在演出《貴妃醉酒》與《霸王別姬》時，魏海敏的身段以及唱腔都顯得圓滑且流暢，唱詞的字與字之間接合地密不透風，與身段更是緊密地配合，將貴妃與虞姬的美感自然流露。於此，我要回應一段周正榮的口述：

> 我也不是要現代的教育回復從前，我們小時候學戲的方法可能落伍
> 了，不科學了，可是練功是實實在在的；我也不是反對「分析性格」，
> 只是強調「功夫」要確確實實，才談得上「塑造」。〔註97〕

以及周正榮在訪談裡說了段他曾聽聞裴豔玲的說法：「什麼塑造？『拉山膀』胳膊抬得位置準確就是有性格，位置偏了低了就是沒人物！談什麼談？沒什麼說頭，練功嘛！」〔註98〕此處的「塑造」，或許就呼應了我所指出的「創造」。於是，再怎麼創造，都必須回到最扎實的功夫，而那是最需花時間埋首其中的。等到技巧達到一個程度之後，才能轉化為藝術的層級，感情也能夠放置進去。傳統的表演者，要上台演出一齣劇目，或許要經過不知多少年的練習才有資格站上舞台。現今的表演者，在追求創新的同時，卻著急地忽略了基本功，誤以為「技」是膚淺的，一切都呈現本末倒置。或許，這也是吳興國在追求「新型態」後，回過頭觀看自己的本質時，某種再也掌握不了的、已逐漸遺失的部分。於是，吳興國透過《梨園傳奇》所欲傳達的，似乎並無法被肯定為「傳統劇場」的「傳承」，因為在整體表演呈現上都略顯不夠到位，難被認可為指標，但這些闕如也不停地在提醒著「傳統」的不可偏廢，而這可能亦是一種警醒、一種精神上的「傳承」。

不過，當我們反過來檢視《梨園傳奇》裡的表演時，除了仍可注意到新舊演員因傳統訓練深淺的差異外，也看到吳興國與魏海敏因接受到不同的藝

---

〔註97〕王安祈、李元皓著：《寂寞沙洲冷：周正榮的京劇藝術》，頁 103。
〔註98〕同前註。

術元素，而融會到傳統戲曲的表演當中。普遍認知上認為，傳統戲曲受限於行當的規範，不論情緒、情感、個性，都有一套制式化的程式，而這個程式規範也是導致演員的表演固定且不夠生活化。這個論點雖其來有因，但更在於演員自身勉力地執行這樣的傳統功法，就已乏力，自然無法將情感融入其中。但，吳興國與魏海敏則有所不同，他們已發展出一套屬於自己的表演程式，以及藝術型態，能夠自由地去鬆動本來看似僵化的行當限制。以吳興國而言，他在「西方混血」的經驗裡，讓他對於人物塑造與刻劃產生另一種體悟，於是透過行當的轉換以表現人情感的多面性。於是，吳興國在《梨園傳奇》裡所搬演的戲碼，是所有演出人員中跨越幅度最大的，從《問樵鬧府、打棍出箱》的老生、《陸文龍》的武生，到《霸王別姬》裡的花臉。縱使吳興國的演繹並無法盡善，但卻也看到他在切換不同行當時，獨有的詮釋。其實，吳興國與魏海敏藉由「創新」、「跨界」與「混血」的過程，所開啟的是他們對於人物的重新思考，而不再是演出那個行當或角色，促使他們在詮釋上能同時背負那個人物的過往，能表達出其情感。就像魏海敏自己認為她詮釋虞姬與師父梅葆玖的差異：

> 他表演時，就是一個很純粹的表演，很內斂，象徵性的。虞姬必須
> 很哀戚地，不能讓觀眾看到淚光。我比較喜歡以一個現代女性對於
> 情感的觀感來詮釋。〔註99〕

這種不同的詮釋，在 2009 年，林秀偉再次看到魏海敏所飾演的貴妃，驚訝地說：

> 梅蘭芳只是把經典完成，但魏海敏不只完成大師的經典，還把京劇
> 的唱唸做打，提煉到非常精微，甚至昇華到詩的境界，宛如在進行
> 一場儀式，而有史詩劇場的味道。〔註100〕

而這層改變，其實也在於傳統根基的深厚，才足以揉合不同的元素，改變原本京劇的表演體系。所以，在林朝緒所演出的《時遷偷雞》裡，雖融合了雜技以及默劇，但他的經驗顯然無法與魏海敏、吳興國同提論之，其多次運用「吃火」這個絕技，造成技法展示上的複製，流於雜技的表演。此外，我認

---

〔註99〕陳宜君文字整理：〈對談——「傾國之戀　吳興國、魏海敏」〉，《梨園傳奇》節目冊。
〔註100〕黃淑文：《骷顱與金鎖：魏海敏的戲與人生》（台北：典藏藝術家庭，2010 年），頁 222。

爲吳興國與魏海敏將不同元素放置回「傳統戲」的，還有聲腔上的運用與變化，不過這也顯露出兩人之間的細微差異。魏海敏雖仍在傳統唱腔的範疇裡，但較自由的變換共鳴，加上熟練的技巧，讓感情自然投射到聲音裡頭。吳興國則是因接觸到西方歌劇的演出，而在唱腔裡提煉出有別於傳統戲曲的格局。但，不管如何，吳興國與魏海敏的唱腔都足以乘載他們所欲傳達的情感，並且也能夠在細微處加以變化。因此，創新經驗反而提供了兩人在傳統本質上產生不同的激盪與質變。

最後，我想回到本段前頭所引的張大春之言：「我們說是創造，實則只是考驗著自己有沒有繼承的能力。」不管是論者或是表演者，常會認爲「創新」與「傳統」是反面的，會彼此抹殺。但，從吳興國在當代傳奇劇場裡的經驗論之，這樣二元論是被消解的。於是，「創新」到底是爲了什麼？其實反而是給予「傳統」有不一樣的可能性，進而可以「創造」出足以存活、足以展演的表演藝術，而這顯然才是我們所必須「傳承」下去的。但，「傳統」也是這種「創新」的本源，創造不只是一種形式上的混合或運用，更必須貼合著「傳統」本有的藝術美學，才足以支撐。就如王璦玲以「經典性」與「現代性」來論述「新京劇」時曾勾勒出台灣戲曲發展的遠景：

> 事實上，未來京劇藝術的存活方式，仍將是「新舊並存」的模式。
> 一方面，我們應以代表中國戲曲的經典傳承爲核心，將這份珍貴的
> 文化遺產傳之久遠；另一方面，作爲二十一世紀台灣文化創意之藝
> 術呈現，京劇也可以有一種屬於自身的創作企圖，期待一種新的藝
> 術形式的創生。〔註101〕

而這也是本節所論述的核心———一種對於戲曲傳承與創作的開放態度。戲曲的「傳統」與「創新」絕非是不可鬆動與變化的，有論者將傳統戲曲視爲寶物，以「保護」的態度加以固守〔註102〕，但是，倘若這樣的藝術型態已無法

---

〔註101〕王璦玲：〈「經典性」與「現代性」———論當代台灣京劇發展之美學新視野與其文化意涵〉，《中國文哲研究通訊》第21卷第1期（2011年3月），頁30。

〔註102〕陳世雄曾有段對於《奧瑞斯提亞》的評論：「京劇有『國劇』的美稱，正如日本的歌舞伎和能劇那樣，都是一個國家、一個民族藝術的瑰寶和象徵體，是珍貴的文化遺產。她之所以需要保護，是因爲可能受到侵害。……如果是像謝喜納版的《奧瑞斯提亞》那樣搞法，那麼，『抵抗』將是必要的，原因就在於，文化上的『忘我』是難以承受的。我們贊成跨文化探索，但是不贊成那種忘卻了民族主體性的『忘我』的文化。」見陳世雄：〈跨文化，還是「忘我」的文化？———以京劇《中國公主杜蘭朵》與謝喜納版《奧瑞斯提亞》談起〉，

存活，再怎樣「保護」也只是徒勞無功。就如吳興國藉梅蘭芳改寫京劇的作為所言：

> 一個繼承傳統的人，他在民間的環境裡，都必須是活潑的，因為他必須去創造。有鑑於前輩大師們，他們面對他們所身處的當下、面對自己的生存、面對自己的藝術繼續向前邁進之途，甚至面對所有的觀眾對他們的期許和冀望，看到更新的東西，所以他們每個人都在創作。〔註103〕

因此，不管是藝術，或是傳承它的人，實質都在接受一種考驗，也就是到底要如何流傳與存活下去，我認為這就是「創造」的真正意義，亦是當代傳奇劇場在以「兩種呈現」而進行「兩種傳承」的《水滸 108》與《梨園傳奇》，背後的「一種意義」。

## 第三節　戲曲新世紀：當代傳奇劇場對於「戲曲」的時代意義

本章將討論的焦點從當代傳奇劇場的「西方混血」之作，移轉到「中國改編」，乃至於一個以「傳統劇場」作為核心的命題。其實，不僅始於吳興國在《李爾在此》與《等待果陀》兩部劇作中對於「傳統戲曲」的歸返，更是其他「西方混血」之作裡，那個超乎技巧與型態之外的藝術美感，乃是源自於「傳統戲曲」。於是，我們不可否認吳興國對於戲曲的叛逆，但卻也不能不把當代傳奇劇場放回「戲曲史」的發展脈絡裡。就如王安祈曾指出：

> 不消幾年，台灣京劇明確進入「轉型蛻變期」，創新的風氣早已打開，連實驗的精神都已被肯定，吳興國打通了古典和現代的界線。〔註104〕

所謂的「轉型蛻變期」，在雅音小集的啟發，與解嚴之後當代傳奇劇場的大膽突破之下，建構出現代與傳統之間連結的道路，將戲曲改變了傳統本有的形貌，並被帶上現代舞台。於是，京劇在台灣開始擁有了一條自身的發展脈絡，

---

收錄於杜長勝主編：《京劇與現代中國社會：第三屆京劇學國際學術研討會論文集》，頁 317。
〔註103〕陳宜君文字整理：〈對談——「傾國之戀 吳興國、魏海敏」〉，《梨園傳奇》節目冊。
〔註104〕王安祈：〈寂寞沙洲冷〉，《聯合報》，2009 年 11 月 1 日，D3 版。

從政府遷台而來的老演員們，到兩岸開放交流，台灣的京劇已有其歷史沿革與形貌，而異於大陸的京劇發展。故，本節試圖將「當代傳奇劇場」作為一個整體放回「台灣戲曲史」的架構裡，所欲探討的是，其作為一個轉變的環節，到底存在著怎樣的時代意義，又或，在「轉型」與「蛻變」過後，台灣的戲曲是否已有「新」的面貌，而這又與當代傳奇劇場有何關聯？

　　本節將透過「人」、「事」、「物」三個角度，來開啓討論的架構與脈絡。本節的思考脈絡是將當代傳奇劇場作為一個載體，在進入其中之後，如何改變當代傳奇劇場以創造出戲曲的新樣貌，而在離開當代傳奇劇場之後，又如何產生自己的戲曲創造。於是，這部分牽涉到「人」，同時也因「人」所導致的創作環境改變，讓「物」（劇本與表演型態）產生不同樣貌。另一方面，則是藉由當代傳奇劇場所引發的現象，以及新聞所引介的角度，去剖析當代傳奇劇場的作法，是否對於戲曲在台灣的文化地位有所變革，這則為「事」的層面。故，本節試圖透過這樣的探討，以建構當代傳奇劇場之於當代戲曲的關係，同時也在解讀，到底當代傳奇劇場是破壞，還是創造。

## 一、「人」：在「影響」與「被影響」之間

　　當代傳奇劇場在這二十多年來的創作歷程中，以吳興國與林秀偉兩人作為主要的核心，不管是戲劇的創作，或是行政的運作。從本文前幾章節的論述中可以注意到，他們在劇作的編創過程裡，不斷地與不同的編劇、導演、演員合作，以豐富當代傳奇劇場的創作能量。這些劇場工作者或創作者在來來去去之間，積累出吳興國在劇作上的創發，並成就當代傳奇劇場的新局。同樣地，也在這樣的過程裡，吸收到對於戲曲的另一種態度與視角，結束與當代傳奇劇場的合作之後，不管是認同或是反對，都對於「戲曲」產生一套自己的詮釋脈絡與美學形成。因此，本段將從演員——與吳興國合作多部創作的女主角魏海敏、編劇——替當代傳奇劇場創作《王子復仇記》、《金烏藏嬌》的王安祈、導演——從小兵出身的李小平，作為討論的主體。以這三位創作者作為核心，在於他們對於近代戲曲發展的貢獻，並從一個「影響」與「被影響」的角度作為主軸，以他們與當代傳奇劇場合作的經驗，是否成為他們創作道路上的一個環節。

### （一）魏海敏：站在創新與傳統的交界處

　　　演員切忌千人一面，而要一人千面，把每個角色人物的出身、身分、

性格梳理清楚，才是對那個角色負責。〔註105〕

——梅蘭芳

堪稱是當代傳奇劇場幾部經典劇作的最佳女主角的魏海敏，替當代傳奇劇場詮釋了《慾望城國》的敖叔征夫人、《王子復仇記》的王后慕容鳳、《樓蘭女》的米蒂亞與《奧瑞斯提亞》的克萊頓皇后，這些在「西方混血」之作裡的重要女人。這些角色都不是一個單面向，並可被傳統行當所劃分的人物，這也就開啓魏海敏如何演繹、如何詮釋的新思考。就如她自己所言：「像《慾望城國》這樣強迫自己面對非傳統腳色的考驗，面對必須要再創作、卻又無前例可循的創作過程與經驗，讓我從中得到了成長與自我突破的空間，絕不是在書本或靠學習可以獲致的。」〔註106〕但，這個看似創新的手法，其實默默地與梅蘭芳所留下的意念相應和，就如本文在前一節所提及，其實梅蘭芳才是「創新」的始祖。

不過，魏海敏之所以能夠走進「創新」的戲曲詮釋裡，跟「當代傳奇劇場」是密不可分的；關鍵就是《慾望城國》的演出。《慾望城國》的敖淑征夫人，所賦予的挑戰是「怎麼詮釋一個非傳統的女人」，就如她自己所言：

最讓我爲難的，是飾演敖叔征夫人這個壞女人的角色，這跟我受到的青衣訓練天差地遠，我甚至不知道，壞女人該怎麼走路亮相？該怎麼有血有肉？〔註107〕

這樣的經驗，讓她重新思索「行當」對於角色塑造的方式，也再次構思「京劇」詮釋的意義與可能。於是，《慾望城國》之後，魏海敏開始不斷地挑戰如何去「創造」一個角色。在這些「非中國」、「非傳統」的人物裡，怎麼賦予她們靈魂的騷動，而化入京劇的表演體系，並嘗試改變京劇固有的規範。因此，魏海敏也替自己找到演出的「千面」。到了2006年，魏海敏替國光劇團演繹了《金鎖記》裡的曹七巧。這個活在民國初年的人物，魏海敏運用了透過當代傳奇劇場的演出所尋覓到的對於人物的追索與重新刻劃，藉由一條手絹替張愛玲所描繪的「美麗而蒼涼的手勢」找到演譯的方式。曹七巧不是

---

〔註105〕轉引自黃淑文：《骷顱與金鎖：魏海敏的戲與人生》，頁223。
〔註106〕魏海敏口述，張必瑜整理：《水袖與胭脂：魏海敏的舞臺生涯》（台北：商周文化，1996年），頁161。
〔註107〕魏海敏著，陳慶祐文字撰述：《女伶：魏海敏的影像自述》（台北：積木文化，2006年），頁32。

一個傳統的好女人，但她也無法被歸類為全然的壞女人，這種人性的複雜與
深度，不就是脫胎自敖叔征夫人嗎？執著而導致的性格扭曲，其實不也是米
蒂亞的化身？在詮釋上，我認為魏海敏並不是遵循傳統所得到的詮釋方式，
其核心乃是透過當代傳奇劇場裡對於「創造」的掌握，成為魏海敏能夠重新
塑造這個角色的關鍵，以京劇的思維重新建構又不落入規範之中。就如魏海
敏在演出《金鎖記》之後所言：「如果認定京劇一定要怎麼演，以前不曾那
樣演，現在就不能這樣演，便錯估了戲劇的影響力。京劇的可能性其實還很
大，路也可以很寬廣，只是我們一直沒有勇敢去嘗試。」〔註108〕魏海敏有
勇氣走進當代傳奇劇場，演出《慾望城國》並承受傳統戲曲界一開始所給予
的批評，且以她獨有的戲曲美學，成為當代傳奇劇場這些劇作裡，真正跳脫
技術層面的藝術質地，同樣地，也是當代傳奇劇場讓魏海敏開啟對戲曲創新
的大門。

　　王安祈在提及吳興國與周正榮之間所堅持的不同時，這樣說：

> 周、吳師徒二人個性上有很相近的一面，一樣的勤奮、一樣的執著、
> 一樣的孤傲、一樣的倔。他們都可以把性命交託給理想，可惜，師
> 徒的理想不同，他們分別奔馳在兩條道路上。〔註109〕

於是，吳興國走上「創新」，周正榮堅持「傳統」。但，同樣堅持的魏海敏卻是
踏上與兩人不同的路線。魏海敏在嘗試了敖叔征夫人這樣「不傳統」的角色後，
卻於1991年拜梅葆玖為師，成為台灣唯一一個正宗的梅派傳人。看似回到「傳
統」的訓練與體系裡，魏海敏卻仍不斷地演出新編戲曲。或許，魏海敏追尋梅
蘭芳的原因，就像她所言的：「但梅蘭芳還是深深覺得自己的不足，他覺得需
要創新，要創造出自己的風格。」〔註110〕所以，魏海敏所追尋的「傳統」，其
實還是一種「創新」。魏海敏異於吳興國與周正榮，她是站在傳統與創新的交
界處，不斷尋找兩者的初衷與原點，以開創出自我風格與美學。魏海敏雖拾回
傳統的京劇訓練，但卻沒停止過對於創新的可能。如：演出羅伯·威爾森所執
導的戲曲版《歐蘭朵》（2009）、國光劇團的京劇歌唱劇《孟小冬》（2010）、京
典舞台劇《百年戲樓》（2011）、實驗京劇《艷后和她的小丑們》（2012）。這些

---

〔註108〕黃淑文：《骷顱與金鎖：魏海敏的戲與人生》，頁202。
〔註109〕王安祈：〈寂寞沙洲冷〉，《聯合報》，2009年11月1日，D3版。
〔註110〕耿一偉等著：《喚醒東方歐蘭朵》（台北：國立中正文化中心，2009年），頁
92

劇作，對於文化、表演藝術的跨界，對於角色的重新塑造，以及表演型態的轉換等，誠然都可以追溯到魏海敏在當代傳奇劇場裡所開啓的思考，而逐漸走出屬於她的詮釋脈絡，能夠在新舊之間遊走，尋找到戲劇表演的本質。或許根於梅蘭芳的本質，也或許源於當代傳奇劇場的理念，魏海敏所達到的可能是王安祈在針對梅蘭芳的流派藝術時所提到的：「對流派的模擬絕對只是學習的手段，領略其美學内涵後使之内化爲自身的能量，蘊蓄於内，噴薄而出，隨物賦形使能百態千姿。觀眾期待看到的是由演員的個性所創發出的嶄新身姿，而不只是梅蘭芳甚至是梅葆玖的複製影子。」〔註111〕這是在技藝的反覆排練之後，孕育而成的美學，也是無法被複製的部分。

　　其實，魏海敏是透過不斷地演出，而在這樣的過程中找到自我進步的方式。邱詩婷在其碩士論文《魏海敏當代京劇表演研究》中，針對《慾望城國》首演、十年、二十年裡的魏海敏，角色詮釋更加的深刻，並於細部有所調整。〔註112〕同樣地，魏海敏在演出《歐蘭朵》後，也針對可以修正的部分提出探討。〔註113〕足見魏海敏在角色詮釋的深刻與掌握，並將這些内化進她的表演裡，然後不斷地重新檢驗自己。就如聞天祥所言：「因爲她每一回挑戰都不是譁眾取寵，其中的領悟與收穫總會成爲再一次演出的養分。」〔註114〕而筆者在探討魏海敏於 2010 年所演出的劇作《孟小冬》〔註115〕時，曾以編劇王安祈所言：「本劇暗藏了兩層隱喻，第一是魏海敏的學唱經驗。」〔註116〕對應到魏海敏這一路的「創造」體驗，認爲《孟小冬》的演出得以成功，絕對建構於

〔註111〕 王安祈：〈京劇梅派藝術中梅蘭芳主體意識之體現〉，《爲京劇表演體系發聲》，頁 96。
〔註112〕 詳見邱詩婷：《魏海敏當代京劇表演研究》（台北：國立台灣大學戲劇學系碩士論文，2008 年），頁 61～70。
〔註113〕 魏海敏指出：「主要是服裝，尤其是第一套男裝和變身後的第一套女裝，由於沒有伸縮效果，重量很重，讓我的身體打不開，動起來沒力量，流動不起來，削弱了這齣戲的戲劇化效果。如果服裝的問題可以克服，演出一定會更加完美的。」見耿一偉等著：《喚醒東方歐蘭朵》，頁 94。魏海敏於此雖然是在檢視服裝的問題，但也可見她對於戲劇追求的完美。
〔註114〕 聞天祥：〈推薦序／不要枷鎖的表演藝術家〉，收錄於黃淑文，《骷顱與金鎖：魏海敏的戲與人生》，頁 21。
〔註115〕 見吳岳霖：〈三種聲音，三段傾訴——京劇歌唱劇《孟小冬》的生命詮釋與戲劇完成〉，《2011 研究生學術論文發表會論文集》（台北：中國文化大學戲劇學系，2011 年），頁 61。
〔註116〕 王安祈：〈「回眸」與「追尋」——關於京劇歌唱劇《孟小冬》〉，頁 28。

魏海敏自身的表演藝術成就，但又何嘗不就是《歐蘭朵》的獨演與男女置換所帶給她的嗎？〔註117〕或許，魏海敏還沒完成，因為她還在不停地演、不停地唱、不停地成為經典。〔註118〕亦如王德威所言：「魏海敏是台灣京劇界首席旦角，雖然藝宗梅派，但並不為其所限。……當年梅大師舉手投足四平八穩，現在魏海敏滿身的七情六慾，京劇表演藝術八十年的改變，由此可見一班。」〔註119〕替魏海敏找到一個在京劇史上的位階。於是，魏海敏在當代傳奇劇場裡打開「創造」的可能，不管是對於傳統還是創新，都成為魏海敏自我成長，以及開創出台灣京劇界的地位，並成為改變京劇的核心力量。這一切的起點，是當代傳奇劇場。

### （二）王安祈：賦予京劇蛻變後的生命

王安祈替當代傳奇劇場所改編的兩個劇本——《王子復仇記》與《金烏藏嬌》〔註120〕，在當代傳奇劇場的演出史上，其實並不能算是最成功，或是得到熱烈迴響的作品，本文在第二章第一節與第四章第一節皆有相關論述。不過，這兩部作品也成為當代傳奇劇場過渡到另一個轉換期的劇作，特別是《王子復仇記》，是當代傳奇劇場對於「西方混血」上有更大幅度超越的關鍵。但，我認為王安祈透過這兩部劇作的改編，其實開啟了她在自己的編劇史上不同的跨度。

基本上，王安祈對於新編京劇的創作並不起於當代傳奇劇場。她真正開始對於京劇「轉型」與「創新」的嘗試，始於「雅音小集」。不過，雅音小集與當代傳奇劇場對於傳統戲曲的態度，基本上有所不同；雅音小集仍帶有濃濃的中國風，而當代傳奇劇場則更大膽地進行跨越。〔註121〕因此，王安祈同樣也提出她替雅音小集所改編的幾部作品的反省：

---

〔註117〕聞天祥提出，他曾幻想魏海敏如何以生旦交錯的唱腔來詮釋《歐蘭朵》，沒想到卻在《孟小冬》中實現。詳見聞天祥：〈推薦序／不要枷鎖的表演藝術家〉，收錄於黃淑文：《骷顱與金鎖：魏海敏的戲與人生》，頁 20。

〔註118〕就如王安祈在魏海敏的第三本傳記《骷顱與金鎖：魏海敏的戲與人生》的推薦序中說：「我相信還有第四本、第五本……因為她的藝術正一路往上攀向一座又一座高峰。」見王安祈：〈推薦序／永不停止的魏海敏〉，頁 13。

〔註119〕王德威：〈金鎖記美麗蒼涼的手勢——從京劇版《金鎖記》看張愛玲〉，《聯合文學》第 259 期（2006 年 5 月）。

〔註120〕《梨園傳奇》中的《陸文龍》亦是由王安祈所編，但其主要是舊戲重演，當初乃是替陸光劇團所編，故不將其列入當代傳奇劇場的劇作中。

〔註121〕兩者之間的差異可見王安祈：《傳統戲曲的現代表現》，頁 94～102。

《再生緣》、《瀟湘秋夜雨》這類以「女性情愛」及「兩性關係」為主題的戲之中，我其實並沒有想要探討女性內在幽微的、掙扎的情慾，只是想通過豐富精采的唱唸表演樹立聰慧堅強的理想女性形象；《孔雀膽》、《紅綾恨》這類碰觸政治的戲，主題比較沉重，《孔雀膽》以族群撕裂為前提，寫的是政治陰謀與人倫親情之間的矛盾衝突，《紅綾恨》則是亡國之痛與興衰之悲，我很努力地營造凝肅深沉的風格，更多的心思花在情結的曲折……倒沒有刻意全是政治操弄下人性的裂變，……我自己覺得：還是和現代新觀眾的價值觀有距離，骨子裡仍是很傳統。〔註122〕

於是，我們可以注意到的是，倘若王安祈在 2002 年開始擔任國光劇團的藝術總監，而於 2004 年起開始展演的「女戲」〔註123〕，是王安祈新編戲曲的系列代表作，那麼她在「女戲」裡所追求的生命與內在的細膩，是在雅音小集時仍未被注意到的。其中被探討的議題，以及演出的方式，從雅音小集到國光劇團之間已有大幅度的跨越。因此，其中的關鍵反而是王安祈於 1990 年與 2002 年替當代傳奇劇場所編的兩部劇作。

以題材的使用與重新編寫而言，當代傳奇劇場的《金烏藏嬌》可視為王安祈新編「女戲」的源頭之一，相關論述於本文第四章第一節。於此，我所要指出的是，《金烏藏嬌》所開啟的是一個對於非正派、非傳統的女子的塑造，並開始挖掘出身平凡的故事題材。而這就有別於王安祈在雅音小集裡的幾部作品，仍集中在大敘事裡，縱使在挖掘情感的深度上已進入一種具有生命深度的可能。但，就整個改編方式而言，女戲的重點若在於尋求女性背後幽微聲音，以及一些不被列名的女性角色，那麼《金烏藏嬌》的重新思考與架構，我認為可能是提供王安祈創作的一個關鍵。於是，曹七巧的出現、花旦孟月華的現身，都展現了女性的另一個向度。《金烏藏嬌》的缺陷，可能在於為配合舞台設計而被限縮的部分劇情，以及吳興國在導演上的構思而有所取捨，但實也提供了王安祈在後續劇作上的一個開展與修正。如《金鎖記》亦是在一個限縮的屋子裡所鋪陳的故事，曹七巧對於生命以及婚姻的虛無以致的扭曲，可能是《金烏藏嬌》裡一些被捨棄掉的情感或筆墨，而能夠重新被塑造。此外，李小平導演於訪談時指出，《金鎖記》裡，曹七巧於第四幕幻想吃魚時

---

〔註122〕王安祈：〈一個京劇編劇的自學經驗〉，《為京劇表演體系發聲》，頁 423～424。
〔註123〕以 2004 年起算，在於「女戲」的第一部作品《王有道休妻》於 2004 年首演。

的唱詞，其實是當年改編《金鳥藏嬌》被導演割捨掉的部分，被挪用到《金鎖記》。於是，王安祈實是透過這樣一個編劇經驗，成為她在劇本處理以及情感掌握上能夠更完備的因素之一。

另外，就是透過當代傳奇劇場所獲得的一種劇場經驗。王安祈在〈一個京劇編劇的自學經驗〉一文裡，透過《王子復仇記》對於她與當代傳奇劇場的合作經驗加以說明：

> 這在編《王子復仇記》時我已經有所體認，這部作品自己並不滿意，
> 不過在劇場經驗方面，倒是學習到許多聶光炎老師的舞台和吳興國
> 的導演手法，很多地方給我不少啟發。〔註124〕

我認為，這樣的經驗成為王安祈在劇場形式上的開拓，也就是試圖改變京劇走上現代舞台的方式，而提供京劇有更創新的展現。因此，《王有道休妻》與《青塚前的對話》都使用了「小劇場」的型態加以改編與呈現。而王安祈近期的幾部劇作，如：《歐蘭朵》嘗試更大膽的跨文化實驗、《孟小冬》在表演型態上的開展等，其實都展現出王安祈在京劇的傳統架構裡，重新探索到嶄新的意義。這可能是啟發在當代傳奇劇場的編劇經驗，而逐漸升成一套屬於王安祈的編劇美學與思考。

其實，我們可以注意到，魏海敏與王安祈之間的共鳴。魏海敏身為王安祈多部劇作的女主角，我認為她也成為代替王安祈在舞台上發聲的可能。王安祈在替《歐蘭朵》改編為戲曲版時，曾指出：

> 小說裡貫穿著「青春、永恆、兩性、文學」的，是孤獨。孤獨是創
> 作的狀態，也是文學的心靈。孤獨才能無窮無盡，才能獲得自由。
> 〔註125〕

而這種孤獨感，被延續到了《孟小冬》，就如汪詩珮的劇評所訂名：「孤獨，是一種境界」，並指出「國光劇團新編歌唱京劇《孟小冬》，竟能轉化這兩句台詞：以梅蘭芳引出孟小冬的『孤獨』，在讓杜月笙成為她的『不怕』。」〔註126〕而這兩部的劇作又都是由魏海敏主演，故，那種從劇作反射出自身的可能，透過王安祈的文字、魏海敏的身體與聲音，成為一種對於生命的重新思

---

〔註124〕王安祈：〈一個京劇編劇的自學經驗〉，《為京劇表演體系發聲》，頁427。

〔註125〕王安祈：〈意象劇場與戲曲美學〉，收錄於耿一偉等著：《喚醒東方歐蘭朵》，頁98。

〔註126〕汪詩珮：〈孤獨，是一種境界：《孟小冬》觀後之零零落落〉，頁245。

考與觀照，也拉開了兩人的和鳴空間。同樣地，王安祈也在這一路的創作中，不斷地突破，同時在前作的經驗裡，找到對於京劇的另一層意義與轉化。王安祈與魏海敏，都在深厚的「傳統」基礎裡，重新挖掘出對於「創新」的能量，就如王安祈所言：「『傳統』指的是『傳統戲曲唱唸做打表演體系』，未必限定在『傳統劇目、戲碼』，『保存傳統』的意涵不是『只演古人編寫的戲』，戲曲傳統的唱唸是如此的優美圓熟，應該運用這套表演藝術來編演能引起現代人共鳴的新編劇本。」〔註127〕。

王安祈曾自謙地認為，自己的劇作是「劇作作為臺灣京劇轉型期的側面反映」〔註128〕。但，王安祈的劇作其實早已成為京劇轉型期的一個代表，甚至是賦予這個「轉型蛻變」的戲曲有更深層的生命力量以及內在反思。而她替當代傳奇劇場所改編的經驗，亦可能成為王安祈對於編劇的另一種思考。

## （三）李小平：用舞台說故事的人〔註129〕

關於李小平，我想從一段對他的簡介討論起。在〈從京劇花臉到跨界導演——李小平改寫配角人生〉一文裡，這樣說：

> 導演李小平，該如何界定他是哪一個表演類型的導演，是傳統京劇？
> 舞台劇？歌仔戲？兒童劇？音樂劇？廣告片？細數李小平近年來的
> 作品，不但跨劇種、跨領域還跨文化。〔註130〕

如此多元的執導作品，除了呈現出李小平對於表演型態的跨越，同時也是他在學習歷程上的多方面：從傳統京劇演員出身，到接觸現代劇場。於是，攤開李小平執導跨界作品的歷史脈絡，其實可以發現他在與當代傳奇劇場合作的同時，自己也已經有一條接軌現代與傳統的道路。

李小平曾這樣說：「我幼年的整個養成期是來自於科班的戲曲正統教育，一直到青年階段開始對現代劇場有所涉獵，之後在現代劇場的領域裡面不斷的被觸動，開始從一種更當代的人的審美觀點去看待傳統與古典。長期基於這樣的一種視角去看待傳統，長期以這樣的一種審美觀點去觀注傳統如何在

---

〔註127〕王安祈：〈「戲曲小劇場」的獨特性——從創作與觀賞經驗談起〉，《戲劇學刊》第9期（2009年1月），頁107。

〔註128〕見王安祈：〈一個京劇編劇的自學經驗〉，《為京劇表演體系發聲》，頁415。

〔註129〕本標題取自李小平導演2012年6月6日於國立中正大學演講之題目。

〔註130〕蘇秀姬：〈從京劇花臉到跨界導演——李小平改寫配角人生〉，《表演藝術》第135期（2004年3月），頁89。

一種不那樣刻意或做作的方式去展現出屬於現代的趣味。」〔註131〕我們可以注意到的是，李小平雖出自傳統京劇科班，但他所關注到的也是一個傳統與現代之間的問題，到底要如何才能夠體現出「劇場」的共同性。李小平在重新進入學校學習的過程，其實也是透過接觸現代劇場，以找到「從西方戲劇結構看中國傳統戲曲美學」〔註132〕的方式。他的碩士論文為《《掰啦女孩》導演創作分析》〔註133〕，是一個現代舞台劇的執導手法分析，足見他是不斷在接受現代劇場的訓練，乃至於進入國光劇團時，重新以不同的思維去執導「現代京劇」。近幾年，國光劇團的幾部劇作，自 2004 年的《王有道休妻》以來，到《狐仙故事》（2009）、《孟小冬》（2010）、《百年戲樓》（2011）與《艷后和她的小丑們》（2012），皆由李小平執導。雖說都出自於國光劇團，但編劇囊括了王安祈、趙雪君、周慧玲、紀蔚然等，已呈現出戲曲到西方戲劇的跨界，在劇本的改編與新編上就已有多元的風貌。從傳統戲曲的根基出發，或從題材的特意與新穎詮釋，或在表演型態上突破新局，因此，他才能夠以全新的觀點去看待這些作品，並且找到符合它們的樣貌。

　　若我們綜觀李小平所執導的幾部京劇作品，都可以看到一種透過現代劇場的思考而成的編排。如：《金鎖記》裡的一場打麻將的橋段，李小平將原本京劇體系裡的檢場取消，改為家丁搬動桌椅，於是就成了劇情的一部分。而《金鎖記》、《三個人兒兩盞燈》、《狐仙故事》等作在空間調度上，都呈現了「多重視角」的樣貌，將舞台作一分割，讓環境與人物的情緒作對照與呼應，甚至帶有「蒙太奇」的電影鏡頭。這種在同一空間，人物與人物之間卻不一定在同一時空的作法，《孟小冬》、《百年戲樓》裡也都出現這樣的安排，其解構了講述故事的單一性。顯然地，這些手法都不是在傳統戲曲裡可見的，是從現代戲劇裡取材。不可否認的是，導演這個概念也是現代劇場所擁有的，乃是至「雅音小集」才開始被引入使用。但，李小平之所以能夠巧妙地運用，亦在於他是傳統京劇演員出身，在懂得京劇本身的藝術質地之下，不會無端地添入過度的設計，以影響京劇自身的呈現，而讓核心還是戲曲藝術。

　　其實，相較於吳興國的創新是從西方戲劇取材，或許李小平更忠於傳統

---

〔註131〕李小平口述：〈成長的養分──京劇〉，李小平導演官方部落格。網址：http://blog.roodo.com/maxlee/archives/14258333.html。

〔註132〕蘇秀姬：〈從京劇花臉到跨界導演──李小平改寫配角人生〉，頁 91。

〔註133〕李小平：《《掰啦女孩》導演創作分析》（台北：國立台北藝術大學劇場藝術研究所碩士論文，2008 年）。

戲曲。根據沈惠如在〈複調／拼貼？解構／建構？：論台灣實驗戲曲的策略與前瞻〉一文中，加以區分「小劇場戲曲」的三個時期，將1995年綠光劇團演出改編自元雜劇《秋胡戲妻》的《都是當兵惹的禍》，以及 2002 年春禾劇團改編自元雜劇《救風塵》的《歡喜鴛鴦樓》，列為第一時期的「醞釀期」。〔註134〕巧合的是，《都是當兵惹的禍》雖由羅北安導演，但李小平亦有協助導演工作，而《歡喜鴛鴦樓》則是由李小平所導。故，李小平參與導演的作品，其實更是從傳統戲曲出發，而以小劇場／現代劇場的型態體現不同的樣貌。這樣的經驗，實也提供他替王安祈所編的兩部京劇小劇場（《王有道休妻》與《青塚前的對話》）有更適宜的詮釋。

　　李小平在當代傳奇劇場裡，是從《慾望城國》裡的一個「小兵」出身。這個「小兵」若在傳統戲曲裡，必然是一個不受重視的角色，但《慾望城國》最為人稱道的，就在於吳興國對於小兵的處理，改變了傳統戲曲的架構。他們不再是一個功能性的角色，用以通報，之後就只需要直挺挺地站在一旁。《慾望城國》裡的小兵變得有「戲」，而必須用表演的方式來加以呈現，吳興國甚至帶進了現代舞的表演方式。「小兵」的塑造成功，也造就了《慾望城國》，於是吳興國的傳記裡更直接以「『小兵』立大功」為標題。〔註135〕因此，就如吳興國的傳記裡所道：「通過這種近乎『蛻變』般的表演考驗之後，『小兵』裡後來成為現代劇場裡獨當一面『大將』者比例極高。」〔註136〕第一代的小兵林永彪，後來成為蜷川劇團的長期合作對象，而第二代的小兵就是李小平。或許，這樣的演出經驗讓大多數的戲曲執導者開始注意到每個角色的運用，讓再小的人物都可以是個角。像是《金鎖記》裡的家丁，將功能性與表演性加以結合，成為劇情的一個部分；《艷后和她的小丑們》裡的探子，以豐富的表演加上插科打諢，將原來簡單的一聲「報」變得更有表演性。這樣的處理手法，或多或少是源於當代傳奇劇場的構思，而作為當代傳奇劇場創始藝術家之一的李小平，或許在這樣的經驗摩擦之間，成為他執導的養分。

　　事實上，由於李小平在與當代傳奇劇場合作的過程中，已有執導經驗。因此，《樓蘭女》、《奧瑞斯提亞》等作，李小平都擔任副導演的職位。可以注

---

〔註134〕沈惠如：〈複調／拼貼？解構／建構？：論台灣實驗戲曲的策略與前瞻〉，《中國戲劇學會文藝通訊》，網址：http://www.com2.tw/chta-news/2007-3/chta-0703-ac8.htm。
〔註135〕盧健英：《絕境萌芽：吳興國的當代傳奇》，頁 172～176。
〔註136〕同前註，頁 173。

意到的是，《樓蘭女》係由舞蹈家林秀偉執導，《奧瑞斯提亞》則是西方戲劇導演謝喜納，必然對戲曲不是那麼地明瞭；因此，李小平在兩部劇作的地位更顯重要。他從傳統戲曲出發，再結合小劇場的實務經驗，我認為更提供了當代傳奇劇場在戲曲創新上的基礎。不過，李小平透過當代傳奇劇場接觸到謝喜納，除協助他的導演工作外，更在《奧瑞斯提亞》裡飾演「街頭小子」一角，這種「從導到演」的經驗，讓他能夠更接近西方理論大師，而攝取到現代劇場的養分。並且，透過謝喜納對於傳統戲曲的看法，我認為也促使李小平在回到傳統劇場時，能夠開啟另一種視角，重新運用戲曲美學。此外，李小平於 2002 年時，執導了由兩位京劇演員──盛鑑與朱勝麗──所演出的《魁儡馬克白》，雖然並沒有以戲曲作為表演型態，但兩位演員皆出自京劇，必然會轉化其美學於劇中。而這部作品的執導，或許可以從參與同為《馬克白》改編的《慾望城國》擷取到經驗。

於是，與吳興國同為戲曲演員出身的李小平，對於執導作品有其「跨界」與「多元」的現象，已有一套屬於他自身的美學基礎。但在進入且協助當代傳奇劇場的同時，或許也在彼此的磨合間得到經驗，讓他能夠生成一套自己的導演手法，足以用舞台說他的故事。

## 二、「事」：從「外國之眼」到「世界劇場」

本文在探討《慾望城國》時，曾從台灣媒體如何報導國外劇評與媒體如何看待《慾望城國》於英國的演出，並配合戴雅雯在〈慾望城國：馬克白的三張臉〉〔註137〕一文裡針對國外評論的意涵，佐以林懷民同年於《聯合報》所發表的「文化自信」問題，認為核心價值仍在於我們自身如何看待《慾望城國》與「京劇」。不過，當代傳奇劇場的國外巡演計畫，卻在這種毀譽摻半裡不斷地被邀演，不曾間斷過。根據當代傳奇劇場官方網站的統計，自 1990 年首度帶著《慾望城國》到英國皇家國家劇院演出，直至 2012 年 1 月為止，已有超過六十場的巡演紀錄（每個紀錄還不一定只演出一場）。而在 2012 年的 5 月底，當代傳奇劇場亦將《李爾在此》帶往羅馬尼亞錫比烏戲劇節演出，更是此次戲劇節唯一一個受邀的亞洲劇團，並在 2012 年的 6 月又將前往北美

---

〔註137〕戴雅雯（Diamond，Catherine）著，呂健忠譯：〈慾望城國：馬克白的三張臉〉，《中外文學》第 26 卷第 9 期（1998 年 2 月），頁 35～54。後收入於其專書《做戲瘋，看戲傻：十年所見台灣劇場的觀眾與表演（1988～1998）》，頁 39～64。

演出。當代傳奇劇場所巡演的地點，跨足了歐洲、美洲、日本、中國、澳洲等地，而最常被演出的劇目是《慾望城國》與《李爾在此》，一為創團之作，另一則為復團之作（常被演出的原因可能也是演員只有吳興國一人，最容易成行），足以稱之為當代傳奇劇場的代表作。此外，吳興國更在 2011 年底獲得法國藝術與文學騎士勳章。不過，可以注意到的現象是，除了本節後續會提到的《霸王別姬》與《貴妃醉酒》外，其他曾在國外巡演的劇目皆為「西方混血」劇作的《暴風雨》與《等待果陀》（《水滸 108II——忠義堂》是與香港戲劇節合作，故在香港首演，並不列於其中），並無任何一部「中國改編」作品。所以，國外觀眾或是戲劇學者所欲看到的，到底是當代傳奇劇場的戲曲藝術，還是當代傳奇劇場怎麼表現「他們」的經典，意義上就已有些弔詭。於此，除了是國外的觀眾到底如何看待這樣的表演，我所試圖拉開一個詮釋空間是：吳興國又從這樣的視角裡得到了什麼，讓他接受國外邀演，並不斷地在台灣創作。

不過，在有限的資料裡，我們實也難以觀察出國外的觀眾或評論者到底如何看待當代傳奇劇場的作品。但，可以注意到的是，吳興國的劇場實驗是被關注的。從 1998 年休團後受邀到法國陽光劇團，受到莫虛金的重視與鼓勵，就大概可見一斑。某個層面來說，如果說吳興國一直深受這種「外國之眼」的觀感影響，或許他的復團也是莫虛金在後頭推了一把。但，我認為吳興國在推動這些劇作到國外演出的核心意義，還是在於「京劇」怎麼走出困境、走出台灣。而在這幾年來的努力，國外觀眾其實逐漸可以接受「京劇」的表演體系作為一種藝術的呈現。或許，當代傳奇劇場更深遠的目標是，將「傳統戲曲」表演帶往國外演出。因此，1994 年吳興國與魏海敏在法國演出《霸王別姬》，並在 2007 年一併將《貴妃醉酒》帶往美國演出。

但是，其所開啟的或許僅是一種對於藝術呈現的「接受度」，而並非「理解度」。從當代傳奇劇場所轉錄在《紐約時報》裡的報導：「《李爾在此》的演出，涵括了喜劇、黑色戲劇……以及歌唱、舞蹈、武功等，已超越了莎劇本身。」〔註 138〕雖然不可否認戲曲是結合了歌唱、舞蹈、武功的表演藝術，也就是所謂的「唱、唸、做、打」。而這樣的說法實是國外觀眾的一個詮釋，我們當然可以理解這是一種稱譽。不過，就如本文在探討《水滸 108》時所點出的問題：

〔註 138〕原文：「Comedy or dark drama……song，dance，acrobatics……King Lear is beyond Shakespeare's play itself.」見《李爾在此》節目冊。

「是否這樣就會被理解成一種『雜技』」。《李爾在此》一劇在「弄」一幕，將京劇的表演技巧融自吳興國一人身上，除是將京劇的表演藝術發揮，同時也達到宣揚京劇藝術的可能。但，這樣的表演對於國外觀眾而言，是否僅爲一種「雜技」的展現，必然也不知曉其中的難度在哪，而根本無法理解是京劇的哪些行當呢？對台灣的觀眾而言，可能可以理解吳興國與戲曲的處境，而加以同情，於是表演本身變成是有生命、有情感的，那麼國外觀眾呢？或如紐約時報評論《慾望城國》：「吳興國吃重耗體力的角色將演出帶入驚人的結尾。當他被箭射傷，退至高牆邊，然後從牆上一個滾翻——據說他身上穿的是四十多棒的戲服。」〔註 139〕著重的重點，其實是怎麼能夠穿這麼重的戲服翻下來，表演本身的價值變成僅存於此。就像莫虛金於觀賞過《夢蝶》後所言的「感動」，究竟源出於何？或許，這個「外國之眼」本身就存在著弔詭性。

只是，其核心意義真的在「外國觀眾怎麼觀看」嗎？不可否認的是，接受國外的邀演，對於台灣的演出者而言，可能是一個莫大的光榮。吳興國可能透過這樣的經驗，不僅籌得繼續演出的經費，同時也對於自己的劇作充盈了信心。不過，我認爲更重要的是，透過巡演的過程，將這種光芒夾帶回源出地——台灣。

縱使我們要逃離「文化自信」的問題，但卻不可避免地陷入這樣的情感之中。也就是，被國外認定的、許可的，才是成功的，而有國外的巡演紀錄，就會被視爲「台灣之光」。就像林懷民深切地點出：「我們需要西方劇評家的肯定才能——才敢——才願意——肯定我國藝術家的才華和努力嗎？」〔註140〕但，不可否認的是，當吳興國帶著劇團回到台灣的時候，不管國外的評價是毀譽參半，至少已造成了轟動，乃至於不斷地有邀演計畫。同時，這也讓當代傳奇劇場能夠在台灣得到不同的聲音與迴響。於是，當代傳奇劇場的「西方混血」之作，始終比「中國改編」之作受到重視與迴響，也導致耳聞當代傳奇劇場便與「西方混血」、「跨文化」劃上等號。在「西方混血」之作較易被國外邀演的前提之下，或許可以歸結到台灣人的「崇洋媚外」。故，一種「文化自信」的問題始終在發酵。或許吳興國運用了這種心理，透過西方經典改編讓台灣觀眾再次見到「傳統戲曲」藝術，但會否只是一種本末倒置呢？

因此，劉亮延曾針對當代傳奇劇場對於西方經典的改編提出質疑，他認爲：

〔註139〕轉引自盧健英：《絕境萌芽：吳興國的當代傳奇》，無頁碼。
〔註140〕林懷民：〈蒻蘭姆 如果惡評如湧〉，《聯合報》1990 年 11 月 21 日，08 版。

「到底是改編了沒有？創新了沒有？乃至對於創新行為的合理化論述，在這樣的邏輯檢視之下，都成為一個關鍵問題。而至於如何創新，如何改編，如何從藝術文化的資源中繼續發展下去，卻始終懸而未決。」〔註141〕，並指出：

> 既然我們已無法回到那個表演全由演員「提純」的時代，而我們仍必須使用中文，並對戲曲有所偏執愛好，那麼我們是否更應該試著回歸到戲曲本質的層面去思考與行動。不是為了某種文化觀點而吸引年輕人或者是為了提倡一種文化活動，也不是為了要保存什麼文化遺產，除此之外總該還能有些什麼契機可以打開其本質核心吧？〔註142〕

我們可以明白劉亮延的一種憂心。同樣地，我認同他的懷疑，也就是，是否在傳統戲曲裡找不到出口的時候，就以創新作為號召，但在創新沒了噱頭時，又回到了傳統戲曲呢？但我認為可以換個角度來評價當代傳奇劇場。因為不管吳興國如何使用西方劇場手法、如何改編西方經典、如何在意「外國之眼」，傳統戲曲的本質卻是不曾被改變的主體，仍不斷在任何一部當代傳奇劇場的劇作裡發酵。此外，《梨園傳奇》的推出，以票房而言並沒有當代傳奇劇場的跨界作品轟動，這樣的作品實質存在的是理念，而非現實因素。

於是，吳興國透過當代傳奇劇場的劇作所要傳達的，其實是一個「傳統戲曲」怎麼存在與如何定位的問題。也就是，我們怎麼回過頭看待「傳統戲曲」，而不只是外在呈現的多重樣貌。

因此，我借用鍾欣志在論述晚清劇場時所援用的「世界劇場」概念〔註143〕，倘若劇場跟世界是彼此隱喻的兩個空間，那麼世界就好比是一座舞台，在舞台上搬演世界，其實也找尋自身在世界上的地位。於是，當代傳奇劇場

---

〔註141〕劉亮延：〈被框架的「傳統」與「創新」〉，《上海戲劇》2010 年第 9 期（2010年），頁 9。

〔註142〕同前註。

〔註143〕鍾欣志認為：「《二十世紀大舞臺》的創辦人把劇場和世界當作可以相互轉喻的兩個空間概念——既然世界好比一座舞臺，世人既是演員也是觀眾，那麼小小的舞臺自然也可拿來演出全世界的，而不僅是中國的故事。」見鍾欣志：〈晚清「世界劇場」的理論與實踐——以小說《黑奴籲天錄》的改編演出為例〉，《中央研究院近代史研究所集刊》第 74 期（2011 年 12 月），頁 97。蔡祝青亦認為：「這個展演空間更是優伶們要『隱摻教化權，借做興亡表』，寓寄世界舞臺的理想於小舞臺的教化場域，因此，『新舞臺』空間的出現，將使戲劇改良計畫得以更加落實。」見蔡祝青：〈舞臺的隱喻：試論新舞臺《二十世紀新茶花》的現身說法〉，《戲劇學刊》第 9 期（2009 年 1 月），頁 73。

在台灣舞台，乃至於世界舞台，或許是搬演著國外的題材，其實也在審視傳統戲曲於世界的地位，或是將其推往整個世界做為場域。這或許也是吳興國在透過「外國之眼」，所逐漸生成對於戲曲的另一種思考與定位。透過「世界劇場」的概念，更可察覺在當代傳奇劇場的劇作裡，那種豐沛的隱喻性——怎麼使傳統戲曲讓全世界的人看到，不管用怎樣的方式。

此外，「世界劇場」在晚清其實是與社會、政治相連結，這始終也與現代劇場作為社會縮影這個現象有所貼合。《李爾在此》的內涵，雖集中在吳興國對於自己生命的回溯，但在這樣的回溯過程裡，其實也看到吳興國對於戲曲生態的不滿與憤怒，顯然地反映出了社會現況。更由於原著《李爾王》的題材，牽涉到家庭、國家、政治的問題，因此，我們可以從幾則新聞報導，看到《李爾在此》的一種政治隱喻，導致吸引了政治人物前往劇場觀賞。在〈「李爾在此」今中縣登場〉一則，明確點出政治意涵：「當代傳奇劇場今晚在台中縣港區藝術中心演出新劇——李爾在此，這齣劇在台北演出時，陳水扁總統和副總統呂秀蓮欣賞後都稱讚，呂副總統更認為這齣戲發人深省，政治人物都應該看。」〔註144〕而在〈吳興國半顛半狂盡情演出〉裡報導：「陳水扁總統、總統府副秘書長簡又新伉儷、台北市長馬英九、中國信託董事長辜濂松及藝文界金士傑等人，昨均出席這場首演盛會。陳總統於中場接見主演吳興國時表示，他了解當代兩年前因財務困難被迫休息的困境，希望未來當代能獲得更多企業及觀眾支持，繼續發揮才華，創作優秀作品。」〔註145〕以及「中場休息時陪同總統一齊接見吳興國的還有馬英九市長，由於話題提到台北市展演空間，馬市長特別說明松菸規畫文化園區、中山堂整建為表演廳的情形。陳總統也表示，展演空間對藝文活動十分重要。台北市長馬英九在演出後特別為吳興國開香檳慶祝。」縱使我們無法認定《李爾在此》的意涵與政治人物之間有多少聯繫，而當代傳奇劇場的劇作也不存在著晚清劇場那麼強烈的「救亡圖存」的社會意念，其核心應仍在於藝術呈現。不過，在吸引政治人物進入劇場後，透過一種近乎呼籲式的影射，實也讓他們能夠再次審視文化議題，以提升藝術表演的生存環境。就如當代傳奇劇場在 2010 年，配合了政府的「文創」計畫，推出《歡樂時光——契訶夫傳奇》，並於 2011 年起以「傳

---

〔註144〕游振昇：〈「李爾在此」今中縣登場〉，《聯合報》，2001 年 8 月 11 日，19 版。
〔註145〕紀慧玲：〈吳興國半顛半狂 盡情演出〉，《民生報》，2001 年 7 月 7 日，A11版。

統戲曲」為內容，推出《傳奇風雅》的定目劇演出，實是在有限的政府資源底下，嘗試讓「戲曲」得以發聲，而這個目標始終是當代傳奇劇場自創團以來的理念。

從「外國之眼」到「世界劇場」，其實是當代傳奇劇場重新審視自己的劇作，與「傳統戲曲」的定位，甚至可以延伸到台灣在世界上的位置。這種思考與做法上的推演，其實也在在改變了「戲曲」在台灣的文化與社會地位，促使其展現在台灣的獨特時代脈絡。

## 三、「物」：「戲曲」結構的相互滲透

當代傳奇劇場面對「戲曲」這樣的載體，其實是在進行一種「表演」與「劇本」的改變，包含行當規範的鬆綁與置換、表演藝術的跨越與結合、劇情的現代精神與關懷、題材的開拓等。雖然，我們不能蓋棺論定地認為當代傳奇劇場促成了現當代戲曲的樣貌，但當代傳奇劇場站在雅音小集到目前多元發展的戲曲文化中間，雖是戲曲衰微的時代，卻也乘上解嚴之後的開放，讓戲曲蛻變的步伐拉大，實是具有其時代意義。

王安祈在 1991 年所編撰的《國劇新編——王安祈劇集》裡收錄的〈當前台灣國劇發展的三個方向〉，針對當代傳奇劇場已發表的兩部作品（《慾望城國》與《王子復仇記》）提出這樣的看法：

> 而「慾望城國」和「王子復仇記」之所以不歸屬於「國劇」而採用
>
> 了廣泛的通明「舞臺劇」，正因為它們是新劇種的嘗試實驗。〔註146〕

於是，當代傳奇劇場一路的劇場實驗，實是「新型態」、「新劇種」的追求。本文也在探討當代傳奇劇場的劇作時，不斷地探問這個問題：「新型態」達成了嗎？因此，在第三章探討《李爾在此》與《等待果陀》時，曾指出這兩部作品在傳統劇場與現代劇場的間縫處，找到前進現代與回歸傳統之間的共融點，有其能夠被稱之為「新型態」的可能。不過，仍可被質疑的是，當代傳奇劇場所製作的這幾部劇作，其實並沒有成為一個「慣性」，也沒有被未來的創作者繼續沿用，而成為固定的表演型態。那麼是否能夠被稱為「新劇種」呢？同樣地，這也可以被反過來質疑，就是為何「新型態」或「新劇種」一定要有被延續的可能，而不能保留其獨特性？〔註147〕我們可以注意到，李寶春所創的「台北

---

〔註146〕王安祈：《國劇新編——王安祈劇集》，頁258～259。

〔註147〕本段有關「新型態」與「新劇種」的論述，在於回應我於台灣藝術大學戲劇

新劇團」其實也不斷致力於「戲曲創新」上，嘗試找到現代與傳統的接軌，只是在不同的觀點與處理手法之下，產生不同的產物與作品。也就是，這個創作過程帶有曖昧不明，就如本文在緒論時所指出的「混血」本來就難以控制產生的產物，於是「新產物」是否能夠有統一的形貌，或是能夠界定其誕生否，都是混淆的。不可否認的是，「當代傳奇劇場所作的突破」成為一種現象，造成創作者能夠回顧自身的傳統劇場，或從戲曲的表演程式下手，在改變戲曲結構的同時，也重建出屬於自己的劇場型態。

而，透過鍾明德所定義的「第三類接觸」，所謂的「『戲曲傳統』與『現代劇場』相互滲透的現象」〔註148〕，當代傳奇劇場在戲曲裡引進了現代劇場的技術，同時拆解掉戲曲本有的程式。但，在其近期的兩部作品：歌舞劇《歡樂時光——契訶夫傳奇》、歌劇《康熙大帝與太陽王路易十四》，本體已不再是戲曲，反而更接近於「現代劇場滲入傳統戲曲」的「反向」現象。綜觀而論，當代傳奇劇場透過表演主體的挪動，促使兩者相互滲透，於是現代劇場與傳統戲曲之間的間隔逐漸被消除。我認為，當代傳奇劇場透過改編與表演型態的跨界，所帶來的影響是「劇場」的定義被擴充，從他們的創團之作被質疑的「現代與傳統之間的衝突問題」，到後來逐漸被接受，甚至成為其他劇團看待藝術型態的態度。

因此，我們可以注意到，戲曲的元素也不斷地滲透到現代劇場裡，不管是題材或是表演方式。屏風表演班於 1996 年所首演的第二十回作品《京戲啟示錄》，藉由李國修父親的故事，以一個虛構的劇團「風屏劇團」回頭凝視自己的父親，同時也在思考京戲改良的問題。當風屏劇團在舞台上彩排《梁家班》，梁家班則在勾欄上排演改良傳統老戲《打漁殺家》。一種「以戲演人生」或是「人生是戲的重演」，戲與人生成為彼此的隱喻。於是，不只京劇的場景被搬到現代舞台上，同時，「京劇創新」的問題也被思索。劇中人物李修國的父親，一個嘗試力挽京劇頹勢的戲子，這樣說：

> 京戲不論怎麼改，
>
> 離不開忠孝節義，

---

學系發表〈重新發聲與自我對話——從《李爾在此》「再論」當代傳奇劇場〉一文時，評論人徐亞湘教授對於「新劇種」所提出的質疑（前段為徐亞湘教授的疑問，後段則為我的回應）。

〔註148〕鍾明德：《繼續前衛：尋找整體藝術和當代台北文化》（台北：書林，1996年），頁 374。

離不開一桌兩椅。

對於戲曲創作的窘境，雖是反映戲曲在傳統與創新之間的抗衡，也是當代傳奇劇場創作《慾望城國》時的困境。因此，在李國修的《京戲啟示錄》裡，是以舞台劇講京劇、講人生、講傳統與創新，同時也讓戲曲與現代劇場放在同一個平台之上，彼此共生。這種對於劇場的態度與思考，其實是所有戲曲創作者共同的血汗交織，而吳興國也在 2001 年時透過《李爾在此》訴說了自己的生命歷程。這種以戲演戲、以戲講生命的敘事架構，在國光劇團 2011 年所推出的「京典舞台劇」《百年戲樓》又再次現身。從戲班裡的一個男伶開始、從戲的問題開始，整個故事被放進百年（或要說不到百年）的政治變革、環境異動，人生與戲變成一種糾葛不清的局。就如劇中被點明的一句話：「人生的不圓滿，非得在戲裡求」。在這樣的故事脈絡下，戲曲與舞台劇的表演變成一種彼此的滲透，雖說表演團體為以京劇為組織的國光劇團，但《百年戲樓》的表演型態其實更近於話劇，裡頭放入京劇的元素。這樣的現象更點出「戲曲」與「戲劇」之間被打開的界線。雖說這樣的訴求與呈現，已經是一種戲曲與戲劇發展的普遍現象，但當代傳奇劇場之所以重要，或具有時代意義，就在於其大膽地先從傳統戲曲下刀，在改變了我們觀看劇場的態度後，相對地，怎樣的化學作用都可能在劇場裡發生。

此外，本文曾提及劉亮延所主導的「李清照私人劇團感傷動作派」作品《作淫愁（上）初飛花瑪莉訓子》與《作淫愁（下）猶自羞駝男盜令》，取材自京劇老戲《三娘教子》、《四郎探母》，與日本戰後前衛劇場大師寺山修司經典名作《毛皮瑪莉》、《青森縣的駝子》結合。在他的作品裡，由當代傳奇劇場裡的花旦錢宇珊主演，把表演形式以及故事架構，都加以拆解。於是，她雖唱著慢板二黃，但唱詞裡卻充滿了現代語彙，如：把你的防腐劑放進我的身體裡；服裝係由日本的千鶴美扇指導，變成了和服；劇裡的表演動作，也不完全是京劇，更帶有日本舞的色彩。因此，在劉亮延的眼裡，所有的元素都可被拆解後重組，最後生成的樣貌雖被歸類於「小劇場」，但其實根本無法被類別化。這樣的作品，除了是劉亮延自己的天馬行空，以及藝術底蘊，我認為錢宇珊於當代傳奇劇場裡的訓練也有密切關係，能夠不受限制地去將自己的京劇身體，揉合進這樣不受限制的表演系統與劇本裡。而，這也是「人」影響「物」的產生。

在「現代劇場」與「傳統戲曲」彼此的滲入之下，「戲曲」獨有的身體美

學是被重視的；源於西方所定義的「跨文化劇場」，亦是透過東方的表演藝術與形式，去演繹西方的劇本。當代傳奇劇場雖由此出發，但在「反向運用」之下，不斷地延伸出不同的構思，例如：將這樣的經驗移轉到中國的題材，間接地也導致戲曲本身的轉變。於是，從前述所提及的幾部作品，我們可以注意到，台灣的「跨界」作品不只是演繹西方劇本，更將思考回到了台灣本土，或是戲曲本身的發展以及題材。顯然地，在吸納了西方的劇場技巧之後，當劇場的分野被開放的同時，那個源於自己本體的藝術型態開始成為整個詮釋與演繹的主體。如：1／2 Q劇團在2012年所推出的作品《亂紅》，藉由小劇場的形式，重新詮釋了孔尚任的《桃花扇》。透過一個明代的侯方域，一個清代的侯方域，來探討侯方域的內心，面對愛情與政治問題，他該怎麼樣為自己辯解？而在表演型態上，明代的侯方域以崑劇，清代則以歌仔戲，亦達到一種表演藝術上的跨界，更體現兩種不同傳統藝術的交融，替劇場的型態增添了一種選擇；於是《亂紅》不只是侯方域的選擇，更是劇場表演的選擇。〔註149〕於是，「新型態」或「新劇種」或許已不是創作最後所必須產生的「物」，而是在這樣的過程裡，回觀到原有的表演藝術，提煉出各種不同的樣貌，這實是劇場該有的多面性。

　　以一個「結果論」的角度來併行地觀看當代傳奇劇場與現當代戲曲的發展，不可否認的是，現今戲曲的呈現，或多或少出於當代傳奇劇場所打開的一種形式上的開拓。倘若當代傳奇劇場沒在創新上跨出這一步，那麼傳統戲曲或沒落，或如何質變，都變成一個未知數。不過，以現今當代戲曲的發展與產物而言，實已發展出一條透過戲曲的美學，與現代化的思考，而形成獨特的藝術型態，甚至不斷地以不同的形式與內涵深化與進步，就如「國光劇團」所開啓的「新京劇」，已將當代戲曲帶往一個更成熟的呈現。〔註150〕反過來地，當代傳奇劇場近幾年的作品，雖在初衷上仍抱持著積極態度，但卻常

〔註149〕本段論述部分內容參考自林立雄：〈兩個侯方域的選擇《亂紅》〉，《表演藝術評論台》，網址：http://pareviews.ncafroc.org.tw/?p=2763（2012.05.31）。

〔註150〕2011年7月3日在國立臺灣大學文學院所召開的「新世紀 新京劇——二十一世紀京劇新美學與國光劇團」學術研討會，就以「國光劇團」作為對象，並提出了「新京劇」的名詞，足見近幾年的戲曲發展成果，係以「國光劇團」作為主角的。相關內容可見《中國文哲通訊》第21卷第1期的「新世紀 新京劇——二十一世紀臺灣京劇新美學與國光劇團」專輯，頁1～82。以及《印刻文學生活誌》第82期（2010年6月）「古典的青春・一九四九年之後，台灣新京劇」特輯，頁156～184。

落入一個形式上的置換與創造，反而失卻了其美學的內在。我認為，以吳興國在《李爾在此》等作所宣示的，與《梨園傳奇》對於傳統劇場的回歸，他必然知曉自己的美感出自於傳統，這才是他所無法捨棄的藝術本源，那麼在其後續的劇作裡，是否能夠秉持這樣的思考，而非技術性上的反動，或許才是真正重要的核心意義。於是，當代傳奇劇場賦予了戲曲新的時代意義，但同時也正面臨了時代的考驗。也就是說，當代傳奇劇場的確打開了西方戲劇與傳統戲曲的大門，但在面對時代的不斷淘汰與前進之下，當其他劇團更穩當地走向實驗的成品，那麼當代傳奇劇場是否仍跳脫未完成的實驗，或許才是不愧於其時代意義的關鍵。

# 第五章　結論：尋覓中的主體性

　　1986 年，我出生，當代傳奇劇場也於這一年開始了他們的劇場革命。對於這個與我同年誕生的劇團，漸漸地成為我在處理劇作本身的感動背後，另一種莫名的親切感。從沒想過，就是個 1986 年，普通不過的年代，卻成為我與當代傳奇劇場之間最緊密的繫連，一種遠超乎那時觀看《李爾在此》所得到的悸動。原來有些牽動著生命際遇的，不只是觀看當下，還不斷地追溯到誕生的那刻。特別是當代傳奇劇場的發展，基本上呼應了藝術總監吳興國自身的藝術構思與生命實踐，於是當代傳奇劇場就像是一個「有機體」，擁有獨特的生命歷程。因此，本論文標題所指出的「擺盪」，放置到這個思維裡，就如同人的生命可能有不同的波折與轉圜，不一定是「直線式」的成長或前進。我們常誤以為自己在年歲的增長裡，都能夠「成長」成一個理想的型態，但「成長」本身就曖昧不明，難道我們不曾在原地徘徊，或是重蹈覆轍？而，這樣就不能稱為「成長」？於是，透過當代傳奇劇場，我也看到自己在生命的旅程裡，無厘頭的堅持，或是在狠心捨棄後，卻又回過頭懊悔不已，或許這就是一種「擺盪」、一種共同的生命體驗。雖說這樣的發展路徑造成討論上的困難，但也由於其與生命的互動性，因此在觀看的過程中，存在著許多「非理性」的感官刺激在裡頭翻騰。誰說在看似「客觀」的討論裡，不能存在著這一層「主觀」的脈動牽引著我。

　　本論文定名為「擺盪於創新與傳統之間」，乃是回應當代傳奇劇場並未有固定的發展脈絡與劇作分期。從劇作的發表時間來看，在《慾望城國》與《王子復仇記》首演後，兩部「中國改編」《陰陽河》與《無限江山》隨即於 1991、1992 年發表；《李爾在此》這部同時在「傳統」與「創新」間達到平衡的作品，

於 2001 年首演，前後期的作品分別是 1993 年的《樓蘭女》、1995 年的《奧瑞斯提亞》、2002 年的《兄妹串戲》與《金烏藏嬌》以及 2004 年的《暴風雨》，直至 2005 年才又見到同質性較高的《等待果陀》；2007 年，雖以「中國題材」為主，卻是兩部迥異的劇作——《水滸 108》與《夢蝶》；特別是在《梨園傳奇》之後，兩軌併行的狀態更是明顯，如 2010 年就同時發表了《歡樂時光——契訶夫傳奇》與《梨園傳奇 2》。﹝註 1﹞因此，在這種「擺盪性」之下，對於當代傳奇劇場的探討實無法以年代加以區隔。於是，本論文的分類方式，是嘗試梳理出一條能夠重新詮釋「當代傳奇劇場」的道路，而在這個「擺盪」的「當代傳奇劇場『史』」裡，又怎麼與當代戲曲發展以及文化產生互動，這也是本論文在表演藝術之外所欲關注的議題，並從中擷取「當代傳奇劇場」的時代價值。故，本論文章節安排的初衷，其實是在「創新」與「傳統」這個二元架構之下。

第二章的焦點在於「創新」，主要的探討對象是當代傳奇劇場七部「西方混血」之作——《慾望城國》、《王子復仇記》、《樓蘭女》、《奧瑞斯提亞》、《暴風雨》、《歡樂時光——契訶夫傳奇》與《康熙大帝與太陽王路易十四》。「創新」與「混血」是當代傳奇劇場給予觀眾與論者的第一印象，亦是吳興國開啟新的戲劇門扉的關鍵。《慾望城國》與《王子復仇記》透過改編「莎劇」，在高度發揮表演程式之下，也融合了不同的表演藝術，進而改變「京劇」的架構，看似「革命」卻也成為後來當代戲曲的基本構思。《樓蘭女》、《奧瑞斯提亞》與《暴風雨》大幅度地「破壞傳統」（這個傳統包含西方經典與京劇表演），並無法在「破」之後得以「立」新劇種，在在投射當代傳奇劇場對於京劇、對於西方經典的問題所在，但同時也鬆動了「京劇」的本體位置，讓劇場詮釋更顯多元。於是，《歡樂時光——契訶夫傳奇》與《康熙大帝與太陽王路易十四》就是在挪動「京劇」作為主體概念後所生成的劇作，其更反映出文化、政治與劇場表演密不可分的關係。

第三章的討論對象是同為「西方混血」之作的《李爾在此》與《等待果陀》，之所以獨立被討論，在於兩部劇作強烈地呼應了創作者吳興國自身的生命歷程與藝術本質。因此，在「創新」裡頭，看到了作為吳興國創作源頭的「京劇」，也就是本論文所謂的「傳統」。這就是本論文在整個「重探」過程

---

﹝註 1﹞ 有關當代傳奇劇場的劇作發表時間，請見附錄「當代傳奇劇場創作一覽表（1986～2012）」。

中的第一個轉折，也就是怎麼透過創作者的生命經驗，得以回溯「藝術本有的美感」。最表層的表演形式的確可以經過拆解、再重組，而展現不同風貌，但得以醞釀成「美學」或是「詩意」的，都是遠超過這些程式化規範（或許連解消程式也是另一種程式化），經過千錘百鍊而成的「藝術身體」。這兩部劇作最深刻之處，並不只是整體表演形式的「創新」，更在於吳興國如何在戲劇中達到與生命對話的過程。於是，「創新」並非一味地「破壞」，《李爾在此》與《等待果陀》在開拓性、前衛性的創作之下，更深刻地與吳興國本有的「傳統」以及「藝術生命」重建與再造。而，這樣的作法也成為當代傳奇劇場最接近於「新劇種」的兩部劇作。於是，第三章的焦點則逐漸從「創新」回溯，開始觀看「傳統」。

因此，第四章的核心就是從「傳統」出發的溯源與被框限的「創新」。討論的劇作是當代傳奇劇場以「中國」作為題材的作品——《夢蝶》（並同時兼論《陰陽河》、《無限江山》與《金烏藏嬌》）、《水滸108》系列與《梨園傳奇》系列。第四章的焦點除了是當代傳奇劇場如何透過「西方混血」而來的經驗，重新回到身體本質的「傳統」、「中國」，這也是本論文於緒論時便提及的『『反向』的跨文化劇場」所欲傳達的核心意義。第四章的討論不只是在於劇作本身的處理，更嘗試回應「傳統戲曲」於整個社會文化之下的處境，也就是「傳承」上的問題。故，第四章的第三節就以整個「當代戲曲」的發展與「當代傳奇劇場」本身相互對應，將當代傳奇劇場所引發的「人」、「事」、「物」三個層面的時代意義，替當代傳奇劇場在整個當代戲曲史裡找到一個承先啟後的位置。

不過，本論文的第二轉折就在於怎麼從「當代傳奇劇場」重新思考「傳統」到底是什麼。當我們能夠從「創新」裡看到作為藝術本質的「傳統」，某些「傳統」會否也是首創時期的「創新」，而在時代的推移裡，成為過去的產物。就如《慾望城國》在首演當下被認為是「反叛」與「革命」，但在經過這些年來的劇場發展，卻成為當代戲曲的「傳統」範本。因此，拆解掉「創新」與「傳統」二元關係的同時，所必須思考的是，當代傳奇劇場的「傳統」到底是什麼？雖無疑是「傳統戲曲」，但《樓蘭女》、《奧瑞斯提亞》等作的拆解、拼貼手法會否也成為了當代戲劇的另一種「傳統」呢？而，另一層問題則是，從當代傳奇劇場看到的「傳統」可能性，是否才是得以繼續創作的原點呢？於是，對於「傳統」的追溯過程，其實是在「創新」的實驗裡不斷省視與挖

掘藝術發展的前行努力，「傳統」並無法定義，因爲這是因人而異的。〔註 2〕故，反思「傳統」與「創新」之間的關係，是本論文在第三章、第四章透過不同角度加以論述的核心。

因此，本論文雖嘗試在當代傳奇劇場的擺盪裡，以「創新」與「傳統」架構論述，但同時也在解消掉這樣的關係。《慾望城國》、《樓蘭女》等作看似「創新」，其實在本文的論述裡，也看到吳興國對於自身「傳統」的欲拒還迎。故，怎麼重新定位「當代傳奇劇場」，或是怎麼再次看待「當代傳奇劇場」的劇作，並不是要去劃分何謂「創新」、何謂「傳統」，或者是「傳統戲曲」與「現代劇場」分野，那個界線是該被模糊化的，至少當代傳奇劇場所反映出來的就是如此。「傳統」是什麼？「創新」是什麼？本就因人而異。最後，我們該討論的是其最後生成的樣貌，以及其藝術的本質。

歸結來看，吳興國從「跨文化」、「跨文類」到「跨劇種」，反映出他在當代傳奇劇場的「劇場實驗」裡，從「混血」出發，並以「跨界」作爲方法，打破被嚴苛區分的門類；同時，他的合作對象亦是跨度極大，包含傳統戲曲界、現代戲劇界、現代舞者、流行歌手、電影導演、小說家等。或許，當代傳奇劇場之所以擺盪，也在於這樣琳瑯滿目的實驗跨度與向度，導致每一部劇作都可能是新的嘗試，難有定性（或者該說其「定性」就是「變化」）。於是，本論文所謂的「創新」與「傳統」，在拆解其二元關係後，當代傳奇劇場所擺盪的其實是吳興國作爲劇場主導者的「主體性」。倘若「國光劇團」在「女戲」的脈絡與「新京劇」的成就之下，有一條屬於「文學性」的詮釋架構與主體，那麼「當代傳奇劇場」顯然地缺乏這層得以深化的內涵。因此，在二十五年來的實驗過程裡，吳興國是否已有所定見，而不再繼續擺盪呢？或許，

---

〔註 2〕 汪詩珮在探討《十五貫》時，舉出這個被譽爲「一齣戲救活了一個劇種」的 1956 年的改編本，將著名的〈男監〉一折刪去，雖說刪之可惜，但該折其實並非原本就有的折子，而是清代最負盛名的小生陳金雀，爲在「老生」與「丑」爲主的戲份之外，發展一折屬於「小生」的精采戲份，才有〈男監〉的產生，後來流傳到民間，竟成爲《十五貫》不得忽視的折子。這個例證得以說明的是，執著於「傳統」、「經典」者，要省思劇種的興存與救亡，仍是繫在世代藝人身上。此概念與本論文的共鳴，除可在吳興國於當代傳奇劇場裡替自己量身打造的角色看到，其實也呼應了「傳統」是否該被堅持於某種型態，或是某些情節，或許「傳統」本來就不是一個固定的形貌，不過是個概念而已。詳見汪詩珮：〈奠基於傳統之上的創新：談《十五貫》的改編〉，《彰化師大國文學誌》第 17 期（2008 年 12 月），頁 228～230。

這是可以再繼續觀察下去的部分。

　　於是，本論文透過當代傳奇劇場及其表演藝術，藉由反思「跨文化劇場」所帶來的效應，其實更是在環視整個台灣劇場或是戲曲發展的可能性。一部劇作的成功與失敗，關鍵並不是形式上如何置換、如何拼貼，甚至連融合都不一定是重點。而是，能夠透過這樣的表演去感受到什麼，不只是觀眾，還有表演者自己。真正被傳達的，通常都不是語言、劇情或是所有形式上能夠被解釋的部分，能感動的都是那些無以言說之處，甚至每個人所受到的啓發都會有所不同。〔註 3〕或許，「共鳴」仰賴共同經驗，但如果這部劇作足以告訴我們什麼，那就無關乎懂不懂得京劇，或是懂不懂得西方戲劇，更無須理會是台灣人還是外國人。或許，這些體驗偏向各取所需，但倘若一部劇作能夠具有這種啓發性，就不枉創作者的努力與觀眾的觀賞。

　　本論文截至 2011 年，並嘗試寫出「結論」，但當代傳奇劇場卻仍在進行一場「未完」的「劇場實驗」，無關實驗結果的成功與否，而是這種過程本就永無止盡。但，當代傳奇劇場要能夠繼續創作下去，無非是要重新檢視源於創作者（吳興國）身體裡的藝術本體，而這種美學的營造，絕非外在表演形式、舞台技術、西方劇本等的繁複堆疊所能取代。就因為當代傳奇劇場還在繼續創作，本論文僅能就其目前的成就加以論述。至於，吳興國是否已創造了「當代」的「傳奇」呢？同時也要斟酌的是，「當代」的「傳奇」恐非某個劇團所能創立的。但，不可否認「當代傳奇劇場」對這個時代的戲曲與劇場發展是有所影響的，同時也使得「當代」的「傳奇」逐漸成為可能。不過，對於當代傳奇劇場而言，怎麼重新回顧自身的創作歷程，挖掘能夠繼續深化的內涵，不僅走出異於其它劇團的特殊性，更得體認自身的「主體性」。而不是一味地標新立異，甚至沉迷於新的舞台科技或劇場技術，畢竟「藝術」本就無新舊之分。透過重省、再探的過程，當代傳奇劇場如何找到屬於自己的「尋覓中的主體性」，或許才是得以繼續開創傳奇的可能。

---

〔註 3〕此論述的啓發不只在於論文裡對於「當代傳奇劇場」的觀看，更源於電影《3D舞力對決》（Street Dance 3D）。在我們的認知裡，都認為街舞與芭蕾舞完全不同，但電影裡的這群人在不同的表演背景之下，讓街舞與芭蕾舞融合在一起，稱霸了街舞大賽的冠軍。電影裡頭的芭蕾舞學校校長海倫娜，帶著街舞舞者的女主角卡莉，前往觀賞芭蕾舞劇，曾針對卡莉對於兩種舞蹈分野的疑惑，提出她的説法：「重點是去感受到什麼。」而這何嘗不也是本論文在探討「當代傳奇劇場」時所延伸出來的角度。

# 附錄：當代傳奇劇場創作一覽表 （1986～2012）

| 首演年份 | 作品名稱 | 導演 | 編劇 | 首演場地 |
|---|---|---|---|---|
| 1986 | 慾望城國 | 吳興國 | 李慧敏、吳興國、林秀偉 | 台北社教館 |
| 1990 | 王子復仇記 | 吳興國 | 王安祈 | 台北國家戲劇院 |
| 1991 | 陰陽河 | 曹駿麟 吳興國 | 習志淦 | 台北社教館 |
| 1992 | 無限江山 | 吳興國 | 陳亞先 | 台北社教館 |
| 1993 | 樓蘭女 | 林秀偉 | 林秀偉 | 台北國父紀念館 |
| 1995 | 奧瑞斯提亞 | 理查‧謝喜納 | 理查‧謝喜納 | 台北大安森林公園音樂台 |
| 2001 | 李爾在此 | 吳興國 | 吳興國 | 台北新舞台 |
| 2002 | 兄妹串戲 | 吳興國 | 吳興國編劇 周華健編曲 | 台北紅樓劇場 |
| 2002 | 金烏藏嬌 | 吳興國 | 王安祈 | 台北國家戲劇院 |
| 2004 | 暴風雨 | 徐克 | 習志淦 | 台北國家戲劇院 |
| 2005 | 等待果陀 | 吳興國 | 吳興國 | 台北城市舞台 |
| 2007 | 水滸 108 | 吳興國 | 張大春編劇 周華健編曲 | 台北城市舞台 |
| 2007 | 夢蝶 | 吳興國 | 林秀偉 | 台北國家戲劇院 |
| 2009 | 梨園傳奇 | 吳興國 | —— | 台北國家戲劇院 |
| 2010 | 歡樂時光——契訶夫傳奇 | 吳興國 | 張大春 | 台北華山 1914 創意文化園區 |

| 2010 | 梨園傳奇 2 | 吳興國 | —— | 高雄中正文化中心至德堂 |
| 2011 | 水滸 108II——忠義堂 | 吳興國 | 張大春編劇 周華健編曲 | 台北國家戲劇院 |
| 2011 | 康熙大帝與太陽王路易十四 | 吳興國 | 張大春 | 台北故宮前廣場 |
| 2011 | 傳奇風雅定目劇 | 吳興國 | —— | 台北中正紀念堂演講廳 |
| 2012 | 傳奇風雅 2 定目劇 | 吳興國 | —— | 台北中正紀念堂演講廳 |

# 參考文獻

## 一、當代傳奇劇場錄影及現場演出觀賞

### （一）出版錄影

1. 《獨當一面》，台北：當代傳奇劇場，2004 年。
2. 《慾望城國》，台北：當代傳奇劇場，2006 年。
3. 《李爾在此》，台北：當代傳奇劇場，2006 年。
4. 《暴風雨》，台北：當代傳奇劇場，2006 年。
5. 《夢蝶》，台北：當代傳奇劇場，2008 年。
6. 《康熙大帝與太陽王路易十四》，台北：當代傳奇劇場，2011 年。

### （二）未出版錄影

1. 《王子復仇記》，台北：國家戲劇院，1990 年 3 月 10 日。
2. 《陰陽河》，台北：台北社教館，1991 年 12 月 8 日。
3. 《無限江山》，台北：北社教館，1992 年 11 月 14～15 日。
4. 《樓蘭女》，台北：國父紀念館，1993 年 7 月 4～7 日。
5. 《奧瑞斯提亞》，台北：大安森林公園露天音樂台，1995 年 10 月 27～29 日。
6. 《金烏藏嬌》，台北：國家戲劇院，2002 年 8 月 17 日。
7. 《等待果陀》，台北：城市舞台，2005 年 10 月 8 日。
8. 《水滸 108》，台北：國家戲劇院，2007 年 10 月 5～7 日。

### （三）現場演出觀賞

1. 台積心築藝術季閉幕節目《李爾在此》，台南：市立文化中心演藝廳，2008 年 7 月 9 日。

2.《梨園傳奇》，台北：國家戲劇院，2009 年 11 月 5～8 日。

3.《歡樂時光——契訶夫傳奇》，台北：台北華山 1914 創意文化園區，20104 年 10 月 22 日。

4.《梨園傳奇 2》，高雄：中正文化中心至德堂，2010 年 12 月 3～5 日。

5.《水滸 108II——忠義堂》，台北：國家戲劇院，2011 年 6 月 19 日。

6.《康熙大帝與太陽王路易十四》，苗栗：巨蛋體育館，2011 年 10 月 22 日。

## 二、劇本與原著小說集

1. 王安祈：《國劇新編——王安祈劇集》，台北：行政院文化建設委員會，1991 年。

2. 王安祈：《絳唇珠袖兩寂寞》，新北：印刻，2008 年。

3. 王安祈：〈孟小冬〉，《戲劇學刊》第 12 期（2010 年 7 月），頁 185～217。

4. 張大春：〈《歡樂時光——契訶夫傳奇》歌詞〉，《印刻文學生活誌》第 86 期（2010 年 10 月），頁 32～43。

5. 當代傳奇劇場：《慾望城國》，台北：法蘭克福工作室，2000 年。

6. 趙雪君：〈狐仙故事〉，《戲劇學刊》第 14 期（2011 年 7 月），頁 203～245。

7. 劉毓秀、曾珍珍合譯：《希臘悲劇》，台北：書林，1984 年。

8. 埃斯庫羅斯（Aeschylus）著，呂健忠譯：《奧瑞斯泰亞：阿格門儂 奠酒人 和善女神》，新北：左岸文化，2006 年。

9. 安東・契訶夫（A.P. Chekhov）著，汝龍譯：《契訶夫小說選》，台北：桂冠，1995 年。

10. 安東・契訶夫（A.P. Chekhov）著，汝龍譯：《契訶夫小說全集》，上海：上海譯文出版社，2008 年。

11. 安東・契訶夫（A.P. Chekhov）著，李輝譯：《契訶夫文集》，北京：中央編譯出版社，2010 年。

12. 安東・契訶夫（A.P. Chekhov）著，丘光譯：〈變色龍：契訶夫經典短篇小說新譯〉，《印刻文學生活誌》第 86 期（2010 年 10 月），頁 58～61。

13. 安東・契訶夫（A.P. Chekhov）著，丘光譯：《帶小狗的女士：契訶夫小說新選新譯》，台北：櫻桃園文化，2010 年。

14. 山繆・貝克特（Samuel Beckett）著，廖玉如譯注：《等待果陀・終局》，台北：聯經，2008 年。

15. 威廉・莎士比亞（William Shakespeare）著，方平譯：《李爾王》，新北：木馬文化，2001 年。

16. 莎士比亞（Willam Shakespeare）著，呂健忠譯：《馬克白》，台北：書林，1999 年。

17. 莎士比亞（William Shakespeare）著，方平譯：《新莎士比亞全集 3・喜劇・暴風雨》，台北：貓頭鷹出版，2000 年。

18. 莎士比亞（Willam Shakespeare）著，方平譯：《新莎士比亞全集 4・悲劇・哈姆萊特》，台北：貓頭鷹出版，2000 年。

19. 莎士比亞（Willam Shakespeare）著，方平譯：《新莎士比亞全集 5・悲劇・麥克貝斯》，台北：貓頭鷹出版，2000 年。

20. 莎士比亞（Willam Shakespeare）著，彭鏡禧譯：《哈姆雷》，台北：聯經，2001 年。

## 三、專書

1. 王安祈：《傳統戲曲的現代表現》，台北：里仁，1996 年。

2. 王安祈：《當代戲曲》，台北：三民，2002 年。

3. 王安祈：《臺灣京劇五十年》，宜蘭：國立傳統藝術中心，2002 年。

4. 王安祈、李元皓：《寂寞沙洲冷：周正榮京劇藝術》，宜蘭：傳統藝術中心，2003 年。

5. 王安祈：《為京劇表演體系發聲》，台北：國家出版社，2006 年。

6. 王安祈：《性別、政治與京劇表演文化》，台北：國立臺灣大學出版中心，2011 年。

7. 王夢鷗：《唐人小說研究三集——本事詩校補考釋》，台北：藝文印書館，1974 年。

8. 巴金：《簡潔與天才學生——巴金談契訶夫》，北京：東方出版社，2009 年。

9. 石光生：《跨文化劇場：傳播與詮釋》，台北：書林，2008 年。

10. 吳興國、林秀偉著：《英雄不卸甲：出發！慾望城國的傳奇旅程》，台北：日月文化，2010 年。

11. 呂健忠、李奭學編譯：《新編西洋文學概論——上古迄文藝復興》，台北：書林，1990 年。

12. 李立亨：《Theatre：我的看戲隨身書》，台北：天下遠見，2000 年。

13. 李漁：《閒情偶寄》，《李漁全集》第三卷，杭州：浙江古籍，1992 年。

14. 林鶴宜：《台灣戲劇史》，新北：國立空中大學，2003 年。

15. 段馨君：《跨文化劇場：改編與再現》，新竹：國立交通大學出版社，2009 年。

16. 段馨君：《凝視臺灣當代劇場：女性劇場、跨文化劇場與表演工作坊》，新北：Airiti Inc.，2010 年。

17. 紀蔚然：《現代戲劇敘事觀——建構與解構》，台北：書林，2008 年再版二刷。

18. 孫惠柱：《戲劇的結構》，台北：書林，1993 年。

19. 孫惠柱：《戲劇的結構與解構》，台北：書林出版，2006 年。

20. 耿一偉等著：《喚醒東方歐蘭朵》，台北：國立中正文化中心，2009 年。

21. 馬森：《臺灣戲劇：從現代到後現代》，宜蘭：佛光人文社會學院出版，2002 年。馬森：《中國現代戲劇的兩度西潮》，台北：聯合文學，2006 年。

22. 高行健：《沒有主義》，台北：聯經，2001 年。

23. 曹樹鈞、孫福良：《莎士比亞在中國舞臺上》，哈爾濱：哈爾濱出版社，1989 年。

24. 陳世驤：《陳世驤文存》，台北：志文，1972 年。

25. 陳芳主編：《「劇場事」8：戲曲易容術專題》，台南：台南人劇團，2010 年。

26. 傅謹：《薪火相傳：非物質文化遺產的理論與實踐》，北京：中國社會科學出版社，2008 年。

27. 彭鏡禧主編：《發現莎士比亞：台灣莎學論述選集》，台北：貓頭鷹出版，2004 年再版。

28. 黃淑文：《骷顱與金鎖：魏海敏的戲與人生》，台北：典藏藝術家庭，2010 年。

29. 雷競璇編：《崑劇蝴蝶夢——一部傳統戲的再現》，香港：牛津大學出版社，2005 年。

30. 廖美玉主編：《一九九九臺灣現代劇場研討會論文集》，台北：行政院文化建設委員會，1999 年。

31. 盧健英：《絕境萌芽：吳興國的當代傳奇》，台北：天下文化，2006 年。

32. 鍾明德：《在後現代主義的雜音中》，台北：書林，1989 年。

33. 鍾明德：《現代戲劇講座：從寫實主意到後現代主義》，台北：書林，1995 年。

34. 鍾明德：《繼續前衛：尋找整體藝術和當代台北文化》，台北：書林，1996 年。

35. 鍾明德：《台灣小劇場運動史：尋找另類美學與政治》，台北：揚智，1999 年。

36. 鍾明德：《從貧窮劇場到藝乘：薪傳葛羅托斯基》，台北：書林，2007 年。

37. 魏海敏口述，張必瑜整理：《水袖與胭脂：魏海敏的舞臺生涯》，台北：商周文化，1996 年。

38. 魏海敏著，陳慶祐文字撰述：《女伶：魏海敏的影像自述》，台北：積木文化，2006 年。

39. 亞里斯多德（Aristotle）著，陳中梅譯：《詩學》，台北：台灣商務印書館，2001 年。

40. 翁托南・阿鐸（Antonin Artaud）著，劉俐譯注：《劇場及其複象：阿鐸戲劇文集》，台北：聯經，2003 年。

41. 亞莉安・莫盧金（Ariane Mnouchkine）、法實娜・巴斯喀（Fabienne Pascaud）著，馬照琪譯：《亞莉安・莫盧金：當下的藝術》，台北：國立中正文化中心，2011 年。

42. 戴雅雯（Diamond，Catherine）著，呂健忠譯：《做戲瘋，看戲傻：十年所見台灣劇場的觀眾與表演（1988～1998）》，台北：書林，2000 年。

43. 迪倫・唐諾倫（Declan Donnellan）著，馬汀尼、陳大任譯：《演員與標靶》，台北：聲音空間，2010 年。

44. 馬庫塞（Herbert Marcuse）著，劉繼譯：《單向度的人：發達工業社會意識形態研究》，新北：桂冠，1990 年。

45. 漢娜・阿倫特（Hannah Arendt）編，張旭東、王斑譯：《啟迪：本雅明文選》，北京：三聯書店，2008 年。

46. 伊塔羅・卡爾維諾（Italo Calvino）著，吳潛誠譯：《給下一輪太平盛世的備忘錄》，台北：時報出版，1996 年。

47. 朱迪斯・巴特勒（Judith Butler）著，郭劼譯：《消解性別》，上海：上海三聯書店，2009 年。

48. 彼得・布魯克（Peter Brook）著，陳敬旻譯：《開放的門：對於表演與劇場的思考》，台北：書林，2009 年。

49. 彼德・布魯克（Peter Brook）著，耿一偉譯：《空的空間》，台北：國立中正文化中心，2008 年。

50. 谷崎潤一郎著，李尚霖譯：《陰翳禮讚》，台北：臉譜，2009 年二版。

51. 鈴木忠志著，林于竝、劉守曜譯：《文化就是身體》，台北：國立中正文化中心，2011 年。

52. Alexander C.Y. Huang．Chinese Shakespeares：Two Centuries of Cultural Exchange．New York：Columbia University Press，2009.

53. Kott, Jan. Shakespeare, our contemporary.New York：W.W. Norton & Company, 1974.

## 四、論文

### （一）期刊、專書與研討會論文

1. 王安祈：〈八、附錄——當前台灣國劇發展的三個方向〉，《國劇新編——王安祈劇集》，台北：行政院文化建設委員會，1991 年，頁 252～259。

2. 王安祈：〈「演」出戲劇史：從北京京劇團到當代傳奇〉，《表演藝術》第 11 期（1993 年 9 月），頁 102～103。

3. 王安祈：〈竹林中的探險：觀《羅生門》戲曲演出〉，《表演藝術》第 67 期（1998 年 7 月），頁 73～77。

4. 王安祈：〈「戲曲小劇場」的獨特性——從創作與觀賞經驗談起〉，《戲劇學刊》第 9 期（2009 年 1 月），頁 103～124。

5. 王安祈：〈京劇理論在當代台灣的開展與局限〉，《清華學報》新 30 卷第 2 期（2000 年 6 月），頁 193～218。

6. 王安祈：〈生命風格的複製——以余叔岩、孟小冬師徒關係為例論京劇流派的人文意涵〉，《戲劇研究》第 4 期（2009 年 7 月），頁 15～44。

7. 王安祈：〈「回眸」與「追尋」——關於京劇歌唱劇《孟小冬》〉，《表演藝術》第 207 期（2010 年 3 月），頁 26～28。

8. 王友輝：〈失準的氣象預報〉，《表演藝術》第 147 期（2005 年 3 月），頁 106～107。

9. 王靖獻：〈莎士比亞《暴風雨》的外延與內涵〉，《東華人文學報》第 2 期（2000 年 7 月），頁 1～32。

10. 王德威、汪詩珮、聞天祥等著：〈「古典的青春·一九四九年之後，台灣新京劇」特輯〉，《印刻文學生活誌》第 82 期（2010 年 6 月），頁 156～184。

11. 王璦玲、王德威、鄭培凱、梅家玲、王安祈等著：〈「新世紀 新京劇——二十一世紀臺灣京劇新美學與國光劇團」專輯〉，《中國文哲通訊》第 21 卷第 1 期（2011 年 3 月），頁 1～82。

12. 王璦玲：〈「經典性」與「現代性」——論當代台灣京劇發展之美學新視野與其文化意涵〉，《中國文哲研究通訊》第 21 卷第 1 期（2011 年 3 月），頁 21～30。

13. 古嘉齡：〈當代傳奇劇場演出作品之劇型探討——兼論《奧瑞斯提亞》之演出，以觀其劇團之成長歷程〉，《中華學苑》第 53 期（1999 年 8 月），頁 1～32。

14. 白斐嵐：〈台式「定目劇」出現了嗎？——定義紛擾難清「官」的想像與「民」的掙扎〉，《表演藝術》第 229 期（2012 年 1 月），頁 52～55。

15. 朱芳慧：〈論析《慾望城國》之改編過程與藝術成果〉，《藝術論衡》復刊第 2 期（2009 年 11 月），頁 1～20。

16. 朱鴻洲：〈荒謬劇喜感人物的幾種潛在閱讀〉，《戲劇研究》第 9 期（2012 年 1 月），頁 65～102。

17. 江世芳記錄整理：〈從傳統到傳奇：談「當代傳奇」劇場的京劇革新之路〉，《表演藝術》第 9 期（1993 年 7 月），頁 66～71。

18. 吳興國：〈從傳統走入莎翁世界〉，《中外文學》第 15 卷第 11 期（1987年 4 月），頁 50～51。

19. 吳興國：〈形塑新中國戲曲〉，《二十一世紀》第 112 期（2009 年 4 月），頁 90～96。

20. 吳岳霖：〈重新發聲與自我對話——從《李爾在此》「再論」當代傳奇劇場〉，《2011 年戲劇學系研究生學術研討會論文集》（下冊），新北：國立台灣藝術大學戲劇學系，2011 年，頁 20～43。

21. 吳岳霖：〈三種聲音，三段傾訴——京劇歌唱劇《孟小冬》的生命詮釋與戲劇完成〉，《2011 研究生學術論文發表會論文集》，台北：中國文化大學戲劇學系，2011 年，頁 43～66。

22. 吳岳霖、陳俐婷：〈危境與開枝：從「當代傳奇劇場」到「傳奇學堂」談戲曲傳承與教育問題〉，「2011 戲劇教育、應用與研究的亞洲觀點」國際學術研討會，台南：國立台南大學戲劇創作與應用學系，2011 年 10 月 14～16 日。

23. 吳岳霖：〈如此歡樂，歡樂如此？：當代傳奇劇場《歡樂時光～契訶夫傳奇》的問題所在〉，收錄於財團法人國家文化藝術基金會編：《藝評台 2011 專輯》，台北，財團法人國家文化藝術基金會，2012 年，頁 80～83。

24. 吳岳霖：〈致命的額頭叉——評臺灣豫劇團《美人尖》〉，《表演藝術》第 231 期（2012 年 3 月），頁 103。

25. 呂健忠：〈樓蘭女何去何從？〉，《表演藝術》第 11 期（1993 年 9 月），頁 104～108。

26. 呂健忠：〈台灣劇場改編現象的近況〉，《中外文學》第 23 卷第 7 期（1994年 12 月），頁 26～47。

27. 李立亨：〈導論：導演的劇場 劇場的導演〉，《表演藝術》第 47 期（1996年 10 月），頁 69～73。

28. 李立亨：〈吳興國的憤怒與眼淚〉，《表演藝術》第 144 期（2004 年 12 月），頁 23～28+3。

29. 李立亨：〈從「M 型劇場」看《樓蘭女》〉，《表演藝術》第 191 期（2008年 11 月），頁 34～35。

30. 李伊晴記錄整理：〈小說的切片，戲劇的張力：張大春 VS.吳興國談契訶夫〉，《印刻文學生活誌》第 86 期（2010 年 10 月），頁 44～57。

31. 李怡瑾：〈「跨文化」探索的現代戲曲——以吳興國的「當代傳奇劇場」創作爲依據〉，收錄於杜長勝主編：《京劇與現代中國社會：第三屆京劇學國際學術研討會論文集》，北京：文化藝術，2010 年，頁 318～358。

32. 李怡瑾：〈現代戲曲「實驗」中的「傳統」表現——以台灣「當代傳奇劇場」爲探討依據〉，《文藝研究》2010 年第 3 期（2011 年 3 月），頁 86～92。

33. 李傳：〈西體中用：論吳興國「當代傳奇劇場」的跨文化戲劇實驗〉，《戲劇藝術》2011 年第 4 期（2011 年），頁 66～75。

34. 汪詩珮：〈文人傳統與女性意識的對話：《青塚前的對話》中的兩種聲音〉，《民俗曲藝》第 159 期（2008 年 3 月），頁 205～247。

35. 汪詩珮：〈奠基於傳統之上的創新：談《十五貫》的改編〉，《彰化師大國文學誌》第 17 期（2008 年 12 月），頁 199～231。

36. 汪詩珮：〈女兒心·女人情：國光劇團近年的「女戲」〉，《印刻文學生活誌》第 82 期（2010 年 6 月），頁 164～67。

37. 汪詩珮：〈孤獨，是一種境界：《孟小冬》觀後之零零落落〉，《戲劇學刊》第 12 期（2010 年 7 月），頁 245～250。

38. 周慧玲：〈環境劇場加「跨文化」表演：《奧瑞斯提亞》劇場初探〉，《表演藝術》第 36 期（1995 年 10 月），頁 22～28。

39. 周慧玲：〈國際化的死角〉，《表演藝術》第 118 期（2002 年 10 月），頁 24～26。

40. 林于竝：〈鈴木忠志《特洛伊女人》當中的東西方交會〉，《戲劇研究》第 7 期（2011 年 1 月），頁 173～198。

41. 林秀偉記錄整理：〈從希臘雅典到當代傳奇〉，《表演藝術》第 37 期（1995 年 11 月），頁 88～91。

42. 林秀偉：〈在舞與劇的轉彎處〉，《表演藝術》第 43 期（1996 年 5 月），頁 80～81。

43. 林明澤：〈走出暴風雨——後殖民情境中「卡力班」認同的困境〉，《中外文學》第 25 卷第 7 期（1996 年 12 月），頁 163～185。

44. 林境南：〈一場出色的演出〉，《文訊》第 28 期（1987 年 2 月），頁 120～122。

45. 林境南：〈劇場史識與「作家劇場」主張的再商榷〉，《戲劇學刊》第 13 期（2011 年 1 月），頁 195～216。

46. 施如芳：〈搭乘時尚列車接軌國際舞台〉，《表演藝術》第 116 期（2002 年 8 月），頁 61～62。

47. 紀慧玲：〈既在當代，何必等待？〉，《表演藝術》第 155 期（2005 年 11 月），頁 52～53。

48. 紀蔚然：〈刺探台灣劇場的改編：以當代傳奇之《等待果陀》為例〉，國立台灣大學戲劇學系主編：《2006 台灣現代劇場研討會會議論文集》，台北：國立台灣大學戲劇學系，2006 年，頁 35～42。

49. 紀蔚然：〈跨文化之正解與誤讀：台灣劇場改編西方正典之實驗精神〉，收錄於林鶴宜、紀蔚然編，《眾聲喧嘩之後：臺灣現代戲劇論集》，台北：書林，2008 年，頁 51～72。

50. 胡惠禎：〈《慾望城國》十年：吳興國回首「非傳統」的伊始〉，《表演藝術》第 48 期（1996 年 11 月），頁 24～25。

51. 胡惠禎記錄整理：〈新編國劇《阿 Q 正傳》評論座談會〉，《復興劇藝學刊》第 17 期（1998 年 7 月），頁 61～70。

52. 胡耀恒：〈西方戲劇改編爲平劇的問題——以「慾望城國」爲例〉，《中外文學》第 15 卷第 11 期（1987 年 4 月），頁 77～81。

53. 唐健哲、廖俊逞記錄整理：〈許傳統戲曲教育一個未來：戲曲教育的困境與發展〉，《表演藝術》第 211 期（2010 年 7 月），頁 100～105。

54. 孫惠柱：〈《暴風雨》與殖民敘事〉，收錄於張沖主編：《同時代的莎士比亞：語境、互文、多種視域》（上海：復旦大學出版社，2005 年），頁 63～78。

55. 馬森：〈老樹新枝：評「當代傳奇劇場」《王子復仇記》〉，《當代戲劇》，台北：時報文化，1991 年，頁 245～248。

56. 高維泓：〈貝克特在台灣：當代劇場裡之跨文化演繹〉，《台灣社會研究季刊》第 69 期（2008 年 3 月），頁 139～179。

57. 張宛瑄：〈慾望拉鋸在身體與心之間——評《只有你》——陸弈靜的〈點滴我的死海〉〉，《表演藝術》第 229 期（2012 年 1 月），頁 98。

58. 郭澤寬：〈作家劇場——戲曲現代化的指標〉，收錄於龔鵬程編：《閱讀馬森：馬森作品學術研討會論文集》，台北：聯合文學，2003 年，頁 83～87。

59. 陳文華：〈誰謀殺了鄧肯〉《文訊》第 28 期（1987 年 2 月），頁 123～124。

60. 陳世雄：〈跨文化，還是「忘我」文化——從京劇《中國公主杜蘭朵》與謝喜納版《奧瑞斯提亞》談起〉，收錄於杜長勝主編：《京劇與現代中國社會：第三屆京劇學國際學術研討會論文集》，北京：文化藝術，2010 年，頁 312～317。

61. 陳昕：〈編導合一，有突破也有盲點〉，《表演藝術》第 118 期（2002 年 10 月），頁 21～23。

62. 陳芳：〈《哈姆雷》的戲曲變相〉，《戲劇研究》第 3 期（2009 年 1 月），頁 147～192。

63. 陳芳：〈新詮的譯趣：「莎戲曲」《威尼斯商人》〉，《戲劇研究》第 8 期（2011 年 7 月），頁 59～90。

64. 陳芳英：〈絳唇珠袖之外——從幾部新編戲曲思考新典範的可能〉，《戲曲論集：抒情與敘事的對話》，台北：台北藝術大學，2009 年，頁 293～344。

65. 陳芳英：〈深雪初融：論新世紀新編京劇的女性書寫〉，《戲劇學刊》第 13 期（2011 年 1 月），頁 35～64。

66. 陳俐婷：〈倩影乍現——論《絳唇珠袖兩寂寞》新編京劇中女性角色〉，《雲漢學刊》第 23 期（2011 年 8 月），頁 215～239。

67. 陸愛玲：〈果陀在哪？他什麼時候來？：幾場《等待果陀》的法國演出〉，《表演藝術》第 37 期（1995 年 11 月），頁 37～38。

68. 傅裕惠：〈管它風吹、雨打還是雷擊——吳興國單挑《李爾王》〉，《表演藝術》第 103 期（2001 年 7 月），頁 52～53。

69. 焦桐：〈戲劇文化的提昇〉，《文訊》第 28 期（1987 年 2 月），頁 116～119。

70. 黃承元：〈二十一世紀莎劇演出新貌：論吳興國的《李爾在此》〉，《中外文學》第 34 卷第 12 期（2006 年 5 月），頁 109～123。

71. 黃建業：〈文本的背叛與忠實的詮釋：兼談三個希臘作品的演出〉，《表演藝術》第 11 期（1993 年 9 月），頁 99～102。

72. 楊惠君：〈給《奧瑞斯提亞》一個機會〉，《表演藝術》第 39 期（1996 年 1 月），頁 84～87。

73. 聞天祥：〈兩大魔法師，在充滿噪音的島上交鋒：如何穿越莎翁與徐克的「暴風雨」？〉，《表演藝術》第 144 期（2004 年 12 月），頁 18～22。

74. 劉亮延：〈被框架的「傳統」與「創新」〉，《上海戲劇》2010 年第 9 期（2010 年），頁 8～9。

75. 劉瓊云：〈卡立本（Caliban）的失落與尋回——《暴風雨》（The Tempest）及《魔法師的寶典》（Prospero's Books）中的權力論述〉，《中外文學》第 29 卷第 10 期（2001 年 3 月），頁 183～203。

76. 蔡祝青：〈舞臺的隱喻：試論新舞臺《二十世紀新茶花》的現身說法〉，《戲劇學刊》第 9 期（2009 年 1 月），頁 51～101。

77. 鍾明德：〈見證：這是哪門子的京劇？什麼樣的《等待果陀》？〉，《戲劇學刊》第 3 期（2006 年 1 月），頁 241～244。

78. 鍾欣志：〈晚清「世界劇場」的理論與實踐——以小說《黑奴籲天錄》的改編演出為例〉，《中央研究院近代史研究所集刊》第 74 期（2011 年 12 月），頁 83～131。

79. 蘇秀姬：〈從京劇花臉到跨界導演——李小平改寫配角人生〉，《表演藝術》第 135 期（2004 年 3 月），頁 89～91。

（二）學位論文

1. 吳俊撢：《藝文團體的顧客經營與活動規劃之研究——以當代傳奇劇場《歡樂時光——契訶夫傳奇》為例》，台北：銘傳大學傳播管理學系碩士論文，2011 年。

2. 李小平：《《辮啦女孩》導演創作分析》，台北：國立台北藝術大學劇場藝術研究所碩士論文，2008 年。

3. 沈惠如：《現代戲曲編劇舉例探討》，台北：東吳大學中國文學系博士論文，2004 年。

4. 林芷瑩：《試／戲妻戲曲的演出發展及其意涵研究——以京劇盛行年代爲主要析論範圍》，新竹：國立清華大學中國文學系碩士論文，2002 年。

5. 林淑薰：《臺灣新編京劇的主題、敘事技法與舞臺呈現之探討》，台北：國立政治大學中國文學系博士論文，2010 年。

6. 邱詩婷：《魏海敏當代京劇表演研究》，台北：國立台灣大學戲劇學系碩士論文，2008 年。

7. 柯曉姍：《當代傳奇劇場舞台演出本之研究》，台北：中國文化大學藝術研究所碩士論文，1999 年。

8. 張芬蘭：《當代「莊子試妻」故事之研究——以奚淞、魏子雲、吳兆芬、高行健的劇本爲例》，屏東：國立屏東教育大學大學中國語文學系碩士論文，2007 年。

9. 黃千凌：《當代台灣戲曲跨文化改編（1981～2001）》，台北：國立台灣大學戲劇學系碩士論文，2001 年。

10. 劉浩君：《90 年代台灣京劇新作及其社會文化意涵研究》，新竹：國立清華大學中國文學系碩士論文，2001 年。

11. 鄭傑文：《慾望現代與混血表演：1986～2006 當代傳奇劇場作品初探》，台北：國立台灣大學戲劇學系碩士論文，2008 年。

12. 簡孟凌：《塞謬爾‧貝克特的《等待果陀》與《結局》：試以佛老思想的觀點闡述其語言、苦難與虛無》，台南：國立成功大學外國文學系碩士論文，2005 年。

## 五、報刊新聞（按發表時間先後排序）

### （一）劇場評論與議題

1. 賴聲川：〈「剩下所能說的不多」——貝克特極短劇三齣〉，《聯合報》1990 年 02 月 10 日，27 版。

2. 林懷民：〈葛蘭姆　如果惡評如湧〉，《聯合報》1990 年 11 月 21 日，08 版。

3. 鍾明德：〈Medea、美狄亞、樓蘭女觀眾看到什麼？〉，《聯合報》1993 年 4 月 26 日，18 版。

4. 鍾明德：〈藝聞焦點　樓蘭女：羅布泊悲歌〉，《聯合報》1993 年 7 月 3 日，25 版。

5. 鄭培凱：〈樓蘭女：妥善呈現原著精神　魏海敏演出令人激賞〉，《聯合報》1993 年 7 月 6 日，32 版。

6. 林原上：〈我看樓蘭女〉，《民生報》1993 年 7 月 9 日，14 版。

7. 王生善：〈我看樓蘭女〉，《聯合報》1993年7月9日，25版。

8. 林谷芳：〈生命理念轉換與美學手法融和：「樓蘭女」引發的當代劇場課題〉，《聯合報》1993年7月13日，28版。

9. 紀蔚然：〈意外新意〉，《民生報》1995年10月30日，14版。

10. 胡耀恒：〈評「奧瑞斯提亞」：編導是成功樞紐　爭議焦點也在他〉，《聯合報》1995年11月8日，35版。

11. 胡耀恒：〈評「奧瑞斯提亞」：解構原創態度　猶有斟酌餘地〉，《聯合報》1995年11月9日，35版。

12. 童乃嘉：〈文化特餐「樓蘭女」使我問　使我思　為什麼？〉，《民生報》1996年5月22日，14版。

13. 李立亨：〈文化特餐　紅旗・白旗・阿罩霧　樓蘭女　兩幅複雜的「國畫」〉，《民生報》1996年5月23日，14版。

14. 周慧玲：〈為何蒼茫？為何孤獨？〉，《民生報》2001年7月11日，A11版。

15. 賴聲川：〈《等待》指南（上）〉，《聯合報》2001年10月6日，37版。

16. 賴聲川：〈《等待》指南（下）〉，《聯合報》2001年10月7日，37版。

17. 徐亞湘：〈好看的戲！好戲？——批著戲曲外衣的當代莎劇《暴風雨》〉，《民生報》2005年1月5日，A12版。

18. 吳興國：〈《等待果陀》導演密碼：殘缺與慈悲的笑容〉，《聯合報》2005年10月4日，E7版。

19. 王墨林：〈戲劇本質是形式？還是文本？京劇能等到果陀嗎？〉，《民生報》2005年10月12日，A10版。

20. 王安祈：〈寂寞沙洲冷〉，《聯合報》2009年11月1日，D3版。

21. 紀蔚然：〈「夢想」幻滅的國「家」〉，《中國時報》2011年10月17日。

（二）一般報導

1. 黃寤蘭：〈莎翁名劇展新風貌　國劇型態的馬克白〉，《聯合報》1986年4月28日，12版。

2. 黃寤蘭：〈突破傳統排演慾望城國　吳興國面對極大考驗〉，《聯合報》1986年11月9日，12版。

3. 張必瑜：〈「王子」躍登現代劇場堂奧〉，《聯合報》1990年3月6日，17版。

4. 張必瑜：〈慾望城國倫敦演出　演員表現更穩定成熟：劇評呈現兩極化觀點〉，《聯合報》1990年11月17日，08版。

5. 張必瑜：〈慾望城國出征　觀察系列之1　文化過招　驚動約翰牛：西方沙文主義心態可解　只嘆中國戲曲隔閡未釋〉，《聯合報》1990年11月

21 日，08 版。

6. 張必瑜：〈慾望城國出征　觀察系列之 2　劇院大老闆是觀眾：從當代傳奇劇場英倫之行　讓我們看到迥異於我國國家劇院的體制　以及為民眾舖設的完整人文設施〉，《聯合報》1990 年 11 月 22 日，08 版。

7. 張必瑜：〈慾望城國出征　觀察系列之 3　藝術小兵　肩膀挺得直：在英健康的文化環境下　藝術活動不懂稀鬆平常　而且只要演出好　演員敬業　雖非大牌照樣能獲得藝術家般的對待〉，《聯合報》1990 年 11 月 23 日，08 版。

8. 張必瑜：〈慾望城國出征　觀察系列之 4　英國劇場　新血舊輪　生生不息〉，《聯合報》1990 年 11 月 24 日，08 版。

9. 張必瑜：〈傳統戲曲表演體系＋西方戲劇內涵＋現代劇場形式：王子復仇記開創中國新劇種〉，《聯合報》1990 年 1 月 4 日，17 版。

10. 紀慧玲：〈樓蘭女　首演登台〉，《民生報》1993 年 7 月 5 日，14 版。

11. 曹怡：〈樓蘭女　具國際賣相〉，《聯合報》1993 年 7 月 9 日，25 版。

12. 周美惠：〈大安公園看戲　觀眾被設計〉，《聯合報》1995 年 10 月 26 日，15 版。

13. 周美惠：〈當代傳奇版　奧瑞斯提亞　前衛風格，如走鋼索！〉，《聯合報》1995 年 7 月 28 日，35 版。

14. 江世芳：〈「奧瑞斯提亞」戶外演出觀眾被逗得「很樂」〉，《中國時報》1995 年 10 月 29 日，23 版。

15. 紀慧玲：〈謝喜納版　奧瑞斯提亞　見仁見智　觀感　短兵相接〉，《民生報》1995 年 11 月 12 日，14 版。

16. 紀慧玲：〈創作再創作新耳目〉，《民生報》1996 年 3 月 15 日，14 版。

17. 周美惠：〈當代傳奇 10 年　王后出招〉，《聯合報》1996 年 3 月 15 日，35 版。

18. 周美惠：〈樓蘭女　重新打造舞台　溫石鵬亮模型〉，《聯合報》1996 年 4 月 10 日，35 版。

19. 梁岱琦：〈「當代傳奇」十年慶　老戲碼翻新重來　新版　樓蘭女　捨繁複　再登場〉，《聯合晚報》1996 年 4 月 14 日，10 版。

20. 紀慧玲：〈李爾在此　今晚且看吳興國獨腳戲〉，《民生報》2001 年 7 月 6 日，A6 版。

21. 紀慧玲：〈吳興國半顛半狂　盡情演出〉，《民生報》，2001 年 7 月 7 日，A11 版。

22. 游振昇：〈「李爾在此」今中縣登場〉，《聯合報》，2001 年 8 月 11 日，19 版。

23. 李玉玲：〈徐克呼喚暴風雨上演大和解〉，《聯合報》2004 年 8 月 6 日，B6 版。

24. 紀慧玲：〈徐克舞台首部曲掀起暴風雨〉，《民生報》2004 年 8 月 6 日，A12 版。

25. 紀慧玲：〈「暴風雨」颱向國際 行情水漲船高〉，《民生報》2004 年 12 月 22 日，A12 版。

26. 李玉玲、林欣若：〈暴風雨上場「沒看過京劇這樣搞」〉，《聯合報》2004 年 12 月 31 日，C6 版。

27. 李玉玲：〈當代傳奇演果陀 丑丑的〉，《聯合報》2005 年 8 月 9 日，C6 版。

28. 李玉玲：〈當代暴風雨 驟變幻象劇〉，《聯合報》2006 年 8 月 8 日，C6 版。

29. 王寅：〈洋裝《秦始皇》〉，《南方週末》，2007 年 3 月 21 日。

30. 侯延卿記錄整理：〈酒後不打虎：張大春、吳興國的水滸經〉，《聯合報》2007 年 9 月 30 日，E7 版。

31. 汪宜儒：〈百變盛鑑 吳興國的接班人〉，《中國時報》2010 年 1 月 22 日，A16 版。

32. 何定照：〈25 首，濃縮小說精髓：契訶夫傳奇 張大春寫歌〉，《聯合報》2010 年 7 月 29 日，B2 版。

33. 〈打造定目劇 文創劇場試水溫〉，《中時電子報》2011 年 2 月 7 日。

34. 何定照：〈理想定目劇 官方藝術界想像是否一致？〉，《聯合報》2011 年 4 月 10 日，D2 版。

## 六、網路資料

### （一）劇評與論文

1. 日雨（吳岳霖）：〈獻給梨園戲神的禱詞：從《梨園傳奇 2》之《四郎探母》反思傳統京劇在當代〉，《國藝會藝評台》，網址：http://artcriticism. ncafroc.org.tw/article.php?ItemType=browse&no=2404（2011.01.11）。

2. 吳岳霖：〈親愛的，告訴我，你的深情在哪？《豔后和她的小丑們》〉，《表演藝術評論台》，網址：http://pareviews.ncafroc.org.tw/?p=2390（2012. 05.09）。

3. 沈惠如：〈複調／拼貼？解構／建構？：論台灣實驗戲曲的策略與前瞻〉，《中國戲劇學會文藝通訊》，網址：http://www.com2.tw/chta-news/2007-3/ chta-0703-ac8.htm。

4. 林乃文：〈典型冷疏離，非典型京／莎劇《豔后和她的小丑們》〉，《表演

藝術評論台》，網址：http://pareviews.ncafroc.org.tw/?p=1986（2012.04. 03）。

5. 林立雄：〈兩個侯方域的選擇《亂紅》〉，《表演藝術評論台》，網址：http://pareviews.ncafroc.org.tw/?p=2763（2012.05.31）。

6. 林采韻：〈【夢想，何以為家？】形式空洞，夢想如何實踐《夢想家》〉，《表演藝術評論台》，網址：http://pareviews.ncafroc.org.tw/?p=716（2011.10. 13）。

7. 林芳宜：〈皇室版之盲目約會《康熙大帝與太陽王路易十四》〉，見「表演藝術評論台」，網址：http://pareviews.ncafroc.org.tw/?p=862（2011.10.19）。

8. 劉紀蕙：〈台北新神廟：大安森林公園的《奧瑞斯提亞》〉，網址：http://www. srcs.nctu.edu.tw/joyceliu/mworks/mw-taiwantheatre/Oresteia.htm。

9. 鴻鴻：〈【夢想，何以為家？】有政治沒藝術，有中華民國沒台灣《夢想家》〉，《表演藝術評論台》，網址：http://pareviews.ncafroc.org.tw/?p=776（2011.10.13）。

10. 鴻鴻：〈劇場不是文創產業〉，見鴻鴻個人部落格「你的黑眼睛」，網址：http://blog.chinatimes.com/hhung/archive/2011/04/11/646179.html。

（二）一般資料

1. 行政院文化建設委員會：〈針對媒體「夢想幻滅的國家」乙文 文建會回應〉，網址：http://www2.cna.com.tw/postwrite/cvpread.aspx?ID=92308。

2. 行政院文化建設委員會文化創意產業推動服務網，網址：http://cci.culture. tw/cci/cci/index.php。

3. 李小平口述：〈成長的養分——京劇〉，李小平導演官方部落格。網址：http://blog.roodo.com/maxlee/archives/14258333.html。

4. 林秀偉：〈製作人日記：歌劇的誕生〉，見故宮博物院「康熙大帝與太陽王路易十四」特展網頁，網址：http://www.twclt.com.tw/web/page_02_6_ ch.htm。